全世界无产者，联合起来！

列宁全集

第二版增订版

第二十二卷

1912年7月—1913年2月

中共中央 马克思 恩格斯 列宁 斯大林 著作编译局编译

人民出版社

《列宁全集》第二版是根据中国共产党中央委员会的决定，由中共中央马克思恩格斯列宁斯大林著作编译局编译的。

凡　　例

1. 正文和附录中的文献分别按写作或发表时间编排。在个别情况下，为了保持一部著作或一组文献的完整性和有机联系，编排顺序则作变通处理。

2. 每篇文献标题下括号内的写作或发表日期是编者加的。文献本身在开头已注明日期的，标题下不另列日期。

3. 1918 年 2 月 14 日以前俄国通用俄历，这以后改用公历。两种历法所标日期，在 1900 年 2 月以前相差 12 天（如俄历为 1 日，公历为 13 日），从 1900 年 3 月起相差 13 天。编者加的日期，公历和俄历并用时，俄历在前，公历在后。

4. 目录中凡标有星花＊的标题，都是编者加的。

5. 在引文中尖括号〈　〉内的文字和标点符号是列宁加的。

6. 未说明是编者加的脚注为列宁的原注。

7.《人名索引》、《文献索引》条目按汉语拼音字母顺序排列。在《人名索引》条头括号内用黑体字排的是真姓名；在《文献索引》中，带方括号[　]的作者名、篇名、日期、地点等等，是编者加的。

目　　录

1913年

附 录

插 图

前　言

本卷收载列宁在 1912 年 7 月至 1913 年 2 月期间的著作。

随着斯托雷平反动时期的结束，俄国工人运动逐渐恢复生机。1912 年 3 月勒拿惨案激起了工人阶级的强大抗议浪潮，俄国各地罢工斗争风起云涌。俄国革命运动进入新的高潮时期。为了便于领导革命斗争，列宁于 1912 年 6 月从巴黎移居邻近俄国的波兰古城克拉科夫。列宁在这里同国内的《真理报》编辑部、国家杜马社会民主党党团的布尔什维克代表以及俄国各地区的党组织保持着紧密的联系。他在这里经常接见来自国内的党的工作者，了解各地斗争情况，给他们以具体指示。在这里，列宁还召开了党中央委员会的会议。克拉科夫成了布尔什维克党的思想和组织中心。列宁密切关注国际和俄国国内形势的发展，经常在党的合法报纸上发表文章，对重大事件迅速作出反应，及时回答党所面临的迫切问题，分析和评述日益高涨的革命形势，阐述布尔什维克的策略，揭露自由派的反动实质，批判孟什维克取消派和托洛茨基调和派的机会主义立场。

在《陆海军中的起义》、《关于 11 月 15 日事件问题》、《革命罢工和街头游行示威的发展》、《生活在教导人们》、《谈谈罢工》等文章中，列宁分析了俄国新的革命高潮的性质和特点，批评自由派和取消派对群众革命运动的错误态度。1912 年是俄国罢工斗争突出发展的一年，是俄国工人运动发生重大转变的一年。这一年罢工人数达150万，参加政治罢工的有100万人。罢工运动的规模超过了西方各国。席卷全国的罢工浪潮既有经济罢工，也有政治罢工。列宁指出："两种罢工的结合，无论过去和现在都是运动的**力量**之所在。这不是一般的罢工，这是群众性的**革命**高潮，这是工人群众对沙皇君主制**进攻的开始**。"（见本卷第3页）列宁高度评价11月15日彼得堡工人在第四届国家杜马开幕日发动的游行示威。认为"群众运动已经上升到了更高的阶段——政治性的罢工发展成了街头游行示威"。他赞扬"游行示威选择的时机真是好极了！有本领用首都街头上的红旗飞舞来同黑帮'议会'的开幕式相对照，相比较，这真是卓越的无产阶级本能！"（见本卷第224页）列宁还评述了海军士兵中的起义事件，指出："俄国的群众性的罢工同武装起义是紧密联系着的。罢工发展了，起义也就发展。"（见本卷第3页）列宁同时指出，现在号召起义为时尚早，还必须为胜利的即适时的起义创造条件。同俄国第一次革命前夕的罢工运动比较，列宁认为新的革命高潮具有如下特点：无产阶级人数增加了，分布更集中了，运动中的纯无产阶级的支柱加强了，农业和手工业中的无产阶级和半无产阶级的人数大大增多了，工人阶级的觉悟程度提高了，经验丰富了，革命性更强了。同西欧各国那些目的在于争取局部改良的罢工相比较，列宁指出1912年俄国的革命罢工具有全民意义，因为它反映了全国人民的要求，沉重打击了反动势力，得到绝大多数人民的支持，这是新的革命浪潮的历史特点。列宁还指出，更加明确地划清自由派和民主派之间的界限，是这场新的运动的一大优点。

取消派对1912年的罢工和起义都持非议、指责的态度，认为经常举行罢工是“危险地浪费力量”，“是罢工游戏”，士兵起义是被迫所作的绝望抗议。列宁批驳了这种对待群众性革命运动的非马克思主义态度。他指出，虽然起义尝试开始是不顺利、不适时、不正确的，但马克思主义者相信，群众只能从不成功的起义经验中学习举行成功的起义，我们应该做的是向群众解释：为了什么和应当怎样准备成功的起义。个别的罢工也可能遭到失败或时机不当，但是，人为地制造罢工办不到，而当几十万人已经被卷进罢工浪潮时，想阻止罢工也是办不到的。党应当积极支持、加强和发展那种自发兴起的罢工，为农民和军队的起义作好准备。列宁指出，取消派对罢工和起义的立场表明他们是自由派的奴仆和走卒，群众自己朝气蓬勃的、规模壮阔的运动正在清除一切迂腐的东西而不断向前发展，这就是新的革命高潮的历史意义所在。

为了总结 1912 年 1 月布拉格代表会议以来丰富的革命斗争经验，根据新的形势进一步加强对革命运动的领导，列宁于 1912 年 12 月 26 日至 1913 年 1 月 1 日在克拉科夫召开了有党的工作者参加的俄国社会民主工党中央委员会会议。除中央委员外，参加会议的还有彼得堡、莫斯科、乌拉尔和高加索等地的党组织的代表。列宁在会上作了《革命高潮、罢工和党的任务》、《关于对取消主义的态度和关于统一》两个报告，并为会议草拟了决议和通报。列宁的报告没有保存下来，本卷只收载会议的《通报》和决议。

克拉科夫会议的《通报》和关于《革命高潮、罢工和党的任务》的决议对 1912 年罢工斗争的形势和特点作了科学的分析，指出“全面支持群众的公开的革命斗争，组织这种斗争，扩大、加深和加强这种斗争，——这就是当前的基本任务”（见本卷第 270 页）。列宁在决议中要求各党组织把举行游行示威作为迫切任务对待，既可以使它同政治罢工相结合，也可以单独举行。列宁强调从实际出发对罢工进行具体领导的重要性，要求党组织必须考虑到每次罢工、每个部门、每个地区的不同经济条件，根据其特殊性寻找新的斗争方法。

建设党的秘密组织是克拉科夫会议的主要议题之一。《通报》指出，俄国社会民主工党要坚决利用一切合法机会，但绝不是高唱无原则的合法主义，而是要把一切生气勃勃的力量逐渐聚集到秘密党的周围。关于《秘密组织的建设》的决议明确表述了秘密党组织的性质和意义："当前组织建设的唯一正确形式是秘密的党，它是有各种合法的和半合法的工人团体作外围的许多党支部的总和。"（见本卷第278页）在党的建设问题上也表现出列宁一贯反对脱离实际生搬硬套和因循守旧的实事求是精神，他要求党的工作者根据实际条件在既定原则下发挥创造性。他指出："秘密建设的组织形式适应当地的条件是绝对必要的。用各种各样的形式来掩护秘密的支部，使工作形式尽可能灵活地适应当地生活条件，是秘密组织具有生命力的保证。"（见本卷第278页）列宁在决议中还就秘密组织建设的任务和方法方式提出了具体要求。

克拉科夫会议的另一个重要议题是同取消派的斗争和争取实现党的统一。取消派在布拉格代表会议上被逐出党以后，其力量和影响已大大削弱。但他们还在用"统一"的虚伪口号欺骗工人，继续鼓吹公开的党，反对秘密活动，宣扬改良主义的纯合法的策略。1912年8月托洛茨基同取消派结成了反布尔什维克的八月联盟，声称要通过同各派别的领袖进行"外交"谈判和达成协议的途径来实现党的统一。列宁在克拉科夫会议之前写的《第四届杜马选举的前夜》一文中就指出，取消派是一具死尸，任何吓人的国外集团、中心、派别的同盟都不能使这具死尸复活。在克拉科夫会议的《通报》和《关于对取消主义的态度和关于统一》的决议中，列宁揭露了取消派破坏党的统一的分裂活动，指出继续同取消派斗争的必要性，提出了自下而上实现党的统一的方针。列宁认为，俄国社会民主工党的统一是无产阶级取得胜利的重要条件，统一的问题不是在合法报刊上空谈或以外交手腕进行派别谈判所能解决的，只能自下而上地，即在承认秘密组织和革命策略的基础上从基层组织做起，由工人自己来实现。本卷中在克拉科夫会议前后所写的一些文章，如《秘密的党和合法的工作》、《改良主义病》、《论公开的党》、《彼得堡工人的代表》等，也揭露和批判了取消派的机会主义观点和破坏活动。

克拉科夫会议《关于"民族的"社会民主党组织》的决议以及本卷所收的《致社会党国际局书记处》、《我们党的"迫切的难题"》和《波兰社会民主党的分裂》等文，都表明列宁为波兰以及其他民族的社会民主党队伍在马克思主义基础上的统一所进行的原则性斗争。列宁号召俄国各民族的工人最坚决地反击反动派的黩武的民族主义，反对劳动群众中民族主义情绪的任何表现；号召社会民主党工人党员紧密团结起来，组成当地统一的俄国社会民主工党的组织。

1912 年在彼得堡创刊的《真理报》在革命宣传和组织秘密工作中都起了重要作用。列宁非常重视《真理报》的工作，认为它是"团结和开展运动的必要的组织手段"（见本版全集第 46 卷第 250 页）。为了办好《真理报》，克拉科夫会议通过了列宁起草的《关于〈真理报〉编辑部的改组和工作》的决议，决议批评编辑部贯彻党的精神不够坚定，对揭露取消主义没有足够重视，决议提出了改组编辑部并改进其工作的措施。在此之前，列宁所写的《工人和〈真理报〉》一文也体现了列宁对《真理报》工作的关注。

克拉科夫会议使党有了一个在群众斗争高涨条件下进行活动的纲领。列宁认为“会开得好极了。其意义不亚于1912年的一月代表会议”（见本版全集第46卷第234页）。

本卷中一批文章是论述第四届国家杜马选举运动以及社会民主党杜马党团的活动的。列宁揭示了参加选举的各个政党的纲领的实质，阐明了布尔什维克党在选举运动中的任务和策略。列宁认为俄国选举运动的政治舞台上有三个政治营垒，即执政的黑帮反动势力、自由派资产阶级和民主派。立宪民主党人和取消派不承认民主派是一支独立的政治力量，而把斗争格局归结为拥护宪制和反对宪制两个阵营。列宁在《谈谈“吃掉立宪民主党人”》一文中指出，两个阵营的论点是俄国整个自由派的阶级本质所决定而必然产生的。在经济上，自由派资产阶级政党为了保持俄国式的超额利润，决不容许第三个阵营独立存在；在政治上，资产阶级害怕劳动群众甚于害怕反动势力，为了维护自己的一些政治特权，也不容许第三个阵营存在。列宁反复阐述自由派与民主派的区别，在《一些原则问题》、《立宪民主党和土地问题》、《米留可夫先生的“立场”》等文中，揭开自由派冒充“民主派”的面纱。他指出，俄国的自由派是指立宪民主党以及“进步派”和第三届杜马中的大多数民族集团，他们代表着上层资产阶级，同大地主贵族有千丝万缕的经济联系，本能地倾向于同右派结成联盟。他们主张政治自由和“立宪”是有条件的，目的是要维护封建专制制度的特权，同大地主贵族和平共处，瓜分特权。因此他们害怕群众运动，在斗争中极其软弱无力。代表着居民大多数的民主派包括无产阶级民主派和资产阶级民主派，前者指工人阶级，后者是形形色色的民粹派和劳动派。民主派都主张彻底消灭一切中世纪特权，都相信群众运动的力量和正义，但无产阶级民主派是坚定的，资产阶级民主派是动摇的。

列宁在《两种乌托邦》一文中分析了当时俄国存在的自由派乌托邦和民粹派乌托邦产生的社会条件和阶级本质。自由派的乌托邦是想用和平的方法，不经过激烈的阶级斗争，使俄国在政治自由、劳动人民的地位等方面得到某些重大改善。这种乌托邦反映了自由派资产阶级的利益，资产阶级害怕群众运动甚于害怕反动势力，他们一方面玩弄民主把戏，另一方面极端反对民主，极端仇视群众运动。民粹派的乌托邦则幻想用公平重分土地的办法来消除资本权力的统治，消除雇佣奴隶制。自由派的乌托邦腐蚀群众的民主主义意识，民粹派的乌托邦则腐蚀群众的社会主义意识，但民粹派的乌托邦是群众民主主义高涨的产物和征兆。民粹派的民主主义作为社会主义乌托邦是错误的，但是作为农民群众的特殊的、有历史局限性的民主主义斗争的表现却是正确的，因此“马克思主义者应当剔除民粹派乌托邦中的糟粕，细心剥取它所包含的农民群众的真诚的、坚决的、战斗的民主主义的健康而宝贵的内核”（见本卷第133页）。列宁在《论民粹主义》和《民粹派内部的情况怎样？农村中的情况又怎样？》两文中结合俄国1905年革命实践分析了民粹主义的瓦解和民粹派理论的破产，指出农民民主主义是民粹主义的唯一的实际内容和社会意义。列宁在《新民主派》一文中评述了农民资产阶级和“农民出身的”知识分子的政治立场和作用，要求工人阶级帮助这个新民主派抛弃自由主义幻想，同工人阶级一起，为自由事业共同战斗。

在《第四届杜马选举的前夜》、《立宪民主党人带着什么参加选举?》、《改良派的纲领和革命的社会民主党的纲领》等文中，列宁阐述了无产阶级对于杜马选举的鲜明态度。他认为，对社会民主党来说，选举不是一种特殊的政治交易，不是捞取代表资格的交易，而只是宣传无产阶级的基本要求和政治观点的特殊机会，是争取革命原则和争取把群众团结在革命政治纲领周围的斗争；不是为了“竞选”而制定纲领，而是要通过竞选来贯彻社会民主党的革命的政纲。列宁批评取消派利用第四届杜马选举来鼓吹立宪改革，宣扬合法主义，实际上是做了自由派的尾巴。在《给社会党国际局的报告〈第四届杜马的选举〉》和《选举结果》两篇文献中，列宁对选举结果作了评述，指出布尔什维克对选举运动的分析是正确的，选举结果表明了取消派政治上的破产，而布尔什维克却获得一大胜利。

在《工人阶级及其“议会”代表团》一组文章中，列宁总结了社会民主党杜马党团在第二届和第三届杜马中的工作经验，确定了它在第四届杜马中的任务。《关于工人代表的某些发言问题》、《关于杜马中的工人代表和他们的宣言问题》和《关于预算问题的发言提纲》，是列宁为社会民主党党团的布尔什维克代表在杜马中发言而写的。列宁同布尔什维克代表保持着密切联系，直接领导着他们在杜马党团中的活动，教导他们要善于利用杜马讲坛，把合法活动同秘密活动结合起来，坚决维护无产阶级的阶级利益。

收入本卷的一部分文章是评论国际政治问题，特别是论述帝国主义战争危险和各国无产阶级及其政党的反战斗争的。在《孤注一掷》、《巴尔干人民和欧洲外交》、《论狐狸和鸡窝》、《可耻的决议》、《战争的惨状》和《资产阶级和改良主义》等文中，列宁揭露了奥匈帝国、意大利、俄国、德国、英国、法国和其他帝国主义国家政府的扩张主义政策，痛斥帝国主义者的血腥冒险罪行，阐明战争给人民带来的深重灾难，号召劳动者团结起来回击侵略者。列宁揭露和批判了以“争取独立的神圣斗争”的冠冕堂皇口号作掩护实则为帝国主义侵略战争辩解的沙文主义者。

《告俄国全体公民书》、《世界历史的新的一章》、《塞尔维亚和保加利亚的胜利的社会意义》等文评述了巴尔干战争的实质，揭露了沙皇和其他帝国主义列强在巴尔干的掠夺行径，阐明了布尔什维克党和俄国工人阶级支持巴尔干劳动群众为摆脱民族压迫和社会压迫而斗争的立场。列宁指出，东欧存在着的专制制度、封建制度和民族压迫，是严重阻碍社会发展和无产阶级成长的顽强的中世纪残余；塞尔维亚人和保加利亚人的胜利，意味着马其顿封建统治的垮台；尽管在巴尔干建立的是君主国的联盟，而不是共和国的联盟，整个东欧在摧毁中世纪残余方面，还是向前迈进了一大步。列宁阐明了民族解放同经济解放的关系。他认为只有彻底摆脱地主和专制制度的压迫，民族解放才会必然到来。列宁号召俄国工人和其他劳动群众起来用革命的方法推翻沙皇制度，他说，只有这样才能保证俄国和整个东欧的自由发展。《意土战争的结局》一文抨击意大利帝国主义在非洲对阿拉伯人的大杀戮，指出这是所谓“文明”的国家发动的一场典型的殖民战争。

《美国工人的胜利》、《美国总统选举的结果和意义》、《美国在选举以后》、《彭加勒当选的意义》和《白里安内阁》等文对西方资产阶级民主作了评述。列宁揭穿了资产阶级民主的骗人实质，指出英美的两党制是诱使劳动人民离开同资本主义的斗争，阻止独立的工人政党产生的一种手段。

《在瑞士》、《英国关于自由派工人政策的争论》、《在美国》等一批文章是为批判国际机会主义而写的。列宁揭示了英美工人运动中的机会主义的根源。他指出，长久以来的政治自由以及同其他国家相比特别有利于资本主义向深广方面发展的条件，使工人阶级中出现了贵族，他们背叛了自己的阶级，跟在资产阶级后面亦步亦趋。

本卷还收入了一些阐述土地问题和经济问题的文章。《最后一个气门》一文是上一卷《斯托雷平的土地纲领和民粹派的土地纲领的比较》一文的续篇。列宁在文中阐明了斯托雷平对中世纪土地占有制的破坏为什么不能消灭奴役制和工役制，指出斯托雷平的"改革"只是延缓了濒于死亡的农奴制的末日，使它以另一种形式生存下来，使农村中旧的危机在新的环境下以新的形式加深起来。《俄国的生产集中》一文分析了俄国大工厂在 20 世纪头 10 年中的发展情况，说明大企业在整个生产中所占的比重比企业本身的数量增长得更快，俄国资本主义生产愈来愈集中，工人也愈来愈集中到少数大企业中去，千百万工人所创造的全部利润落入一小撮百万富翁手中。《资本主义社会的贫困化》一文指出，资本主义社会的财富以难于置信的速度增长着，与此同时工人群众却日益贫困化，"工人的贫困化是**绝对的**"，而"工人的**相对**贫困化，即他们在社会收入中所得**份额**的减少更为明显"（见本卷第 239、240 页）。在《俄国工人的工资和资本家的利润》、《莫斯科省工厂的工作日》、《莫斯科省的工作日和工作年》等文中，列宁根据俄国工厂统计资料，说明资本家如何加强工人的劳动强度和延长工作日，如何竭力压榨工人的血汗，降低工人的实际工资。列宁指出，工人阶级为增加工资和改善劳动条件而进行的斗争，阻碍了资本主义社会劳动群众贫困化和物质状况恶化趋势向前发展。1905 年的革命斗争使俄国工人工资的增长超过了平常几十年的增长幅度。

《欧仁·鲍狄埃》一文是列宁为纪念法国工人诗人、巴黎公社委员欧仁·鲍狄埃逝世二十五周年而作。文章介绍了他革命战斗的一生，称颂他是一位最伟大的用歌作为工具的宣传家，高度评价他创作的《国际歌》的伟大意义，指出："一个有觉悟的工人，不管他来到哪个国家，不管命运把他抛到哪里，不管他怎样感到自己是异邦人，言语不通，举目无亲，远离祖国，——他都可以凭《国际歌》的熟悉的曲调，给自己找到同志和朋友。"（见本卷第 291 页）

《新生的中国》一文评述了辛亥革命后中国的政治形势，分析了中国各个党派的性质。列宁在文中谴责俄、日、英、法、德等帝国主义国家对中国的新生不怀好意，把中国视为一块可以伺机瓜分的肥肉。列宁热情称颂中国人民推翻封建专制制度的斗争，指出："4 亿落后的亚洲人争得了自由，开始积极参加政治生活了。地球上**四分之一**的人口可以说已经从沉睡中醒来，走向光明，投身运动，奋起斗争了。"（见本卷第 208 页）

《关于布尔什维主义》一文阐述了布尔什维主义的由来和它走过的道路，指出了它同孟什维主义的主要分歧以及彼此斗争的几个重要阶段。此文对于研究苏联共产党早期的历史具有重要意义。

在《列宁全集》第 2 版中，本卷文献比第 1 版相应时期所收文献增加 10 篇，其中编入正文的有：《罗莎·卢森堡和波兰"党"总执行委员会步马尔托夫的后尘》，《对〈莱比锡人民报〉所载取消派文章的答复》，《告俄国全体公民书》，《谈谈政治上的动摇性（给编辑部的信）》，《再论第四届杜马中的农民代表》，有党的工作者参加的俄国社会民主工党中央委员会克拉科夫会议的一项决议《关于〈真理报〉编辑部的改组和工作》,《关于预算问题的发言提纲》。《附录》中的3篇文献都是新收载的。

弗·伊·列宁

（1910年）

陆海军中的起义

(1912年7月30日〔8月12日〕)

最近,就连我国的合法报刊也透露了军队中发生革命风潮的一些消息。现在,我们来谈一谈三则主要的报道。

黑海舰队方面。6月27日,塞瓦斯托波尔的海军军事法庭对“约翰·兹拉托乌斯特”号装甲舰的机电兵捷列宁案件进行了秘密审判。捷列宁同卡尔皮申和西利亚科夫一起被控犯有书写和散发号召武装起义的传单的罪行。捷列宁、卡尔皮申和西利亚科夫被判处死刑,7月10日被枪决。

7月2日,该法庭又审理了涉及这艘装甲舰全体水兵的一起案件。16名水兵被控犯有煽动劫持这艘装甲舰的罪行。10人被判处死刑,5人被判处6年苦役。据7月4日官方电讯报道,似乎10名被判处死刑的水兵曾请求赦免。

波罗的海舰队方面。喀琅施塔得港海军军事法庭定于7月16日开庭审讯“德维纳”号教练舰、“阿芙乐尔”号巡洋舰和“光荣”号装甲舰的**65名水兵**的案件。十月党人[1]的《莫斯科呼声报》[2]7月3日接到从圣彼得堡发来的电讯说,那里对这次轰动一时的审讯议论纷纷。据说,这65名水兵被控是社会革命党人[3],“参加一个策划公开起义和谋杀上级军官的秘密社团”。同一条电讯说,事件的起因是1912年1月22日“德维纳”号上一名水兵被捕。

此外，众所周知，5 月间在赫尔辛福斯，还发生过几起逮捕波罗的海舰队水兵的事。

最后，7 月 1 日，在塔什干附近的特罗伊茨科耶村，工兵曾举行起义[4]。波赫维斯涅夫上尉被起义者用刺刀挑死。**这条电讯没有被准许发表**。直到 7 月 10 日，彼得堡才出现从官方报纸《土耳其斯坦新闻》[5]转载来的一则消息，承认同起义者**发生过战斗**。步兵和哥萨克骑兵击溃了共约 100—130 名的起义工兵。据官方报道，起义是在晚间开始的，到次日凌晨就结束了。**大约有 380 名工兵**被捕，其中“有一半多〈政府的报纸这样断定〉无疑〈??〉没有参加”起义。除波赫维斯涅夫外，还有克拉索夫斯基和科谢涅茨 2 名少尉和 2 名士兵被起义者击毙，5 名军官和 12 名士兵受伤。起义者的死亡人数，官方报纸没有透露。

这就是我们现在手头所掌握的有限的、很不完全的、显然被警察当局歪曲和压缩了的消息。

这些事实说明了什么呢？

这些事实完全证实了 1912 年俄国社会民主工党一月全国代表会议[6]的决议所指出的，和一个月以前中央机关报《社会民主党人报》[7]第 27 号更详细地阐述了的情况①。

在俄国，**革命**高潮已经到来。4—5 月的群众性罢工标志着俄国无产阶级已开始转入进攻，**既**反对资本，**也**反对沙皇君主制，**既**要求改善受尽 1908—1911 年反革命势力的迫害和压迫的工人的生活，**也**要求全体人民的自由，要求建立民主共和国。

自由派散布一种无稽之谈（《涅瓦呼声报》[8]的取消派也跟着他

① 参看本版全集第 21 卷第 342—349 页。——编者注

们鼓噪)，说什么 4—5 月运动的基础是争取结社自由的斗争。事实驳倒了这种无稽之谈。在奴隶制的俄国，只为一种政治权利而斗争是不行的；在沙皇专制制度下，为立宪改革而斗争是不行的。无产阶级斗争的罢工浪潮已席卷全国，**既有**经济罢工，**也有**政治罢工。两种罢工的结合，无论过去和现在都是运动的**力量**之所在。这不是一般的罢工，这是群众性的**革命**高潮，这是工人群众对沙皇君主制**进攻的开始**。

群众性的罢工不会不**到处**点燃革命的火焰。军队中爆发的起义就**证明**火焰已经点燃起来了，**到处**都有易燃物，**到处**都在酝酿群众的、包括那些因兵营的野蛮训练而备受压抑的工人和农民的革命情绪。

俄国的群众性的罢工同武装起义是紧密联系着的。罢工发展了，起义也就发展。

本文开头列举的事件证明了这一点。

这些事件的教训，中央机关报《社会民主党人报》第 27 号已经指出了。现在，号召起义是极不适当的。举行起义，还为时**过早**。只有工人群众、农民以及军队中最优秀的那部分力量的**联合**冲击，才能为举行**胜利的**即**适**时的起义创造条件。

因此，先进工人应当尽全力来巩固、恢复、发展工人阶级的**秘密的**党——俄国社会民主工党。**只有**这样的党，通过工人报刊和杜马中的工人代表，利用一切合法的宣传手段进行革命鼓动，才能够防止把力量耗费到毫无成功把握的零零星星的起义上去，才能够帮助无产阶级大军准备举行伟大的胜利的起义。

革命的陆海军士兵万岁！

祝为展开千百万群众的广泛的革命冲击，为发展工人罢工和农民运动而进行的同心协力、不屈不挠、坚韧不拔的革命工作取得胜利！俄国军队中的革命力量只有站在千百万人民冲击的最前列，同他们最紧密地不可分离地联合在一起，才能战胜而且一定能够战胜沙皇君主制度！

载于 1912 年 7 月 30 日(8 月 12 日)
《工人报》第 9 号

译自《列宁全集》俄文第 5 版
第 22 卷第 1—4 页

第四届杜马选举的前夜[9]

(1912年7月30日〔8月12日〕)

俄国社会民主工党尽管受到重重迫害,遭到大规模的逮捕,但在选举以前,还是发表了比其他任何政党都要鲜明精确的纲领、策略和政纲。

1912年1月俄国社会民主工党全国代表会议总结了在反革命势力猖獗的艰难年代所进行的思想政治工作。代表会议的决议对运动的所有迫切问题,都作了充分的回答。选举纲领只是根据这些决议作出的简要概括。这个纲领由中央在俄国出版,随后好些地方组织把它翻印出来。[10]所有的资产阶级报刊都报道了代表会议的情况并摘引了会议的一些决议。

代表会议闭幕后的半年间,党的刊物,在工厂小组及4—5月的群众集会上所作的几十次报告、几百次演说,都解释和贯彻了代表会议的决议。建立共和国,实行八小时工作制,没收地主土地,党的这些口号传遍了整个俄国,并为先进的无产者所接受。群众的革命高潮,从罢工和群众大会到军队中的起义,都证明了这些口号的正确和重要。

我们党已经利用了并且广泛利用了选举。警察当局的任何"说明"[11],在第四届杜马问题上的任何舞弊(不管是神父的还是其他方面的),都抹杀不了**这个**成果。严格按照党的指示进行的宣传鼓动已经深入到各个角落，并为社会民主党的整个选举运动**确定了基调**。

各资产阶级政党也在急急忙忙地起草“**用于**竞选的纲领”，作出许诺，欺骗选民。取消派跟着自由派亦步亦趋，现在也在炮制一个**合法的**“**用于**竞选的纲领”。取消派在经过书报检查的合法的报刊上大谈其纲领，想用经过当局检查的、得体的“用于竞选的纲领”来掩饰自己情绪上的惊慌、组织上的涣散和思想上的空虚。

不是制定“用于竞选的”纲领，而是要通过竞选来贯彻**社会民主党的革命的**纲领！——工人阶级的政党就是这样看问题的。我们为了达到这个目的，已经利用了选举，并且要利用到底，连最反动的沙皇杜马我们也要加以利用，用来宣传俄国社会民主工党的革命的纲领、策略和政纲。有价值的纲领只是那种对**充分**回答了运动中**所有**问题的长期**革命**鼓动工作加以总结的纲领，而不是取消派那种为了堵塞漏洞和大吹大擂而匆忙编造出来的（特别是合法的！）纲领。

党恢复已经有半年了；在这半年中间，尽管要克服种种难以想象的困难，尽管经常遭到疯狂的迫害，尽管中央机关和全国的中心——中央委员会的工作不时被迫中断，党还是在群众中开展工作，扩大影响，不断前进。工作的开展是**按新的方式**进行的：除了不合法的、秘密的、狭小的、比以前更隐蔽的基层组织的活动外，还开展更广泛的合法的马克思主义宣传工作。这种在新的条件下进行新的革命准备工作的特殊性，正是党早就指出和确认了的。

这样，我们现在就可以对威胁要提出“双重候选人名单”[12]的取消派的大吵大嚷作出充分的回答了。这是谁也吓不倒的不起作用的恫吓！取消派已经被打得一败涂地，毫无力量，**任何援助**都不能挽救他们。他们对提出“双重候选人名单”连想都不敢想，——假如他们真要这样做，就只会得到寥寥无几的少得可笑的选票。他们知道会这样，所以不会去尝试。他们叫嚷只是为了转移视线，掩饰真相。

我们说的是“任何援助”。取消派在指望国外的援助。他们的同伙，特别是拉脱维亚人[13]、崩得[14]和托洛茨基，声称要召集**10个**“中心组织和派别”开会![15]你们瞧瞧！国外可是实力雄厚，人多势众。整整“10个中心”呢!! 这种手法同政府对待第四届杜马的手法一模一样：拼凑代表，把一堆零打扮成一个个“大数目”。第一，是托洛茨基(在国内，他是个零，不过是《**现代事业报**》[16]的撰稿人，他的喽啰们不过是取消派“发起小组”[17]的保护人)。第二，是《社会民主党人呼声报》[18]，也就是那些毫无力量的取消派。第三，是“高加索区域委员会”[19]，也是个零，不过是第三种打扮。第四，是“组织委员会”[20]，**还是那些**取消派，不过是第四种打扮。第五和第六，拉脱维亚人和如今完全成了取消派的崩得…… 够了吧！

不用说，我们党对国外无聊之徒的这种把戏只能一笑置之。他们不能使死尸复活，而国内的取消派就是一具死尸。

事实就是这样。

半年来，取消派和他们**所有**的同伙同党展开了疯狂的斗争。有一种公开的**马克思主义**刊物。它被压得不敢动弹，以至对建立共和国的要求、我们党的情况、起义的消息、沙皇匪帮的罪行，连提都不敢提一下。想通过这种刊物来宣传俄国社会民主工党的口号，是可笑的。

但是，俄国的工人已经不像从前那样了。他们已经成为一支力量。他们为自己开辟了一条道路。他们有了**自己的**报刊；这种报刊虽然受到压制，却是他们自己的，并且**在理论上**捍卫着马克思主义。

在这个公开的舞台上，谁都可以看到取消派对反取消派斗争的“成就”。前进派分子斯·沃·[21]在维也纳托洛茨基办的取消派《真理报》[22]上已经指出过这些成就，——他写道，工人的**捐款**几乎都是给反取消派的。可是他却自我安慰说：这并不是因为工人同情“列宁派”。

噢，是的，当然“并不是因为这样啰”，可爱的取消派朋友！

但，不管怎样，还是看看事实吧。

先来看看半年来为办**工人日报**[23]而进行的公开斗争。

取消派从1910年起，就一直在叫喊为这种报纸募捐。他们的成绩如何呢？从1912年1月1日到7月1日的半年中间，他们的《**现代事业报**》和《**涅瓦呼声报**》总共才公布了工人团体为工人的日报募集的**15**次（是**一十五次**）捐款的账目！！半年中间只有15个工人团体捐款！

再看看反取消派的报纸。请看一下在同样的半年中间给工人日报捐款的账目吧。计算一下工人团体捐了多少次款吧。可以算出**504次工人团体的捐款**！

下面就是按月和按俄国各地区的精确统计①：

取消派在俄国工人团体面前已经一败涂地。他们是一具死尸，任何吓人的（噢，可真吓人啊！）国外“集团、中心、派别、思潮和流派的同盟”，都不能使这具死尸复活。

不论国外发表多少大吵大嚷的宣言，不论“发起小组”勾结取

① 见本卷第9页。——编者注

消派伪造多少次代表会议，这一切都不能消除也不能减轻取消派在**俄国几百个工人团体**面前的彻底失败。

	1912年上半年为工人日报募集的工人团体捐款次数	
	反取消派报纸	取消派报纸
1月	14	0
2月	18	0
3月	76	7
4月	227	8
5月	135	0
6月	34	0
共　计	504	15
彼得堡及其附近地区	415	10
南俄	51	1
俄国其他地区	38	4
共　计	504	15

俄国社会民主党工人在选举运动中的统一行动**是有保证的**。取得这种保证，不是由于同取消派"妥协"，而是由于取消派已经暴露出他们的本来面目——自由派知识分子的面目，因而被彻底打败了。请看社会革命党取消派分子萨温是怎样适时地迎合《我们的曙光》杂志[24]的。请看尔·马·在《〈社会民主党人呼声报〉小报》[25]上是怎样赞赏那些（由于召回主义的醉后昏！）一再陷于取消主义泥潭的社会革命党人的"创举"的。请想一下，同一张小报还捧出社会革命党的著名"活动家"阿夫克森齐耶夫作为普列汉诺夫的榜样，这个事实该有多么重要的意义。请回忆一下，**所有**取消派是怎样亲吻**非**社会民主主义的波兰社会党"左派"[26]的。所有政党的取消派，联合起来！

每个人最后都会找到自己的归宿。由昔日的马克思主义者和昔日拿炸弹的自由派[27]组成的知识分子取消派集团，都随着形势的发展纠合在一起了。

而工人阶级的政党俄国社会民主工党，在摆脱了要把它取消的那些人的羁绊之后的半年中间——从上述事实可以看出——已经大大前进了一步。

载于1912年7月30日(8月12日)
《工人报》第9号

译自《列宁全集》俄文第5版
第22卷第5—9页

“结社自由”的口号可以成为目前工人运动的基础吗？

（1912年7月30日〔8月12日〕）

以托洛茨基为首的取消派在合法报刊上证明说，这是可以的。他们竭尽全力**歪曲**工人运动的真实性质。但这是一种白费力气的尝试。快要淹死的取消派想抓住一根稻草，目的是要挽救他们的非正义事业。

1910年，一些知识分子小集团就搞了一个要求结社自由的**请愿**运动。这是个**臆想出来的**运动。工人群众漠然置之。这种无聊的把戏是不会燃起无产阶级的斗争热情的。只有自由派才会相信，可以**在**沙皇专制制度**下**实行政治改革。工人立刻就看出这是一个骗局，因而未加理睬。

工人并不反对为改革而斗争，他们曾为争取制定保险法斗争过。他们通过自己的代表，在第三届杜马[28]中利用一切机会，以求得到最微小的改善。但问题正在于，第三届杜马和保险法不是臆想的东西，而是政治事实。而要**在**罗曼诺夫王朝的六三君主制**下**实行“结社自由”，那是腐朽的自由派的空洞诺言。

自由派是革命的敌人。就是现在，他们也在露骨地反对革命，——第三届黑帮杜马也没有使他们消除对革命的恐惧。他们由于害怕革命，就把希望寄托在各种名目的**立宪改革**上，以此来安慰自己，并对工人宣扬其中一种改革——结社自由。

但是，工人是不会相信在第三届杜马期间，在普遍无权、专横肆虐的情况下实行“立宪”这种鬼话的。工人是**真正**要求结社自由的，**正因为如此**，他们才为争取全体人民的自由，为**推翻君主制度**和建立共和国而斗争。

4—5月的罢工实际上证明了，无产阶级已经起来举行**革命的罢工**。经济罢工和政治罢工的结合，革命的群众集会，彼得堡工人5月1日提出的建立共和国的口号，——所有这些事实完全证明，**革命高潮**已经到来。

俄国的客观实际情况是：无产阶级已经开始了推翻沙皇君主制的群众革命斗争；与这个斗争相呼应，军队中的风潮在扩大；农民民主派的优秀分子正在甩开自由派，听从工人先锋队的指引。

而自由派，这帮革命的敌人，却**一味**坚持“立宪”道路，搬出要**在**俄国沙皇君主制度**下**实行“结社自由”的诺言（空洞而虚伪的诺言）来**反对**革命！

实际的政治形势就是这样。现实的社会力量就是：(1)践踏一切“宪制”的沙皇君主派；(2)自由主义君主派资产者，他们由于害怕革命，假装相信“自由”可以同沙皇政权并存；(3)革命民主派，他们中间已经出现了领袖——工人群众，从赫尔辛福斯到塔什干士兵和水兵们都在响应工人群众的号召。

请看，取消派在这种形势下宣扬“结社自由”是多么愚蠢！这些支持自由派工人政策的聪明人从所有的“改革”中选中了**完全行不通**的立宪改革这一空头诺言，玩起“欧洲式的”立宪来寻开心。

不！工人要把自由派和自由派工人政策一脚踢开。不论在第三届和第四届杜马，凡是真正列上议事日程的**一切**改革，从保险法到增加公务奴隶的薪水，工人都要加以支持和推广，并且将其作为**自己的**运动的内容。

但是，对于那种要**在**专制制度**下**实行**立宪**政治改革的空洞而荒谬的诺言，工人只有嗤之以鼻。已经开始的推翻君主制、争取建立共和国的群众革命斗争一定会扩大和加强！斗争将表明，一旦新的革命**遭到失败**，将会出现一些什么样子的半截子的立宪改革，然而现在，正当革命冲击开始的时候，就向群众鼓吹**非**革命的道路，鼓吹和平的立宪改革，那只有“套中人”[29]才做得出来。

已经开始的革命冲击要求提出革命的口号。打倒君主制！民主共和国一定要建立，八小时工作制一定要实行，地主的土地一定要全部没收！

载于1912年7月30日(8月12日)
《工人报》第9号

译自《列宁全集》俄文第5版
第22卷第10—12页

一些原则问题

（1912年7月31日〔8月13日〕）

选举运动稍微有些活跃，——立宪民主党[30]的正式机关报《言语报》[31]就（终于鼓起了勇气！）谈起了它同左派的一些原则分歧来了。

《言语报》写道："我们从来没有打算，现在也不打算同六三制度讲和。"

说的是假话。立宪民主党先生们，你们有过而且现在还有这样的打算。证据就是你们那些谈论"负责的"反对派和御用的反对派[32]的讲话。这已经不只是讲和的"打算"，而且是同六三制度"讲和"的政策了。

还有，卡拉乌洛夫在拜神教的第三届杜马作的那些拜神教的发言呢？立宪民主党人对预算和它的庞大的开支项目投的赞成票呢？别列佐夫斯基第二①就土地问题作的那些发言呢？《言语报》上重申的格列杰斯库尔不久以前发表的那些声明呢？所有这些，难道不正是**同**六三制度**基本原则讲和**的政策的表现吗？毫无疑问，正是这样。

《言语报》写道："5年来，我们没有发现，**在杜马范围内**社会民主党的策略同其他反对党的策略有什么两样。何况这里是在谈杜马选举问题。"

---

① 见本卷第51页脚注②。——编者注

真是诡辩和歪曲真相的典型！在任何一个问题上，社会民主党在第三届杜马中的策略都同立宪民主党的策略毫无相似之处。在所有问题上，社会民主党的策略都有原则上的不同：它**不是**“讲和”的策略，**不是**自由派的策略；它**一直是民主派的**策略，**阶级斗争的**策略。

难道《言语报》想叫人相信，只要都“投反对票”，就可以说是策略**相同**，而不需要在杜马发言人的发言中，在程序提案中，对问题的**原则**提法也相同吗？

难道《言语报》真的敢说，在杜马内说一套，在杜马外说另一套，是容许的吗？这岂不是为了把立宪民主党在**杜马外**宣传的**非**民主内容问题掩盖起来吗？

《言语报》写道：“我们不能否认，包括我们自己在内的‘民主派’有权提出独立的任务和主张。”

不对，有学识的自由派先生们！请把你们自己对自由派和民主派的区别的原则观点讲一下吧。请用英国、法国或德国历史上的实际例子——且不去说专门是工人的即无产阶级的马克思主义民主派——来解释一下这些观点吧。你们要想否认资产阶级自由派和资产阶级民主派在对待旧制度的态度上的区别，是办不到的。我们随时都能够向你们证明，你们是自由主义君主派资产阶级的政党，决不是民主派的政党。

在俄国，资产阶级民主派，那是形形色色的劳动派[33]和民粹派。

“一不做，二不休”。既然谈起了立宪民主党和左派的原则，就要认认真真地把原则讲个明白。只有这样，才能把竞选宣传提高一点，使它多少超出某个警察局长、某个省长或是某个行政当局干了多少多少非法勾当之类的问题。

载于1912年7月31日《真理报》第79号

译自《列宁全集》俄文第5版第22卷第13—14页

给瑞士工人的信[34]

(1912年7月)

亲爱的同志们:

我谨代表俄国社会民主工党向所有的瑞士同志说明一个事实:我党1912年1月全国代表会议已经在专门的决议中声明,**对各个国外俄国人集团不承担任何责任**。

此外,我还要说明,我党中央委员会**到现在为止,只批准过唯一的一个**俄国社会民主党国外组织,那就是**国外组织委员会**[35]和**它的苏黎世支部**。随信附上我党中央机关报出版的一本德文小册子,这本小册子详细叙述了那些从事分裂活动的国外俄国人小集团的所作所为①。

致党的敬礼!

俄国社会民主党驻社会党国际局[36]代表

列宁(弗·乌里扬诺夫)

1912年8月在苏黎世用德文印成单页

译自《列宁全集》俄文第5版第22卷第15页

① 参看本版全集第21卷第438—457页。——编者注

最后一个气门

(1912年8月5日〔18日〕)

我们上一篇论述俄国目前土地问题的文章(见《涅瓦明星报》[37]第15号),是以这样两段话结尾的:

“斯托雷平的土地纲领和民粹派的土地纲领的一个实际的共同点,就是两个纲领都要从根本上摧毁旧的中世纪的土地占有制。这点非常可贵。对于这种土地占有制除了摧毁不能采用别的办法。《言语报》和《俄罗斯新闻》[38]的一些立宪民主党人之所以最反动,是因为他们斥责斯托雷平不该摧毁这种土地占有制,而不去证明必须更彻底更坚决地摧毁这种土地占有制。我们将在下一篇文章中看到,斯托雷平的摧毁**不能**消灭盘剥制和工役制,而民粹派的摧毁却**能够**做到这一点。

我们暂且指出一点:斯托雷平的摧毁所产生的唯一完全现实的后果就是3 000万人挨饿。斯托雷平的摧毁能不能教会俄国人民**应当怎样**进行更坚决的摧毁,现在还不得而知。但是这种摧毁无疑正在进行这样的教育。能不能教会呢,——过些时候就会见分晓。”①

这样,我们现在就面临着一个问题:为什么斯托雷平对中世纪土地占有制的摧毁[39]**不能**消灭盘剥制和工役制,而农民劳动派或

① 见本版全集第21卷第393—394页。——编者注

民粹派的摧毁却能够做到这一点呢？

我们在分析这个问题之前，首先要指出，在这个问题上一些最流行的论断，也就是自由派、民粹派的论断和部分是修正主义者（彼·马斯洛夫）的论断中的一个根本错误就是抽象地**提出**问题，忘记了正在实际发生的具体的历史“更替”。在俄国，正在发生西方一些先进国家早已发生的那种更替，就是农奴制经济为资本主义经济所更替。

现在谈的是而且也只能是**这种**更替的形式、条件、速度和环境，因为**其他**一切往往被放在首要地位来考虑的内容，都不触及问题的本质，也就是不触及这种更替，而只是在那里**无意识地**兜圈子。

目前俄国农业中主要的农奴制形式是盘剥制和工役制。自然经济还相当大量地保存着，就是说，还存在着小农，他们在小块贫瘠土地上，用陈旧简陋的工具和生产方法从事经营而不能糊口；这种小农在经济上从属于邻近的大地产占有者，后者不仅把他们当雇工来剥削（这已经是资本主义的开始），而且把他们当小农来剥削（这是徭役制的继续），——这就是产生盘剥制和工役制的条件，或者更确切地说，是构成这两种制度的特征的条件。

在俄国欧洲部分，最大的地主和最贫困的农户是3万与1 000万之比。平均起来大致是：每有一个拥有2 000俄亩以上土地的地主，就有将近300个农户依附于他；这些农户每户只有将近7俄亩贫瘠的坏地，使用的是极其落后的原始的（这是从欧洲的角度来看，更不用说从美国的角度看了）农具。

一部分富裕农民“出人头地”，也就是说，成了小资产阶级，靠雇佣劳动力耕种土地。地主也有使用这种劳动力来耕种一部分土地，做一些农活的，这种地主多半是过去的贵族-农奴主或者是他们的后代。

但是，除了这种资本主义关系，在俄国欧洲部分的俄罗斯内地各省，还存在着把这种资本主义关系挤到次要地位的、由农民自备农具为地主耕种土地的制度，即昔日的徭役制的继续——工役制；还存在着“利用”小农（本身是**耕作者**，又是小业主）走投无路的贫困状况，来为邻近的地主“农庄”“效劳”的制度，即**盘剥制**。什么以工换贷，贷粮，冬季雇工，出租土地，允许使用道路、饮马场、草场、牧场、森林，贷放农具，如此等等，就是目前花样繁多的盘剥制形式。

事情有时竟荒谬到这样的地步：农民要把自己的粪肥上到主人的地里去，“农家主妇”还要奉送鸡蛋，——而且这不是发生在公元18世纪，而是发生在公元20世纪！

只要把目前俄国农业中的这些中世纪和农奴制残余的问题明确而如实地摆出来，就足以判断斯托雷平的“改革”起了什么作用。这种“改革”当然是延缓了濒于死亡的农奴制的末日的到来，正像臭名远扬的、自由派和民粹派大加赞扬的1861年的所谓“农民的”（实际上是**地主的**）改革[40]**延缓了**徭役制的末日的到来，使它以另一种形式保存到1905年一样。

斯托雷平的改革“延缓了”旧制度和旧农奴制农业的死亡，这表现在打开了又一个气门，并且是在不废除整个地主土地占有制的条件下可以打开的**最后一个**气门。打开了气门，放出来一些气，就是说，使得一部分完全破产的农民“巩固了”自己份地的私有权，又把这些份地卖掉，从有份地的无产者变成纯粹的无产者；其次是，使得一部分富裕农民巩固了自己份地的私有权，有的还经营起独立田庄，建立了比以前更为稳固的资本主义家业。

最后，打开了气门，放出了气，还使得有些地方消灭了特别难以容忍的土地零散插花现象，为实现资本主义制度下必不可免的农民土地的转移提供了方便。

但是，这种延缓是减少了还是增加了农村的矛盾？是减少了还是增加了农奴制大地产的压迫？是减少了还是增加了“气”的总量？对这些问题的答案只能是：增加了。

3 000 万人挨饿实际上就证明了，在目前只能是这个答案。这是小业主在挨饿。这**仍然**是那种旧的、盘剥制的、贫困的和受尽农奴制大地产压榨的农民经济发生危机的图景。在欧洲，在有大片**非**农奴制的领地的条件下，在资本主义的大地产的条件下，就没有也不可能有这样多人挨饿。

为数众多的农民，除了那些完全摆脱了土地束缚的无产者（他们“巩固”土地私有权是为了把土地卖掉）和极少数富裕农民以外，他们的处境依然如故，甚至每况愈下。任何巩固土地私有制的办法，任何消灭土地零散插花现象的措施，都不会使为数众多的贫苦农民——那些守着贫瘠的坏地，只使用已经破烂不堪的祖传农具，养着没有草料的役畜和牛羊的农民，变成有点文化的有点家业的业主。

对于那些依附于拥有 2 000 俄亩土地的地主（马尔柯夫或普利什凯维奇这一类型的）的、只有 7 俄亩小块土地的农民，无论是把他们分散到各处，把他们从村社解放出来，还是“巩固”他们少得可怜的土地的私有权，他们都仍然是免不了受盘剥的贫民。

斯托雷平的改革既**不能**消灭对众多农民实行的盘剥制和工役制，也**不能**消除他们忍饥挨饿的现象。斯托雷平的改革要“成功”，也就是说，要在我国农村建立起已经成型了的一般欧洲式的资产阶级制度，还需要在几十年里经过一次又一次这样的周期性的饥荒，还得使大批现有的农户死于非命才行。可是，在目前，在斯托雷平的“改革”经过了 6 年的试验，“巩固土地私有权”的人数等等 6 年来已有“辉煌”增长以后，已经不可能有任何怀疑：这种改革并没有消除也不可能消除危机。

对目前以至最近将来的俄国来说，完全无需争辩的是，我们面临的还是保留着许多农奴制经济残余的旧的危机，即贫困的、受着马尔柯夫和普利什凯维奇类型的大地产盘剥的小农业的旧的危机。

而且，这种已经由 3 000 万人挨饿的事实十分鲜明地证实了的危机就在我们眼前明摆着，——尽管斯托雷平打开了马尔柯夫和普利什凯维奇之流仅有的**最后一个**气门。他们（以及同他们一道的贵族联合会[41]）除了想由普利什凯维奇之流自己来推行资产阶级政策以外，没能想出①，也想不出什么别的办法，来保持普利什凯维奇之流的土地和权力。

目前俄国农村的矛盾归结起来就是：由过去的农奴主在完全保持他们的土地和权力的条件下，来推行资产阶级的土地政策。在土地问题上，这也是“在向资产阶级君主制转变的道路上迈了一步”[42]。

走向新制度的这一步，是由还保持着自己的无限权力、自己的土地、自己的特性、自己的环境的旧势力自己迈的。这是旧势力能

① 当然，应当理解“想出”一词的“实质”：统治阶级的“妄想”是受全世界和俄国的资本主义发展的整个进程限制和制约的。在向资本主义发展的俄国的目前阶级力量对比情况下，贵族联合会要想保持自己的权力，也不会有别的办法。

迈出的唯一的最后一步。这是最后一个气门。操纵着资产阶级国家的普利什凯维奇之流手里再没有也不可能再有别的气门了。

正因为走向新制度的这一步,是由还保持着自己的无限权力的旧势力自己迈的,所以这一步就无法造成、确也未曾造成什么稳定的局面。相反,正像目前一切迹象向我们清楚地表明的那样,这一步使旧的危机在俄国资本主义的另一个更高的发展阶段上更加加深。

旧的危机在新的环境下,在阶级关系明确得多的情况下,以新的形式加深起来;但是危机加深的同时,它的社会性质和经济性质(也不仅是经济性质)实际上仍然和从前一样。

屈指可数的几座农民资产阶级的出色的独立田庄;与此同时,有份地的无产者日益减少;普利什凯维奇之流还保持着自己的无限权力;大批受盘剥的中等农民一贫如洗,活活饿死;失去份地的无产者日益增多,——这就是今天俄国农村的景象。

斯托雷平的土地纲领不能够消灭盘剥制和工役制,而民粹派(指这个词的历史的和阶级的意义)的土地纲领却能做到这一点,这难道还需要加以证明吗?目前的农村情况使人产生这样的想法,就是在土地完全可以自由转移的条件下,出色的独立田庄一定能够使所有中世纪式的饥饿现象以及各式各样的盘剥制和工役制立即结束,如果这些田庄根据农民的自由选择建立在所有目前还不包括在"土地规划"以内的那 7 000 万俄亩地主的土地上的话,难道不是这样的吗?斯托雷平之流的土地措施要在"劳动派的"俄国才适用,历史的讽刺迫使我们得出这样的结论,难道不是这样的吗?

载于 1912 年 8 月 5 日《涅瓦明星报》第 20 号

译自《列宁全集》俄文第 5 版第 22 卷第 16—21 页

小小的考证

（1912年8月8日〔21日〕）

我国立宪民主党是民主派还是自由主义君主派资产阶级的政党，这个问题有很大的学术意义。

大家记得，在这个问题上，就连劳动派（资产阶级民主派）沃多沃佐夫也曾颇费踌躇。

《真理报》在谈到这个问题时，提到了**《言语报》上重申的格列杰斯库尔先生不久以前发表的那些声明**。①

《言语报》回答说："我们不知道，《真理报》指的是格列杰斯库尔先生的哪些声明。"

这可真怪了，不是吗？《真理报》说得很明确，它指的是《言语报》上**重申的**那些声明。这是怎么回事？莫非《言语报》**不知道**《言语报》上登了些什么吗？？不，自由派为了在选举前玩弄民主把戏，**很想**把自己前不久做过的某些事情忘掉，这样的推测不是更合乎情理吗？

不管怎样，为了把这个重要的学术问题弄清楚，我还是援引一下格列杰斯库尔先生的话，这些话是他在一系列公开讲演中说过的，又在《言语报》第117号（总第2071号）上**加以重申的**，而编辑部对此并未加注任何保留意见。

---

① 参看本卷第14—15页。——编者注

格列杰斯库尔先生写道："我在讲演的最后部分，针对'路标派'[43]关于俄国解放运动（似乎由于知识分子的过失）没有成功的论断进行了争辩，把这一论断同那些比彼·伯·司徒卢威还要左得多，但也认为这个运动没有为我们带来任何成果的人的意见作了对照；我支持了与此对立的另一种论断，认为恰恰相反，这个运动取得了很多成果，奠定了未来的立宪制度的基础，而且这基础打得极深极牢，深入到广大的人民群众之中。为了指出这两种论断的关键性分歧所在，同时阐明我也认为是当前政治上非常重要的一个思想，我从未来的角度来考察这两种论断，我说，从前一个论断出发（即如果说 1905—1906 年没有得到任何成果），一切就要从头开始，换句话说，就要组织第二次运动；从后一个论断出发（即认为 1905—1906 年奠定了俄国立宪制的基础），那就相反，用不着进行第二次人民运动，需要的只是平静的、顽强的、有信心的立宪工作。

刚说到这里，利巴瓦（事情发生在利巴瓦）的警察局长就打断了我的话。这样一来，在利巴瓦，警察当局也就跟着表了态，反对公开否认在俄国有举行新的革命的必要。"（1912 年《言语报》第 117 号（总第 2071 号））

格列杰斯库尔先生充分证明，利巴瓦的警察局长先生是搞错了。但另外，格列杰斯库尔先生还证明了两个重要的事实：(1)格列杰斯库尔先生和他的一伙同"路标派"的争论只是装腔作势，毫无意义。实际上，在所有的重要问题上，**整个**立宪民主党都是"路标派"。(2)马克思主义就立宪民主党在学术、经济和政治上的特征所作的评价，无疑是正确的。

载于 1912 年 8 月 8 日《真理报》
第 85 号

译自《列宁全集》俄文第 5 版
第 22 卷第 22—23 页

俄国工人的工资和资本家的利润

（1912 年 8 月 8 日〔21 日〕）

1908 年，对俄国工厂作过一次调查。[44]毫无疑问，这次调查提供的工人工资的数字是夸大了的，生产规模和资本家利润的数字则是缩小了的，因为在我国诸如此类的调查都纯粹是通过官方途径进行的，而且只向资本家了解情况，对工人则认为没有必要去询问。

我们就来看看这个对资本家极为有利的统计资料说明了什么吧。

根据迄今已经公布的仅有的初步资料，在俄国一共有将近 2 万个工厂（确切的数字是 19 983 个；下面我们在括号内注的是确切的数字，正文中则刨去尾数，以便阅读时比较容易明了和记住主要的数据）。

男女工人的总数是 225 万人（2 253 787 人）。其中还包括矿工和交纳消费税的生产部门的工人。

所有这些工人的工资总额是**5 亿多**卢布（55 570 万）。

要想知道每个工人的平均工资，就要用工人总数去除工资总额，结果得出的数字是 246 卢布。

这样，俄国 **225 万**工厂工人 1908 年所得的报酬总的平均起来，大体上每人每月只有 **20** 卢布 50 戈比！

假如考虑到，要靠这点钱养活一家人，而且目前房租和粮价这样昂贵，那就不能不说，这点工资实在少得可怜了。

现在再来看看，资本家得了多少利润。要得出利润的数字，就要从生产总额即从所有工厂的进款总额中减去资本家的全部支出。

生产总额超过 45 亿卢布(465 100 万卢布)。资本家的全部支出是 40 亿卢布(408 200 万卢布)。

这就是说，资本家的利润是 **5 亿多卢布**(56 870 万卢布)。

平均每个工厂的利润是 **285 000 卢布**。每个工人平均**一年**为资本家赚得 **252 卢布**的利润。

现在，我们再把工人的工资和资本家的利润比较一下。每个工人平均一年领到工资 246 卢布，而给资本家一年赚得的利润是 252 卢布。[①]

由此可见，工人为自己工作**的时间不到半天**，而**半天多的时间**是在为资本家工作。假定一个工作日平均为 11 小时，那么工人得到的就只相当于 5 个半小时，甚至还不到 5 个半小时的报酬。其余的 5 个半小时，工人就白白劳动，得不到任何报酬，工人在这半天生产的全部产品就都变成了资本家的利润。

载于 1912 年 8 月 8 日《真理报》
第 85 号

译自《列宁全集》俄文第 5 版
第 22 卷第 24—25 页

① 每个工人一年创造的全部新价值是 498 卢布。

罢工斗争和工资

(1912 年 8 月 9 日〔22 日〕)

大家知道,俄国工人 1905 年有名的罢工斗争,不仅在政治上,而且在经济上,都获得了非常巨大的胜利。现在,从工厂视察员的报告资料[45]中,就可以对这些胜利的程度,得出一个相当确切的概念。

根据这些资料,俄国工厂工人的平均工资如下:

1901 年	201 卢布	1906 年	231 卢布
1902 年	202 卢布	1907 年	241 卢布
1903 年	208 卢布	1908 年	242 卢布
1904 年	213 卢布	1909 年	236 卢布
1905 年	205 卢布	1910 年	242 卢布
5 年平均	206 卢布	5 年平均	238 卢布

由此我们可以看出,1905 年是发生转折的一年。也就是说,在 1905 年以后,一年的工资**一下子**就从 205 卢布提高到了 231 卢布,即**增加了 26 卢布**,提高了 10%还多。

至于 1905 年的工资比 1904 年减少了 8 卢布,关于这个情况,应该注意到以下两点:第一,1905 年是经济萧条的年头,即工业衰退的年头;第二,根据商业部的资料,这一年工人由于少领了罢工期间的工资而损失了 **1 750 万卢布**,即平均每个工人一年损失了 10 个卢布以上。

因此,可以说,1905 年一年的实际工资本应是 215 卢布,但工人从这215卢布中为1905年那场出色的、世界上罕见的斗志顽强、波澜壮阔的罢工斗争献出了10个卢布。

总之，我们现在通过对1901—1910年整整10年的资料的研究，已经可以清楚地看出**革命前**和**革命后**两个时期之间的**惊人的**差别。

1905年以前，俄国工厂工人的平均工资是206卢布，1905年以后，是238卢布，即**每年多了32卢布**，增加了15.5%。

工资在一年当中就有了那么大的增长，以至资本家以后的任何努力（大家知道，资本家曾经把1905年的全部成果一个一个地夺走）都无法使工人的生活再降到从前那样低的水平。1905年这一年使俄国工人的生活水平提高的程度，是平常几十年也达不到的。

根据官方统计，工人在1905年的罢工中，由于少领了罢工期间的工资而损失了1 750万卢布。根据同一统计，1905年资本家损失的产值是12 730万卢布。

由于1905年以后工资的提高，工人在5年中（1906—1910年），平均每人每年多得32卢布，以180万工人计算，一年就多得5 760万卢布，或者说，**5年一共多得28 600万卢布**。

载于1912年8月9日《真理报》
第86号

译自《列宁全集》俄文第5版
第22卷第26—27页

莫斯科省工厂的工作日

（1912年8月11日〔24日〕）

И.М.科兹米内赫-拉宁工程师出了一本关于莫斯科省工厂工作日和工作年长度的著作。

作者收集的材料反映的是1908年年底的情况，涉及的工人有219 669人，即占莫斯科省工厂工人总数（307 773）的$\frac{7}{10}$强。

作者根据这些材料算出的平均工作日是：成年工人和未成年工人是**9个半小时**，童工是7个半小时。

必须指出，这些材料完全没有把加班劳动计算进去（关于加班劳动，作者准备出一专著），其次，作者的材料仅仅是根据《企业主和工人厂内守则》整理的。

这个守则实际上是否得到遵守，这是我们这位工程师连提都没有提到的问题。只有工会来编制自己的统计，才会同时收集有关这个问题的资料。

就各个企业来说，这9个半小时的工作日是有很大出入的。

从作者的统计表可以看出，有**33 466名工人每天**工作**超过10小时！**他们占被调查的工人总数的15%以上。

有**13 189名工人每天**工作**超过11小时**，75名工人每天工作超过12小时。受这种超长工作日折磨的工人，大部分是在纺织工业部门。

如果注意到，将近$\frac{1}{3}$的工人没有列入作者的调查范围，那就会得出这样的结论：莫斯科省有**2万多**工厂工人的工作日是长得不像话了。

最后，科兹米内赫-拉宁工程师的资料表明，就连极陈旧的、允许实行11个半小时(!!!)工作制的俄国1897年法令，**厂主都没有遵守**。这个法令规定，在两班制的情况下，每个工人的工作时间，按两周计算，每昼夜不得超过9小时。

事实上，在作者调查的83 990名两班制工人中，有14 376人工作**超过9小时**。他们占两班制工人总数的17%。而做修理工和辅助工的3 733名两班制工人中，就有2 173人，即**几乎占到**$\frac{3}{5}$，每昼夜要工作9小时以上！即使按照官方的统计数字，也总共有16 500名工人被迫工作得超过法律允许的长度！

1908年，莫斯科省所有被调查的219 669名工人中，只有4 398人实行了八小时工作制。这就是说，八小时工作制现在也是完全可以做得到的，只是还得让那215 000名工人向这4 000名工人看齐才行。

载于1912年8月11日《真理报》
第88号

译自《列宁全集》俄文第5版
第22卷第28—29页

莫斯科省的工作日和工作年

(1912 年 8 月 12 日〔25 日〕)

科兹米内赫-拉宁工程师用这个标题出版的著作(1912 年莫斯科俄罗斯帝国技术协会莫斯科分会劳动促进博物馆常务委员会出版,定价 1 卢布 75 戈比),是一本反映 1908 年年底情况的资料汇编。

资料涉及 219 669 名工人,即占全省工厂工人总数(307 773)的 71.37%。作者说:“材料是按工厂逐一仔细研究过的,综合进去的那部分材料都是翔实可信的。”

按说这类统计,如果资料综合得比较得当,哪怕发表得很迟,也会是非常有用的。但我们不能不表示遗憾,因为科兹米内赫-拉宁先生的统计表编得非常细致,他用了很多精力计算各种总数和百分比,可是精力用得不是地方。

丰富的材料看来把作者的头都搞昏了。他做了几百个、几千个完全多余的、只会使著作冗杂不堪的计算,而几十个绝对必需的数字,他却没有去计算,可是没有这些数字,就勾画不出事物的全貌。

的确,在作者的几乎布满全书的主要统计表中,列出了这样一些详细的数字,例如,把按连续两周的工时数(109—120 小时)计算的每昼夜工作 9—10 小时的工人分为 16 类,又算出每类工人每昼夜的平均工时数!而且都是算了两遍:生产工人一遍,辅助工人一遍。

不能不认为，这样详细分类，第一，是完全多余的，看来像是为统计而统计，玩弄数字游戏，这会**妨碍**看清全貌，使得材料**很难**适用于研究工作。第二，作者以误差不及百分之一的精确度计算出来的这些"平均数"，十分之九都是白费力气，因为可以担保，这本书的1 000个读者（未必会有1 000个读者）中，未必会有一个感到需要这种"平均数"（即使这一个读者不巧碰上了这种倒霉透顶的需要，他**自己**也能够把**它**算出来！）。

同时，一些十分必需的、作者稍微花点气力就**可以**计算出来的，而且对于想要透彻了解这一调查资料又是非有不可的综合数字，这本书里却**一个也没有**。例如没有这样几项综合数字：(1)按生产行业综合的一班制、两班制和三班制工人的数字；(2)生产工人和辅助工人的数字；(3)按生产行业综合的平均工时数；(4)成年工人和童工的总工时数；(5)按工人人数划分工厂类别的数字。

我们来谈谈最后一项。看来，作者是很勤勉的（如果从他已发表的和准备发表的著作目录来看，他占有的材料非常丰富、很有意义，也许对他的方法作批判性的分析，就能够不仅在理论上，而且直接在实践上，有所补益。我们已经引过作者的话，他说，收集的"材料是按工厂**逐一**仔细研究过的"。

就是说，即使按照我国官方统计资料划分的工厂类别（20名工人以下的，21—50名工人的，51—100名工人的，101—500名工人的，501—1 000名工人的，1 000名工人以上的），把这个材料综合一下，也是完全可能的。作这样的综合是否需要呢？

无疑是需要的。统计工作不是把数字随便填到几个格格里去，而应当是用数字来说明所研究的现象在实际生活中已经充分呈现或正在呈现的各种社会类型。有 50 名工人和有 500 名工人的工厂，是值得我们注意的现象的两个极不相同的**社会类型**，所有文明国家的整个社会发展正在扩大这些类型之间的**差别**，使其中一个把另一个**挤掉**，这还有什么可以怀疑的吗？

就拿工作日的材料来说。如果我们**自己**来做一下这本书所没有做的一些必要的统计工作，我们就可以从作者的总计表得出这样的结论：在调查过的 22 万名工人中，有 33 000 名工人**每昼夜**工作 **10 小时以上**，而所有 22 万名工人的平均工作日是 9 个半小时。试问，受着超长工作日折磨的不就是**小**工厂雇用的工人吗？

产生这个问题是很自然的，也是必要的，它决不是随便提出的。世界各国的政治经济学和统计学**使**我们**不能不**提出的正是这个问题，因为小工厂延长工作日是极常见的事情。资本主义的经济条件使小业主必须延长工作日。

实际上，在作者的材料中，可以用来回答这个极重要的问题的资料**是有的**，只是作者把它综合掉了！作者在资料汇编中给我们画了一长串不说明任何问题的格格，列了一大堆极详尽的"平均数"，而**没有**按工人人数把工厂作必要的划分。

对莫斯科省来说，作这样的划分比其他地方更加需要(如果这方面可以比较的话)，因为在莫斯科省除了生产大量集中，小工厂的数量也相当大。根据 1910 年的统计，莫斯科省共有 1 440 个工厂，335 190 名工人。其中有一半工人(167 199 人)集中在 **66 个工厂**里，而另一方面，有 669 个工厂总共只有 18 277 名工人。显然，这是两种完全不同的社会类型，统计资料不把它们区分开来，就会毫无用处。

作者热衷于统计连续两周工作 94、95 直到 144 个小时的工人人数这样的一些数字，以致**完全忽略了**工厂的数字。这方面的数字，他这本著作的第二部分，即关于工作年长度的那部分，是提到了，可是第一部分，即关于工作日部分，却根本没有举出工厂的数字，尽管作者手头显然有这样的材料。

莫斯科省那些规模最大的工厂，不仅是独特的工厂类型，而且是一些具有特殊的生活条件和文化条件（或确切些说，没有文化的条件）的独特的居民类型。把这类工厂划分出来，把按工人人数划分的每类工厂的材料分别加以详细分析，是进行合理的经济统计的必要条件。

现在我们从科兹米内赫-拉宁先生的著作中提出几个最主要的总计数字来谈谈。

我们已经说过，作者关于工作日长度的调查涉及莫斯科省219 669名工厂工人，占全省工厂工人总数的71.37%，而他的统计所涉及的纺织工人要多于其他生产部门的工人。被调查的纺织工人占纺织工人总数的74.6%，其他生产部门的工人中被调查的只占49%—71%。**看来，小**工厂的材料调查得比较少。他所作的年工作日数的统计至多只涉及58%的工厂（1908年1 394个工厂中的811个）和75%的工人（307 773人中的231 130人）。显然，在这里被忽略的恰恰是那些较小的工厂。

作者提供的工作日长度的总计数字，只是把全体工人合在一起计算出来的。得出的平均数是：成年工人每昼夜9个半小时，童工7个半小时。必须指出，童工人数不多，只有1 363人，成年工人却有218 306人。这就使人会想到，是不是特地把童工“藏了”起来，不让视察员看见呢？

219 669 名工人中，一班制的有 128 628 人(58.56%)，两班制的有 88 552 人(40.31%)，三班制的有 2 489 人(1.13%)。在纺织工业中，两班制工人多于一班制工人：两班制工人(仅“生产”工人，不包括辅助工人)有 75 391 人，一班制工人有 68 604 人。如把修理工人和辅助工人都算在内，两班制工人就有 78 107 人，一班制工人就有 78 321 人。相反，在五金工人中，一班制工人(17 821 名成年工人)要比两班制工人(7 673 人)多得多。

我们把每昼夜工时数不同的工人总计一下，就可以得出如下的数字：

每昼夜工时数	工人数	
8 小时以下	4 398	
8—9 小时	87 402	
9—10 小时	94 403	
10—11 小时	20 202	33 466
11—12 小时	13 189	
12 小时以上	75	
总　计	219 669	

由此可见，在俄国每昼夜工作不超过 8 小时的工人是多么少：219 669 人中，只有 4 398 人。相反，每天工作时间长得不像话的工人却非常多：22 万名工人中，竟有 33 466 人，也就是说，有 15%以上的工人**每昼夜**工作 **10 小时以上**！这还没有包括加班时间。

其次，从下面的数字可以看出一班制工人和两班制工人的工作日长度的差别：这些数字只涉及成年“生产工人”，即不涉及占工人总数 8%的修理工人和辅助工人。

工作日长度	每昼夜做左列工时数工作的工人的百分数	
	一班制工人	两班制工人
8 小时以下	1.3	1.0
8—9 小时	13.3	81.9
9—10 小时	60.7	14.7
10—11 小时	15.2	1.4
11—12 小时	9.5	1.0
12 小时以上	—	—
总　计	100.0	100.0

由此可见，有 17%的两班制工人每昼夜工作 **9 小时以上**，就是说，比拉宁先生公正地认为过分落后的我国 1897 年法令所准许的工时数还要长。这项法令规定，两班制工人每昼夜的工时数不得超过 9 小时，——这是按两周计算的。而拉宁先生的所有计算和表格正是以“连续两周”为期的。

既然连这样明确的法令都被破坏，那么我国工厂法其余大部分规定给弄成什么样子，也就可想而知了。

一个一班制工人（只指成年“生产工人”）每昼夜的平均工时数是 9.89 小时。就是说，主要实行的是不折不扣的**十小时工作制**，星期六也不例外，加班时间还不在内。不用说，这样的劳动时间无疑是过长的，是不能容忍的。

一个两班制工人每昼夜的平均工时数是 8.97 小时，就是说，大多数人实际上都是根据上述法令对他们的要求，实行九小时工作制。把工作日缩短到 8 小时是非常必要的，因为在两班制的情况下，所谓“夜间”是指从晚上 10 点到第二天早晨 4 点（!!），就是说，**夜间**的相当长的一段时间，对工人来说，实际上都成了“**白天**”。实行九小时工作制，把夜间变成白天，工人经常夜间工作，——这就是莫斯科省的普遍现象！

我们在结束对科兹米内赫-拉宁先生的资料的评论时要指出，他把工作年的平均长度确定为 270 天。纺织工人的短些——268.8 天，五金工人的长些——272.3 天。

这些有关工作年的长度的资料，科兹米内赫-拉宁整理得也极其不能令人满意。一方面，完全没有必要的过分详细的分类，——一张工作年长度的综合统计表，竟有整整 130 道横格！在这里，工厂、工人等等的数字，都是按照每个实际存在的工作日数（一年的），从 22 天到 366 天**逐一**列出的。作这样的“详细分类”倒更像是根本“没有消化”原始材料。

另一方面，这里，一些绝对必需的综合数字，不管是按工厂工人人数的多少，还是按动力的不同情况（手工工厂和使用机器的工厂）综合的数字，也都没有。因此，就根本无法让人**了解**工作年的长度对各种条件的依从关系。作者收集的极其丰富的材料，由于综合得十分糟糕，都**白费了**。

我们即使根据作者的材料，只要稍加整理，也就可看出（大体上，远不精确！）大生产和小生产之间的差别的意义。现在，我们按工作年的长度划分**四个**工厂类别：（1）一年工作不到 200 天的；（2）200—250 天的；（3）250—270 天的；（4）270 天以上的。

我们把上述每一类的工厂数和男女工人数综合一下，便可得出如下的情况：

工作年长度	一年平均工作日数	工厂数	工人数	每个工厂的平均工人数
200天以下	96	74	5 676	76
200—250天	………236	91	14 400	158
250—270天	………262	196	58 313	297
270天以上	………282	450	152 741	339
总 计	………270	811	231 130	285

从这里,可以清楚地看出,工厂愈大,工作年就愈长(总的来说)。可见,小企业在实际生活中的社会经济意义比之比如这些企业的工人数在工人总数中所占的比重的意义来,还要**小**得多。这些企业的工作年比大企业短得多,所以它们的生产量也就是微不足道的。此外,在工作年很短的情况下,这些(小)工厂不可能造就无产阶级的固定骨干,——就是说,这里的工人还更多地受土地的"束缚",看来,他们的工资比较少,文化程度也比较低,等等。

大工厂加重剥削,把工作年延长到极限,从而造成与农村断绝一切联系的无产阶级。

如果看到工作年的长度是取决于工厂的技术装备(手摇发动机和机器发动机等等)的话,那就无疑会找到说明居民的生活条件、工人状况、我国资本主义的演进等等许多极有意义的数字。但是,所有这些问题,作者可以说根本没有触及。

他仅仅提供了不同生产行业的工厂工作年平均长度的数字。总平均数的相差幅度并不很大:从第9类(矿物加工)的一年246个工作日到第12类(化学生产)的一年291个工作日。

正如读者所看到的,这些差数比一般大工厂和小工厂(不管属哪个生产行业)的工作年长度的差数要小得多。

从社会经济统计的角度来看,按生产类别算出的差数**没有**按生产**规模**算出的差数能够说明问题。这当然不是说，前一种差数就可以忽视，而是说，不考虑到后一种差数，就绝对不可能编出像样的统计资料。

载于1912年8月12日《涅瓦明星报》第21号

译自《列宁全集》俄文第5版第22卷第30—38页

在 英 国

(1912年8月12日〔25日〕)

英国的自由派执政已有6年半了。英国的工人运动日益发展壮大。罢工正在变为群众性的罢工，并且不再是纯粹的经济罢工，而是在向政治罢工转化。

不久以前显示了这种群众斗争威力[46]的苏格兰煤矿工人的领袖罗伯特·斯迈利宣称，煤矿工人在下一次大战斗中，将要求把煤矿收归国有。而这下一次的大战斗一定会到来，因为英国所有煤矿工人都充分地认识到，臭名昭著的最低工资法不可能真正改善他们的生活状况。

英国的自由派眼看就要失去立足之地，于是便想出新的战斗号召，来争取选民群众在一定时期内对自由派的再度信任。不行骗，货就卖不出去——这是资本主义的经商口号。不行骗，就当不上议员——这是自由国家的资本主义政治的口号。

自由派为了达到这个目的而想出的“时髦”口号，就是要求实行“土地改革”。自由派及其愚弄群众的行家劳合-乔治提出的这个口号究竟指的是什么，还不清楚。看来，是指增加土地税，别无其他。再搜刮几百万用于军事冒险，扩充舰队，——这就是用“土地归还人民”等等冠冕堂皇的词句掩饰起来的实际内容。

英国的农业完全是按资本主义方式经营的：农场主-资本家租

用大地主(土地占有者)的面积适中的土地,雇用工人耕种。

在这种情况下,实行任何“土地改革”,都丝毫不能改变农业工人的生活状况。在英国,赎买地主土地甚至可能成为对无产阶级的更进一步的掠夺,因为地主和资本家掌握国家政权,他们可以将自己的土地高价卖出。而出钱的还是纳税人,就是说,依然是工人。

自由派在土地问题上的喧嚷有一个好处,就是促使农业工人考虑必须组织起来的问题。

而当英国农业工人觉醒过来,组成工会的时候,自由派再用“改革”或分给雇农和日工份地的骗人的“诺言”,就蒙混不过去了。

不久以前,英国一家工人报纸的撰稿人访问了农业工人的老领袖约瑟夫·阿奇。阿奇做过很多工作,来唤醒农业工人走向自觉的生活。这个事业未能立即取得成功,阿奇提出的给每个农业工人“3英亩〈1英亩合$\frac{1}{3}$俄亩多一些〉土地和1头奶牛”的口号也未免幼稚;他建立的工会垮了,但是他的事业没有垮,英国农业工人组织起来的问题又提上日程。

阿奇现在已经83岁。他还住在他出生的那个乡村,他出生的那幢房子里。他告诉来访的人说,农业工人工会曾经使每周的工资提高到了15、16、17先令(1先令合将近48戈比)。但目前,英国农业工人的工资又下降了,——在阿奇所在的诺福克,降到了每周12—13先令。

载于1912年8月12日《真理报》第89号

译自《列宁全集》俄文第5版第22卷第39—40页

俄国的生产集中

（1912年8月12日〔25日〕）

俄国也和所有资本主义国家一样，生产正在集中，就是说，愈来愈向少数大企业和特大企业集中。

在资本主义制度下，每一个企业都完全受市场支配。在市场支配下，企业愈大，愈能低价出售自己的产品。大资本家购进原料价格较低，消耗原料较省，又使用精良的机器，等等。小业主则在破产，在垮台。生产愈来愈集中到少数百万富翁手里。这些百万富翁往往通过股份公司吸收中等业主和“小鱼们”的资本，加强自己的势力。

就拿俄国工厂工业1910年的资料同1901年的来比较一下。[47]

按工人人数的工厂分类	工厂数		工人数(单位千)	
	1901年	1910年	1901年	1910年
50 人以下的……	12 740	9 909	244	220
51—100人……	2 428	2 201	171	159
101—500人……	2 288	2 213	492	508
501—1 000人……	403	433	269	303
1 000 人以上的……	243	324	526	713
共　计……	18 102	15 080	1 702	1 903

所有资本主义国家的一般情况都是这样。小工厂的数量在**逐渐减少**：小资产阶级、小业主在破产，在垮台，变为职员，有的成为无产者。

特大企业的数量在迅速增加，而且这类企业在整个生产中的比重增长得更大。

从1901年到1910年，有1 000名工人以上的特大工厂几乎增加了½，从243个增加到324个。

1901年，这类工厂的工人约50万（526 000人），即不到工人总数的⅓，而到1910年，就**超过了70万**，即超过了工人总数的⅓。

特大工厂把小工厂挤垮，使生产愈来愈集中。愈来愈多的工人向少数企业集中，而千百万联合起来的工人所创造的全部利润则落到一小撮百万富翁手里去了。

载于1912年8月12日《真理报》第89号

译自《列宁全集》俄文第5版第22卷第41—42页

飞黄腾达之路

（1912年8月18日〔31日〕）

不久以前去世的百万富翁、《新时报》[48]的发行人阿·谢·苏沃林，他的一生，反映了和代表了整个俄国资产阶级社会历史中一个很有意思的时期。

他步入生活之初，是个贫民，自由主义者，甚至还是个民主主义者；到了晚年，却成了百万富翁，成了一个扬扬得意的恬不知耻的资产阶级的吹鼓手，每逢当权者的政策发生变化，他都要出来献上一番殷勤。这对**许许多多**"有学识"、"有知识"的所谓上流社会人士来说，难道不是颇为典型的吗？当然，并不是所有的人玩弄变节伎俩都能这样飞黄腾达，变为百万富翁，但至少有十分之九的人（如果不是百分之九十九的话）正是在玩弄这种变节伎俩，从激进派的学生**开始**，**最后**谋得某个公务部门或某种投机活动中的"肥缺"的。

贫苦学生，由于交不起学费，没有进大学；县城中学的教员，兼做贵族代表的秘书，有时也在知名的富有的农奴主家里授几堂课；刚刚起步的、自由派的甚至是民主派的新闻工作者，倾向于别林斯基和车尔尼雪夫斯基，仇恨反动派，——苏沃林在上世纪50—60年代就是以这样的身份**开始**他的生涯的。

同情英国资产阶级和英国宪制的自由派地主卡特柯夫，在俄国第一次民主高潮时期(19 世纪 60 年代初),转向了民族主义和沙文主义,参加了猖狂的黑帮活动。

自由派新闻工作者苏沃林,在俄国第二次民主高潮时期(19 世纪 70 年代末),转向了民族主义和沙文主义,堕落到向当权者卑躬屈膝的地步。靠了俄土战争,这个追求飞黄腾达的人“大显身手”,找到了一条卖身投靠的捷径——他的《**有何吩咐报**》[49]因此获得了大量的犒赏。

《**有何吩咐报**》这个雅号,苏沃林的《新时报》保持了几十年。这份报纸在俄国成了卖身求荣的报纸的典型。“新时报主义”成了背叛、变节和吹牛拍马的同义语。苏沃林的《新时报》是做“零沽零饮,均所欢迎”[50]的兴隆买卖的典型。在这里,他们什么买卖都做,从政治见解一直到色情广告。

而目前,在俄国第三次民主高潮过去以后(20 世纪初期),又有多少自由主义者沿着“路标派的”道路,转向民族主义和沙文主义,向民主派大泼污水,向反动派阿谀奉承!

卡特柯夫—苏沃林—“路标派”,这就是俄国自由派资产阶级**从民主派转向**维护反动派,转向沙文主义和反犹太主义的几个历史阶段。

觉悟的工人会愈来愈坚定自己的信念,他们懂得:资产阶级的这种转变是不可避免的,——正像劳动群众转而拥护工人民主派的思想一样。

载于 1912 年 8 月 18 日《真理报》
第 94 号

译自《列宁全集》俄文第 5 版
第 22 卷第 43—44 页

致社会党国际局书记处

1912年8月31日

尊敬的同志：

您寄来的波兰王国和立陶宛社会民主党[51]总执行委员会关于该组织发生分裂的第15号(1912年7月)通报[52]，已经收到。

作为俄国社会民主工党驻社会党国际局的代表，我不能不对这个通报表示强烈抗议，理由如下：

1. 波兰王国和立陶宛社会民主党总执行委员会声称，华沙委员会“不属于波兰王国和立陶宛社会民主党作为自治部分参加的俄国社会民主工党”。

然而，波兰王国和立陶宛社会民主党总执行委员会没有任何权利决定或宣布谁属于我所代表的俄国社会民主工党。

波兰王国和立陶宛社会民主党总执行委员会本身现在就不属于我们党，因为它在组织上既同我所代表的1912年一月代表会议选出的中央委员会没有关系，也同与这一中央委员会对立的取消派中心(所谓“组织委员会”)没有关系。

2. 波兰王国和立陶宛社会民主党总执行委员会声言，分裂是“在国家杜马选举前突然”发生的，这不符合事实。

据我个人了解，这个波兰王国和立陶宛社会民主党总执行委员会本身，早在两年前就同其前任委员马列茨基和加涅茨基发生了激烈争执，并把加涅茨基从执行委员会开除出去了，——这个总执行委员会那时就该预见到会发生分裂的。

3. 总执行委员会的声明是在撒谎，说什么：

第一，华沙组织，“也和沙皇俄国的其他一切革命组织一样”，钻进了奸细；

第二，分裂是在“保安机关的积极配合”下发生的，——尽管总执行委员会不能指名道姓地说出一个人来，不敢说出一个明确的疑点！

为了从道义上打垮政治上的对手，竟公然无耻地诬陷对方有“保安机关的配合”，但又没有足够的勇气，哪怕指名道姓地说出一个人，说出一个明确的疑点，这该有多大的撒谎本领啊！

我相信，国际的每个委员都会愤怒地驳斥这种前所未闻的斗争手法。

我同波兰王国和立陶宛社会民主党总执行委员会的两位前任委员马列茨基和加涅茨基相识多年，他们是公开同华沙委员会携手并进的。正好我接到的华沙委员会的正式通报证明了这一事实。

在目前这种情况下，我认为自己有责任把附上的波兰王国和立陶宛社会民主党华沙委员会的抗议书转给社会党国际局[53]。

鉴于总执行委员会的声明已分发给社会党国际局全体委员，我就不得不请您，尊敬的同志，把我的这项声明，连同华沙委员会的抗议书，也分发给加入国际的各党代表。

致党的敬礼！

尼·列宁

载于1912年11月21日《工人报》第19号

译自《列宁全集》俄文第5版第22卷第45—46页

立宪民主党和土地问题

（1912年8月19日〔9月1日〕）

立宪民主党在同《真理报》的论战中，尽管费尽心机，也未能回避他们是民主派政党还是自由主义君主派政党的问题。

这个问题十分重要。它不仅仅具有一般原则上的意义，能为澄清基本的政治概念提供材料。此外，这一涉及妄图领导整个反对派的立宪民主党的本质的问题，是同整个俄国解放运动的**所有**根本问题密切相关的。因此，任何人，只要他自觉地对待选举运动，重视这一运动在群众的政治教育中的意义，他就应当十分关心这场有关立宪民主党的本质的问题的争论。

立宪民主党的《言语报》现在企图抹杀这场争论，用遁词和谩骂（“造谣”，“歪曲”等等）把原则问题掩盖起来，把取消派在发泄由于组织上的激烈争执引起的私愤时辱骂我们的某些词句搬了出来。这都是在原则争论中感到无能为力的那些人所采用的司空见惯的、陈腐不堪的手法。因此，为了答复立宪民主党人，我们应当把原则问题重新阐述一下。

民主派和自由派，一般说来，有哪些区别呢？不论是资产阶级民主派，还是自由派（所有的自由派都是资产阶级自由派，但并不是所有的民主派都是资产阶级民主派），都反对旧制度，反对专制制度、农奴制度、最高等级的特权等等，都拥护政治自由和立宪的

“法”制。这是他们共同的地方。

他们的区别是：民主派代表大多数居民。它赞同他们的小资产阶级偏见，例如，期望通过重新“平均”分配全部土地，不仅可以消灭农奴制的一切残余（这种想法还是有根据的），而且可以摧毁资本主义的基础（这种想法就完全没有根据，因为**任何**重分土地的办法，既不能消除市场和货币的统治，也不能消除资本的统治和无限权力）。但是，民主派相信群众运动，相信群众运动的力量和正义，决不害怕这种运动。民主派坚决主张把**一切**中世纪特权统统消灭干净。

自由派不是代表大多数居民，而是代表少数居民，也就是大中自由派资产阶级。自由派害怕群众运动和彻底的民主派**甚于**害怕反动势力。自由派不仅不致力于完全消灭一切中世纪特权，反而**维护**某些最重要的特权，竭力想要由普利什凯维奇之流和米留可夫之流来瓜分这些特权，而不是加以全部消除。

自由派主张政治自由和实行宪制时，总要打些折扣（如两院制和许多别的主张），而每打个折扣都是为了保留农奴主的特权。自由派总是这样摇摆于农奴主和民主派之间；因此，自由派在一切稍微重大一点的问题上，总是显得极端**软弱无力**，简直令人难以想象。

俄国的民主派，是指工人阶级（无产阶级民主派）和形形色色的民粹派、劳动派（资产阶级民主派）。俄国的自由派，是指立宪民主党以及“进步派”[54]和第三届杜马中的大多数民族集团。

俄国民主派取得了一些重大的胜利，俄国自由派没有取得任何胜利。前者善于斗争，它的失败也总是整个俄国的重大的历史性的失败，而且即使遭到失败，民主派的要求也总有一部分得到了实现。后者即自由派，**不善于**斗争，在俄国历史上，它总是受农奴主的蔑视，就像奴仆受老爷的蔑视一样，除此之外，没有任何别的记载。

我们拿立宪民主党的土地纲领来验证一下这些总的看法和基本的原则前提。《真理报》曾向立宪民主党人指出，他们的非民主性通过立宪民主党人别列佐夫斯基第二在第三届杜马中就土地问题所作的发言[①]得到了证明。

立宪民主党的《言语报》在第208号上回答道："大家知道，别列佐夫斯基第二的发言是对立宪民主党土地问题纲领的肯定。"

瞧，这个回答多么狡黠！我们说，别列佐夫斯基第一[②]的发言是**非**民主地提出问题的典型。《言语报》很清楚，我们认为的自由派不同于民主派的特征究竟是什么。但它根本不想认真研究问题，不想明确说出，它《言语报》认为自由派不同于民主派的哪些特征是确实的，并且检查一下，别列佐夫斯基第一的发言有没有这些特征。所有这一切，《言语报》都没有做。《言语报》竭力回避问题，从而暴露了它在原则上的弱点和心术不正。

但是，就连《言语报》也没敢否认**整个**立宪民主党对别列佐夫斯基第一的发言应负的责任。它把别列佐夫斯基第一的发言称为"对立宪民主党土地问题纲领的肯定"，就是承认，而且不得不承认立宪民主党应承担这一责任。

好极了。我们现在就来引一下第三届杜马代表亚·叶·别列佐夫斯基这位辛比尔斯克的地主的这篇无疑是立宪民主党的

---

① 见本卷第14页。——编者注

② 《真理报》和《言语报》说的别列佐夫斯基**第二**，是都弄错了。那个立宪民主党人是别列佐夫斯基**第一**，叫亚历山大·叶利扎罗维奇，是辛比尔斯克的地主。

正式发言的几个主要地方。我们将通过分析发言人的论点来看看，他所持的是民主派观点还是自由派观点。我们还要看看，立宪民主党先生们在他们数量很大的刊物上或是会议上，能不能驳倒我们。

1908年10月，亚·叶·别列佐夫斯基在第三届杜马中说(我们是根据《俄国报》[55]上的速记记录引证的)："我深信，这个法案〈立宪民主党的土地法案〉对土地占有者也非常有利〈不仅对农民〉，先生们，我所以这样说，是因为我熟悉农业，我自己一生就是从事农业，并且占有土地。从建立文明的农业的角度来看，人民自由党的法案无疑要比现行制度更有益处。不应当光是抽出强制转让这一事实，对这一事实感到气愤，说这是暴力，而应当研究和考虑一下，**我们的法案建议实行的办法是以什么形式表现出来的，这种强制转让的办法是怎样实现的……**"

我们把亚·叶·别列佐夫斯基先生的这些货真价实的金玉良言用黑体标出，说这些话是金玉良言，这是因为它道出了难得的实情。谁要是回顾一下马克思主义者布尔什维克在第一届杜马[56]时期批驳立宪民主党人的发言和文章，或是现在花点工夫把这些文章浏览一下，他就会承认，亚·叶·别列佐夫斯基在1908年出色地证实了布尔什维克1906年的论断是正确的。而且我们可以预言：凡是客观一些的历史记载都将再三证实**他们的**政策是正确的。

我们在1906年说过：不要听信"强制转让"这些**铿锵的**话语。全部问题在于：**谁**强制**谁**。如果是地主强制农民用高价购买坏地，像臭名昭著的1861年的赎买那样，那么这种"强制转让"就是对地主有利、而使农民破产的**地主的**改革。①

自由派，立宪民主党人，提出强制转让的问题，是在地主与农

① 参看本版全集第13卷第100—103页。——编者注

民之间，黑帮与民主派之间**随风转舵**。1906年，他们向民主派解释“强制转让”的时候，竭力把这说成是某种民主性的东西。到1908年，他们向第三届国家杜马中的“死硬派”解释的时候，又向“死硬派”证明，应当研究一下“这种强制转让是以什么形式表现出来的，是怎样实现的”。

我们来听听立宪民主党的这位正式发言人是怎么说的吧：

亚·叶·别列佐夫斯基说：“就拿第一届国家杜马的42位代表的法案来说吧。这个法案只是〈一点不错，别列佐夫斯基先生！〉认为，必须首先转让占有者自己没有经营的土地。其次，人民自由党主张在各地成立委员会，这种委员会应该在一定期间弄清楚哪些土地应当转让，哪些不该转让，农民要有多少土地才能满足。这些委员会的成员应当是一半农民，一半非农民。”

亚·叶·别列佐夫斯基先生还有一点没有说出来。谁要是想查对一下载于立宪民主党出版的《土地问题》文集第2卷的库特列尔（立宪民主党在土地问题上的公认代表）的土地法案，就会看到，这个法案规定，委员会的主席是由政府任命的，就是说，这些主席还是地主的代表。

但是，即使假定亚·叶·别列佐夫斯基比库特列尔更确切地反映了立宪民主党的观点，假定亚·叶·别列佐夫斯基**全部**都说出来了，而且立宪民主党人真的要求成立由农民和“非农民”**各半**组成的、没有阶级政府的代表参加的委员会，那又怎样呢？是不是就有人敢断定，这样的法案是民主性的呢??

民主是多数人的统治。只有普遍、直接、平等的选举才可以说是民主的选举。只有根据普选制，由**全体**居民选出的委员会才是民主的委员会。从民主制的一般的、基本的、起码的道理出发，无疑会得出这样的结论，这还要我们来向立宪民主党人先生们唠叨，简直有点离奇。

立宪民主党人在纸上是承认普选权的。而**实际上**，在俄国解放运动的一个最重要的问题——土地问题上，他们就**不**承认普选权了！任何遁词和诡辩都不能抹杀这个头等重要的事实。

不要以为立宪民主党人在这个问题上，只是离开了普选权原则，离开了民主原则。不，他们依据的是**另一个**原则，即旧与新、地主与农民、黑帮与民主派"**妥协**"的原则。把一半给这部分人，把另一半给另一部分人，——这就是立宪民主党人宣扬的货色。

这恰恰是动摇不定的自由主义君主派资产阶级的典型原则。他们要求的不是**消灭**中世纪特权，而是由地主和资产阶级来**瓜分**这种特权。使"非农民"（说穿了就是地主）与占人口7/10的农民**平等**，就是**保留**和**肯定**中世纪特权，这难道真的还有什么可以争论的吗？中世纪特权就是一个地主在政治上相当于几百个几千个农民，否则中世纪特权还表现在什么地方呢？

地主和农民的**平等**，客观上的必然结果只能是地主和资产阶级瓜分特权。1861年的情况正是这样：地主把自己千分之一的特权让给了新兴的资产阶级，而农民群众却不得不遭受**半个世纪**（1861＋50＝1911）的痛苦：无权，备受凌辱，慢慢饿死，交纳苛捐杂税，等等。此外，不应当忘记，地主在1861年把自己千分之一的政治特权让给资产阶级（地方自治改革，城市改革，司法改革，等等）的同时，他们自己在经济上也开始向资产阶级转化，开办起酿酒厂、甜菜制糖厂，参加股份公司董事会，等等。

我们马上就可以看出，亚·叶·别列佐夫斯基先生本人根据一小撮地主和众多农民的这种"平等"，指出了一条什么样的最终出路。不过我们还是应该先来着重谈一下别列佐夫斯基下面这些话的全部意义:这些臭名昭著的委员会应当"弄清楚哪些土地**应当**转让,**哪些不该**转让,农民**要有**多少土地才能满足"。

关于给农民分土地的各种"份额"的一切议论,都不过是些空话,——顺便提一下,我们的民粹派知识分子,甚至最"左的"也不例外,往往用这种空话来迷惑自己和农民。重要的问题只有**一个**:是全部土地都应当转让呢,还是并非全部?如果是后者,那由**谁**来决定,**"哪些不该"**转让呢?(我就不必说,由**谁**来决定赎金的多少,因为赎买中世纪特权本身是一种自由派资产阶级的办法,但从根本上来说,是一种绝对不民主的、反民主的办法。)

立宪民主党土地法案里所有那些烦琐罗列的、四平八稳的条款,完全是空洞无物的官样文章。重要的问题只有一个:**谁**来决定**哪些**土地应当转让,**在什么条件下**转让?即使一个最理想的法案,如果回避了这个问题,也只能是一种骗局。

那么,别列佐夫斯基先生是怎样来解决这个唯一重要的问题的呢?其实很明白,即使在农民与"非农民"平等的情形下,也多半不会有什么妥协可言的,况且农奴主同昨天的农奴的友好妥协,根本就不需要制定什么法令。即使没有任何法令,农奴主也总是赞成同农奴"**友好**妥协"的。

所以,别列佐夫斯基先生向第三届杜马中的死硬派明确回答了这个棘手的问题。我们再听听他下面是怎么讲的吧:

"这样,各地进行了这项一般的具体的工作以后,当然会弄清楚'**可以**'〈请听!〉转让多少土地,农民需要多少土地〈为什么需要?为服劳役吗?对此,农奴主向来都是赞成的!〉,最后农民自己也会相信,他们的公正〈哼!哼!上帝保佑,千万别使老爷发怒,不要老爷的爱怜[57],也不要地主的"公正"〉要求可以在多大程度上得到满足。然后,这一切再提交给国家杜马和〈请听,请听!〉国务会议,经它们修改以后〈哼!哼!〉,才由陛下批准〈即批准为法律〉。

进行了这种有计划的工作以后〈这真是再“有计划”不过的了!〉,居民的真正需要就一定会得到真正满足,同时,文明田庄就会安定下来,保存下来,而这种田庄,**人民自由党除非迫不得已是决不愿意破坏的**。”

“人民自由党”的代表就是这样说的,这个党实在应当叫做地主放心党。

从这里可以明显不过地看出,立宪民主党的所谓“强制转让”是**地主对农民的强制**。谁要想否认这一点,他就应当证明,在国务会议[58]里,是农民比地主占优势!开头讲地主与农民“平等”,而到最后,要是没有友好妥协,就由国务会议来“**修改**”法案。

“人民自由党除非迫不得已是决不愿意破坏文明田庄的”,地主亚·叶·别列佐夫斯基先生这样说,他一定以为他的田庄是“文明的”。我们要问:由**谁**来决定,**谁的**田庄是文明的,哪些部分是“文明的”,什么时候才是“迫不得已”呢?答案就是:开头由地主和农民**各半**组成的委员会决定,然后由国务会议……

这是怎么一回事呢?立宪民主党是民主派政党呢,还是自由主义君主派资产阶级的反革命政党?是“人民自由”党呢,还是地主放心党?

俄国资产阶级民主派,即形形色色的劳动派和民粹派,他们的严重过错就在于,他们以为把地主土地分给农民就可以实现“平均制”,就可以普及“劳动原则”,等等;他们的过错还在于,他们空谈土地占有的各种“份额”,把中世纪土地占有制应不应该继续存在的问题搁在一边,不过,这个民主派还是帮助了新制度排除旧制度,它并没有编造一套为旧制度**保留**一系列特权的法案。

不,立宪民主党不是民主派政党,而是自由主义君主派资产阶级的反革命政党,——要想否认这一点,简直就是拿众所周知的事实开玩笑。

———

最后,我们来简单谈一谈其他一些幼稚的立宪民主党人可能提出的一个问题。既然立宪民主党的"强制转让"是地主对农民的强制,那为什么大多数地主又反对这种强制呢?

米留可夫先生1908年10月31日在第三届国家杜马**以历史学家的姿态**作的发言中,已经不由自主地对这个问题作了回答。**历史学家**米留可夫不得不承认,1905年年底以前,政府和**地主**都认为农民是**一种保守力量**。在1905年7月19—26日彼得戈夫的会议(这次会议筹备了布里根杜马[59])上,未来的贵族联合会的台柱阿·亚·鲍勃凌斯基和纳雷什金等人,都**主张让农民在杜马中占优势**。维特当时也认为,专制制度的支柱应当(而且可以)**不是**贵族,也**不是**资产阶级,而是"农民民主派"。①

米留可夫先生说:"先生们,这是一个很重要的时刻,因为正是在这个时候,政府想出了强制转让的主意(有人喊:是库特列尔想出来的)。是的,是库特列尔,先生们…… **库特列尔起草了关于强制转让的法案**。

……他拟定了这个法案,先生们;**这项工作进行了一个月还是两个月**,我不知道,**反正是直到1905年年底**。在众所周知的莫斯科事件发生以前,这项工作一直毫无阻碍地进行着;这个事件发生以后,气氛就起了显著的变化。"

1906年1月4日,贵族代表的代表大会开会了。这次大会根据一些传闻和个别报道,否决了库特列尔的法案。大会通过了自己的土地纲领(就是后来的"斯托雷平"纲领)。1906年2月,库特列尔大臣辞职。1906年3月30日,提出"农民"纲领的维特内阁

---

① 见《人民自由党党团演讲录》(在第三届国家杜马第2次常会期间)(1909年圣彼得堡版)第43页。遗憾而且万分遗憾的是,立宪民主党人**没有**把别列佐夫斯基的发言编进去……

就为提出“斯托雷平的”贵族资产阶级纲领的古尔柯—哥列梅金内阁所取代。

这就是**历史学家**米留可夫不得不承认的事实。

从这些事实得出的结论是很明显的。“立宪民主党的”强制转让法案，本是幻想依靠农民来维护专制制度的维特内阁库特列尔**大臣**的法案！当农民民主派得势的时候，他们就想用“和平的”、“强制转让的”、“第二次解放的”法案，用“地主”官僚式地“强制农民”的法案，来收买、腐蚀和欺骗这个民主派。

这就是历史事实所告诉我们的。立宪民主党的土地法案，就是维特内阁的大臣“玩弄”农民凯撒主义[60]的法案。

农民民主派有负众望。他们表明，而且在第一届国家杜马时期比在1905年似乎更为明显地表明，他们从1861年起，就开始**觉悟**了。在**这样的**农民面前，库特列尔-立宪民主党法案就成了荒谬的了：农民不仅不会再像从前那样受蒙蔽，而且会利用立宪民主党的地方土地委员会来组织新的冲击。

贵族代表1906年1月4日正确地断定，自由派地主（库特列尔之流）的法案只是一张废纸，并且把它扔掉了。国内战争**胜过**自由派官僚的空洞计划。阶级斗争摒弃了“社会和平”的幻想，尖锐地提出了一个问题：“要么是斯托雷平的办法，要么是劳动派的办法”。

载于1912年8月19日《涅瓦明星报》第22号

译自《列宁全集》俄文第5版第22卷第47—56页

拙劣的辩解

(1912 年 8 月 21 日〔9 月 3 日〕)

我们在 8 月 9 日《真理报》第 86 号上发表的《罢工斗争和工资》[①]一文中,援引了我国官方关于 20 世纪头 10 年俄国工厂工人的平均工资的统计资料。

结果表明,工人通过 1905 年著名的罢工斗争,使自己的工资从 206 卢布(一个工人一年的平均工资)提高到了 238 卢布,即增加了 32 卢布,或者说增加了 15.5%。

我们这个结论,官方的《俄国报》是不喜欢的。该报 8 月 15 日发表了一篇社论,详细转述了我们引用的统计资料(但不知为什么没有明确指出,这些资料是从哪张报纸引来的),企图推翻我们的结论。

《俄国报》写道:“工人的工资 1906 年有了急剧的上升,这当然是事实,但与此同时,就在同一时期内,所有物价也骤然上涨了,这也是事实……”接着,《俄国报》计算了一下,按它的算法,工资提高了 20%,而生活费用上涨了 24%。《俄国报》的算法在一切方面都是很不正确的。实际上,工资并没有提高那么多,而生活费用上涨得还要多些。

但是,我们暂且不去纠正《俄国报》的错误。只就它的数字谈

---

① 见本卷第 28—29 页。——编者注

一谈。

《俄国报》写道："……这些数字根本不能说明工人赢得了什么。从他们常常抱怨日子难过的情况来看，倒可以得出相反的结论：他们未必赢得了什么。"

你看，《俄国报》的推论多么离奇！既然工资的提高没有生活必需品价格上涨得那么多，那就是说，**还**必须**大大**提高工资！这难道不是很明显吗？

而工人不进行经济斗争，不举行罢工，又怎么能够提高工资呢？《俄国报》难道见过这样的资本家，在生活必需品涨价的时候，他们会**自己**提出给工人提高工资吗？

《俄国报》承认，工资急剧上升是在1906年，那就是说，是进行广泛的、大规模的、世界上罕见的斗志顽强的罢工斗争的结果。而食品价格**早在1905年以前**就开始上涨了。例如粮价，**从1903年起**就未下降过，而是一直在上涨。畜产品的价格从1901年起就未下降过，而是一直在上涨。

这就是说，工人只是通过罢工斗争才争取到使工资随着粮价和其他食品价格的上涨**也**开始有所提高。既然工资提得还不够高，——**连**《俄国报》**也**承认这一点——那就必须继续提高。

载于1912年8月21日《真理报》
第96号

译自《列宁全集》俄文第5版
第22卷第57—58页

取消派和"统一"[61]

(1912年8月24日〔9月6日〕)

前几天出版的《涅瓦呼声报》第7号,只能叫做歇斯底里的狂吠。差不多有两个版面,本来应该登载工人新闻,却充斥着对《真理报》和《涅瓦明星报》的恶毒谩骂。可笑的是,这种谩骂竟是在工人阶级的"统一"和选举运动的"统一"这一口号下进行的。

我们要回答取消派说:先生们,工人阶级的统一是一个伟大的原则。但像你们那样,一面叫喊"统一",一面想把自由派知识分子取消派集团的纲领和候选人强加给工人阶级,那就未免太可笑了。

《真理报》已经用**确切的**数字证明,"取消主义在工人运动中的影响是微不足道的;它只是在自由派知识分子中有很大的影响"(1912年8月1日《真理报》第80号)。① 现在,8月17日《涅瓦呼声报》第7号咒骂《真理报》的这些文章是什么"小品文式的"、什么"赫列斯塔科夫[62]式的",等等。不过,有一个简单的事实,就是《真理报》在半年内得到了**504次**工人团体捐款,而取消派报纸总共才募集到**15次**,——这是《涅瓦呼声报》连辩驳也不敢辩驳的。

从这里可以证明,叫嚷、喧嚣、谩骂和高喊统一,都不过是一种掩盖取消派在工人阶级中极端软弱的表现,除此之外还能得出什

① 参看本版全集第21卷第419—422页。——编者注

么别的结论来呢?

任凭《涅瓦呼声报》怎样咒骂我们,我们还是要平心静气地向工人指出确凿的事实。请看看《涅瓦呼声报》第7号上列举的7、8两月"为增加报纸经费"(直截了当地说,是为了恢复由于得不到工人群众的支持而暂时停刊的取消派报纸)募集的捐款数吧。这些捐款的账目载明:募集到52次,共827卢布11戈比。其中仅有两次是团体捐款:一次是**"莫斯科发起小组"**的35卢布,另一次是**"巴黎的一些朋友"**的8卢布54戈比。其余的50次个人捐款中,有35次共708卢布,就是说,**平均每次捐款20多个卢布**。

让《涅瓦呼声报》老羞成怒,破口大骂去吧,但是事实总归是事实。"发起小组"是从工人阶级政党中**分裂出去的**取消派集团,这是人所共知的。这点就连普列汉诺夫也早在1912年4月公开地直截了当地承认过。

分裂出去的取消派集团靠资产阶级自由派知识分子的捐助,恢复了自己的报纸,为的就是同工人报纸展开斗争!!可是连这个集团也在叫喊"统一",这怎能不叫人感到好笑呢!

载于1912年8月24日《真理报》第99号

译自《列宁全集》俄文第5版第22卷第59—60页

谈谈“吃掉立宪民主党人”

（1912年8月26日〔9月8日〕）

《真理报》和《涅瓦明星报》对布兰克、科罗布卡、库斯柯娃几位先生之流攻击工人报刊的种种卑劣的自由派行径，给予了严厉的但完全是必要的反击。

尽管对“抵制工人的先生们”的答复已经十分完满，但还有一个非常重要的原则问题须要探讨一下。布兰克和库斯柯娃几位先生之流极力用笨拙的谎言来抹杀和模糊这个问题。但我们不应该允许掩饰原则问题，我们应该揭示这些原则问题的全部意义，透过布兰克和库斯柯娃之流的一大堆歪曲、诽谤和咒骂，挖掘出每个觉悟的工人都关心的意见分歧的根源。

其中一个根源可以用“吃掉立宪民主党人”一语来表达。只要听听取消派孤单的但却是执拗的声音，听听还没有完全明确党派关系的公众的议论，往往就会看到，他们对《真理报》和《涅瓦明星报》即使不是指责，也至少要摇头，理由是两报要“吃掉立宪民主党人”。

我们就来研究一下所谓“吃掉立宪民主党人”这个原则问题吧。

对《真理报》所以会有这样一种指责，首先和主要是由于这样两个情况：(1)不了解在选举运动中和总的说在当前政治上的“两个和三个阵营"的问题的实质;(2)没有注意到马克思主义报刊即工人民主派的报刊现在所处的特殊条件。

先谈谈第一个问题。

所有的自由派都主张所谓两个阵营——**拥护**宪制的阵营和**反对**宪制的阵营——的论点。从米留可夫到伊兹哥耶夫,从普罗柯波维奇到马·马·柯瓦列夫斯基,在这点上都是一致的。不能不看到,两个阵营的论点是由我国整个自由派的**阶级本质**所决定而必然产生的。

从经济上来看,这种本质表现在什么地方呢?表现在,自由派是资产阶级的政党,而资产阶级是害怕农民群众运动,尤其是害怕工人运动的,因为这种运动(在目前,在最近的将来,在整个资本主义制度还未改变的情况下)会**限制**资产阶级的**经济**特权的范围和形式。而资产阶级的经济特权就是对资本的占有,在俄国这种占有能带来比欧洲多一两倍的利润。

为了保持这种"俄国式的"超额利润,就不能容许第三个阵营独立存在。

例如,即使实行八小时工作制,资产阶级也完全可以保持自己的统治。而且这样一来,资产阶级的统治甚至会比在实行十至十一小时工作制的条件下更彻底、更纯粹、更广泛、更加随心所欲。但是,阶级斗争的辩证法偏偏是这样:除非万不得已,迫于无奈,资产阶级是决不会用八小时工作制来代替稳妥可靠的、习以为常的和可以大量获利(奥勃洛摩夫[63]式的获利)的十小时工作制的。

对八小时工作制的上述态度,也可用以说明对参议院、对地主土地占有制以及对许多其他事物的态度。

资产阶级是不会放弃俄国旧有的稳妥可靠的、得心应手的和可以大量获利的剥削形式，而代之以**完全**欧洲式的，**完全**民主的剥削形式的（因为民主——请《箴言》杂志[64]的肝火旺盛的英雄们听了不要动气——**也**是资产阶级统治的一种形式）；我们说，除非万不得已，迫于无奈，他们是不会这样干的。

这种万不得已的局面，只有群众运动达到了一定的规模，发挥了一定的威力，才会形成。于是资产阶级为了捍卫自己的经济利益，就极力反对这种运动，**也就是**反对第三个阵营独立存在。

从政治上来看，自由派的阶级本质表现在什么地方呢？表现在，害怕上述社会阶层的运动，因为这种运动会断送资产阶级所珍惜的政治特权。自由派害怕民主派甚于害怕反动势力。这是1905、1906和1907年这几年的事实证明了的。

为了维护**他们某一方面**的政治特权，就不能容许第三个阵营独立存在，就要把**一切**反对派限制在不是**拥护**宪制就是**反对**宪制的公式所反映的**这个**立场上，而且只能限制在这个立场上。

这个公式所反映的**完全是**立宪的立场。这个公式并**未超出**立宪改革的框框。这个公式的实质，无意中说漏了嘴的格列杰斯库尔先生已经在他的声明中绝妙地、准确无误地表达了出来，他的那些声明《言语报》曾毫无保留地重申过，前不久《真理报》也转引过①。

这个公式的实质完全是“路标派”的观点，因为“路标派”需要的也就是这些，他们宣扬的其实也没有什么不同的东西。“路标派”决不反对宪制，也不反对立宪改革。“路标派”“**只是**”反对民主派以及民主派对各种立宪幻想的批判。

俄国自由派是相当“机灵的”政客，他们自称“民主派”，以便同

① 参看本卷第24—25页。——编者注

民主派作斗争,不许民主派独立存在。这也是所有资本主义国家的一切自由派资产阶级通常采取的正常活动方式:打着民主派的招牌迷惑群众,**使**群众**离开**真正民主的理论和真正民主的实践。

而世界各国的经验,包括俄国的经验在内,无可争辩地证明,只有这样的实践才能够带来真正的进步,而自由派由于害怕民主派,由于遵循路标派和格列杰斯库尔之流的理论,必然会一筹莫展,就像1861—1904年的俄国自由派和1849—1912年的德国自由派一筹莫展一样。

第三个阵营,即民主派阵营,了解自由派的局限性,没有他们那种不彻底性和不果断性,不像他们那样动摇不定和畏首畏尾,这个阵营如不系统地、一贯地、经常不断地对自由派进行批判,就形成不了,也存在不下去。

如果对这种批判采取轻视的或敌对的态度,把这种批判说成是"吃掉立宪民主党人",这就正是有意无意地宣扬**自由派的**观点。这是因为实际上,单从问题的提法就可以看出,对立宪民主主义的**整个**批判**本身**,就是对反动势力的批判,对右派的批判。《涅瓦明星报》第12号①说得十分正确:我们同自由派的论战"比同右派的斗争**更加深刻,更加富有内容**"②。

① 参看本版全集第21卷第365—366页。——编者注

② 《言语报》反对这种说法,它说:如果是这样,那为什么右派还情愿**援引**《真理报》来反对《言语报》呢?《言语报》在这里把意思曲解了,如果右派给《真理报》的**自由**比给《言语报》还多,那才是反对社会民主党的重大论据了。但谁都知道,事情恰恰相反。我们报纸的自由比《言语报》要少百分之九十九,地位的稳固要差千分之九百九十九,受到的"宪法的"保护要少万分之九千九百九十九。任何一个有点文化的人都清楚,《俄国报》和《新时报》拿《真理报》来**奚落**《言语报》,而他们对《**真理报**》是要扼杀,对《言语报》只是埋怨和责骂而已。这是"两个重大的差别"。

事实上，俄国每有一百种自由派报纸，也未必会有一种马克思主义的报纸，因此说我们对立宪民主党人的批判“太过分”了，那简直太可笑。为了用反自由派的、明确而自觉的民主派情绪来替代社会上和人民中间占主导地位的“一般反对派”情绪，我们需要做的连百分之一都还没有做。

没有这种“替代”，在俄国，就没有而且也不可能有任何井然有序和条理分明的局面出现。

指责“吃掉立宪民主党人”，或者对“吃掉立宪民主党人”嗤之以鼻，都不过是玩弄辞藻的一种手法，是宣扬自由派观点的一种方式，而如果这是在对工人宣扬或者还涉及工人的事情，那就恰恰是宣扬自由派工人政策的观点的一种方式了。

从多少是彻底的、经过周密考虑的取消派观点来看，指责“吃掉立宪民主党人”，是可以理解的，也是**必然的**。这种指责恰恰反映了取消派的本质。

请看看取消派的整个观点，看看这些观点的内在逻辑，它们之间的联系和各个命题的相互依存关系：“结社自由”是立宪改革；经济罢工加上一点“政治**活跃**”，仅此而已；把富有远见的选举纲领说成是“发疯”；把任务规定为争取**党的**公开存在，即依然规定为争取立宪改革；把俄国的政权说成**已经**是资产阶级的政权（拉林），把工商业资产阶级说成已经是统治阶级；对工人说，“只要”抓住专制制度与立宪制度的矛盾“就行了”（马尔托夫）。

整个说来，这就是**改良主义**，这就是自由派工人政策的一整套观点。问题决不会因为某个伊万或彼得在维护这些观点（或者说**其中某一部分**，因为取消派正处在“日益增长的任务的增长过程中”）的同时，又**自**称为“马克思主义者”而有所改变。

问题不在于他们的善良愿望（如果他们有这种愿望的话），而在于他们的政策客观上起的作用，即在于这个政策 cui prodest——对谁有利，实际上帮谁的忙。

这是在**自由派**同右派进行“斗争”（莫非是争吵？）的**基础上**来维护工人的利益，而不是**为建立**民主派反自由派的、削弱右派的**基础**而斗争。取消派站在工人一边，这是毫无疑义的。但是，他们对工人利益的**理解**，使他们不是在**民主派不顾**自由派的反对、昨天建设过、明天还要建设（今天也在用看不见的方式建设）的那个俄国范围内，而是在自由派答应建立的**这个**俄国**范围内**来维护这些利益的。

整个问题的关键就在这里。新的俄国还不存在，还没有建立起来。工人是应当在米留可夫与普利什凯维奇之流正在建设的那样一个俄国里营造自己“阶级的”（其实是行会的）安乐窝呢，还是应当**自己**动手，按照自己的意愿，不顾米留可夫之流的反对，建设一个完全没有普利什凯维奇之流的新俄国呢。

这个新俄国不管怎样都是资产阶级的，但从斯托雷平的资产阶级政策（土地政策和非土地政策）到孙中山的**资产阶级**政策，是有“很长的距离”的。

俄国目前这个时期的全部实质，就是确定这个距离的长度。

我们说“不顾米留可夫之流的反对”。这个“不顾”，也就是“吃掉立宪民主党人”。因此，我们决不害怕这样的字眼，我们不论现在和将来**原则上**都是**“吃掉立宪民主党人派”**，一分钟也不忘记工人阶级的特殊任务——**既要**反对米留可夫，**又要**反对孙中山们。

指责“吃掉立宪民主党人”，不过是（有意无意都是一样）要工人在建立新俄国的时候，跟着米留可夫之流跑，而不是不顾米留可夫之流的反对去率领俄国的小孙中山们……

我们还要简单谈一下那些谈论“吃掉立宪民主党人”的人所忽略了的第二个情况。

他们说：为什么不**正面**发挥自己的观点呢？为什么要过分地进行**论战**呢？说这种话的人似乎是这样推断的：我们并不反对与立宪民主党迥然不同的特殊路线，我们并不反对三个阵营，我们只是反对“用论战代替政治”，才用上取消派的一位朋友的这么个辛辣的说法的[65]。

要回答说这种话的人并不困难：第一，新的观点只有通过论战才能发挥出来（马克思主义的观点同自由派的观点相比，不论是从出现的时间，还是从传播的范围来说，都是新的）。第二，《涅瓦明星报》和《真理报》现在活动的这个场所，**完全**是马克思主义**理论**宣传的场所。如果把这个场所看成某种作用更大的东西，那就错了：这里有的**仅仅**是理论上的“a b c……”、起码常识、理论入门、对工作方针的指示，还不是工作本身。

马克思主义者由于“某些客观原因”，不可能在上述场所“从正面”提出自己的实际结论。因此，夸大这一场所的作用，就会犯**取消派的**错误。这里，至多也不过是指出**方针**，并且**只**能用批判立宪民主党人的形式指出来。

《新时报》和《庶民报》[66]为了**奚落**立宪民主党人，把情况说成这样：你看，人家要**吃掉**你们立宪民主党人了，没有什么好说的。《言语报》由于某些十分明显的原因，**装出**赞同这种“解释”的**样子**。科罗布卡和库斯柯娃之流，有的由于极端愚蠢，有的由于十足的“立宪民主党人的奴才气”也装出这副样子。

但是，凡是政治上能够分辨是非的人都很清楚，就对立宪民主党人的**每一**点批判来说，马克思主义者的"吃掉立宪民主党人"的做法指出的全都是**另一种**"反对派"（如果我可以用这个不太恰当的字眼的话）的**方针**。

当一个马克思主义者由于卡拉乌洛夫的"拜神派的"发言而"吃掉"立宪民主党人的时候，他就不可能正面发挥自己的观点。但任何一个能分辨是非的人都会明白：民主派如果是拜神派，就不成其为民主派。

当一个马克思主义者由于格列杰斯库尔的发言而"吃掉"立宪民主党人的时候，他就不可能正面发挥自己的观点。但任何一个能分辨是非的人都会明白：民主派如果同意格列杰斯库尔的观点，就不成其为民主派。

当一个马克思主义者……如果我们要把我们之所以"吃掉立宪民主党人"的所有问题、所有论点都这样列出来，那永远也没有个完。仅仅举出上面两个例子，就足以充分说明我们关于**第二个**情况的命题：**指责吃掉立宪民主党人，就是表现了一种庸俗的、有害的、恶劣的偏见，似乎某个场所就等于一切场所**。

不妨再说一句，我们还是要做"吃掉立宪民主党人派"，这也正是为了同这种有害的偏见进行斗争。

载于1912年8月26日《涅瓦明星报》第23号

译自《列宁全集》俄文第5版第22卷第61—68页

工人和《真理报》

（1912年8月29日〔9月11日〕）

《真理报》已经对半年来的工作作出了一个总结。①

这一总结最突出最充分地表明，**只是**由于工人自己的努力，**只是**由于他们在斗争中热情高涨，大大发扬了果敢顽强的精神，**只是**由于4—5月的运动，彼得堡的工人报纸《真理报》才得以问世。

《真理报》的这个总结，开头只是列举了工人团体为工人日报捐款的数字。这些数字向我们表明的只是工人的**一小部分**支援，从这些数字还不能直接看出难能可贵得多的支援，也就是精神上的支援，例如亲自参加工作，支持报纸的方针，提供材料，进行讨论，推销报纸，等等。

但是，就是《真理报》掌握的这些有限的数字就已表明，有数目相当可观的工人团体与《真理报》**直接**建立了联系。现在，我们总的来看一下这个统计数字：

工人团体为《真理报》捐款的次数

1912年1月	14
1912年2月	18
1912年3月	76
1912年4月	227
1912年5月	135

① 参看本版全集第21卷第409—425页。——编者注

1912 年 6 月	34
1912 年 7 月	26
1912 年 8 月(至 19 日)	21
共　计	551

总计有 **551 个**工人团体为《真理报》捐了款。

如果把工人其他方面的许多募捐和捐款数字也统计一下，那是很有意义的。我们在《真理报》上经常看到为支援某次罢工的捐款账目。我们看到为"受害者"、"勒拿惨案遇难者"、《真理报》的个别编辑捐款的账目，也看到为选举运动以及赈济饥民的募捐，等等。

由于这些募捐名目繁多，在这里作出统计是十分困难的，所以我们还很难说，统计数字是不是能把情况反映得令人满意。但是，无论如何，这些名目繁多的募捐显然在**工人生活**中有着极其重要的一页。

《真理报》的读者大多由于俄国生活艰难的外在条件而散居各地，彼此隔绝，他们如果把工人捐款的账目跟俄国各地职工的来信**联系起来**读一读，就会**在一定程度上**了解到，各行各业和各个地区的无产者在怎样进行斗争，怎样觉醒起来，捍卫工人民主派的利益。

工人生活新闻栏在《真理报》上刚刚**开始**办起来并有所加强。毫无疑问，今后，除了登载有关工厂的营私舞弊、新的无产阶级阶层的觉醒、为工人事业的某一方面募集捐款等情况的来信以外，工人报纸还将发表有关工人的见解和情绪、选举运动、工人初选人的选举以及工人在读什么和他们对什么问题特别感兴趣等等的报道。

工人报纸是工人的讲坛。应该在这里向全俄国不断地提出工人生活问题，特别是工人民主的问题。彼得堡的工人开了一个头。俄国无产阶级对他们经过灾难深重的年月以后办起第一张工人日报的努力表示感激。我们一定要继续他们的事业，同心协力地支持和发展首都的这份报纸，因为它是第一只报春的燕子，预示着工人组织及各种工人报纸将要遍布全俄国。

这样一个俄国**有待**我们工人去建立，我们**一定能建立**这样一个俄国。

载于1912年8月29日《真理报》第103号

译自《列宁全集》俄文第5版第22卷第69—71页

从前和现在

（1912年8月30日〔9月12日〕）

18年前，1894年，彼得堡的工人运动刚刚开始以其在马克思主义学说的光辉照耀下的群众性的崭新面貌出现。

70年代只触动了工人阶级的极少数上层人物。工人阶级的先进分子在当时就已经显示出，他们是工人民主派的伟大活动家，但是群众还在沉睡。只是到了90年代初，**群众**才开始觉醒，整个俄国民主派才随之进入了一个新的、更为光荣的历史时期。

很遗憾，我们在这一个小小的对比中，只能谈一下工人运动的一种表现——即经济斗争和经济“揭露”——的一个方面。

当时，1894年，只有少数几个先进工人小组热烈讨论提供揭露工厂内幕材料的计划。由工人自己向他们的同伴说出有分量的话，揭露资本家骇人听闻的营私舞弊行为，这在当时是了不起的稀罕事。至于公开谈论这类事情，那就根本不可能。

但是，正在觉醒的工人群众，尽管遇到种种困难和障碍，还是能够设法了解到向他们提供的揭露工厂内幕的材料的。罢工斗争开展起来了，工人阶级的经济斗争同其他更高级的斗争形式之间的**联系**不可遏止地加强了。俄国民主派的先进部队觉醒起来了，——经过了**10**年，它就充分显示了自己的威力。俄国正因为有了这支力量，才冲破了旧事物的束缚。

谁要是还记得彼得堡的先进工人在1894年最初向群众提供

的揭露工厂内幕的材料，谁就会感到把这些材料同《真理报》揭露的工厂内幕材料比较一下，那是很有意义、大有教益的。对工人斗争的一种表现作这样一个小小的比较，就可以很清楚地看出工人斗争的**整个**规模，它的广度、深度及威力等等的发展情况。

当时，只有那么五六种揭露工厂内幕的材料，印成几十份，由工人秘密散发。

现在，每天发行几万份的《真理报》，登载着几种涉及各个不同劳动部门的揭露工厂内幕的材料。

当时，只有那么五六个所谓"小组"，在某个知识分子出身的马克思主义者的参加下讨论(当然是秘密讨论)工厂里的制度，确定哪几点应该作为"公布"的内容。

现在，千百个自发成立的工人小组，讨论自己的迫切需要，主动地把自己写的信件、揭发材料、要求反抗和联合的呼吁书送到《真理报》来。

起初不过是点点星火，开始时行动还相当胆怯，但仅仅过去了18个年头，工人们便向真正的**群众**运动跨进了一大步。

很遗憾，我们**只**能把揭露工厂内幕的情况比较一下。但是，这种比较已足以说明，走过的路程有多么伟大，这条道路要导向什么目标。

18年，对负有解放人类这一最伟大的世界任务的整个阶级来说，是个不长的历史时期。

这段路程的一大半是在摸索中走过的。现在大路已经找到了。让我们更勇敢地更步调一致地前进吧！

载于1912年8月30日《真理报》第104号

译自《列宁全集》俄文第5版第22卷第72—73页

国际法官代表大会

（1912年8月30日〔9月12日〕）

现在，在维也纳，正在举行国际法官第一次代表大会和德国法学家第三十一次代表大会。

与会的达官显宦代表发表的演说，反动气焰极为嚣张。资产阶级的法学家和法官先生们大兴讨伐，反对人民参与审理案件。

现代国家通常有两种参与审案的主要形式：（1）陪审法庭，——陪审员只能裁断是否有罪；专职法官才有权判刑并主持诉讼程序；（2）舍芬庭[67]，——舍芬庭陪审员类似我们的“等级代表”，与专职法官有同等权利参与决定**一切**问题。

各立宪国家的“开明”法官就这样声色俱厉地发表演说，反对人民代表参与审理案件的一切做法。有个代表，叫埃尔斯纳，他猛烈抨击陪审法庭和舍芬庭，说这会造成“法律适用上的无政府状态”，他主张废止这类形式，实行法官的**终身制**。

对此我们要指出，这是用自由派的要求来代替民主的要求，掩盖彻底背叛民主的行径。人民的代表参加法庭，这无疑是民主的开端。要把这一做法坚持下去，首先就不能对陪审员的选举加以**资格**限制，就是说，不能用教育程度、财产状况、居住年限等条件来限制选举权。

在目前的陪审员中间，由于工人被排斥，往往是特别反动的小市民占多数。医治这种弊病的办法，就是发扬民主，采取彻底的完整的民主形式，而决不是卑鄙地弃绝民主。大家知道，在法庭体制方面，实行彻底民主的第二个条件，就是一切文明国家所公认的法官民选制。

各国的自由派资产者，其中包括我们俄国的自由派资产者如此热衷的法官终身制，不过是一种由普利什凯维奇之流和米留可夫之流，农奴主和资产阶级来**瓜分**中世纪特权的制度。**事实上**，终身制是不可能完全实现的，况且为不中用的、漫不经心的、恶劣透顶的法官去维护这种终身制，也是荒谬的。在中世纪，法官完全由封建主和专制政权委任。现在，到了资产阶级有很多机会涌进法官界的时候，他们就提出“终身制原则”（由于多数“有学识的”法学家都是资产阶级，所以委任的法官多半也必然是资产阶级出身的人）来**维护自己**，排斥封建主了。这样一来，资产阶级在主张法官委任制，**排斥封建主**的同时，也就**排斥了民主派**。

其次，值得指出的是德累斯顿的法官金斯贝格博士演说中的下面一段话。他谈到了**阶级司法**，即阶级压迫和阶级斗争在目前审理案件中的表现。

金斯贝格博士感慨地说道：“谁要是以为人民的代表参加法庭会排除阶级司法，他就完全错了……”

说得很对，法官先生！民主决不会排斥阶级斗争，而只会使阶级斗争成为自觉的、自由的、公开的斗争。但这不能作为反对民主的理由。这倒是要把民主贯彻到底的理由。

萨克森的这位法官（萨克森的法官在德国以对工人判刑严酷而著称）接着谈道：“……阶级司法无疑是实际存在的，但决不是社会民主党人所说的那样，袒护富人，歧视穷人。不是的，阶级司法的实际情况恰恰相反。我碰到过这样一桩案件。我们三个人审判:我,还有两个舍芬庭陪审员。其中一个是公开的社会民主党人,另一个也是那一类人物。一个罢工工人被指控打了一个工贼<“一个愿意去上工的工人”——萨克森的这位法官先生其实是这样讲的>,抓住这个工贼的脖子喊道:‘我们现在可该收拾你了,你这个该死的坏蛋!’

对这种野蛮行为通常要判 4—6 个月的徒刑,这还是最轻的惩罚。可你瞧,我却不得不花很大的气力使被告不致被宣判无罪。舍芬庭陪审员(社会民主党人)说我不了解工人的心理。我就回答他说:我非常了解挨打人的心理……”

援引金斯贝格法官的演说的德国报纸在这个地方注明:“**大笑**”。法学家先生和法官先生们都大笑起来。老实说,如果我们有机会听到这位萨克森法官的演说,我们也会忍不住笑起来的。

阶级斗争学说这个东西,有人总是从学术上(所谓学术上)使劲地反对它。但是,只要你实际地对待问题,留心看看日常的现象,那么,看吧!——就连最疯狂反对这个学说的人,也可能像萨克森法官金斯贝格先生这样,成为极有才干的阶级斗争的宣传家。

载于 1912 年 8 月 30 日《真理报》
第 104 号

译自《列宁全集》俄文第 5 版
第 22 卷第 74—76 页

在 瑞 士

(1912 年 8 月 31 日〔9 月 13 日〕)

我们在 7 月 12 日《真理报》第 63 号上,向读者介绍了 6 月 29 日(公历 7 月 12 日)苏黎世总罢工的情况。① 值得注意的是,决定这次罢工是**违背**一些政治组织的领袖们的意愿的。苏黎世所有工人组织的 425 名代表集会,主张罢工,高呼反对罢工的印刷工人的声明"可耻!"

现在,报刊上出现了揭露这种机会主义的材料。

实际上,瑞士工人的政治领袖的机会主义已经到了直接**背叛党**的地步。瑞士和德国工人的优秀刊物正是用这种尖锐而又公正的字眼来说明现任苏黎世市政局(市政管理局)委员的那些苏黎世社会民主党人的行为的性质的。苏黎世市政管理局为了**维护资本家**,禁止罢工纠察队的活动(于是,工人就决定举行一天总罢工来表示抗议)。

苏黎世市政局有 9 个委员,其中 4 个是社会民主党人:埃里斯曼,普夫吕格尔,福格尔赞格尔,克勒蒂。

这样,现在就很清楚,禁止纠察队活动是市政管理局**一致**通过的,也就是说,埃里斯曼和他的 3 个社会民主党同事也投了**赞成**票!!! 苏黎世州政府要求市政管理局禁止**所有**纠察队活动,而 4

① 参看本版全集第 21 卷第 406—408 页。——编者注

条绝顶聪明的鮈鱼[68]——不,是4位苏黎世社会民主党人,提出了一个"**折中**"的建议:只禁止已经停工的两个使用机器的作坊附近的纠察队活动。

当然,这种部分禁止纠察队活动的办法本来就是资产阶级所要求的,所以"社会民主党人"(?!)的建议就被市政管理局的资产阶级多数采纳了!

不仅如此。不久以前,苏黎世市政管理局公布了与总罢工有关的事件的报告。资本家宣布同盟歇业3天对罢工进行报复。苏黎世市政管理局在**4个**社会民主党委员**全都**参加的情况下,**一致**通过决定:为了维持秩序,必须**召集军队**来支援警察。

事情还不止于此。资产阶级的苏黎世市政管理局还对参加罢工的市属企业职工,进行了一系列的疯狂迫害。管理局开除了13名工人,给116名工人以纪律处分(降职、减薪)。市政管理局的这些决定也是在埃里斯曼及其两个同事的参与下,**一致**通过的。

埃里斯曼及其同伙的所作所为只能说是对党的背叛。

既然无政府工团主义者能够在工人面前批判社会主义政党容忍这类机会主义叛徒留在党内的行为,那么这些无政府工团主义者能在瑞士取得一定的成功也就不足为奇了。埃里斯曼之流的叛变正因此而具有巨大的国际意义,他们的叛变向我们**鲜明地**表明了,**内部**分裂的危险**来自何方**,是**怎样**威胁工人运动的。

埃里斯曼之流决不是投到敌人营垒中去的普通逃兵,这纯粹是一伙温顺的小市民,是满脑子立宪民主幻想的、习惯于议会的"鸡毛蒜皮"的机会主义者。阶级斗争一激化,立宪"制度"和"民主共和国"的幻想立即化为泡影,我们这些担任市政管理局委员的社会民主党庸夫俗子就张皇失措,滚到泥潭里去了。

觉悟的工人从这个可悲的事例中可以看到，机会主义在工人政党中泛滥，会导致什么结果。

载于1912年8月31日《真理报》第105号

译自《列宁全集》俄文第5版第22卷第77—79页

僧侣和政治

(1912年9月1日〔14日〕)

大家知道,目前,政府正竭尽全力,要在这次第四届国家杜马选举中,把整个僧侣阶层**发动起来**,使他们结成一股坚实的黑帮势力。

最值得注意的是,**整个**俄国资产阶级——不论是拥护政府的十月党人,还是反对政府的立宪民主党人,都同样竭力地、激愤地揭露和谴责政府的这个计划。

俄国商人和俄国自由派地主(更确切地说,是正在自由主义化的地主)担心不负责任的政府会由于"收罗"到百般顺从的神父们的选票而得到加强。不言而喻,民主派在这一点上是比自由派坚决得多的反对派(这还是委婉的、不确切的说法)。

我们已经在《真理报》上指出,自由派在僧侣问题上的立场是不民主的;他们不是为僧侣"不干预"政治的反动透顶的理论公开辩护,就是同这一理论调和妥协。①

对选举法和选举的最小的**舞弊**,民主派都无条件地表示反对,但他们无条件地**主张**直接地公开地吸引最广泛的僧侣群众参与政治。僧侣不参与政治斗争,是极为有害的谎言。事实上,僧侣**一向是**隐蔽地参与政治的,而僧侣公开参与政治,对人民只会有利。

---

① 参看本版全集第21卷第478—479页。——编者注

最近在《言语报》上发表的旧教派主教米哈伊尔的文章，对这个问题的看法特别有意思。这位作者的观点十分可笑，比如他说，“教权派对〈我们〉俄国来说是陌生的”，革命前，他们（僧侣）关心的只是天国的事情，等等。

但是，看看这位想必深谙世道的人士对一些事件的实际估价，是很有裨益的。

米哈伊尔主教写道：“……选举的胜利不会是教权派的胜利，这在我看来是毋庸置辩的。僧侣在联合起来（虽然是人为地联合起来）的同时，由于自己的选票和良心受人操纵当然感到屈辱，他们会发觉自己被夹在两大势力之间…… 因此，就必然会发生骤变、危机，恢复同人民的自然联合。如果教权派这个反动派别……自己能够巩固和成熟起来，也许就不会发生这种现象了。现在，一旦僧侣带着残存的叛逆本性脱离平静生活，就会继续写自己的历史。而僧侣的民主，则是这一历史的必然的最后的阶段，这一阶段是同僧侣争取自己地位的斗争联系着的。”

实际上，不应该像作者可笑地认为的那样，说是“恢复自然联合”，而应该说是斗争着的各阶级之间的实力分配。吸收僧侣参与政治，大概会使这一分配变得明确起来，广泛起来，并具有自觉的性质。

深谙世道的观察家们承认，就连僧侣这样一个俄国社会阶层也保留着“残存的叛逆本性”，而且还有生命力，还相当有力量，——这一事实，很值得注意。

载于1912年9月1日《真理报》第106号

译自《列宁全集》俄文第5版第22卷第80—81页

罗莎·卢森堡和波兰“党”总执行委员会步马尔托夫的后尘[69]

(1912年9月1日和4日〔14日和17日〕之间)

罗莎·卢森堡在9月14日的《前进报》[70]上发表文章，袒护所谓波兰总执行委员会，并指责拉狄克同志。我本来完全无意干预这件事，可是这篇文章使我不得不拿起笔来。既然有人利用反对俄国党内取消派的斗争来为取消派的拙劣伎俩辩解，那就不能保持沉默。

拉狄克同志左右摇摆，先是袒护极左派，继而袒护俄国取消派，这我是亲眼观察到了的。在政治上我过去一直反对，今后仍将反对所有替取消主义辩护的人。但是**正因为如此**，我必须反对所谓波兰总执行委员会在拉狄克“案件”[71]中玩弄的卑鄙伎俩。

偏巧罗莎·卢森堡提到了马尔托夫的“著名的”(bekannt)小册子[72]。那么这本小册子的基本特点是什么呢？

那就是：1910年1月，俄国社会民主党全体党员一致郑重地通过了谴责取消主义的决议[73]，并在此基础上宣告了党内**和平**，而一年**之后**，当取消派破坏了党的中央委员会并脱离了党的时候，取消派分子的领袖马尔托夫出版了一本小册子，指责他的对手犯了一千零一次可耻的而且应当受到刑事处罚的罪过。当时，波兰人把这本小册子叫做“恶臭炸弹”，**就连**(sogar，而不是selbst)考茨基都说它“令人作呕”。

如今，以罗莎·卢森堡为首的所谓波兰总执行委员会所干的也正是这种勾当。

正是这个总执行委员会的委员们，1909 年和 1910 年**向我本人推荐**拉狄克同志参加**我们**党的**中央机关报**[74] **工作**，并在哥本哈根国际代表大会[75]上亲自介绍他同我认识，对他**赞不绝口**。

但后来，在 1911 年，拉狄克同志在政治上反对这个总执行委员会，支持党的华沙委员会，支持许多党员和党的两位著名领袖马列茨基和加涅茨基对这个总执行委员会瓦解组织的行径的揭露。拉狄克同志帮助人们弄清了事情的真相，原来波兰**党**总执行委员会是个**没有**党的总执行委员会。在波兰首都华沙，这个总执行委员会所代表的**已经不是**华沙委员会，而是他们自己那个徒有其名的小集团。德国同志不久便会更详细地了解到这件事的真相。俄国社会民主党党员都知道，关于这件事已经有了**大量的文字材料**，而罗莎·卢森堡想在第二国际面前避而不谈这些材料（totzuschweigen），那是枉费心机的！

正是**在**拉狄克在政治上反对所谓党的（**没有**党的）总执行委员会**之后**，这个“党”的总执行委员会才**拼凑**一个“法庭”来整拉狄克，而根据的竟是——请注意！——**1906** 年的“案件”！

整个问题的关键就在这里，我们这位大名鼎鼎的罗莎拼命胡诌的就是这么回事！

如今，罗莎·卢森堡及其“党”总执行委员会正在对自己党内的优秀干部进行空前疯狂的讨伐，而且堕落到了极点，竟然怀疑他们同保安机关有勾结。罗莎·卢森堡及其“党”总执行委员会，在对自己的政治上的对手进行**这种**讨伐的时候已经丧失了理智。

我之所以对“拉狄克案件”的**实质**不作深入分析，就认为自己有责任指出，这一案件的**实质**是罗莎·卢森堡及其“党”总执行委员会在进行政治报复，现在难道不是很清楚了吗？

在俄罗斯文学中，屠格涅夫早就描绘过人们熟知的一些手法。他写道，一个诡计多端的老家伙，有一回给人出了一些高明的点子：当你干坏事的时候，你就大喊大叫，叫得比任何人都响，说这种事如何下流，尽管这种事正是你干的；当你盗窃公款的时候，你就大喊大叫，叫得比任何人都响，说盗窃公款如何可耻……

当波兰“党”总执行委员会堕落到袭用马尔托夫老谱来反对拉狄克同志的时候，这个“党”总执行委员会竟派罗莎·卢森堡在《前进报》上大喊大叫，说马尔托夫卑鄙无耻！……这是故伎重演，但遗憾的是对我们俄国侨民来说，这一手丝毫也不“新鲜”……

罗莎·卢森堡企图使德国读者相信，拉狄克同志“从来没有起过一点作用”等等，等等。为了答复这种妇道人家的可悲的流言蜚语，我有责任指出下述**确凿的事实**：1909 年和 1910 年这两年，拉狄克同志作为俄国社会民主党中央机关报的工作人员做了许多卓有成效的工作。我曾是中央机关报的编辑之一，所以对罗莎·卢森堡的恶意中伤不能置之不理。

罗莎·卢森堡为了败坏拉狄克同志的名誉，竟然以“波兰发言人”的名义进行自我吹嘘。她含沙射影地指责拉狄克同志的“策略”思想摇摆不定。

我要直截了当地说，我认为，这种摇摆不定，这种要同俄国取消派“讲和”的情绪，是拉狄克同志的一大过错。不过我以为一个不对中央机关报和中央委员会的政策负责的工作人员有这种过错，同中央委员会、中央机关报的**委员们**比起来，还是可以原谅的。

然而,在声名狼藉的"波兰发言人"中,像梯什卡一类有目共睹的"阴谋家"一直起着主要作用,倒是他们的**摇摆不定**严重地危害着全党。

为了不致毫无根据,我举两个例子。1910 年 1 月,俄国社会民主工党中央全会**一致**谴责取消主义。决议中为机会主义大开方便之门的唯一的一条(所谓第 1 条),就是由梯什卡提议而通过的。关于这件事,罗莎·卢森堡能说什么呢? 她是否打算以"激进派"的观点为这个第 1 条辩解呢?

1911 年春,由于取消派破坏了中央委员会,布尔什维克便退出了所谓中央委员会国外局[76];可是波兰人却继续留在这个机关里,同崩得分子和拉脱维亚人**共事了几个月**[77]。当时,关于这些人,**就连**(sogar)普列汉诺夫都说过这样的话:"这个曾经成为力图取消党的先生们手中的工具,因而给俄国社会民主党的事业带来巨大危害的党的机关,能为革命无产阶级做的好事只有一件:及时死去。"(见《社会民主党人日志》第 15 期附刊 2 第 1 页。这段话在《〈前进报〉上的匿名作者和俄国社会民主工党的党内状况》一文中引过。这篇文章已分发给德国社会民主党各报编辑部。)

罗莎·卢森堡吹嘘说,波兰人"挥起铁拳帮助人们压倒了俄国的取消派"。读者可以根据上述事实判断一下,罗莎·卢森堡的这种大话究竟有几分是真的。

其实,波兰人玩弄的各种阴谋恰恰是更严重地**妨碍了**同这个"派"的斗争。如今,取消派的**一个**集团(《**我们的曙光**》杂志)被**正式**开除出党已经 8 个月了[78],声名狼藉的"波兰发言人"仍然不能**直截了当地**回答,他们是否想同**这个**集团"讲和"。当然,要直截了当地回答这个问题,可就不像今天剽窃反取消派的话,明天抄袭取消派的话，而又以此来自诩“**超乎**”两“派”“**之上**”那么容易了！

罗莎·卢森堡想利用“拉狄克案件的机会”使德国读者相信，似乎“俄国党除去残渣余孽之外”已经一无所有。

对于这种说法，我应该用确凿的事实来回答。波兰“党”总执行委员会才是“残渣余孽”，因为它已经整整一年**不属于**党了。有一年之久，它既**没有**同1912年一月代表会议选出的党中央**发生**组织联系，也**没有**同取消派的所谓“组织委员会”**发生**组织联系。

俄国社会民主主义无产阶级的政党摆脱了取消派和波兰“党”总执行委员会的阴谋家之后，同残渣余孽毫无共同之处，正是从1912年1月起它才发展得特别顺利。既然德国党的某些同志——遗憾的是，有时包括有影响的同志——听到的往往是置身于党外的波兰“党”总执行委员会发言人的带有偏见的议论和流言蜚语，我就只好扼要地指出一些事实了。

衡量社会民主党人在俄国的影响和他们同工人群众联系如何的唯一公开**标志**（Maßstab），就是合法的马克思主义报纸。现在俄国**只有**两“派”：党和取消派。其余的所有派别——都是骗人的鬼话。

1912年上半年，取消派出了21号报纸，反取消派出了100号。下半年头2个月（7月和8月），前者出了4号，后者出了60号。在8个月里（1912年1—8月），取消派在报上宣布得到**16**个工人团体的直接支持，而反取消派得到**551个**工人团体的直接支持。①

让大谈其“残渣余孽”的罗莎·卢森堡来反驳一下这些事

① 参看1912年在莱比锡发表的《论俄国社会民主工党的现状》一文。这篇文章现已送到开姆尼茨，准备分发给党的代表。

实吧！

波兰“党”总执行委员会对俄国党的议论，比起他们对拉狄克的议论来，更不会有人相信。

尼·列宁

载于1964年《社会史国际评论》杂志第9期第3部分

译自《列宁全集》俄文第5版第54卷第361—366页

向民主派的又一次进攻

（1912年9月2日和9日〔15日和22日〕）

臭名昭著的《路标》文集，在一心想要叛变的自由派资产阶级人士中间，曾大受欢迎，而在民主派中间，还没有受到应有的反击和足够深刻的评论。

这种情况的发生，部分是由于《路标》文集受欢迎的时候正好是民主派的“公开”报刊几乎完全被封闭的时候。

现在，舍彼捷夫先生在《俄国思想》杂志[79]（8月号）上发表了一篇改头换面的“路标主义”文章。这对叛徒首领彼·伯·司徒卢威先生主编的路标派刊物来说，是很自然的。但是，如果民主派，特别是工人民主派现在来偿还欠“路标派”的债，哪怕只偿还一小部分，也是很自然的。

一

舍彼捷夫先生以一封普通的“法国来信”的形式，谈到**在巴黎的俄国人**。但这个普通形式所包含的，实际上是对1905年俄国革命以及对俄国民主派的十分明确的“议论”。

这个路标派分子写道："大家都还记得这个人心惶惶〈原来这样！**是谁**感到人心惶惶，可敬的自由派先生？〉、动荡不安、混乱不堪的1905年……"

"动荡不安，混乱不堪"！一个人要有多么卑鄙肮脏的心灵，才写得出这样的词句。德国1848年革命的敌人曾经诬蔑1848年是"丧失理智的"一年。这位俄国立宪民主党人从《俄国思想》杂志上所反映的也是同样的思想，或者更确切说，也是同样的愚蠢而卑鄙的惊慌情绪。

我们只需举出几个最客观最"简单"的事实来驳斥这个立宪民主党人。这一年，工人的工资空前提高。地租下降。工人（以至仆役）的各种组织形式空前发展。人民、群众、大众、"下等人"贪婪地阅读着几百万册廉价的政治书刊，这种情形在俄国也是空前未有的。

涅克拉索夫在很久很久以前就有所感慨地写道：

……这样的时辰会不会来临？
（快来吧，快来，期望的时辰！）
那时候，人民从集市上买回的
将不再是布吕歇尔的画像，
也不是描写愚蠢贵族的小说，
而是别林斯基和果戈理的作品。**80**

这位俄国老一辈民主主义者所期望的"时辰"终于来临了。商人不再做燕麦生意，而开始做更能赚钱的买卖——出售民主派的廉价小册子了。民主派的书刊成了**集市上的**货品。渗透在这些集市新书中的是博得涅克拉索夫和俄罗斯每个正派人敬重的别林斯基和果戈理的那些思想……

……多么"动荡不安"啊！——自命为有学识，实则卑鄙龌龊、脑满肠肥、自鸣得意的自由派蠢猪，当他**真的**看到这些“人民”从集市上买回……别林斯基给果戈理的信[81]的时候，竟这样惊叫起来。

老实说，这不过是一封“知识分子的”信，——《路标》文集在新时报派罗扎诺夫和安东尼·沃伦斯基的雷鸣般的掌声中这样宣称。

多么可耻的表演啊！——优秀的民粹派中的民主主义者会这样说。多么有教益的表演啊！——我们会这样补充说。这种表演对**多愁善感地**看待民主派问题的人是多好的清醒剂，它使民主派中一切有生气有力量的东西受到了多好的**锻炼**，它又是那么无情地摒弃了腐朽的奥勃洛摩夫老爷式的幻想！

对自由派感到失望，这对曾经迷恋过自由派的人来说，是很有好处的。谁只要愿意回顾一下俄国自由派早期的历史，他就会从自由派卡维林对待民主派车尔尼雪夫斯基的态度中看到自由派资产者的立宪民主**党**对待俄国民主派的**群众运动**的态度的最准确的原型。俄国自由派资产阶级已经“显示了自己的天赋”，或者更确切地说，显示了自己的尾巴。那么现在，俄国民主派难道还不应该显示一下自己的头脑吗？

特别令人难以容忍的是，像舍彼捷夫、司徒卢威、格列杰斯库尔、伊兹哥耶夫等这帮立宪民主党的家伙们，经常抓住涅克拉索夫和谢德林等人的片言只语来大作文章。涅克拉索夫由于个人的软弱，曾经在车尔尼雪夫斯基和自由派之间摇摆不定，但他的心是在车尔尼雪夫斯基一边的。也正是由于个人的这种软弱，涅克拉索夫曾经弹出自由派那种阿谀逢迎的调子，但他也因为自己犯下的“罪过”而深深悔恨，并且**公开表示忏悔**：

我没有用竖琴做过买卖，但有时候，
由于执拗的厄运的威胁，
我的手在竖琴上弹出了
不正确的音响……[82]

“**不正确的音响**”——涅克拉索夫本人对自己所犯的自由派的那种阿谀逢迎的罪过，就是这样说的。而谢德林则无情地嘲笑自由派，用“同流合污”[83]这个说法来痛斥他们。

这个说法用到舍彼捷夫、格列杰斯库尔之流以及其他①路标派身上，是太过时了！现在，根本不是这些先生**同流合**污的问题。何止于此！他们已经发挥自己的首创精神，采用自己的方法，根据新康德主义[84]和其他一些时髦的“欧洲”理论，亲自创立了**自己的**“下流污秽”的**理论**。

二

“混乱不堪的1905年”，——舍彼捷夫先生这样写道，“在杂乱无章和毫无秩序的局势中一切都被搅得乱七八糟，乱作一团了”。

对这一点，我们也可以只作几点理论上的批驳。我们认为，评价历史事件的依据，应当是**群众**和各阶级的整个运动，而不是个别人和小集团的情绪。

① 也许有人会反驳说：格列杰斯库尔以及米留可夫之流同“路标派”是**有争论的**。是的，但即使有争论，他们**也还是**路标派。参看《真理报》第85号(见本卷第24—25页。——编者注)。

俄国绝大多数的居民是农民和工人。从哪里可以看出这些居民的“杂乱无章和毫无秩序”呢？完全相反，客观事实无可辩驳地证明，正因为在大多数居民中进行了一次空前广泛、卓有成效的分化调整，才**永远**结束了“杂乱无章和毫无秩序”的局面。

在此以前，在“平民”中，受宗法制压抑的人和民主派分子确曾“在杂乱无章的局势中”“被搅得乱七八糟、乱作一团”。祖巴托夫政策和“加邦请愿”[85]这些客观事实就证明了这一点。

正是1905年彻底结束了这种“毫无秩序”的局面。在俄国历史上，从来没有一个时期，能够这样明明白白地，不是口头上，而是实际上，使长期停滞和长期存在农奴制残余而弄得一团混乱的关系得到**澄清**。没有一个时期，能够这样分明、这样“有条理地”使**各阶级**划清界限，使**大多数**居民的地位得到确定，使“知识分子”的理论和纲领在千百万人的**行动**中受到检验。

这些无可争辩的历史事实，究竟怎样会在《俄国思想》杂志有学识的自由派作家的脑子里，遭到这样歪曲的呢？问题十分简单：这位路标派分子要把自己的主观情绪强加到全体人民头上。他本人以及他的整个集团——自由派资产阶级知识分子，这时完全陷入了“毫无秩序”和“混乱不堪”的境地。自由派把自己由于这种毫无秩序以及群众揭发自由派的一切劣根性而自然产生的不满归咎于**群众**，真可谓嫁祸于人。

自由派在1905年6月的处境，难道实际上不就是毫无秩序的吗？在8月6日以后，当他们呼吁人民参加布里根杜马，而人民**实际上**没有理睬杜马，并且越过杜马前进的时候；在1905年10月，当自由派不得不“跟着跑”，并宣称罢工“光荣”（虽然他们昨天还在反对罢工）的时候；在1905年11月，当司徒卢威拜访维特这个十分鲜明的事实把自由派的一副软弱无能的可怜相暴露出来的时候，——在这些时候，自由派的处境难道实际上不就是毫无秩序的吗？

如果路标派分子舍彼捷夫愿意读一读路标派分子伊兹哥耶夫议论斯托雷平的书，他就会看到，伊兹哥耶夫也**不得不**承认，立宪民主党人在第一届和第二届国家杜马[86]里的“左右为难”的地位就是“毫无秩序”的。而自由派的这种“毫无秩序”和软弱无能是必然的，因为他们无论是在上层——资产阶级那里，或是在下层——农民那里，都得不到**群众性的**支持。

舍彼捷夫先生以下面这段高见结束了他对俄国革命史的议论：

> “但是，这种混乱局面没有继续多久。上层人士慢慢摆脱了控制他们的几乎是张皇失措的恐惧情绪，并得出一个并不复杂的结论——一整连士兵比所有革命辞藻都要管用，于是，他们就装备了‘讨伐队’，实行了就地正法的法令。战果完全出乎意料。只有那么两三年的时间，革命就被消灭得干干净净，以至某些暗探性质的机构都不得不在一些地方排演起革命来了……”

如果说对作者前面的那些议论，我们还可以作一些理论上的评述的话，那么，现在连这种可能也没有了。我们只能把这段高论牢牢地高高地钉到柱子上去，使它传之久远……

不过，我们还可以问一下读者：十月党的《莫斯科呼声报》以及搞民族主义的犹杜什卡[87]的《新时报》引证舍彼捷夫的高见，并且高兴得喘不过气来，这奇怪吗？事实上，“立宪民主党”的杂志所作的“历史”评价，同这两种报纸所作的评价，又有什么区别呢？

三

舍彼捷夫先生的这封信大部分篇幅是描述侨民生活的。类似的特写只有到卡特柯夫时期的《俄罗斯通报》杂志[88]里去发掘，从那里可以找到描写高尚的贵族代表、心满意足的善良农夫、贪得无厌的恶棍、坏蛋以及革命怪物等等的小说。

俄国刚一出现大众化民主书刊，仇恨民主的庸人就只看到一片“动荡不安”，舍彼捷夫先生正是用这样的庸人的眼光来观察（如果观察了的话）巴黎的。

谁都知道，每个人在国外看到的是他想看到的东西。或者说，每个人在新的环境中看到的是**自己本身**。黑帮分子在国外看到的是最好的地主、将军和外交官。密探在那里看到的是最高尚的警官。俄国的这位自由派叛徒在巴黎看到的是心地善良的女看门人和“能干的”①店铺掌柜，他们教导俄国革命家说，他们的“人道主义和利他主义的情感已经把个人要求过分压抑下去，并且往往使我们全国的普遍进步和文化发展受到损失”②。

一个奴仆最感兴趣的自然莫过于奴仆房里的是非和争吵。在巴黎的讲演会上和巴黎的俄文报刊上所探讨的各种思想问题，店铺掌柜或看门奴仆当然不会去注意。他们怎么会看到这种报刊早在1908年就提出了诸如六三制度的社会实质、民主运动中的新流

① 舍彼捷夫先生的文章第139页（1912年《俄国思想》杂志第8期）。

② 同上，第153页。

派的阶级根源等等问题[1]呢？这些问题在很久以后，经过删削窜改才在强化警卫“所保护的”报刊上出现（且已面目全非）。

一个店铺掌柜或奴仆，不管他穿上什么样的“知识分子”服装，只要是有这种心理的人，都不可能发现和理解这些问题。即使这个奴仆自称是自由派杂志的“政论家”，这位“政论家”也会以沉默的态度回避这些除了巴黎任何地方都没有这样公开明确提出的重大思想问题。不过，这位“政论家”倒是会把人们从奴仆房里得知的事情，详详细细地告诉你的。

这位高尚的立宪民主党人会在最高尚的司徒卢威先生所办的杂志上告诉你说：从“一个在巴黎很有名望的女革命家的房间”里，“在并非没有警察的协助下”，撵走了一个不幸的侨民妓女；在一次慈善募捐舞会上，“失业者”又胡闹起来；一个抄写员在舍彼捷夫先生熟悉的一幢房子里，“预支了一大笔钱，以后就玩忽职守了”；侨民“都是12时起床，夜里2—3时才上床，整天都是接待客人，吵吵嚷嚷，争论不休，乌七八糟”。

所有这些情况，立宪民主党人司徒卢威先生的奴仆杂志，会给你讲得详详细细，绘声绘色，添油加醋，头头是道——讲得决不比《新时报》的缅施科夫和罗扎诺夫逊色分毫。

“拿钱来，不然就赏你一记耳光，——侨民中上层和下层之间的关系已经采取了这样截然分明的敌对形式。诚然，这种方式还没有流传开来，‘下层的极端派’〈这位有学问的立宪民主党人在司徒卢威先生的杂志上就是这么写的！〉总共才有一二十个形迹极为可疑的分子，就是这些人，也可能是受了来自……的老手的指使。”

① 参看本版全集第17卷第247—259页。——编者注

读者，请你研究一下这些议论，考虑一下普通奴仆和奴仆政论家有什么不同。普通奴仆——当然是指大多数，那些已经有了阶级观点并正在设法摆脱奴仆地位的觉悟分子除外——是幼稚的，缺乏教养的，往往是文盲，不开化；他幼稚地热衷于唠叨他最容易接受、最容易理解和最合心意的东西，那是情有可原的。奴仆政论家却是“有学识的”人，是出入华厅雅座的人物。他知道，刑事敲诈分子在侨民中是为数极少的（**几千个**侨民中才有“一二十个”）。他甚至知道，这些敲诈分子“可能是”受了“**老手的指使**”，受了俄罗斯人民同盟[89]的茶社派来的老手的指使。

奴仆政论家是知道这一切的，于是，他就“以有学识的姿态”行动起来。你看，他是很会消痕灭迹，装正经的！他不是卖身投靠的黑帮文痞，绝对不是。他甚至“**自己**”指出，**可能**有人在指使一二十个敲诈分子，但同时，他一味讲述的却**正是**这些敲诈分子的事，一些吵架以及抄写员的玩忽职守一类事情！

《俄国思想》杂志的“**著作家们**”并没有枉受新时报派的教育。新时报派分子苏沃林吹嘘说，他从来没有领过津贴，——他**只是**“自己会”说得中听。

《俄国思想》杂志没有领取津贴——老天在上！它**只是**“自己会”说得让新时报派和古契柯夫式的“好汉们”中听。

四

是的，侨民是有很多苦衷的。在灾难深重和沉寂的年代，正是在他们中间，而且只是在他们中间，提出了整个俄国民主运动中的一些最重要的原则问题。他们比其他人更艰苦，更贫困。在他们中间，自杀的比重特别大，神经完全错乱的人的比重真是大得惊人。受尽折磨的人不这样又会怎么样呢？

不同的人侨居以后，兴趣会各不相同。有些人感兴趣的是公开提出一些最重要的原则性的政治问题，有些人感兴趣的是议论舞会上的丑闻，议论不好好工作的抄写员，议论女看门人和店铺掌柜如何不满意侨民的生活方式…… 各有所好。

可是，如果你能尝尝使人痛苦、厌倦、神经失常的侨民生活的味道，再来考虑一下舍彼捷夫、司徒卢威、戈洛文、伊兹哥耶夫之流先生们的生活，你就不禁会说：我们没有加入这个"正人君子"的社会——如果有人加入这个社会，他们是会双手欢迎的——该是多么幸运啊！

在这个"正人君子的社会"里，大概是不会有什么丑闻的。妓女不会差点闯进这些先生的房间，成为他们的同道。不会的，她们总是呆在别的房间里。

失业者是不会到这些人士的舞会上去胡闹的。他们的舞会，秩序井然。他们那里界限分明：妓女们（失业者中的）在一个房间，舞会在另一个房间。即使他们雇用抄写员，也绝不会闹出让抄写员预支一笔钱，或者还敢玩忽职守这种荒唐事来的。

他们决不会为钱闹起来。他们身边没有人挨饿，受折磨，神经失常，打算自杀。既然"百万资本"今天同司徒卢威先生之流的"科学界人士"，明天同杜马代表戈洛文先生之流，后天又同杜马代表兼辩护师马克拉柯夫先生之流"握手言欢"，[90]那么这里还会有什么丑闻呢??

这里一切都高尚极了。即使是司徒卢威、格列杰斯库尔、舍彼捷夫之流先生们的反民主的作品，使里亚布申斯基等人感到满意，那有什么不好呢？要知道，司徒卢威并没有领取津贴，他是“自己”会说得中听的！谁也不能说《俄国思想》杂志是里亚布申斯基之流先生们的姘头。谁也不会想到要把里亚布申斯基之流先生们从某些“政论家”那里得到的满足，比做从前地主叫农奴女儿给他捏脚所得到的满足。

事实上，即使司徒卢威先生或是格列杰斯库尔、舍彼捷夫等先生在文章和言论中反映了自己的信念，而这些文章和言论又确乎给俄国仇恨革命的商人和地主捏了脚，那又有什么不对呢？

即使是前任杜马代表戈洛文先生为自己弄到了有利可图的租让企业，那又算什么丑闻呢？他是已经卸去了代表的头衔的啊！！就是说，在他当代表的时候，租让企业还不存在，还刚在筹划。当他弄到租让企业以后，就不当杜马代表了。这事情很干净，这不是很明显吗？

只有诽谤分子才会对马克拉柯夫指指点点，这不是很明显吗？要知道，他为塔吉耶夫辩护，正像他自己在《言语报》上的信中宣称的那样，是“出于自己的信念”！毫无疑问，任何一个巴黎的女看门人，任何一个巴黎的店铺掌柜，都不会从这些可敬的立宪民主党人士的生活方式和行动中，发现什么而且根本不会发现什么不体面、不像话的丑闻来的。

五

舍彼捷夫先生的一段总的原则性的议论，值得全文照录：

“直到目前，特别是在参与革命工作的人中间，人道主义和利他主义的情感已经把个人要求过分压抑下去，并且往往使我们全国的普遍进步和文化发展受到损失。对'社会利益'和'全民福利'的向往,使人过分忘掉自己,忘掉自己个人的需要和要求,以至于社会情感和向往本身也不能通过真正〈!!〉创造性的、完全自觉的工作得到实现,结果必然采取自我牺牲的消极形式。而且不仅在这方面,就是在一般的日常生活方面,个人要求也往往受到各种压抑,这一方面是由于'病态良心'常使渴望立功和自我牺牲的心情过分强烈,另一方面是由于对生活本身因受到我国极低的文化水平所限而认识不足。结果,往往产生双重人格,经常感到自己生活得不对头,甚至是'犯罪',总想牺牲自己,去帮助无产者和受压迫的人,最后进入'死亡者的行列'——这一事实在我国的出版物中得到了非常充分、非常鲜明的反映。

这种情况,在法国人民的观点和习俗中,是看不到的……"

这就是对格列杰斯库尔先生的政治性和纲领性声明的注解,——《言语报》曾未加任何保留意见地刊登过格列杰斯库尔先生的声明,而当《言语报》想要将其忘掉的时候,《真理报》(第85号)还曾提醒人们注意过。

这就是《路标》文集的续编和复述。通过这段议论,人们可以而且应该更加深信:"路标派"只是表面上向"知识分子"开火,而实际上是**向民主派开火**,是完全背叛民主派的。

现在,在选举期间,当立宪民主党人竭力玩弄民主,企图掩盖和抹杀一切真正重大的、根本原则性的政治问题时,应当特别地强调指出《路标》文集、格列杰斯库尔和《言语报》的这种一致。民主派的一个迫切的实际任务,就是要在选举会议上提出这些问题,就是要向尽量广泛的群众说明舍彼捷夫之流先生们以及所有路标派分子的言论的含义和作用,就是要在《言语报》和米留可夫之流企图推脱自己对《俄国思想》杂志应负的责任(尽管在上面发表文章的是立宪民主**党党员**)的时候,揭穿他们的伪善面目。

格列杰斯库尔和米留可夫之流先生们同路标派分子进行"争辩"、"论战",不过是为了转移视线,不过是把整个立宪民主党同

"路标派"在原则上的完全一致掩盖起来的花招。实际上,怎么能够同前面引文里的基本论点进行"争辩"呢?怎么能够同持有这种观点的人留在一个党内,而对这种坚决背弃一切民主派的基本原则的宣传不负**任何**责任呢?

那些愿意像《路标》文集一样,用那套把"个人主义"同"利他主义"等等对立起来的说法提出问题的人,把问题弄模糊了。这些说法的政治含义再清楚不过了,那就是要转到**反对**民主派的方面去,转到**反革命的**自由派方面去。

应该了解,这种转变不是偶然的,而是资产阶级的阶级地位所决定的。应该由此作出必要的政治结论,划清民主派和自由派的界限。不懂得这些道理,不向大多数居民广泛宣传这些道理,就根本不能真正前进一步。

载于1912年9月2日和9日《涅瓦明星报》第24号和第25号

译自《列宁全集》俄文第5版第22卷第82—93页

立宪民主党人和新时报派的一致

(1912年9月5日〔18日〕)

在我国，人们总爱把选举运动看做是争代表名额，即争杜马席位的斗争。

在觉悟的工人看来，这个运动首先是而且主要是一种宣传原则即宣传基本观点和政治信念的斗争。这种斗争面向群众，能够把群众吸引到政治生活中来，这就是代表制度的一个主要优点。

我国立宪民主党人在回答我们提出的关于自由派和民主派、关于“讲和”政策和阶级斗争政策这些原则问题的时候，总是回避实质的争论，而一味嘀嘀咕咕，埋怨我们似乎在“吃掉立宪民主党人”。

然而，立宪民主党人和新时报派对俄国生活中的最重要问题的看法，在原则上是非常一致的。这是有目共睹的事实。

《俄国思想》杂志第8期已经出版。这个杂志由立宪民主党人司徒卢威主编，撰稿人有立宪民主党人伊兹哥耶夫、谢韦里亚宁、加利奇和其他许多人。

在这期杂志上，A.舍彼捷夫先生发表了一篇题为《在巴黎的俄国人》的诽谤革命和革命者的卑鄙的黑帮文章。《新时报》**立刻**和着《俄国思想》杂志的调子唱了起来，摘引了其中的许多“妙论”，乐不可支地喊道："瞧，这些可怜的人类代表〈指《俄国思想》杂志笔下的革命者〉居然想当俄国生活的革新家了。"

立宪民主党的正式报纸《言语报》会对我们怎么说呢？是说这与选举也就是与争席位的斗争"无关"呢？还是说它对《俄国思想》杂志"不负责"，也就是说，立宪民主党对它的党员，**任何一次**党的代表会议都没有谴责过的党员不负责呢？

让《言语报》支吾搪塞去吧，让无原则无骨气的家伙对我们要"吃掉立宪民主党人"一事困惑不解吧，我们还是要不断地告诉俄国公民们：当"立宪民主党人"恣意诬蔑民主派时，请深切注意立宪民主党人的**原则**，而不要保持可耻的漠不关心的态度。

请看立宪民主党黑帮分子舍彼捷夫先生文章中一段不长的、但是最鲜明的、并且是表明原则的而不是造谣中伤的话：

"直到目前，特别是在参与革命工作的人中间，人道主义〈即博爱〉和利他主义〈不顾个人生命的大公无私〉的情感**已经**把个人要求**过分**压抑下去，并且往往使我们全国的普遍进步和文化发展受到损失。对'社会利益'和'全民福利'〈《俄国思想》杂志加上引号，为了表示讽刺〉的向往，使人过分忘掉自己，忘掉自己个人的需要和要求……　结果，往往产生双重人格，经常感到自己生活得不对头，甚至是'犯罪'，总想牺牲自己，**去帮助无产者和受压迫的人**，最后进入'死亡者的行列'——这一事实在我国的出版物中得到了非常充分、非常鲜明的反映。"（《俄国思想》杂志第 8 期第 152—153 页）

自命为民主派的党，竟容忍这些对**整个民主派**最起码最基本的前提、信念和原则恣意诬蔑的先生留在自己党内，实在可耻。

自由派资产阶级憎恨民主派——《路标》文集证明了这一点，《俄国思想》杂志每月都在证明这一点，卡拉乌洛夫之流和格列杰斯库尔之流也证明了这一点。

自由派亲自在自己和民主派之间划了一条界限。

载于 1912 年 9 月 5 日《真理报》
第 109 号

译自《列宁全集》俄文第 5 版
第 22 卷第 94—96 页

H.C.波良斯基来信读后

（1912年9月15日〔28日〕）

这一号《真理报》上登载的H.C.波良斯基的农村来信，提出了一个很值得注意的问题。我们希望农民们自己能够更经常地就这个问题发表意见。

我们认为有必要指出以下几点。

H.C.波良斯基说得十分正确，只有“游手好闲的人”才会认为乡会[91]是一帮蠢人。只有农民**自己**才能够决定在某个地方采用什么样的土地使用形式和土地占有形式比较合适。法律和行政当局对农民自由支配土地的任何干涉，都是农奴制的残余。这种干涉只能使事情受到损害，使农民受到凌辱。

有个农民出身的工人在《真理报》第38号上发表的信[92]中极好地说明了这种干涉造成了多么荒唐的拖拉作风。

现在我们来研究一下，数千万长期劳动、长期受剥削的人们该怎样看待选择独立农庄还是村社[93]的问题。

这些人要考虑的根本不是选择独立农庄还是选择村社。他们必须考虑的是谁在剥削他们，怎样才能减轻这种剥削和消灭这种剥削。

比如说，在俄国欧洲部分，3万大地主就拥有7 000万俄亩土地，而1 000万贫苦农民也只拥有同样数量的土地。这些农民无论是待在独立农庄还是待在村社，他们的贫困生活都不会因此而有丝毫改变。既然我一家只有 7 俄亩坏地，而邻近的地主却有 2 000 俄亩好地，那么独立农庄也好，村社也好，结果同在农奴制度下几乎一样。

有人用是独立农庄好还是村社好、是吃面饼还是吃菜饼这些话题来转移挨饿的人们的视线。可他们现在吃的是萝卜叶子，住的是沼地或沙地，要想使用饮马场、牧场和耕地，就得给人服徭役。

有人想通过独立农庄培植“小地主”以便保护大地主。然而千百万农民因此只会更加挨饿。

在西欧，**只有**一切农奴制压迫的残余都被彻底消灭的**地方**，农业才得到了真正迅速的顺利的发展。

在真正自由的、农业搞得很好的国家里，压迫农民和工人的只有一种势力，那就是资本的势力。有助于反对这一势力的只有雇佣工人和破产农民结成的自由联盟。这种联盟会发展为一种崭新的社会制度，到那时耕地、精良的机器、蒸汽和电力将为改善劳动者本身的生活服务，而不再为一小撮百万富翁发财致富服务。

载于 1912 年 9 月 15 日《真理报》
第 118 号

译自《列宁全集》俄文第 5 版
第 22 卷第 97—98 页

论政治路线

(1912年9月16日〔29日〕)

《涅瓦明星报》和《真理报》无疑具有十分鲜明的特性;这种特性不仅工人,而且俄国的所有政党都很熟悉,——这多亏了黑帮分子和十月党人(《俄国报》、《新时报》、《莫斯科呼声报》等等)以及自由派(《言语报》、《生活需要》杂志[94]等等)对《真理报》和《涅瓦明星报》进行的攻击。

从竞选运动的角度来看,对上述两报执行的政治路线作出评价,是特别有意义的,因为根据这种评价必然可以检验人们对各种基本的原则问题的看法。因此,我们想谈一下尼·尼科林在《涅瓦呼声报》第9号上评论《真理报》和《涅瓦明星报》的路线的文章。正如读者看到的,这篇文章有不少火气十足的用语,但是鉴于作者试图触及一些重要问题的实质,我们对这一点可以(而且应当)不予介意。

尼·尼科林写道:"我应当承认,《真理报》在执行它作为俄国无产阶级的愿望、需要、要求和利益的表达者的使命时,在许多方面是相当令人满意的。可惜,它由于对政治现实作了极其荒谬的、极不真实的和后果极端有害的描绘,大大降低了自己这一有益工作的意义。"

我们把火气话撇开不谈,只谈一谈主要的,即对政治现实的描绘问题。既然作者这样直截了当地提出问题,而且真正是从根本上提出问题,我们很乐意原谅他的怒火。让我们就问题的实质展开争论吧。的确,如果对我国的“政治现实”**究竟怎样**的问题没有坚定的看法,就会在实际工作方面寸步难行。

尼·尼科林直截了当地提出问题以后,对问题作了这样的回答:

“《真理报》在这方面效法《涅瓦明星报》,硬要自己的读者相信,工人阶级应当不顾自由派的反对而建设新俄国。这种话说得当然很神气,但这不过是一派胡言乱语。新俄国谁也不能建设,它是在各种不同利益互相斗争的复杂过程中**建设的**〈黑体是尼·尼科林自己用的〉,因此,工人阶级的任务不是给自己提出那种**为了其他人又不顾所有这些其他人的反对**而建立新俄国的空想计划,而是要在新俄国的范围内为自己的进一步发展创造最有利的条件。”

这里,我们同样很乐意原谅作者的“火气”,原谅他的不可压抑的怒火,因为他是在试图抓住要害。尼·尼科林在这里比许多取消派分子更公开、更坦白、更周密地谈到了造成我们深刻的意见分歧的一个最深刻的原因。

“……新俄国谁也不能建设,它是在……过程中**建设的**。”从这种出色的议论中,谁还听不出全部取消主义(甚至还要广一点,是全部机会主义)乐曲中的基本的、不变的主旋律呢?

我们就来略为仔细地分析一下这种议论吧。

如果新俄国是在各种不同利益互相斗争的过程中建设的,这就是说,具有**各种不同**利益的**各个阶级**在按各种不同的方式**建设**新俄国。这真是再清楚也没有的了。尼·尼科林的“新俄国谁也不能建设,它是在……**建设的**”这种**反驳**,究竟有什么意义呢?

根本没有什么意义。从最起码的逻辑来看,这是废话。

但是这种废话却有**自己的逻辑**,即机会主义的逻辑;机会主义企图“按马克思主义的方式”捍卫自己的立场，必然（而不是偶然）犯尼科林的错误。因此也就应当谈一谈这种机会主义的逻辑。

谁说某些阶级在**建设**新俄国，谁就是牢牢地站在马克思主义的立场上，以至不仅尼·尼科林的气话，甚至……甚至连“统一的取消派”代表会议以及这些代表会议无论怎样“大发雷霆”，都不能使他发生动摇。

谁说“新俄国谁也不能建设，它是在……**建设的**”，谁就是从阶级斗争的客观主义（即从马克思主义）滚到资产阶级为现实辩护的“客观主义”。尼·尼科林从马克思主义堕落为机会主义（他本人并没有觉察到这一点）的根源，正是在这里。

如果我说，**应当这样**，比如以真理、正义、劳动平均制等等为目标来建立新俄国，那这将是一种使我陷入空想的主观主义。其实，新俄国的建立是要由阶级斗争，而不是由我的最良好的愿望决定的。我的建立新俄国的理想，只有代表真正存在的、受生活条件的驱使而朝着一定方向行动的阶级的利益，才不是空想。既然我持有这种阶级斗争的客观主义观点，我就决不为现实辩护，相反，我要指出这个现实**本身**就包含着改造它的最深刻的（虽则初看起来是不明显的）源泉和力量。

如果我说，“新俄国谁也不能建设，它是在各种利益互相斗争**中建设的**”，那我就是给**某些**阶级互相斗争的明晰图景一下子蒙上一层遮布，我就是向那些只看到统治阶级，特别是资产阶级表面活动的人让步。我就是不自觉地滑到了为资产阶级辩护的立场，把最显眼的或者获得暂时胜利的资产阶级方向当做标准去代替阶级斗争的客观主义了。

现在，我们举历史上的例子来说明这一点。新德国（19 世纪下半叶的德国）是在各种不同利益互相斗争的过程中“建设的”。任何一个有学识的资产者都不会反驳这一点，也超不过这一点。

请看马克思在建立**新**德国的最“危急”的时期是怎样说的。

马克思在 1848 年写道：“一向反对革命的上层资产阶级，由于害怕人民，即害怕工人和民主的市民团体，同反动派结成了攻守同盟。”“1789 年的法国资产阶级片刻也不抛开自己的同盟者——农民。资产阶级知道：它的统治基础就是消灭农村中的封建制度，形成自由的占有土地的农民阶级。1848 年的德国资产阶级毫无顾忌地出卖这些农民，出卖自己的**最天然的同盟者**，可是农民与它骨肉相连，没有农民，它就无力反对贵族。保存封建权利……这就是 1848 年德国革命的结果。真是雷声大雨点小。”①

从马克思的话中可以立刻看到那些**建设**新德国的活生生的**阶级**。

假借“客观主义”为现实辩护的资产阶级学者说：俾斯麦战胜了马克思，俾斯麦考虑到了“新德国是在各种不同利益互相斗争的复杂过程中**建设的**”。而马克思却“给自己提出了”不顾自由派的反对而依靠工人的力量和民主派（不同反动派勾结的）资产阶级的力量来“建立”大德意志民主共和国的“空想计划”。

资产阶级学者谈得唇焦舌烂的正是这一点。我们如果单从理论方面考察这个问题，也会问问自己：他们错在哪里？错就错在掩盖和抹杀阶级斗争。错在他们（用德国是在……过程中**建设**这个似乎是意味深长的说法）抹杀这样一个真相：俾斯麦的德国是由那

① 参看《马克思恩格斯全集》第 1 版第 5 卷第 73、331 页。——编者注

个因为“叛变和出卖”而“无力反对贵族”的资产阶级建立的。

而马克思呢，阶级斗争的客观主义使他能异常深刻地准确地理解**政治现实**，他绝不为政治现实辩护，相反，他从中指出并区分出了那些建设民主的德国的阶级，那些甚至在事态变得十分有利于俾斯麦的形势下，依然充当了民主主义和社会主义的支柱的阶级。

马克思对政治现实理解得十分正确，十分深刻，在1848年，即半个世纪前，就对俾斯麦的德国的**实质**作了这样的评价：这是“无力反对贵族”的资产阶级的德国。在1912年选举时，即在马克思作出这个评价64年后，自由派的行为充分证明这个评价是正确的。

马克思和马克思主义者1848年以来同自由派进行了无情的、空前尖锐的、引起自由派一片狂吠的（亲爱的尼科林，恕我措辞尖刻！）斗争，他们一贯坚持建立大德意志民主国家的“计划”，然而他们绝不是什么“空想”家。

相反，马克思和马克思主义者在坚持这个“计划”、不断宣传这个“计划”、抨击背叛这个“计划”的自由派和民主派的时候，正是在培养一个孕育“新德国”的**新生**力量的阶级，这个阶级由于马克思一贯的、忠诚的、坚定的宣传，现在已作好充分准备来发挥自己的历史作用：不仅充当俾斯麦资产阶级的掘墓人，而且充当一切资产阶级的掘墓人。

* * *

德国历史的例子向我们说明了尼科林观点中的**机会主义的逻辑**，他**所以**怒气冲冲地骂我们“狠狠吃掉立宪民主党人”，是因为他**没有看到**他自己怎样陷到自由派工人政策的取消主义思想中去了。

尼·尼科林(而且不止他一个!)愈冒火,愈回避问题,我们作为政论家就要愈清楚愈仔细地向他反复说明,我们同立宪民主党和取消派斗争所根据的理由是经过深思熟虑的,并且是在5年多(确切些说是10年多)的时间内,一再在所有马克思主义者的正式决议中申明了的。尼·尼科林和他所维护的取消派的不幸,就在于他们拿不出**任何**稍微定型的、明确的**东西**来同这么多早已作出的、确切的、正式的策略决议相抗衡。

至于说到"工人应当不顾自由派的反对去建设新俄国",这根本不是什么"神气"话。尼·尼科林很清楚,这个主张在得到多数马克思主义者承认的许多策略决议中都提出过。实际上,这至少是近10年来的俄国政治经验的简单**总结**。最近10年,俄国的工人阶级一直"不顾自由派的反对"而**建设**新俄国,这是无可争辩的历史事实。不管俄国那些以俾斯麦自居的人物取得多少暂时的"胜利",这种"建设"工作是**永远**不会落空的。

俄国的机会主义,也同其他国家的机会主义一样暧昧不明,类若游蛇,无法肯定而明确地说出自己的观点,无法正式地说工人阶级**不**应当不顾自由派的反对去建设新俄国,而应当做什么做什么。机会主义如果能够作出明白的直截了当的回答,也就不成其为机会主义了。但是为了表明自己不满工人的政策,表明自己倾向资产阶级,机会主义说:"新俄国谁也不能建设,它是在各种利益互相斗争过程中**建设的**。"

然而,从正在**建设**的东西里面,最明显、最引人注意的,最能获得暂时胜利和"人群"尊敬的,是经过自由派**修改**的贵族和资产阶级的"建设"。"由什么阶级建设、怎样建设,这还有什么可以分析的呢，这是空想；应当接受的是正在**建设**的东西”，——这就是尼科林的议论的真正用意，这就是真正的“机会主义的逻辑”。

这也就是忘记阶级斗争。这也就是自由派工人政策的原则基础。正是这种“逻辑”把工人阶级的领导作用，即真正的、彻底的、无私的民主派的领导者的作用，贬为自由派的粗工的作用。

由此可以看出我们俄国人十分清楚的一个事实，就是：机会主义者**口头上**承认无产阶级的政党和“独立”路线，尼科林当然也承认要有“独立”路线。而他**在行动上**所捍卫的恰恰**不是独立**路线，而是自由派工人政策的路线。

尼科林使我们明白并看清，**宣布**工人阶级的独立性是没有多大意义的。《涅瓦呼声报》第8号上登载的取消派的纲领[95]也宣布过独立性，尼科林本人也宣布过独立性，但是就在他**宣布**“独立性”的同时，他却宣传起**不独立**政策来了。

尼科林否认工人阶级可以在目前政策上，在民主主义的一切问题上不顾自由派的反对而实行自己的路线(**或者说**“建设新俄国”)，实际上，就是号召工人阶级做自由派的尾巴。

这就是问题的实质。这就是“机会主义的逻辑”。至于说什么不应该使工人阶级“孤立”，“争取政治自由的担子不应当由工人来承担”，需要“统一力量，而不要分散力量”等等，这一切全是空洞的漂亮话。实际上，这一切都是叙述和解释同一个意思：不要孤立起来(**不要脱离自由派**)，“要统一自己的力量”(**根据自由派的政策**)，要承认自由派政策是真正要求政治自由而不是要求同普利什凯维奇之流勾结，等等。

我们没有详细研究这些漂亮话，因为要争论实质问题，就要抓住意见分歧的真正出发点即根源，而不必去抓那些粉饰根本不正确的路线的漂亮话。

载于1912年9月16日《涅瓦明星报》第26号

译自《列宁全集》俄文第5版第22卷第99—106页

立宪民主党人带着什么参加选举?

(1912 年 9 月 17—18 日〔9 月 30 日—10 月 1 日〕)

《言语报》星期六(9 月 15 日)的社论是一篇真正表述了立宪民主党的基本政治原则的文章。目前,这个自由主义君主派资产阶级的主要政党的基本政治原则归纳起来是什么呢?

可以归纳为三点:(1)“扩大选举权”,(2)“根本改革国务会议”,(3)“内阁对人民代表负责”。显然,这里包括有组织社团(结社)的自由和其他一切自由,民族平等,“阻止和延缓”农村的分化等等,等等。

请读者拿自由派的这“三点”同对政治问题、工人问题、农民问题作了真正回答的工人民主派的“三点”比较一下。工人民主派的“三点”最清楚不过地指出了一切灾难和不幸的真正根源、真正“焦点”和摆脱这些灾难和不幸的办法。

立宪民主党人的自由主义纲领(如果不是从形式上看,而是从实质上看,这也就正是他们的选举纲领),只是一种温和的立宪改革的**愿望**而已。这种愿望与十月党人的愿望差别很少。

主要的东西被忽视了;关于主要的东西,这个自由主义君主派资产阶级政党是讲不出什么来的。假如立宪民主党人想“用温和的办法取得”什么的话,那么古契柯夫之流先生们其实已经试验过温和的办法了,结果怎样呢? 结果等于零!

立宪民主党人夸耀说：我们的要求不高。可是先生们，这张“王牌”十月党人早就玩过了。在所有三届杜马中，立宪民主党人和十月党人都争先恐后地要使“政府”和“社会”相信，他们的要求不高，是温和的、最低限度的欧洲式的要求。结果等于零！

不，先生们，不管你们把立宪改革列为三点还是二十点，你们的纲领总是死气沉沉的。只有在政治自由的基础和柱石已经具备，已经形成，得到保证，得到巩固的地方和时候谈立宪改革，才不致使自己成为笑柄。

你们自己知道，俄国还没有这样的条件，因此你们的善良愿望并不能给民主运动指明出路，而是以一种虚幻的前景欺骗这个运动！

载于 1954 年《共产党人》杂志
第 6 期

译自《列宁全集》俄文第 5 版
第 22 卷第 107—108 页

美国工人的胜利

(1912 年 9 月 18 日〔10 月 1 日〕)

据欧洲收到的最近一号美国工人周报《向理智呼吁报》96 报道,该报发行量已达 984 000 份。编辑部写道(公历 9 月 7 日总第 875 号):从各地的来信和提出的要求来看,可以肯定,我们的发行量在最近几个星期就要超过 100 万份。

一家社会主义的报纸受到美国法院的无耻攻击和迫害,却能在备受摧残的情况下日益发展和巩固,发行到 100 万份,——这个数字要比什么长篇大论都清楚地表明,美国即将发生怎样的变革。

不久前,惯于阿谀奉承的报纸,卖身投靠的无耻文人的机关报《新时报》谈到美国的"金钱势力",幸灾乐祸地历数了塔夫脱、罗斯福、威尔逊等**所有**由资产阶级政党提出的共和国总统候选人的龌龊透顶的贿买事实。瞧,这就是自由的民主共和国了吧,——俄国的这家卖身求荣的报纸嘟嘟囔囔地说。

觉悟的工人会冷静而骄傲地回答说:我们丝毫不会弄错广泛民主的意义。世界上任何民主都不能消灭阶级斗争和金钱万能。民主的意义和好处根本不在这里。民主的意义在于它使阶级斗争成为广泛的、公开的和自觉的斗争。而这一点不是猜想,也不是愿望,而是事实。

当德国的社会民主党党员已经达到 97 万人的时候,当美国的一家社会主义的周报的发行量已经达到984 000份的时候，任何一个有眼可看的人，都会承认：无产者单枪匹马是无能为力的；无产阶级的百万大军才是万能的。

载于1912年9月18日《真理报》第120号

译自《列宁全集》俄文第5版第22卷第109—110页

工人的统一和选举

（1912年9月18日〔10月1日〕以后）

取消派报纸《光线报》[97]充斥着关于"统一"的言词，但是，正如《真理报》的一位撰稿人公正地指出的那样，这份报纸**在选举的日子里**创刊，目的就是要破坏统一。

再过几天，10月5日（星期五），将是彼得堡省工人选民团选举的决定关头。这一天，工人初选人将选出6名复选人。正是**这一次**的选举具有决定性的意义，因为，如果**不是所有的**复选人都是坚定的、彻底的工人民主派和反对取消派的人，那就没有任何可靠的保证把符合多数觉悟工人心意的代表选进国家杜马。

为了不致在决定关头不知所措，应该清楚地了解工人民主派的任务和初选人进行活动的环境。

当前，问题的全部实质在于，取消派以叫喊统一为幌子**破坏**彼得堡多数觉悟工人的意志，强迫多数工人接受进行**分裂**活动的**少数**知识分子即取消派知识分子的候选人。

资产阶级国家中的任何选举总是在空洞的言词和骗人的许诺的喧嚣鼓噪中进行的。社会民主党的基本原则是不相信空话，而要分析问题的实质。

取消派分子在他们的报纸《光线报》上发表的关于统一的种种言论，完全是假话。**事实上**，由于多数觉悟工人**反对取消派**，由于五月行动，由于支持《真理报》的有550个工人团体，而支持取消派的只有16个团体，在彼得堡已经实现了统一。

这不是空话，而是事实。550个团体团结起来反对16个团体，这就叫做**统一**。而16**强迫**550接受“自己的”候选人，则是分裂。

取消派在叫喊统一的同时搞分裂，这正如一个小偷一边跑一边喊“捉贼呀！捉贼呀！”一样。

觉悟的工人不应该受空洞的叫喊和漂亮的言词所欺骗。

不要相信空话，要清醒地注视局势。大多数工人马克思主义者反对取消主义。拥护取消派的只是微不足道的少数工人，资产阶级知识分子才是取消派的“实力”，他们能在选举的日子里出版杂志，创办新的报纸，能给知识分子选举委员会拉“关系”、拉人，等等。

这些事实是彼得堡的每一个社会民主党人都了解的。

由此可见，取消派叫喊统一的作用是什么。支持取消派的资产阶级知识分子就是想在这些叫喊的掩饰下**破坏工人的**统一，强迫工人接受取消派的候选人。

这就是问题的实质。这就是取消派的《光线报》玩弄的“巧妙的把戏”。

凡希望工人马克思主义者**真正**统一的人，都应该帮助所有反取消派的复选人进行选举。

凡希望真正统一的人，都应该帮助实现多数觉悟工人的意志。

凡帮助少数人破坏多数觉悟工人的意志的人，不管他叫喊统一叫得多么响亮，都是最恶毒的分裂分子！

载于1954年《共产党人》杂志
第6期

译自《列宁全集》俄文第5版
第22卷第111—112页

对《莱比锡人民报》所载取消派文章的答复[98]

（1912年9月26日〔10月9日〕）

《人民报》①今年9月28日第226号发表了一篇关于“俄国社会民主工党各组织代表会议”的短评，可惜这篇短评所依据的事实是片面的，未经核实的。

我们认为必须指出，短评提到的代表会议实际上根本不能算是俄国党各组织的代表会议。这次会议根本没有俄国各工人中心区的代表参加。代表彼得堡出席的是所谓发起小组的取消派分子，这些人不属于社会民主党，而且在自己的报刊上激烈地反对社会民主党。代表莫斯科出席的只有一名代表，他只代表党组织的一小部分人，而且奉命执行1912年1月党代表会议的政治路线。俄国其他地方（基辅、叶卡捷琳诺斯拉夫、哈尔科夫、伏尔加河流域与乌拉尔地区、中部工业区、顿河区以及许多地方）根本没有派代表出席会议，如果不算克拉斯诺亚尔斯克和塞瓦斯托波尔的话，——据说这两个城市存在一些组织，关于这一点，党只是从取消派杂志和“代表会议”公报中才知道的。

当然，一批取消派正是在崩得的协助下试图召开代表会议，这

① 指《莱比锡人民报》。——编者注

对党早已不是秘密了:崩得同真正的**俄国**社会民主党的工作其实毫无关系。(为了使德国读者了解内情,应该提醒一下,人们讲到**俄国**党的工作时,并不把"崩得"包括在内,因为它的活动范围仅仅限于犹太无产阶级。)然而这一尝试的实质是十分清楚的,就连普列汉诺夫同志接到参加"代表会议"的邀请时也答复说,他不参加,理由不仅是因为他认为这次"代表会议"是单方面的,而且因为无论"护党派分子"还是"反党分子"都不参加。取消派代表会议组织委员会 1912 年 9 月发表的公报原文照登了这个声明。可是**中立的**普列汉诺夫同志的这些话,在今年 9 月 28 日《人民报》第 226 号上发表的德文报道中却**不见了**。我们现在要问各位德国同志:能够认为这个报道是诚实的吗?甚至连在那些正式表示同意与取消派**共同**召开代表会议的国外集团中,"前进"集团的代表,曾经当过第二届杜马代表的阿列克辛斯基,也**退出了会议**,表示公开反对取消派的党代表会议,因为他认为这个会议并不是具有合法权力的党代表会议。

我们有责任——即使三言两语也好——再指出下述事实。半年来(1912 年 1 月 1 日至 6 月 30 日)彼得堡反取消派的《明星报》[99]和《真理报》联合了 550 个工人团体,而取消派只联合了 16 个。取消派新办的《光线报》刚一出版,彼得堡工人就怒目以对,认为这是分裂党的尝试。今年 9 月 16 日(29 日)选举杜马的工人初选人(即选举杜马工人选民团)时,取消派遭到彻底的失败。召开反党的取消派分子这次单方面代表会议的集团,虽然想尽办法制造声势,结果还是未能把国内各地的组织引入歧途。现在他们正在进行绝望的挣扎,妄图用同样的鼓噪手法作不正确的报道,至少欺骗一下德国同志。

我们坚决抗议这种行径，同时指出，只要德国同志不要求“报道人”公开自己的真名实姓，拿出真凭实据，他们就会继续受到取消派匿名报道的蒙蔽。

俄国社会民主工党中央委员会

载于1912年10月9日《莱比锡人民报》第235号

译自《列宁全集》俄文第5版第54卷第366—368页

意土战争的结局

(1912 年 9 月 28 日〔10 月 11 日〕)

大家从电讯中知道,意大利和土耳其的全权代表已经签订了初步和约。

意大利"战胜了"。一年以前,它悍然出兵掠夺土耳其在非洲的属地,从今以后,的黎波里就要属意大利了。我们不妨来考察一下 20 世纪的一个"文明"国家发动的这场典型的殖民战争。

这场战争是由什么引起的呢?是由意大利的金融巨头和资本家的贪婪引起的,因为他们需要新的市场,需要意大利帝国主义得势。

这是一场什么样的战争呢?是一场技术精良的、文明的人类大厮杀,是用"最新式的"武器对阿拉伯人的大杀戮。

阿拉伯人进行了殊死的抵抗。战争开始的时候,意大利的海军将领们贸然派遣 1 200 名水兵登陆,阿拉伯人袭击了他们,击毙了将近 600 人。意大利人"为了惩罚",屠杀了将近 3 000 名阿拉伯人,许多家庭被斩尽杀绝,妇女和儿童也惨遭杀害。意大利是一个文明的立宪国家。

将近 1 000 名阿拉伯人被绞死。

意大利损失了 2 万多人;其中 17 429 人患病,600 人失踪,1 405 人被击毙。

意大利人为这场战争耗费了 8 亿多里拉，合 32 000 多万卢布。战争带来的后果是极为严重的失业现象和工业停滞。

阿拉伯人将近有 14 800 人被杀害。尽管签订了“和约”，战争实际上还将继续下去，因为居住在非洲内陆远离海岸的阿拉伯部落不会屈服。他们还将长期被人用刺刀、枪弹、绳索、奸淫、烧杀来“开化”。

意大利同其他资本主义国家相比，当然谈不上更好，也谈不上更坏。所有这些国家都同样受资产阶级所控制，而资产阶级为了取得新的利润来源，是不惜进行任何屠杀的。

载于 1912 年 9 月 28 日《真理报》第 129 号

译自《列宁全集》俄文第 5 版第 22 卷第 113—114 页

孤 注 一 掷

（1912 年 10 月 4 日〔17 日〕）

《新时报》完全暴露了俄国民族党人[100]的计划。只要读一读这份在民族党人以及十月党人中间“很有影响的”报纸，就能清楚地看到他们执意推行的掠夺土耳其的计划。

为了推行这种沙文主义和侵占别国领土的政策，照例首先要唆使公众攻击奥地利。《新时报》写道：“巴尔干各国人民已经武装起来进行神圣的争取独立的斗争。奥地利外交官正在窥伺时机，以求对巴尔干各国人民进行掠夺。”

奥地利割走了一块（波斯尼亚-黑塞哥维那），意大利也割走了一块（的黎波里），现在该轮到我们捞一把了，——这就是《新时报》的政策。“神圣的争取独立的斗争”，不过是为了欺骗头脑简单的人的空话，因为在我们俄国，谁都没有像民族党人和十月党人那样践踏**一切**民族的真正独立的真正民主原则。

为什么民族党人认为现在是推行掠夺政策的良机呢？这一点从《新时报》上能看得很清楚。它说：意大利不会打；奥地利有千百万和巴尔干斯拉夫人同一血统的居民，对巴尔干斯拉夫人开战有些冒险；德国也不会为了土耳其的溃败而去打一场欧洲战争。

民族党人的打算真是露骨和无耻透顶。他们冠冕堂皇地谈论各国人民的“神圣的争取独立的斗争”，自己却冷酷无比地拿千百万人的生命当儿戏，唆使各国人民去为一小撮商人和工业家的利润进行一场大厮杀。

三国同盟（德国、奥地利、意大利）[101]目前削弱了，因为意大利在同土耳其人的战争中花掉了8亿法郎，而意大利和奥地利在巴尔干的“利益”又不一致。意大利还想再捞一把——侵占阿尔巴尼亚，这是奥地利所不能容许的。我国的民族党人估计到这种情况，又满以为有三国协约[102]的两大国（英国和法国）的实力和财富作后盾，以为“欧洲”不会由于海峡问题或者由于我们用土耳其亚洲部分来“补足”“我国的”领土而愿意发动全面战争，于是，他们就不惜孤注一掷了。

在雇佣奴隶制的社会中，每个商人，每个老板都在下赌注——“不是我破产，就是我发财，叫别人破产”。每年都有几百个资本家破产，有几百万农民、手工业者破产。各个资本主义国家也在下同样的赌注，以千百万人的鲜血下赌注，把他们今天派到这里明天派到那里，去为侵占别国领土和掠夺弱小邻国而大厮杀。

载于1912年10月4日《真理报》第134号

译自《列宁全集》俄文第5版第22卷第115—116页

两种乌托邦

（1912年10月5日〔18日〕以前）

乌托邦是一个希腊语词，在希腊文中，“οὐ”意为“没有”，“τόπος”意为“地方”。乌托邦的意思是没有的地方，是空想、虚构和神话。

政治上的乌托邦就是一种无论现在和将来都决不能实现的愿望，是一种不以社会力量为依托，也不以阶级政治力量的成长和发展为支撑的愿望。

一个国家的自由愈少，公开的阶级斗争愈弱，**群众**的文化程度愈低，政治上的乌托邦通常也愈容易产生，而且保持的时间也愈久。

在现代俄国，有两种政治乌托邦最根深蒂固，并且由于具有诱惑力而对群众发生了相当的影响。这就是自由派的乌托邦和民粹派的乌托邦。

自由派的乌托邦，就是妄想用和平的、和谐的办法，不得罪任何人，不赶走普利什凯维奇之流，不经过激烈的彻底的阶级斗争，就能够在俄国，在俄国的政治自由方面，在广大劳动人民的地位方面，得到某些重大的改善。这是一个自由的俄国同普利什凯维奇之流**和睦相处**的乌托邦。

民粹派的乌托邦，就是民粹派知识分子和劳动派农民所抱的幻想，他们以为可以用公平地重分全部土地的办法来**消除**资本的权力和统治，消除雇佣奴隶制，或者以为在资本的统治下，在金钱的支配下，在商品生产的条件下，也可以**维持**“公平的”、“平均的”土地分配制度。

这两种乌托邦是怎样产生的呢？为什么在现代俄国相当根深蒂固呢？

这两种乌托邦的产生反映了这样一些阶级的利益，它们进行反对旧制度、反对农奴制、反对政治压迫，一句话，“反对普利什凯维奇之流”的斗争，而在这种斗争中，它们又没有取得独立的地位。乌托邦、幻想，就是这种不独立性，这种**软弱性**的产物。沉迷于幻想是**弱者**的命运。

自由派资产阶级，尤其是自由派资产阶级知识分子，不能不追求自由和法制，因为没有自由和法制，资产阶级的统治就不彻底，不完整，没有保证。但是资产阶级害怕群众运动**甚于**害怕反动势力。因此，自由派在政治上就表现出惊人的、不可思议的**软弱**和十足的无能。因此，自由派的全部政策永远是模棱两可、虚伪不堪、假仁假义、躲躲闪闪的，他们**必须**玩弄民主的把戏才能把群众争取过去，同时他们又极端反对民主，极端仇视群众运动，仇视群众的创举和首倡精神，仇视他们那种如马克思形容19世纪欧洲一次群众运动时所说的“冲天”的气魄①。

自由派的乌托邦是俄国政治解放事业中的软弱无能的乌托邦，是那些唯利是图，想同普利什凯维奇之流“和平”分享特权并把这种高贵的愿望诡称为俄国民主派“和平”胜利论的富豪们的乌托

① 参看《马克思恩格斯文集》第10卷第353页。——编者注

邦。自由派的乌托邦是这样一种幻想，既要战胜普利什凯维奇之流而又不使他们遭受伤害，既要摧毁他们而又不使他们感到痛苦。很明显，**这种**乌托邦之所以有害，不仅由于它是乌托邦，而且由于它**腐蚀**群众的民主主义意识。相信**这种**乌托邦的群众，永远也不会争得自由；这样的群众不配享受自由；这样的群众完全应该受普利什凯维奇之流的嘲弄。

民粹派和劳动派的乌托邦，是处在资本家和雇佣工人之间的小业主的一种试图不通过阶级斗争而消灭雇佣奴隶制的幻想。当经济解放问题也如现时政治解放问题这样成为俄国当前的**迫切**问题的时候，民粹派的乌托邦的害处就**不亚于**自由派的乌托邦的了。

但是，现在俄国所处的时代还是资产阶级改革的时代，而不是无产阶级改革的时代；**彻底**成熟了的问题不是无产阶级经济解放的问题，而是政治自由即（就其实质来说）充分的资产阶级自由的问题。

即使在后面这个问题上，民粹派的乌托邦也起着一种特殊的历史作用。这种乌托邦在重分土地应有（和将有）什么经济结果的问题上虽然是一种空想，但是它却是农民群众，即在资产阶级农奴制的现代俄国占人口**多数**的群众的波澜壮阔的**民主主义**高涨的产物和**征兆**（在纯粹资产阶级的俄国，也像在纯粹资产阶级的欧洲一样，农民是不会占人口多数的）。

自由派的乌托邦腐蚀群众的民主主义意识。民粹派的乌托邦则腐蚀群众的**社会主义**意识，但它却是群众民主主义高涨的产物和征兆，甚至在某种程度上是这种高涨的表现。

民粹派和劳动派在俄国土地问题上，用来作为反对资本主义的手段的是，他们提出并推行最彻底最坚决的资本主义办法。这就是历史的辩证法。重分土地的"平均制"是乌托邦，但是**重**分土地必须与一切旧的，即地主的、份地的、"官家的"土地占有制完全决裂，这却是最需要的、经济上进步的、对于俄国这样的国家最迫切的资产阶级民主主义的办法。

应该记住恩格斯的名言：

"从经济学来看形式上是错误的东西，从世界历史来看却可能是正确的。"①

恩格斯的这个深刻论断是针对空想社会主义说的：这种社会主义从经济学来看形式上是"错误的"。这种社会主义所以是"错误的"，因为它认为从交换规律的观点来看，有剩余价值是**不公平的**。资产阶级政治经济学的理论家反对**这种**社会主义，从经济学来看形式上则是正确的，因为由交换规律产生剩余价值是完全"自然的"，完全"公平的"。

但是，空想社会主义从世界历史来看却是**正确的**，因为它是由资本主义产生的那个阶级的征兆、表现和先声；现在，在20世纪初，这个阶级已成长为能够消灭资本主义并且正在为此坚决奋斗的巨大力量。

在评价俄国的（也许不仅是俄国一国的，而且是在20世纪发生资产阶级革命的许多亚洲国家的）现代民粹派或劳动派的乌托邦的时候，必须记住恩格斯的这个深刻论断。

民粹派的**民主主义**从经济学来看形式上是错误的，而从**历史**来看却是正确的；**这种**民主主义作为社会主义乌托邦是错误的，但是，作为农民群众的特殊的、有历史局限性的民主主义斗争的表

① 见《马克思恩格斯文集》第4卷第204页。——编者注

现，却是**正确的**，因为这种斗争是资产阶级改革不可或缺的因素，同时是这一改革获得全胜的条件。

自由派的乌托邦教农民群众放弃斗争。民粹派的乌托邦则反映了农民群众斗争的愿望，答应胜利以后让他们享受千万种福利，尽管这种胜利实际上只能给他们一百种福利。但是，世世代代处在闻所未闻的黑暗、匮乏、贫困、肮脏、被遗弃、被欺压的境遇中的奋起斗争的千百万民众，把可能得到的胜利果实夸大十倍，这难道不是很自然的吗？

自由派的乌托邦是对新剥削者企图与旧剥削者分享特权的这种私欲的掩饰。民粹派的乌托邦是千百万小资产阶级劳动者要求**根本**消灭封建旧剥削者的愿望的反映，也是他们要把资本主义新剥削者“一并”消灭掉的虚幻的冀望。

很明显，马克思主义者反对**一切**乌托邦，应当坚持本阶级的独立性。这个阶级之所以能够**奋不顾身地**反对封建制度，正是因为它丝毫没有“落入”那种使资产阶级不可能彻底反对封建主，而且往往同封建主结成联盟的私有制的“网”。而农民“落入了”小商品生产的“网”；他们在顺利的历史情况下，**能够**做到完全消灭封建制度，但他们**永远**在资产阶级与无产阶级之间，自由主义与马克思主义之间摇摆不定，却不是偶然的，而是必然的。

很明显，马克思主义者应当剔除民粹派乌托邦中的糟粕，细心剥取它所包含的农民群众的真诚的、坚决的、战斗的民主主义的健康而宝贵的内核。

从 19 世纪 80 年代老的马克思主义著作中，可以看到为取得这种宝贵的民主主义内核一贯所作的努力。总有一天，历史学家会系统地研究这种努力，并且考察出这种努力同20世纪前10年内被称为“布尔什维主义”的那种思潮的联系。

载于1924年《生活》杂志
第1期

译自《列宁全集》俄文第5版
第22卷第117—121页

英国关于自由派工人政策的争论

(1912年10月5日〔18日〕以前)

大家知道,英国有两个工人政党:一个是现在称做“英国社会党”[103]的社会民主党,另一个是所谓“独立工党”[104]。

英国社会主义工人运动中出现这种分裂不是偶然的。它由来已久,是由英国的历史特点造成的。英国资本主义发展最早,在很长时间内这个国家曾经是世界的“工厂”。这种特殊的垄断地位为英国的**工人贵族**,即少数受过训练、收入高的工人创造了比较不错的生活条件。

因此,在这种工人贵族中就产生了市侩的、行会的习气,他们脱离了本阶级,跟着自由派走,嘲笑社会主义是“乌托邦”。“独立工党”也就是执行自由派工人政策的党。人们说得有道理,这个党只对社会主义“独立”,对自由派则非常依赖。

最近,英国的垄断地位彻底垮台了。早先比较不错的生活由于生活费用飞涨变得极端贫困。阶级斗争大大尖锐起来,随着阶级斗争的尖锐化,机会主义的基础日渐崩溃,过去自由派工人政策思想在工人阶级中得以传布的那种基础也在崩溃。

当很大一部分英国工人还有这种思想的时候,是谈不上消除工人中的分裂的。只要社会民主党还在反对自由派工人政策,靠空话和愿望是**建立**不了统一的。但是**现在**,这种统一开始真正成为可能的了，因为就**在**“独立工党”**内部，反对**自由派工人政策的**呼声也愈来愈高了**。

我们手头有一份该党关于它最近一次代表大会，即1912年5月27日和28日在梅瑟(Merthyr)召开的“第二十届年会”的正式报告。这份报告中关于“议会策略”问题的辩论非常值得注意；这实际上是关于一个更加深刻的问题，即关于社会民主党的工人政策和自由派的工人政策的辩论，虽则发言人没有这样提。

代表大会上的这场辩论是由议会议员乔伊特引起的。他提出了反对支持自由党[105]的提案(关于这个提案我们马上会详细谈到)，同他意见一致的康韦支持他的提案，康韦坦率地说，“普通工人总是提出这样的问题；工党[106]在议会中有没有自己的独立路线?”工人愈来愈怀疑工党成了自由党的“俘虏”。“国内日益流行这样的看法：工党只不过是自由党的一翼”。应当指出，议会中的“工党”，其成员**不仅**有“独立工党”议员，而且有工会选出的议员。后者自称工人议员和“工党”党员，但又**不加入**“独立工党”。英国的机会主义者做到了其他国家的机会主义者常常想要做的事情：机会主义的“社会主义”议员同所谓无党派的工会议员联合起来了。我国某些孟什维克在1906—1907年议论过的臭名远扬的“广泛工人政党”[107]在英国实现了，并且只在英国实现了。

乔伊特为了切实表达自己的观点，提出了一个提案。这个提案纯粹是“英国式”的，即没有任何一般原则(英国人是以“实用主义”和不喜好一般原则自豪的；这也就是那种行会习气在工人运动中的表现)。提案要求下院的工人团**无视**(不去理会)自由党内阁可能落到少数地位而不得不提出辞职的**种种危险**，要求**对每个问题都要坚定不移地**(steadfastly)**根据事情的是非曲直**(on the merits of the questions)**来投票**。

乔伊特的提案“抓住了要害”。英国的自由党内阁和整个自由党竭力怂恿工人说，应当把力量团结起来反对反动派（即反对保守党[108]）；应当保住自由派的多数地位，如果工人不投和自由派一样的票，自由派的多数地位就会丧失；工人不应当孤立起来，他们应当支持自由派。而乔伊特则把问题提得很明确：“坚定不移地”投票，不要顾及自由党内阁垮台的危险，不要根据自由党的利益，而要根据事情的是非曲直来投票，——用马克思主义的语言来说，就是要实行独立的无产阶级的阶级政策，而不要实行自由派工人政策。

（在“独立工党”的队伍中，马克思主义**原则上**不被接受，因此，马克思主义的语言是根本不用的。）

在党内占优势的机会主义者立刻攻击乔伊特。而且——也算一个特点！——他们攻击时正像机会主义者那样躲躲闪闪，支吾搪塞。他们不愿意**直截了当地**说他们**支持**自由党。他们用**泛泛的言词**来表达自己的思想，而且必然地提到工人阶级的“独立性”。瞧，跟我国的取消派一模一样，每当他们**在实际上**准备用自由派工人政策来代替工人阶级独立性的时候，总是要格外响亮地叫嚷工人阶级的“独立性”。

机会主义多数派的代表默里提出了“修正案”即反提案，内容如下：

“代表会议认为，工党为了更好地达到自己的目的，仍然应当估计到自己的策略可能产生的一切直接的和间接的后果。一分钟也不能忘记，左右它的决定只能是它作为一个政党的自身利益以及谋求增加有利的机会来达到自己的目的的愿望。”

请把两个提案比较一下。乔伊特的提案明确地要求同支持自由派的政策决裂，默里的提案则空洞无物，冠冕堂皇，乍看起来无可争辩，而**实际上恰恰是**在掩盖其支持自由派的政策。如果默里熟悉马克思的著作，并且在对崇敬马克思主义的人们发表演说，他就会毫不费力地用马克思主义的词句来美化他的机会主义，会说什么马克思主义要求估计到每个事件的一切具体情况，什么我们不要束缚自己的手脚，什么我们在保持自己独立性的同时要“利用冲突”、“抓住”现存制度中“各种矛盾的阿基里斯之踵[109]”等等，等等。

机会主义可以用**随便哪一种**学说的术语，**包括马克思主义**的术语来表达。“马克思主义”在俄国的“遭遇”的全部特点正在于，不仅工人政党的机会主义，而且自由派政党的机会主义（如伊兹哥耶夫之流）都爱用马克思主义的“**术语**”把自己打扮起来！但这些术语是打了引号的。我们还是回过来谈谈梅瑟的第二十届年会吧。

麦克拉克伦表示赞同乔伊特的话。

他说：“一个政党的利益是什么呢？是否仅仅在于保住自己在下院的议员席位呢？如果真是考虑党的利益，那就应当像重视议会内的议员一样，重视议会外的男女工人。我们是社会主义的组织。我们应当在自己的政治活动中贯彻自己的原则。”

麦克拉克伦援引了关于赫斯威尔监狱事件（关押在狱中的一个小孩被拷打致死）的投票情况。议会中有人提出质询。自由党内阁面临垮台的危险，——英国不是普鲁士，内阁如果只得到少数支持票就要提出辞职。于是，工党议员为了挽救内阁，就投票为拷打者开脱罪责。

麦克拉克伦说，工党老是考虑它的票会对政府的命运产生什么影响。他说，内阁垮台，就要解散议会，重新选举。但是这没有什么可怕的。内阁垮台和重新选举的结果，将会是**两个资产阶级政党联合起来**(麦克拉克伦光说“两个政党”，没有用“资产阶级”的字样——英国人不喜欢马克思主义的术语!)。**然而，这两个党联合得愈快，对我们的运动就愈有好处**。我们的宣传员所说的，也就是我们的议员应该在议会中贯彻的。否则，托利党工人(即保守党人)就**永远不会相信自由党和工党有什么区别**。即使我们失去议会中的全部席位，但如果我们坚持自己的原则，那也比为了取得自由党政府的让步而对它竭力奉承要有利得多!

工党领袖，议会议员基尔-哈第躲躲闪闪，转弯抹角……说：

“其实我们在议会中并不处于钟摆那样的地位，——自由派同爱尔兰人在议会中比托利党人和工人的联盟强大…… 我在赫斯威尔监狱拷打事件上投政府的票，是因为确信这样投票实质上是正确的，而不是为了支持政府。拷打当然是事实，因此我们大家去议会时本来是决心投票反对政府的。但是，我们在议会中听取了对方的意见，原来，虽则监狱长这样残忍是有过错的，但是一般说来，这个监狱还是王国里比较好的监狱。在这种情况下，投票反对政府就错了……〈请看，英国的机会主义者把工党搞成什么样子了：对这位领袖的这种言论没有嘘一声，而竟泰然地听了下去!〉

过错不在‘独立工党’党员身上。煤矿工人联合会加入了工党，可是当煤矿工人议员加入工人团后，便**暴露出他们原来是自由派**。他们并没有改变自己的观点。他们**只是名义上**加入了工党……

乔伊特的提案会使全套议会制度变得荒唐可笑。任何一次投票都必须考虑后果。

……我建议还是将这个提案和修正案搁下为好。”(!!!)

兰斯伯里支持乔伊特的提案说：

“基尔-哈第毫无根据地把提案说成是愚蠢可笑的，似乎它建议对个别问题投票时不必考虑事情的各个方面。提案建议不要考虑的**仅仅**是，投票的结果对政府的稳定性会产生什么影响。我赞同社会主义，厌恶那些通过非正式会议和'操纵'议员来控制下院的政客们的手腕。我的经验告诉我，过去讨论任何一个提出来的问题总是从这个问题的投票结果对政府的命运会有什么影响着眼的。

工党几乎完全不能使自己同自由党划清界限。我从来没有见过在什么立法问题上工党曾经同自由党划清了界限。我们作为一个党，过去在工人保险问题上一直是政府的一个不可分割的部分。工党过去一向投票赞成政府和政府的计划。

在赫斯威尔感化院问题上的投票情况，使我感到惭愧。明明是一个孩子被拷打，而且是被拷打致死，我们却投票支持政府，为拷打者开脱罪责！我们的'督办'〈"whips"——监督自己党团投票的指挥者或全权代表〉在议会中四处奔走，要求工人议员不要使政府遭到失败…… 教人们违心地投票，就意味着要使我们祖国的民主制的未来遭受致命的打击……"

议会议员菲力浦·斯诺登，一个十足的机会主义者，像游蛇那样圆滑，他说：

"我的斗争本能要我投票赞成提案，但是我的良知、我的理智、我的经验提醒我投反对票。我同意，现在的议会制度对那些抱着理想主义和政治热情进入议会的人产生了腐蚀作用，但我并不认为，通过了乔伊特的提案就会产生根本的变化。讨论一件事情的实质，决不能只限于考虑当时的情况。有些问题对于工党，比起任何投票对政府的后果还更重要，例如关于妇女的选举权问题就是这样，然而是否可以忽视对任何小问题的投票的后果呢？如果采取这种政策，就会造成必须经常举行普遍选举，而对公众来说，没有比这更讨厌的了…… 政策就是妥协。"

投票结果，赞成提案的有73票，**反对**的有195票。

机会主义者取得了胜利。这种情况在英国"独立工党"这样的机会主义政党中，是不足为奇的。但是，机会主义使这个党的队伍中产生了反对派，这是现在完全肯定了的事实。

反对机会主义的人们的做法，比他们的德国同志经常采取的做法要正确得多，因为后者维护那些同机会主义者妥协的腐朽行径。由于公开提出自己的提案，引起了一场极端重要的原则争论，这场争论对英国的工人阶级也将产生深远的影响。自由派工人政策是靠机会主义首领们的传统习惯、因循守旧和狡诈圆滑维持的，但是，这个政策在无产阶级群众中的破产是不可避免的。

载于 1913 年 4 月《启蒙》杂志
第 4 期

译自《列宁全集》俄文第 5 版
第 22 卷第 122—128 页

选举中的僧侣和僧侣的选举

（1912年10月5日〔18日〕）

据报纸报道[110]，俄国欧洲部分46个省小土地占有者和主持司祭的代表大会选出了7 990名初选人，其中6 516名是司祭，占82%。

50个省全部统计出来也不大会改变这个结果。

现在我们来看看这一选举的意义。

按照法律规定，由若干小土地占有者和若干教区选出一名**有完全选举资格的**初选人参加土地占有者代表大会。就是说，初选人的人数应当同选民的土地数量成正比。

根据1905年的统计，俄国欧洲部分50个省的数字如下：

教会土地	190万俄亩
僧侣的私有地	30万俄亩
僧侣土地总计	220万俄亩
小市民私有地	370万俄亩
农民私有地	1 320万俄亩
其他人私有地	220万俄亩
“世俗”的小地产总计	1 910万俄亩

这里，小地产的统计可能不如僧侣土地的统计完全。但是依旧可以看出，私有小地产的总数为2 130万俄亩，其中僧侣的土地

220万俄亩，即占$^{1}/_{10}$**多一点**！而僧侣初选人却占$^{8}/_{10}$以上！！

怎么会有这种情况的呢？原因非常简单。小土地占有者去参加选举的很少，因为没有钱，又没有多大兴趣，况且警察还对选举自由设置了重重障碍。而神父则全被“授意”去参加选举。

神父将投政府合意的候选人的票。正因为如此，**甚至地主**（更不用说资产阶级了）也满腹牢骚。十月党人和民族党人也都满腹牢骚。大家都责备政府，说它“**制造**”选举。而地主和大资产阶级**自己**也想**制造选举**。

于是，专制制度同地主和资产阶级巨头之间发生了冲突。而政府原本是想依靠地主和资产阶级的上层的，——大家知道，1907年的整个六三法令[111]就是以此为基础的。

结果，政府**甚至**同十月党人也不能和睦共处了。**甚至**封建资产阶级君主制**也不能**具有使这些阶级“满意的”性质了。

这个失败，政府无疑是实际承认了，因为政府开始安排唯命是从的僧侣作为**自己的亲信官了**！

在历史学上，一个保存了专制制度主要特点的政府所采取的这种方法被称为波拿巴主义。这就是不依靠一定的阶级，或者不光依靠、不主要依靠这些阶级，而是依靠经过人为选择的、主要从各个受支配的阶层中挑选出来的分子。

从“社会学”来说，即从阶级斗争的观点来说，为什么会产生这种现象呢？

原因在于，要使敌对的或者相互竞争的阶级势均力敌。例如，如果普利什凯维奇之流同古契柯夫之流和里亚布申斯基之流竞争，那么政府在这些对手势均力敌的情况下就比其中有一个阶级占压倒优势的情况下能够得到**更大的**独立性（当然是在一定的十分狭小的范围内)。而如果这个政府由于传统等等关系,同特别"明显的"专制形式有着历史的联系,如果国内表现在法官和官吏非民选制这方面的军阀制度和官僚主义的传统很深,那么这种独立性的范围就更广,它的表现就更……露骨,"选择"选民和"选择"奉命投票的复选人的方法就更粗暴,更专横。

现代俄国所经历的就是这样一种情况。"在向资产阶级君主制转变的道路上迈了一步",这一点由于仿效波拿巴主义的方法而复杂化了。在法国,资产阶级君主制和波拿巴帝国彼此的区别很清楚很明显,而在德国,俾斯麦已经提供了把两者结合起来的典范,它所具有的那些被马克思称为"军事专制"[①]的特点(更不用说波拿巴主义了)异常突出。

据说,鲫鱼喜欢在酸奶油中煎。不知道居民是喜欢在资产阶级君主制中,在旧的农奴制专制制度中,在"最新的"波拿巴主义中"煎"呢,还是喜欢在军事专制制度中,或者在所有这些"方法"的某种混合体中"煎"。不过从居民的观点和从所谓"法制"即从**纯**法律的、形式上立宪的观点来看,区别可能很小,但从阶级斗争的观点来看,这里的区别是重大的。

一个居民,如果他认识到有人不仅用旧方式、而且在用新的方式打击他们,那不会因此感到好受些吧。但是,一种压迫居民的制度是否**巩固**,这个制度的**发展条件**和瓦解**条件**,这个制度能否迅速……垮台——所有这些在很大程度上取决于一定阶级的统治是采取相当明显、公开、稳固、直接的形式呢,还是采取各种间接的、不稳定的**形式**。

---

① 见《马克思恩格斯文集》第3卷第446页。——编者注

阶级统治的消灭比充斥着陈腐旧习的、不稳定的、得到挑选出来的“选民”支持的上层建筑的形式的消灭要困难。

萨布列尔和马卡罗夫在第四届杜马选举中“组织”僧侣的试验，无论就“社会学”或就政治实践来说，都是值得每个人重视的。

载于1912年10月5日《涅瓦明星报》第27号

译自《列宁全集》俄文第5版第22卷第129—132页

米留可夫先生的“立场”

（1912 年 10 月 6 日〔19 日〕）

立宪民主党的领袖遇到三棵松树就迷了路[112]。他写了一些缅施科夫式的冗长文章来谈论“三个立场”、“一个立场”，而他写得愈多，就愈使人明白，原来他是在对读者**进行疲劳轰炸**，用枯燥无味的空话来把问题的实质**掩盖起来**。

可怜的博学的历史学家！他不得不**装做**不懂自由派和民主派的区别。先生们，问题的全部实质就在这个区别上！不论在一般的杜马投票中，在对待“改革”的态度上，在预算案的表决中，还是在“议会外的策略”问题上，自由主义君主派资产阶级同民主派之间都有着深刻的区别，尽管表现**形式**不同，但**实质**却一样。

让我们作第一千零一次的重复，简略地告诉“不懂的”米留可夫之流先生们这种区别在哪里吧。

自由派——维护一系列的封建专制制度的特权（第二院，等等）。民主派——同一切特权作不调和的斗争。

自由派——同社会生活中的旧势力妥协。民主派——实行消灭这些势力的策略。

自由派——害怕群众的自主精神，不信任它，否定它。民主派——同情、信任、支持、发扬这种自主精神。

暂且举这些就够了。

难道米留可夫先生真的“不懂”这种甚至从历史教科书上就能知道的区别吗？

立宪民主党的**纲领**并不是民主派的纲领，而是自由主义君主派资产阶级的纲领；只有自由派（而且是糟糕的自由派）才会在第三届杜马中投票赞成预算案，才会宣布自己是忠顺的反对派，如此等等。这一切难道他都“不懂”吗？

米留可夫先生很懂得这些，他是在“支吾搪塞”，装做他忘记了区别自由派同民主派的起码常识。

为了把立宪民主党人这种可鄙的支吾搪塞的行为在报刊上明文记录下来，我们特向米留可夫先生指出：社会民主党（当然不包括取消派，这些人我们宁愿奉送给米留可夫先生）的一切**正式**报刊，社会民主党领导机关的**一切**决议，第三届杜马中的社会民主党人的整个路线，总是经常以千百种形式在捍卫米留可夫先生所说的社会民主党人似乎已经抛弃了的那个旧策略。

这是无可争辩的历史事实，博学的历史学家先生！

既然立宪民主党人试图在如此基本的并且为俄国各个政党的历史确凿地证明了的问题上欺骗公众，我们就应当在报刊上记上一笔，指出他们堕落到了何等地步。

最后，为了总结并简要地复述一下前面讲的意思，我们对米留可夫先生提出一个小小的问题：当你们这些立宪民主党人先生赞成取消沃伊洛什尼科夫参加 5 次会议的权利[113]的时候，你们的行动像自由派呢，还是像民主派？

载于 1912 年 10 月 6 日《真理报》
第 136 号

译自《列宁全集》俄文第 5 版
第 22 卷第 133—134 页

俄国社会民主工党

全世界无产者,联合起来!

告俄国全体公民书[114]

(1912年10月10日〔23日〕以前)

俄国工人同志们和全体公民们!

巴尔干爆发了四国反对土耳其的战争[115]。全欧战争迫在眉睫。同政府的一切骗人的辟谣相反,俄国和奥地利正在准备战争。意大利在推行掠夺土耳其领土的政策时愈来愈厚颜无耻。在维也纳和柏林,在巴黎和伦敦,交易所里的惊慌混乱表明,整个欧洲的资本家都不认为欧洲能保持和平。

整个欧洲都想插手巴尔干事件!大家都主张"改革",甚至主张"斯拉夫人的自由"。而实际上俄国想从土耳其亚洲部分捞一把,占领博斯普鲁斯,奥地利对萨洛尼卡,意大利对阿尔巴尼亚,英国对阿拉伯,德国对安纳托利亚都虎视眈眈。

危机在激化。为几个头顶王冠的强盗的王朝的利益,为处心积虑想掠夺别国领土的资产阶级的利润,数十万以至数百万受资本雇用的奴隶和受农奴主压榨的农民正在去大厮杀。

20世纪开始以来世界各地发生的事件,加剧了阶级矛盾和国际矛盾,引起了战争和革命,巴尔干危机就是这一连串事件的总链条中的一环。日俄战争、俄国革命、亚洲一系列革命、欧洲各国互相竞争和敌对的加剧、摩洛哥事态对和平的威胁[116]、意大利出兵掠夺的黎波里——这些事件酝酿了当前的危机。

战争及其带来的全部灾难都是资本主义的产物。资本主义奴役千百万劳动者，加剧各国间的争斗，把资本的奴隶变为炮灰。唯有全世界革命无产阶级的社会主义大军才能终止这种压迫群众和奴役群众的现象，才能终止奴隶为奴隶主利益进行的大厮杀。

在西欧和美国，社会主义的无产阶级反对帝国主义的资产阶级政府的斗争日趋激烈。面对数以千百万计的工人阶级不可阻挡地向胜利前进，这些政府愈来愈想孤注一掷，铤而走险。他们在准备战争，而同时又害怕战争，他们懂得，世界大战就是世界革命。

在东欧——在巴尔干、奥地利和俄国，除资本主义高度发展的地区外，我们看到的仍然是封建制度、专制制度以及形形色色的中世纪残余势力对群众的压迫。在亚得里亚海沿岸的波斯尼亚-黑塞哥维那，那里的农民同俄国中部数千万农民一样，直到现在还被农奴主-地主踩在脚下。为了巩固君主制政权，为了永远奴役各民族，哈布斯堡强盗王朝和罗曼诺夫强盗王朝支持这一农奴制压迫，竭力煽起民族间的仇恨。在东欧，直到现在君主之间还在分割各民族，讨价还价，进行交换，为各自王朝的利益把一个个分割得七零八落的不同民族拼凑成一个个国家，完全像在农奴制下地主分割他们所管辖的农户，把它们拼凑成一个个家庭一样！

建立巴尔干联邦共和国——这是我们的兄弟，巴尔干各国的社会党人为了捍卫民族自决和民族充分自由，以便给广泛开展争取社会主义的阶级斗争扫清道路，向群众发出的号召。

面对全世界最凶恶的反动堡垒之一的俄国沙皇君主制，我们应该特别支持真正的民主主义者——工人阶级的真正朋友的这个号召。

俄国沙皇政府的对外政策就是一连串反对民族自由、反对民主、反对工人阶级的最骇人听闻的罪行和暴力，最卑鄙无耻的阴谋诡计。沙皇政府在英国“自由派”执政者的支持下压迫和扼杀波斯，沙皇政府暗中破坏中国建立的共和国，沙皇政府阴谋夺占博斯普鲁斯海峡，侵吞土耳其亚洲部分以扩张“自己的”领土。沙皇君主制曾经是19世纪的欧洲宪兵，那时由农奴制俄国的农民组成的军队镇压了匈牙利起义[117]。现在，在20世纪，沙皇君主制既是欧洲宪兵，又是亚洲宪兵。

血腥的尼古拉沙皇，他解散了第一届和第二届杜马，血洗俄国，奴役波兰和芬兰，勾结坏事做尽的黑帮推行压迫犹太人和一切“异族人”的政策；这个沙皇，他的忠实伙伴在勒拿河地区枪杀工人[118]，迫使农民破产以致俄国到处有人挨饿。就是这个沙皇，现在竟以斯拉夫人自由和独立的保卫者自居！

俄国人民从1877年起就学到了某些东西，现在他们知道，我国**“国内土耳其人”**[119]——沙皇及其走狗，比任何土耳其人都坏。

然而地主和资产阶级，民族党人和十月党人，却竭力支持所谓沙皇政府爱好自由这种卑鄙的挑拨者的谎言。《莫斯科呼声报》、《新时报》这样一些站在整个官方报纸大军前列的报纸对奥地利进行无耻诽谤，煽动对它的攻击，似乎俄国的沙皇政府不比哈布斯堡王朝血腥百倍，肮脏百倍！

不仅是右派政党，甚至反对派的自由派资产阶级也竭力在勉强用外交辞令和转弯抹角的伪善语句遮遮掩掩地进行沙文主义、帝国主义的宣传。不仅无党派的自由派《俄罗斯言论报》[120]，甚至

“立宪民主”党(实际上是自由派反革命党)的正式机关报《言语报》也在起劲地攻击沙皇大臣萨宗诺夫的所谓“妥协”，攻击他对奥地利的“让步”，攻击他“维护”俄国“大国”利益不力。立宪民主党人不是指责极端反动的民族党人的帝国主义，而是恰恰相反，指责他们削弱了由沙皇政府侵占君士坦丁堡的“伟大”主张的分量和意义!!

俄国社会民主工党为了全体劳动群众的切身利益，坚决抗议这种卑鄙的沙文主义行为，并痛斥这种行为是对自由事业的背叛。一个有 3 000 万农民挨饿的国家，一个当局专横暴虐到成百成百地枪杀工人的国家，一个数以万计的自由战士横遭严刑拷打和苦役折磨的国家，这个国家最迫切需要的是摆脱沙皇制度的压迫。俄国农民应当考虑从农奴主-地主和沙皇君主制的压迫下解放自己的问题，切不要为地主和商人的什么俄国的“斯拉夫人的使命”那种花言巧语所动而置这一迫切问题于不顾。

既然帝国主义自由派企图同沙皇制度妥协而坚持“和平立宪”工作，向人民许诺说，这样既可以取得对外的胜利又能在保存沙皇君主制的条件下进行立宪改革，那么社会民主主义的无产阶级就要愤怒地揭穿这一骗局。只有用革命的方法推翻沙皇制度才能保证俄国和整个东欧自由发展。只有在俄国建立共和国的同时在巴尔干建立联邦共和国，才能使亿万人民免遭战祸，并在所谓“和平”时期免受压迫和剥削的苦难。

1912 年前 5 个月里有 50 多万俄国工人举行政治罢工，——他们经历了最困难的反革命年代之后正在恢复自己的力量。在许多地方，陆海军士兵举行起义，反对沙皇制度。我们号召进行革命的群众斗争，为工人、农民和部队中的优秀分子的决定性的共同行动作更顽强、更扎实、更广泛的准备！这是拯救被沙皇制度破坏和蹂躏的俄国的唯一办法。

巴尔干各国社会党人强烈谴责战争。意大利、奥地利以及整个西欧的社会党人齐心协力地支持他们。我们也要和他们同声谴责战争，更广泛地开展反对沙皇君主制的宣传。

打倒沙皇君主制！俄罗斯民主共和国万岁！

巴尔干联邦共和国万岁！

打倒战争，打倒资本主义！

社会主义万岁，国际的革命的社会民主党万岁！

俄国社会民主工党中央委员会

1912 年 10 月印成单页

译自《列宁全集》俄文第 5 版第 22 卷第 135—139 页

彼得堡工人的代表

(1912 年 10 月 16 日〔29 日〕)

首都的无产阶级要选派一名代表[121]参加黑帮的、地主的和神父的杜马。这名代表的岗位是光荣的。他应当代表千百万人发言和行动,他应当高举伟大的旗帜,他应当表达马克思主义和工人民主派的主要代表人物多年来正式地、明确地表达过的观点。

把一个人选到这个岗位上去,这件事情十分重要,如果害怕直截了当、开门见山地谈论它,害怕"得罪"某个人或者某个小组等等,就是谨小慎微,就是畏首畏尾,十分可耻。

选举应当符合多数觉悟的即马克思主义的工人的意志。这是很显然的。这是谁也不敢**公开**否认的。

大家知道,自 1908 年到 1912 年,彼得堡工人中间的反取消派和取消派,在千百次的会议上、争论中、谈话中,在各种机关刊物上,进行了斗争。有人像笨鸟那样把脑袋藏在翅膀下面,企图"忘掉"这个事实。那是很不光彩的。

现在在选举**一名**代表的问题上叫喊"统一"的那些人,是要把事情搞乱,因为他们在偷换问题,用叫喊来**模糊**问题的实质。

既然要选的只是**一名**代表,而且大家都同意他应当表达多数觉悟的工人马克思主义者的意志,那和"统一"又有什么相干呢??

取消派不敢公开说他们想选举取消派分子或者"无派别分子"

(即动摇分子),不敢**公开**捍卫自己的观点,于是他们叫喊"统一",**用欺骗的方法**来贩卖这些观点。

我们的义务就是揭露这种混乱。如果觉悟的工人中取消派占多数,那么世界上谁也阻挠不了他们选举取消派。应当尽可能准确地、冷静地、坚定地、慎重地、真实地确定,谁占多数;不要被那些搞了**5年斗争之后**为了掩盖自己的观点,又来宣传(在选举前的几天!)"统一"的人们的叫嚷弄得惶惑不安。

工人不是小孩子,竟会相信这种神话。只能从下面三个解决办法中择取其一:(1)选举取消派;(2)选举反取消派;(3)选举动摇分子。在1908—1912年的5年中,社会民主党中间再也没有另外一类人,就是现在也没有!

工人如果想成为成熟的有独立自主精神的人,就不应当允许他们中间出政治上的工贼。工人应当使人尊重和执行多数觉悟的工人的意志。

工人需要的是一名能够表达多数人的意志并且深知自己在杜马内外将进行**什么**工作的代表。

多数人的意志已经表明,因此彼得堡选出的代表应当是一名坚决的反取消派,是一名彻底的工人民主派的拥护者。

载于1912年10月16日《真理报》
第144号

译自《列宁全集》俄文第5版
第22卷第140—141页

巴尔干人民和欧洲外交

（1912年10月16日〔29日〕）

现在，巴尔干问题引起了普遍的注意。这是可以理解的。在整个东欧，人民自己自由地、坚定地表示意见的时刻可能已经来到了。资产阶级“列强”和它们那些极尽要阴谋、施诡计、互相倾轧之能事的外交家们，现在再也不能玩弄把戏了。

巴尔干人民会说出往日我国农奴常说的那句话：“老爷发怒也罢，老爷爱怜也罢，都是最可怕的灾难，可千万别落到我们头上。”的确，欧洲“列强”充满敌意的干涉也罢，貌似友好的干涉也罢，对巴尔干的农民和工人来说，都只意味着在普遍的资本主义剥削之外又增加了阻挠自由发展的各种桎梏。

因此，我们既要反对政府当局的“外交”，也要反对自由派的“外交”。例如，《言语报》的议论就是彻头彻尾的欺骗，它前几天竟然请求“俄国社会”（即资产阶级）记住英国内阁机关报的话：欧洲不能容许在巴尔干出现“恶劣的统治”！《言语报》大声疾呼：“我国的外交界不可袖手旁观。”

我们回答说，即使是最“自由主义的”资产阶级的欧洲，除了对腐朽势力和停滞现象的支持，除了给自由增添的官僚主义障碍以外，什么也不会带给巴尔干。正是“欧洲”在阻碍巴尔干联邦共和国的建立。

巴尔干的先进工人和巴尔干的整个民主派把希望完全寄托在**群众**的觉悟程度、民主精神和自主精神的增长上，而不是寄托在资产阶级外交家的阴谋诡计上，不管这些外交家们用什么自由主义词句来为自己乔装打扮！

载于 1912 年 10 月 16 日《真理报》
第 144 号

译自《列宁全集》俄文第 5 版
第 22 卷第 142—143 页

谈谈政治上的动摇性

（给编辑部的信）

（1912 年 10 月 17 日〔30 日〕）

我作为《真理报》的一个经常的读者，对复选人帕·苏达科夫的行为，不能不表示极大的愤慨。

10 月 5 日举行选举。苏达科夫未被列入《真理报》的名单。虽然如此，苏达科夫还是得到《真理报》拥护者的选票而当选了，这一点可以从选举结果中看出。还可以看出，除了《真理报》拥护者的选票(50 票中的 27—31 票)，苏达科夫还得到了 10 来名想必是动摇分子的选票。

于是，苏达科夫开始动摇起来。选举后的第二天，10 月 6 日，《真理报》登了他的一篇报道，上面清清楚楚地写着："所有当选的人除彼得罗夫同志外，都是《真理报》和《明星报》的拥护者。"

看来，这话说得很明确了吧？

可是又过了一天，苏达科夫竟然出现在《光线报》上了！苏达科夫承认他去过《真理报》编辑部，但是据他说，他是把它"完全当做社会民主党报纸的编辑部"才去的！！这个苏达科夫莫非是个黄口小儿？谁相信他会不知道社会民主党有两张报纸？他自己了解取消派，而竟会不知道有取消派？

苏达科夫在取消派的《光线报》上写道："即使我说过，我读《真理报》，而且支持它〈请注意，苏达科夫声明，他支持《真理报》!〉，我的意思也仅仅是〈!!〉，我一般〈!!〉是支持〈原来如此?〉社会民主党的。”

这可真叫人糊涂了！一个知道有两张报纸，而且承认说过“支持《真理报》”的人，事隔一天却到取消派的报纸上去作“参议院式的说明”，声称“意思也仅仅是，我一般是支持社会民主党的”!!

比这更为惊人的出尔反尔和动摇不定的情况，我们还没有见到过。

朝三暮四的“图希诺的倒戈分子”[122]总是有的，但倒戈分子得不到工人的尊重……

载于1912年10月17日《真理报》
第145号

译自《列宁全集》俄文第5版
第22卷第144—145页

论狐狸和鸡窝

（1912年10月18日〔31日〕）

关于巴尔干战争和“欧洲”对待这场战争的态度的问题，是当前政治中最令人关切的问题。对整个民主派，特别是对工人阶级来说，**弄清楚**各个政党在这个问题上代表什么阶级利益，是很重要的。

十月党人、民族党人、无党派“爱国人士”，——从《新时报》到《俄罗斯言论报》，他们的政策都是简单明了的。攻击奥地利，挑起人们同它开战，叫喊俄国负有“斯拉夫人的使命”——所有这一切都是一种想转移人们对俄国内政问题的注意、想从土耳其“捞一把”的欲盖弥彰的图谋。对内支持反动派，对外支持殖民主义的、帝国主义的掠夺——这就是这个粗暴的“爱国主义的”“斯拉夫的”政策的实质。

立宪民主党人的政策伪装得比较圆滑巧妙，但是他们的政策实际上**也是帝国主义的反动的大国**政策。了解这一点是特别重要的，因为自由派狡猾地用民主词句来掩盖自己的观点。

请看一下《言语报》吧。起初（在米留可夫同萨宗诺夫“亲切的会晤”[123]之前）有人责备萨宗诺夫“妥协”，责备民族党人削弱了占领君士坦丁堡的“伟大主张”。现在，在会晤以后，《言语报》同意《俄国报》的意见，痛骂《新时报》“糊涂好斗”。

那么,《言语报》现在的政策是怎样的呢?

开始时不应当提出傲慢的要求,因为这样一来我们就会失去支持(法国和英国的支持),“最后**甚至**会被迫**得不到应得之数**”(第278号)!!

因而,《言语报》反对沙文主义者,**是因为**嫌他们“最后会得不到应得之数”。就是说,你们沙文主义者大吹大擂却一无所得,我们则主张心平气和,不声不响,在法国和英国的资产阶级的支持下大捞一把!

《言语报》写道:“为了我们巴尔干的被庇护者的利益,我们需要得到”支持(三国协约的支持),请注意这一点:《言语报》**也主张**由俄国来“**庇护**”(保护)斯拉夫人,主张由狐狸来保护鸡窝,不过主张要更狡猾地保护!

《言语报》说:“凡是可以争得的一切都靠这个唯一的方法——欧洲外交的协作。”

问题很清楚:立宪民主党的政策的实质也就是《新时报》所鼓吹的那种沙文主义和帝国主义,只不过更狡猾更巧妙罢了。《新时报》粗暴地愚蠢地发出战争威胁,用的是俄国一国的名义。《言语报》“圆滑巧妙地”发出的**也是战争**威胁,不过用的是三国协约的名义,因为说“不应该得不到应得之数”,也就是发出战争威胁。《新时报》主张由**俄国**来庇护斯拉夫人,《言语报》主张由三国协约来庇护斯拉夫人,就是说《新时报》主张只要我们一只狐狸进鸡窝,而《言语报》则主张三只狐狸协同行动。

整个民主派,特别是工人,反对由狐狸或狼来对斯拉夫人进行任何“庇护”, 主张各国人民完全自决,主张完全的民主,主张斯拉

ПРАВДА

ЕЖЕДНЕВНАЯ РАБОЧАЯ ГАЗЕТА.

Годъ изданія первый.

№ 146. Четвергъ 18 Октября, 1912 г. ЦѢНА 2 коп.

ВОЙНА.

ВЫБОРЫ.

РАБОЧЕЕ ДВИЖЕНІЕ.

Кризисъ сахарнаго рынка

Кто побѣдилъ?

О лисѣ и курятникѣ.

Позорная резолюція.

Послѣ «разъясненія».

ОБЗОРЪ ПЕЧАТИ.

Въ Финляндіи.

1912 年 10 月 18 日载有列宁《论狐狸和鸡窝》和

《可耻的决议》两文的《真理报》第 146 号的第 1 版

（按原版缩小）

夫人摆脱“大国”的**任何**庇护。

自由派和民族党人的争论是关于欧洲资产阶级对巴尔干各国人民进行掠夺和奴役的**不同方法**的争论。只有工人是在实行真正民主派的政策——争取在一切地方实行自由和民主，彻底反对各种“庇护”、掠夺和干涉！

载于1912年10月18日《真理报》第146号

译自《列宁全集》俄文第5版第22卷第146—150页

可耻的决议

（1912年10月18日〔31日〕）

彼得堡市杜马10月10日的决议引起了社会的注意。

决议谈的是巴尔干战争这一世界政治中最重要的事件。它是由权威的（资产阶级中的权威）公共机关作出的。决议由臭名昭彰的反动派和自由派**一致**通过。

法尔博尔克，一个准"民主派"（！?）兼立宪民主党人的自由派，在他"热情的发言"中论证了作出这种决议的必要性；他参加了起草委员会的工作，并对这个决议投了赞成票。

这个决议是资产阶级沙文主义的典型，是资产阶级向"当权派"卑躬屈膝的典型，是资产阶级支持把各国人民变成炮灰的政策的典型。

在这个致巴尔干各参战国首都的决议中这样说道："彼得堡同你们在一起，对你们为之流血战斗的、各国被压迫的人民的独立自由的光明未来充满希望。"

请看，用来掩饰沙文主义的是些什么词句！任何时候，任何地方，各国被压迫的人民都不是靠一国人民对另一国人民进行**战争**来获得"自由"的。各国人民间的战争，只会加重各国人民所受的奴役。巴尔干的斯拉夫农民，土耳其农民也一样，他们的真正的**自由**，**只有**在那里有了**每个**国家内部的充分自由，并且有了一个由各个完全彻底民主的国家组成的联邦，才能得到保证。

巴尔干的斯拉夫农民和土耳其农民是兄弟，他们同样都受着本国地主和本国政府的“压迫”。

这才是真正的压迫，这才是“独立”和“自由”的真正障碍。

反动派的和自由派的沙文主义者在彼得堡市杜马中公开联合起来了(正如他们已经在报纸上遮遮掩掩地联合起来一样，因为《言语报》和《新时报》在这个问题上的见解**实质上**相同，不同的只是口气和细节)——这些沙文主义者在鼓吹把各国人民变成炮灰！

载于1912年10月18日《真理报》第146号

译自《列宁全集》俄文第5版第22卷第151—152页

一位立宪民主党教授

(1912年10月19日〔11月1日〕)

立宪民主党的候选人之一杜冈-巴拉诺夫斯基教授先生属于这样一类俄国经济学家，这些人年轻时是准马克思主义者，后来很快就“变聪明了”，他们用资产阶级理论的片言只语“修正”马克思主义，并且凭着变节的汗马功劳坐稳了自己的大学讲席，在学术上愚弄学生。

前几天，这位由马克思主义者变成自由派的杜冈先生，在《言语报》上就生活费用飞涨这个令人关切的问题发表了如下一番议论：

“在我〈?〉看来，生活费用飞涨的主要〈原来如此!〉原因是十分清楚的。这就是人口，尤其是城市人口的大量增加。人口的增加使耕作更加集约化，这样，**根据**农业劳动**生产率递降的著名规律**，单位产品的劳动价值就提高了。”

杜冈先生喜欢叫嚷“我”，“我的”。其实，他不过是在重复早已被马克思驳倒了的资产阶级学说的片言只语。

“劳动生产率递降的著名规律”是资产阶级的不学无术之徒和雇佣学者用来**为资本主义辩护**的资产阶级陈词滥调。马克思早就推翻了这个“规律”，——这个“规律”把罪过推在**自然界**身上(据说，劳动生产率的降低势所必然，对之毫无办法!)，而实际上，罪过在于**资本主义的社会**制度。

"农业劳动生产率递降的规律"是资产阶级的谎言。在资本主义制度下,**地租**即土地**占有者**的收入增加的规律,才是事实。

生活费用飞涨的原因之一,是土地的垄断,即土地的私人占有。土地占有者因此从**日益提高的**劳动生产率中获得愈来愈多的贡赋。只有把工人组织起来捍卫自己的利益,只有消灭资本主义生产方式,才能消除生活费用飞涨的现象。

只有像立宪民主党人杜冈先生这样的资产阶级的奴仆,才会替农业劳动生产率递降的"规律"这种神话辩护。

载于1912年10月19日《真理报》第147号

译自《列宁全集》俄文第5版第22卷第153—154页

世界历史的新的一章

（1912年10月21日〔11月3日〕）

全欧洲的资产阶级报刊，从反动的私利出发，主张在巴尔干维持臭名远扬的 status quo（现状），可是现在就连这类报刊也一致承认，世界历史已经揭开了新的一章。

土耳其的溃败是毫无疑问的。结成四国联盟的巴尔干国家（塞尔维亚、保加利亚、门的内哥罗、希腊）的胜利是巨大的。这四个国家结成联盟已成事实。“巴尔干属于巴尔干人民”——这一口号**已经**实现。

那么，世界历史的这新的一章究竟有什么意义呢？

在东欧（奥地利、巴尔干、俄国），严重阻碍社会发展和无产阶级成长的顽固的中世纪制度的残余至今还未消灭。这些残余就是专制制度（不受限制的专制政权）、封建制度（农奴主-地主的土地占有制和特权）和民族压迫。

巴尔干各国觉悟的工人首先提出了用彻底民主的办法解决巴尔干民族问题的口号。这个口号就是：建立巴尔干联邦共和国。由于目前巴尔干各国的民主阶级力量薄弱（无产阶级的人数少，农民闭塞、分散、没有文化），巴尔干君主国的联盟就成了经济上和政治上必不可少的联盟。

巴尔干民族问题的解决有了重大的进展。在整个东欧，现在

只有一个俄国是最落后的国家了。

尽管在巴尔干建立的是君主国的联盟，而不是共和国的联盟，尽管这个联盟的形成是由于战争，而不是由于革命，——尽管如此，整个东欧在摧毁中世纪制度的残余方面，还是向前迈进了一大步。民族党人先生们，你们高兴得太早了！这一步是**冲着**你们来的，因为俄国的中世纪制度的残余保留得**最多**！

至于西欧，无产阶级正在更加有力地喊出这样的口号：反对任何干涉！巴尔干属于巴尔干人民！

载于1912年10月21日《真理报》
第149号

译自《列宁全集》俄文第5版
第22卷第155—156页

立宪民主党人和民族党人

（1912年10月24日〔11月6日〕）

每当我们指出，立宪民主党人就其基本观点来看是民族主义自由派，他们根本**不是从民主主义的立场**提出民族问题的时候，《言语报》总是怒气冲冲地、十分傲慢地回驳我们，指责我们无知和歪曲事实。

下面是许多文件中的一个。请读者和选民去判断吧。

10月18日，在马·马·柯瓦列夫斯基先生处举行了“斯拉夫问题关心者小组”的第二次会议。会上宣读了由叶·阿尼奇科夫、卡列耶夫、隆·潘捷列耶夫（曾经是立宪民主党的候选人）、亨·法尔博尔克，当然还有马·马·柯瓦列夫斯基等人签署的告社会书。

《言语报》还想逃避自己对卡列耶夫、潘捷列耶夫之流应负的责任吗？

自由派告社会书的内容归结起来就是：

“**俄国人的心普遍振奋**……充满对斯拉夫人的同情，**希望俄国的民族自觉意识有助于**保障斯拉夫人的胜利果实。”

这同《新时报》那帮人的民族主义和沙文主义有什么不同呢？不同的只是戴上了白手套，讲得更加委婉。但是，戴上白手套也好，讲得非常文雅也好，沙文主义毕竟是丑恶的。

当身旁（和上面！）站着千方百计压迫许多民族的俄国民族党

人的时候，民主派决不会说什么“普遍振奋”。

当斯拉夫和土耳其的农民应该**一起**对抗斯拉夫和土耳其的地主和杀人强盗的时候，民主派决不容许斯拉夫人随便同土耳其人对立起来。

当波兰人、犹太人、一切“异族人”受到压迫和蹂躏的时候，民主派决不容许用“俄国的民族自觉意识”来偷换**一切**民族中拥护自由和反对压迫的人们的**自觉意识**。

任何正直的民主主义者，任何真心诚意地站在被压迫民族一边的人都不应当投立宪民主党人的票！

载于1912年10月24日《真理报》
第151号

译自《列宁全集》俄文第5版
第22卷第157—158页

战争的惨状

(1912年10月28日〔11月10日〕)

交战双方都竭力对“局外人”，也就是对全世界，隐瞒巴尔干发生的情况。记者受到欺骗、阻挠，只有在会战结束很久之后，才被允许进入战场。

因此，只有遇到非常特殊的机会才能偶尔打听到战争的真相。大概就是这种非常特殊的机会帮了英国《每日纪事报》[124]记者多诺霍(Donohoe)先生的忙。他有机会随土耳其军队目睹了吕莱布尔加兹会战；之后，他乘汽车到了君士坦丁堡，从那里经由海路又到了康斯坦察(罗马尼亚)。从康斯坦察，他可以自由地向伦敦拍发电讯。

土耳其人遭到了惨败。他们牺牲了将近4万(!)人。这一次灾难不亚于奉天那一次[125]——这位英国人写道。土耳其人的四分之三的大炮被保加利亚人缴获。保加利亚人让土耳其人靠近，放他们过来拼刺刀，然后自己迅速后撤，并且……用**机关枪**扫射，把他们成百成千地打死。

土耳其人的退却成了一群失魂落魄、饥饿不堪、精疲力竭的乌合之众的仓皇逃窜。这位记者的汽车陷入逃窜的人群之中。饥饿的土耳其人向他要东西吃。伤员不得不自己包扎。医生很少。敷料也没有。给养断绝了。英国人写道：我曾经目睹过许多次战争行动，但是这样惨重的灾难，这样大批大批地杀戮安纳托里亚（土耳其亚洲部分）忍饥挨饿、受尽折磨、精疲力竭、束手待毙的农民的情景，是我从来都没有想象到的。

载于1912年10月28日《真理报》
第155号

译自《列宁全集》俄文第5版
第22卷第159—160页

给社会党国际局的报告《第四届杜马的选举》[126]

（1912 年 10 月 29 日〔11 月 11 日〕）

由于 1907 年 6 月 3 日（16 日）的政变，俄国开始了一个反革命猖獗时期。众所周知，沙皇制度是怎样通过在法律和行政方面专横肆虐，对苦役犯人迫害折磨才最终取得了这一胜利的。

被革命吓得心惊胆战的资产阶级上层支持了反革命的贵族。沙皇政权本来就相信，它是会得到反革命的资产阶级分子和地主阶级分子的帮助和支持的。

1907 年 6 月 3 日（16 日）的选举法是无耻的冒牌法律的样板。下面这些材料可以说明这个法律的性质：

居民被划分为几个“选民团”：地主、第一等和第二等市民、农民、哥萨克、工人。各选民团分别选出的复选人（有时不是直接选举，而是由初选人选举），由政府分配参加各省的选举大会，再由这些选举大会选出杜马代表！

选举法在分配复选人名额上，预先就使（50 个省中的）28 个省的选举大会只能是地主占多数，其他省份则是第一城市选民团的复选人（大资本家）占多数。

总的情况如下：20 万贵族选进 53 个省选举大会的复选人为 2 594 名，占复选人总数的 49.4%；50 万或大约 50 万第一城市选民团的资本家有 788 名复选人(15%);将近 800 万第二城市选民团的市民有 590 名复选人(11.2%);将近 7 000 万农民和哥萨克有 1 168 名复选人(22.2%);将近 1 200 万工人有 112 名复选人(2.1%)。

这种选举法产生出"黑帮的"、反革命的杜马——地地道道的"无双议院"[127],是不足为奇的。奇怪的倒是,不仅资产阶级自由派,就连社会民主党人都到底使自己的代表当选,进了这届杜马。

工人选民团的所有复选人都是社会民主党人。在省选举大会中占多数的最反动的贵族不得不容许社会民主党人参加(选举法规定有 6 个省必须从工人中选出 1 名代表;在其他省,社会民主党人通过和自由派达成协议获得了代表资格)。

第三届杜马中占统治地位的是十月党——对沙皇制度俯首听命的反动贵族和大资本家的政党。但是即使是这些"奴隶"也不能使尼古拉二世的奸党们——这伙对持反对派立场的代表进行迫害和谋杀的黑帮——感到满意。

政府过去搞假选举把十月党人塞进第三届杜马,现在又搞假选举以便把更加"忠顺的"党派——"民族党人"和"极右派"塞进第四届杜马。

高压胜过一切。神父得到命令集体参加选举并且要选举右派;反对派的候选人被逮捕,报社被罚款,报纸被查封,受怀疑者被从选民名单上勾掉——所有这一切是干得如此无耻,连右派以至贵族都提出了抗议。

结果产生了一个更"黑的"、更右的杜马,不过今天失败的是十月党人。自由主义反对派和革命民主派(社会民主主义工人和农民资产阶级民主派)几乎维持了现状。

根据最新的关于第四届杜马438名已当选的代表（预定代表为442名）的材料，我们可以作出如下比较：

	第三届杜马	第四届杜马	
民主派：			
社会民主党人…………	13	14	
劳动派…………………	14	11	25
自由派：			
立宪民主党人…………	52	61	
进步派…………………	36	33	
波兰人…………………	18	14	
穆斯林…………………	9	5	113
右派：			
十月党人………………	131	79	
民族党人………………	91	74	
极右派…………………	46	140	293
无党派人士……………	27	7	
共　计………	437	438	

为了把政党的名称和分类解释得清楚一些，我们再说几句：

社会民主党人：俄国社会民主工党。劳动派：农民民主派，即革命的资产阶级民主派，其纲领主张剥夺贵族。立宪民主党人：名为立宪民主党，实际上是反革命的自由派资产阶级政党。进步派：也就是自由派，只不过稍许温和一些。波兰人和穆斯林——也是自由派，不过是民族集团。反对派大体上包括25名民主派和113名自由派，或者说，共有138名代表（第三届杜马是142名）。

几个政府党：十月党人偶尔私下里谈谈立宪；民族党人从来不

谈立宪。右派公开主张恢复专制，反对立宪。假选举不仅正在把十月党人，而且正在把部分民族党人推向反对派。

至于社会民主党人，到目前为止当选的情况是：

工人选民团的6名代表是社会民主党人：圣彼得堡的巴达耶夫，莫斯科的马林诺夫斯基，弗拉基米尔的萨莫伊洛夫，科斯特罗马的沙果夫，哈尔科夫的穆拉诺夫，叶卡捷琳诺斯拉夫的彼得罗夫斯基。6名全是工人。还有3个省由于民主派（社会党人和劳动派）同自由派达成协议反对右派，社会民主党人获得成功。当选的是乌法的豪斯托夫，塔夫利达省的布里扬诺夫，顿河州的图利亚科夫。其次还有3名社会民主党人在高加索当选：齐赫泽、契恒凯里和斯柯别列夫，最后1名是由高加索的俄罗斯居民选出的。

有2名社会民主党人在西伯利亚当选：鲁萨诺夫和阿穆尔州的雷斯列夫。

还要补充一点，在伊尔库茨克省（西伯利亚）本来几乎可以肯定有1名社会民主党人当选（20名复选人中有11名社会民主党人）。但省长认为伊尔库茨克市选出6名社会民主党人是无效的。选举尚未举行。

还必须补充的是，在华沙由于崩得和波兰社会党结成联盟，选出了亚格洛，他是波兰社会党的党员。

所有这些材料都是初步的。第四届杜马各派的全部成员，包括社会民主党的，要到11月15日（28日）杜马开幕时才会明确。

1912年11月11日于克拉科夫

载于1912年11月20日《人民报》第325号

译自《列宁全集》俄文第5版第54卷第369—372页

立宪民主党人和大资产阶级

(1912年11月1日〔14日〕)

立宪民主党人在莫斯科和彼得堡第一城市选民团中的胜利，以及随后他们在参加国务会议的工业界代表的选举中的胜利，还有**反动分子**帮助立宪民主党人反对社会民主党人的确凿事实——所有这些，都标志着我国社会**各**阶级的非常值得注意的政治动向。

我们不妨回顾一下社会民主党人1907年关于立宪民主党的实质的主要决议："自由主义君主派资产阶级各政党以及其中的主要政党立宪民主党，现在已经明确地背弃了革命，并且力求同反革命勾结起来阻止革命；这些政党的社会基础是资产阶级中经济上较进步的阶层，特别是资产阶级知识分子，而一部分城乡小资产阶级还跟着这些政党走，纯粹是由于习惯〈盲从〉和直接受自由派的欺骗。"①

这个论断的正确性，已被许多事件充分证实了。民主派**正把**立宪民主党人从第二城市选民团(其中有**许多**民主派选民)**排挤出去**。立宪民主党人则把十月党人从第一城市选民团排挤出去。

反动派愈猖獗，选举舞弊愈露骨，大资本就愈倒向自由派。马克思主义者在1906年和1907年指出的立宪民主党的阶级本质，

① 参看《苏联共产党代表大会、代表会议和中央全会决议汇编》1964年人民出版社版第1分册第147页。——编者注

现在已经清清楚楚地**展示**在群众面前了。

那些把立宪民主党看成是城市**民主派**政党的人，他们的错误愈来愈明显了。立宪民主党人同反动分子的勾结已经逐渐由秘密转为**公开**：反动分子唆使立宪民主党人曼瑟列夫反对社会民主党人普列德卡林，唆使立宪民主党人尼古拉耶夫反对社会民主党人波克罗夫斯基。[128]

社会民主党的政策之所以有力量和不可战胜，正是因为这个政策的正确性愈来愈为资本主义社会的**全部**发展所证实。立宪民主党人同大资产阶级讲团结（后者由于自己的全部反动性，是**不会**满足的）。民主派则**向左**靠拢，远离立宪民主党了。

载于1912年11月1日《真理报》第157号

译自《列宁全集》俄文第5版第22卷第161—162页

地道的俄国习气

（1912年11月4日〔17日〕）

前几天，《庶民报》在发表普利什凯维奇的诗的同时，刊登了一篇评论《俄国报》的“著名”御用政论家古里耶夫的文章（从此他的著名就不用带引号了）。《庶民报》断定，这是一位“带有犹太自由派色彩的政论家”。真奇怪！莫非官方的《俄国报》也是犹太自由派的机关报？

然而，这是怎么一回事呢？原来彼得堡纺织厂的股东大会一致决定免去古里耶夫担任的该厂董事的职务。此外，还决定提请检察长就古里耶夫的不正当行为向法庭起诉。

原来，古里耶夫入股1 000卢布就得到了分享**三分之一**利润的权利，可是两个厂主股东的股金是10万卢布！资本家为什么对古里耶夫这样慷慨呢？

因为，此人是四等文官，官方的《俄国报》的撰稿人，如此等等。他当过维特的私人秘书，他有“特殊的关系”。他许诺过……**政府的津贴！**

于是，资本家先生就给这种政府“关系”作了一个相当高的“估价”：等于49 000卢布。你出货，我们出钱。你有“政府关系”，能弄到津贴，我们有钱。这是一笔买卖。“政府关系”值几千卢布，给津贴的诺言值多少卢布，为官方的《俄国报》撰稿值多少卢布。请收下吧，古里耶夫先生！

古里耶夫收了钱，又骗了人。诺言没有兑现，却要求三分之一以上的利润，还进行敲诈，即要挟要停发企业贷款。

这是一件很说明问题的事情，一个典型的事例，生活中常见的现象。它给政府关系、政府津贴同资本之间的瓜葛这样一个题目提供了生动的注脚。

不过，《庶民报》先生们，这与“犹太自由派色彩”有什么相干呢？这是地道的俄国色彩，地道的保守色彩！你们不要过分谦虚了，普利什凯维奇的朋友们！

载于1912年11月4日《真理报》第160号

译自《列宁全集》俄文第5版第22卷第163—164页

改良派的纲领和革命的社会民主党的纲领

（1912年11月5日〔18日〕）

1912年上半年，俄国革命显然进入了高潮。5个月内参加政治罢工的人数，据厂主方面的统计达到515 000人。至于这些罢工工人的口号是什么，他们的要求是什么，他们举行的游行示威、群众大会等等的政治内容是什么，所有这些，中央机关报第27号全文转载的一个特别重要的文件，即彼得堡工人的五月宣言[129]已经加以说明。

在这些值得纪念的日子里，彼得堡工人提出的不是改良派的口号，而是革命的社会民主党的口号：召开立宪会议，实行八小时工作制，没收地主土地，推翻沙皇政府，建立民主共和国。

陆海军士兵的起义和起义尝试（在土耳其斯坦，在波罗的海舰队和在黑海），再一次**客观地**证明，在俄国，经过了多年反革命猖獗和工人运动的沉寂以后，革命又开始进入高潮。

这次高潮到来的时候，第四届国家杜马正在进行选举，各政党、各政治派别都**不得不**对政治形势作出这样或那样的**总的**估计。因此，如果我们想认真研究我们的政治任务——作为工人阶级的任务，而不是作为某些小集团的善良愿望，如果我们想用马克思主义的观点检验各种纲领和政纲，把它们同群众斗争的事实和当前

1912 年 11 月 5 日(18 日)载有列宁

《改良派的纲领和革命的社会民主党的纲领》一文的

《社会民主党人报》第 28—29 号合刊的第 1 版

(按原版缩小)

社会**各**阶级的活动对照一下，那么我们也就应当用**这次**群众**革命高潮**作试金石对各种选举纲领进行检验和鉴别。这是因为对社会民主党来说，选举不是一种特殊的政治交易，不是靠任意许愿或胡乱发表声明来捞取代表资格，而只是宣传觉悟的无产阶级的基本要求和政治世界观的基本观点的特殊机会。

所有的政府党，从黑帮到古契柯夫，他们的纲领和政纲非常明确，反革命性质昭然若揭。大家都知道，这些政党不但在工人阶级和农民中，**甚至**在资产阶级的广大阶层中都得不到稍微有点分量的支持。那些资产阶级的广大阶层几乎完全离开了十月党人。

自由派资产阶级政党的纲领和政纲，有的几乎是正式公布了(如穆斯林集团的纲领)，有的从"大的"政治性报刊上，也可以完全确切地了解到了(如"进步派"、立宪民主党人的纲领)。所有这些纲领和政纲的**实质**，说漏了嘴的立宪民主党人格列杰斯库尔，在他那些由《言语报》转载的、后来又被马克思主义报刊引证过的声明中，已经作了绝妙的表述。

"公开**否认**在俄国有举行新的革命的**必要**"——这就是格列杰斯库尔先生对自己观点所作的概括(参看《**社会民主党人报**》第 27 号第 3 版)，而且他还同革命者针锋相对，说出了自由派(以立宪民主党人为首)的**真正的**纲领："需要的**只**是平静的、顽强的、有信心的**立宪**工作。"

我们所以要强调真正的纲领这几个字，是因为俄国也像其他一切资产阶级国家一样，大多数纲领是**装门面的**。

问题的实质正是格列杰斯库尔先生在他偶然流露真情时所承认的那样。自由主义君主派资产阶级**反对**进行新的革命，**仅仅**主张立宪改革。

社会民主党和资产阶级民主派（民粹派）都主张并宣传有“必要”进行新的革命，但是前者是坚定的，后者是动摇的。**群众**斗争的高潮**已经开始了**。革命的社会民主党人正在努力促使这个高潮更加波澜壮阔，一浪高过一浪，直至发展成为**革命**。改良派则把这个高潮看成仅仅是某种“活跃”，他们的政策旨在求得立宪让步，立宪改革。于是，资产阶级和无产阶级就在俄国历史的这一“阶段”展开了一场争取“人民”、争取群众的斗争。谁也不能预言斗争的结局，但同样谁也不能怀疑俄国社会民主工党在**这场**斗争中应当占有的地位。

这样，而且只能这样去评价**党的**选举纲领和取消派的代表会议选出的“组织委员会”最近公布的选举纲领。

中央委员会在一月代表会议之后公布的党的选举纲领是**在**4—5月的事件[130]**以前**拟定的。这些事件**证明了**这个纲领是正确的。整个纲领都贯穿了这样一个思想：批判俄国**当前**要实行立宪改革这种毫无指望的、空想的主张，宣传革命。纲领的口号**正是**十分明确地反映了革命的任务，并使这些任务与立宪改革的诺言截然分清。党的纲领就是革命的社会民主党人对**数十万**政治罢工者和上百万农民军队中的先进分子直接发出的**宣言**，向他们**解释了**起义的任务。对一个革命政党来说，像5月罢工和6—7月武装起义尝试这种对党的解释的直接反应，正是它所希望的生活对它的纲领的最好的检验和最有力的肯定。

现在再来看看取消派的纲领。托洛茨基的革命空话巧妙地掩盖了这个纲领的取消主义实质。这种掩盖，有时会迷惑那些幼稚的毫无经验的人，甚至使人觉得取消派同党“调和”了。但只要稍微考虑一下，很快就会打消这种自我欺骗的想法。

取消派的纲领是**在** 5 月罢工和夏季起义尝试**以后**起草的。因此，为了给这个纲领的实质的问题找到一个切实的答案，我们首先要问：这个纲领对这些罢工和起义尝试是**怎样**评价的？

“经济高涨……”“无产阶级罢工运动的发展表明了新的社会高潮即将到来……”“无产阶级声势浩大的 4 月运动提出的是结社自由的要求”——这就是取消派在他们的纲领中对 4—5 月罢工所说的**一切**。

然而这是撒谎！是不可容忍的歪曲！这里，**主要的东西**即这场政治罢工的**革命**性质给抹杀掉了。这场政治罢工**恰恰不是**为了争取某一种立宪改革，而是为了**推翻**政府，即为了革命。

一个秘密的、革命的、通篇都是“红色”词句的宣言，怎么会撒这种谎呢？这是**必然的**，因为自由派和取消派就是**这样看**的。他们从罢工中看到的是他们愿意看到的东西——争取立宪改革。他们看不到他们不愿意看到的东西，这就是革命高潮。为了改革，我们自由派是愿意斗争的；为了革命嘛，可不行，——这就是取消派的**谎话**中反映出来的**真实的**阶级立场。

关于起义尝试，他们说：“……暴力、凌辱和饥饿，导致军营的士兵中**爆发了绝望的抗议**，但随后这些抗议就被用枪弹、绞索镇压下去了……”

这是自由派的评价。我们革命的社会民主党人从这些起义尝试中看到的则是**群众起义的开始**，虽然这个开始并不成功，时机不对，是错误的，但是我们知道，**群众**只能从失败的起义经验中**学习**举行胜利的起义，正像俄国工人从 1901—1904 年许多次失败的、有时甚至特别不成功的政治罢工中，学会了在 1905 年 10 月举行成功的罢工一样。我们说，备受兵营压制的工农**开始**起义了。因而我们得出了一个明确的直接的结论：必须向他们**解释**，为了什么和应当怎样准备**胜利的**起义。

自由派的判断却不同。他们说："导致"士兵中"爆发了**绝望的**抗议"。在自由派看来，起义的士兵不是革命的主体，不是起义群众的先驱，而是政府摧残的**客体**（"导致绝望"），起着展示这种摧残的作用。

自由派说：瞧，我们的政府多么糟糕，它**导致**士兵**绝望**，然后又用枪弹镇压他们（结论是：要是我们自由派执政，士兵就不会起义）。

社会民主党人则说：瞧，广大群众的革命劲头多足，连受着严厉的兵营纪律压制的陆海军士兵都举行起义了，而且从失败的起义中，学习举行胜利的起义。

正如大家看到的，取消派对春夏两季的俄国革命高潮已经作了"**说明**"（参议院式的说明）。

他们接着又来"说明"我们党的纲领了。

俄国社会民主工党的纲领写道：

"……俄国社会民主工党的**最近的**政治任务是推翻沙皇专制制度，代之以民主共和国，共和国的宪法**应保证**（1）建立人民专制……"等等，——接着列举了各种"自由"和"权利"。[①]

看来，这段话是不难理解的。"最近的"任务是推翻专制制度，建立**保证**各种自由的共和国。

取消派把这段话完全篡改了。

他们的纲领写道："社会民主党号召人民为建立民主共和国而奋斗……

---

① 见本版全集第7卷第427页。——编者注

……为了达到人民**只有通过革命**才能达到的这一目标，社会民主党**在目前的选举运动中**〈请注意！〉号召劳动群众为实现下列**迫切的**要求团结起来：(1)**选举国家杜马**要实行普遍的……选举制……”

社会革命党取消派分子彼舍霍诺夫先生在1906年秋创建“公开的党”时（差一点要建成了……只是警察妨碍了他，把他抓进了监牢！）曾经写道：共和国是一种“**遥远的**前景”，“关于共和制的问题，必须极端慎重”，目前**迫切的**要求是改革。

不过，这位社会革命党取消派分子的确幼稚、简单和愚蠢，说话不拐弯。难道“欧洲的”机会主义者会这样吗？不，他们要狡猾得多，机灵得多，巧妙得多……

他们不反对建立共和国的口号，——说反对，简直是诽谤！他们不过是用每个小市民都可以明白的道理，以适当的方式“说明”这个口号。革命会不会发生，这还是一个问题，——小市民这么随随便便地说，托洛茨基就在《我们的曙光》杂志（第5期第21页）上以学者派头加以转述。共和国“**只有**通过革命”才能建立，而“在目前的选举运动中”，“**迫切的**”是立宪改革！

真是面面光：既承认要建立共和国，又把它推到遥远的未来。说了一大堆革革革……命的话，而实际上，“在目前的选举运动中”（全部纲领都只是为了这个**目前的运动**而写的！）提出的“迫切的”要求却是改革。

是的，是的，在取消派的代表会议上是坐着一些大“外交行家”…… 可这些行家又是多么渺小！小集团外交家可以被他们弄得得意忘形，头脑简单的“调和分子”可以被他们弄得糊里糊涂，而马克思主义者则会给他们以截然不同的回答。

小市民满足于那种不容争辩的、神圣的、**空洞的**真理：革命会不会发生，预先无法知道。马克思主义者则不满足于这一点；他们说：我们的宣传和一切社会民主主义工人的宣传是革命会不会发生的**决定因素之一**。几十万政治罢工者，各部队中的先进分子，都问我们，问我们党，他们前进的方向是什么，为什么要起义，要达到什么目的，把已经开始的高潮推向革命呢还是引向为改革而斗争？

这些问题比托洛茨基的小市民式的“漫不经心”(革命会不会发生，又有谁知道?)有意思一些、重要一些。对这些问题我们革命的社会民主党已经作了回答。

我们的回答是：批判立宪改革的空想，解释寄希望于改革是错误的，要尽量从各方面促使**革命**高涨，并**为此**而利用选举运动。革命会不会发生——这**不仅仅**取决于我们。但是我们一定要做好**自己的**工作，我们的工作是决不会落空的。通过我们的工作，民主主义和无产阶级独立性的种子将被深深地埋在群众之中，这些种子**一定**会在明天的民主革命中或者在后天的社会主义革命中发芽成长。

而**那些**向**群众**宣扬知识分子那种陈腐的、崩得—托洛茨基式的怀疑主义(“革命会不会发生，不得而知，但‘**迫切**’的是改革”)的人，他们**现在就已经**在腐蚀群众，向群众宣扬自由派的空想。

他们那些人，正当50万工人举行革命罢工，正当农民军队中的先进分子向贵族军官开枪射击的时候，不是使选举运动**充分体现**这种既成的、现实的、“**当前的**”政治形势的精神，他们不是这样，而是专作那种所谓“欧洲人的”(在我国，他们就是这样的欧洲人，这些取消派就是这样的欧洲人!)“议会式的”考虑，完全**撇开**这种现实的形势(其中“欧洲的”东西很少，“中国的”东西，**即**民主革命的东西却很多),并且用几句无关紧要的话抹杀这种形势,把改良主义的选举运动称做**真正的**运动!

社会民主党需要一个第四届杜马选举的纲领,**既是**为了以选举为理由,**又是**趁选举的机会,**又是**通过选举的争执,再一次向群众解释革命的**必要性**、**迫切性**和**必然性**。

他们取消派需要一个纲领,是"**为了**"选举,也就是说,为了把关于革命的考虑当做一种没有把握的可能性客客气气地撇开,而把他们那种只是为了开列一张立宪改革清单的选举运动宣布为"真正的"运动。

社会民主党想利用选举,是为了不断**推动**群众去考虑革命的必要性,去考虑已经掀起的革命高潮。因此,社会民主党在自己的纲领中简单明了地对**第四届杜马**的选民说:**不要**立宪改革,要共和国;**不要**改良,要革命。

取消派利用第四届杜马选举来鼓吹立宪改革,**削弱**主张革命的思想。**为了**这个目的,他们就把士兵的起义说成是"导致"士兵中"爆发了绝望的抗议",而不把它看成是群众性起义的**开始**(顺便说一下,这种起义是壮大起来还是偃旗息鼓,还得看俄国**全体**社会民主主义工人是否立刻用全部力量、全副精力、满腔热忱去支援它)。

为了这个目的,他们把革命的五月罢工"说明"成改良的罢工。

为了这个目的,他们"说明"党的纲领的时候,不是把建立**保证**自由的共和国作为"最近的"任务,硬说争取各种自由是"目前的选举运动中"的**迫切**要求(这是对第四届国家杜马说的呀,可不是闹着玩的!)。

在俄国的生活中,有这么多旧中国的东西!在俄国沙皇制度中，有这么多旧中国的习气！在我国取消派中有这么多旧中国的习气！他们竟企图把议会斗争和改良主义的“礼仪”用到上有普利什凯维奇和特列先科夫之流，下有群众革命尝试的环境中去！在知识分子为防御赫沃斯托夫和马卡罗夫之流而进行的这种挣扎中，有这么多旧中国的东西，他们竟靠亮出麦克唐纳和饶勒斯、比索拉蒂和伯恩施坦、科尔布和弗兰克等人的保荐书来自卫！……

托洛茨基在取消派的代表会议上，对取消派的观点同党的观点所作的外交式的“调和”，实际上什么也“调和”不了。这种调和勾销不了决定当今俄国全部社会政治形势的重大政治事实。这就是改良派的纲领和革命的社会民主党的纲领之间的斗争；这就是几十万无产者举行革命罢工，号召群众投入争取自由的真正斗争，而与此相反，资产阶级以其政党的自由派领袖为代表出来否认在俄国有举行新的革命的必要，主张纯粹进行立宪“工作”。

向改良派鞠一个躬，再向革命的社会民主党鞠一个躬，这并不意味着能够勾销这个客观的政治事实，并不意味着多少减弱这个事实的意义和作用。想消除这一事实所引起的意见分歧的各种善良愿望(即使这种愿望真是完全“善良的”，真诚的)，是无力改变由整个反革命的形势所造成的、不可调和地敌对的政治倾向的。

无产阶级已经举起了革命的社会民主党的旗帜，那么，在第四届黑帮杜马产生的前夜，它决不会在自由派面前放下这面旗帜，决不会为了迎合改良派而卷起这面旗帜，决不会为了迁就小集团外交家们的考虑而磨掉自己的纲领的锋芒或使它黯然失色。

革命的社会民主党的纲领同改良派的纲领针锋相对——五月罢工是在这个标志下举行的，俄国社会民主工党现在又在这个标志下参加地主神父杜马的选举，党在这个杜马以及广大人民群众中间的全部工作将来也会在这个标志下进行。

载于 1912 年 11 月 5 日（18 日）
《社会民主党人报》第 28—29 号
合刊

译自《列宁全集》俄文第 5 版
第 22 卷第 167—175 页

秘密的党和合法的工作

(1912年11月5日〔18日〕)

关于俄国社会民主党人的秘密的党和合法的工作这个问题，是党的最主要的问题之一；这个问题在革命后的**整个**时期，一直是使俄国社会民主工党感到关切的问题，在党的队伍中引起了最激烈的内部斗争。

取消派同反取消派的斗争主要是围绕这个问题进行的，而这个斗争之所以激烈，完全是因为它**归根到底**关系到我们老的、秘密的党是否要存在下去的问题。俄国社会民主工党1908年十二月代表会议[131]痛斥了取消派，在专门的决议中明确了党对组织问题的观点：党是由各个秘密的社会民主党支部组成的，各支部应当建立“在群众中进行工作的据点”，使各种合法工人团体形成一个尽可能广泛而又有许多分支机构的工作网。

1910年一月中央全会[132]和1912年一月全国代表会议的决议，完全肯定了党的这个观点。这个观点十分明确坚定，这一点从普列汉诺夫同志最近一期的《日志》[133](1912年4月第16期)也可以再清楚不过地看出。我们说再清楚不过，是因为普列汉诺夫当时正是采取了中立立场(在关于一月代表会议的意义的问题上)。但是，他虽站在中立立场上，却完全肯定了党的这个既定观点，他说，如果没有各秘密支部的代表大会或代表会议的专门决定，不能认为从党组织中分裂出去的,或从党组织中逃跑的,或在党组织之外建立的所谓“发起小组”是党的组织。普列汉诺夫写道,如果让“发起小组”**自己**来决定是否属于党,这在原则上就是无政府主义,在实践上就是支持取消派并使他们合法化。

看来,有了中立的普列汉诺夫上面的解释,这个已由党多次十分明确地作了回答的问题应当认为是完全解决了。但是,由于取消派最近一次代表会议的决议,又要把已经澄清的明显的问题搞乱,我们就不得不再一次回到这个问题上来。《涅瓦呼声报》(第9号)在大骂反取消派的同时宣称,最近一次代表会议不是取消派代表会议。但是,这个代表会议就最重要的问题之一即秘密的党和合法的工作的问题所作的决议,十分清楚地证明它是彻头彻尾的取消派代表会议。

因而,必须详细地分析一下这个决议,为此要援引这个决议的全文。

一

取消派代表会议的决议名为《关于党的**建设**的组织**形式**》,而实际上,决议的第1条就表明所谈的不是建设的“形式”,而是要“建设”**什么**党,是老党还是新党的问题。下面就是这个决议的第1条:

“代表会议讨论了党的建设的形式和方法问题,得出了如下的结论:

1.改组社会民主党使之成为社会民主主义无产阶级的自我管理组织,这只有随着社会民主主义组织在吸引工人群众参加各种形式的公开的社会政治生活的过程中的形成，才能实现。”

这样，关于**党的建设**的决议一开头就断然认为必须**改组**社会民主党。这至少是奇怪的。当然，每个党员都有权要求“改组”党，但是4年来所谈的**分明**是承认不承认**老**党的问题！这又有谁不知道呢？

党的决议（1908年12月）十分明确地谴责取消派企图以新党“**代替**”老党。普列汉诺夫在1912年4月质问那些替召集（已经召开了）取消派代表会议的“发起小组”辩护的人们，直截了当地质问他们：“我们的老党还存在不存在？”（1912年4月《社会民主党人日志》第16期第8页）

这个问题是回避不了的。这个问题是在4年斗争中提出来的。所谓的党内“危机”尖锐就尖锐在这个问题上。

当有人就**这样**一个问题回答我们说：“**改组**社会民主党……这只有……才能实现”，我们立刻就看出这不是回答，而是支吾搪塞。

老党党员可以谈改组**党**。而先生们，你们**回避**老党是否存在的问题，径直下命令（在**非**党的“发起小组”的参加下）实行“改组”，只能完全证实你们是站在取消主义的立场上！当决议（在所谓“社会民主主义无产阶级的自我管理组织”这种毫无内容的漂亮辞藻之后）把事情归结为“改组”“**只有**随着社会民主主义组织在吸引工人群众参加……**公开的社会政治**生活的过程中的形成，**才能**实现”（我们就不必谈那种可笑的、夸张的和糊涂的措辞了）的时候，这种情况就更加明显！！

这是什么意思呢？这个奇怪决议的起草人是不是把罢工和游行示威叫做“吸引群众参加公开的”……生活呢？从逻辑上看，是**这样的**！既然如此，决议就完全是空话，因为每个人都清楚，就是不经过罢工和游行示威，“组织”也在“**形成**”。聪明透顶的先生们，组织是经常存在的，而群众的**公开**行动只是有时候才出现的。

取消派先生们说的“公开的社会政治生活”(人们用的竟然是这种官方自由派的文体——同30年前《俄罗斯新闻》上的一模一样!)是指工人运动的**合法**形式，而决不是罢工、游行示威等等。妙极了。既然如此，决议就是一篇空话，因为我们的组织根本不是“只”在吸引群众参加合法运动的过程中“形成起来”和形成了的。我们在许多不允许**任何**合法运动的形式存在的地方**都有**组织。

因此，决议的主要一条(“**只有随着**”……组织在……形成)就毫无用处。简直是胡诌一气。

但是从这种胡诌里面，可以清楚地看出取消主义的**内容**。**只有**在吸引群众参加**合法**运动的过程中才能实行改组——这就是第1条令人费解的文字的真正内容。而这正是地地道道的取消主义。

我们的组织是由各秘密支部组成的，这些秘密支部的外围是有尽可能多的分支机构的合法团体网，这些话，党已经说了4年。

4年来，取消派一直否认自己是取消派，4年来，他们反复说，**只有**在吸引群众参加合法运动的过程中**才能**实行改组。至于对我们党是由什么**组成**的和这个**老**党是**怎样的**党的问题则避而不谈，正如合法派所需要的那样避而不谈。谈来谈去还是老一套。普列汉诺夫在1912年4月问道：我们的老党还存在不存在？取消派代表会议回答说：“改组**只有随着**吸引群众参加合法运动才能实现!”

这是从党内分裂出去的合法派的回答，他们昨天神气十足，向党挑衅，而今天(遭受失败以后)变得胆怯了，靠花言巧语来诡辩。

二

决议的第2条写道：

“2.鉴于社会政治条件较之革命前有了改变，现有的和新建的秘密的党组织应当适应公开的工人运动的新形式和新方法。”

又是绝妙的逻辑。决议从社会条件的**改变**所得出的只是要作组织形式的**改变**，而对这种改变的**方向**却未作任何论证。

决议为什么要提到“社会政治条件有了改变”呢？显然是为了证明、论证、引出自己的实际结论：秘密组织应当适应合法运动。但是从上述前提根本得不出这种结论。“鉴于条件有了改变”，合法运动应当适应秘密组织——这种结论不也同样是合理的嘛！

取消派为什么会这样胡诌呢？

原来是他们害怕道出真相，尽量脚踏两只船。

而真相就是，取消派所持的观点是对“时局”的**取消主义的**（列维茨基、拉林、叶若夫等人所作的）估计，因为说明“社会政治条件有了”**怎样的**“改变”，这也就是对时局的估计。

但是，他们害怕直接谈出这种估计。他们的代表会议甚至不敢提出对时局的估计问题。代表会议偷偷摸摸地贩运这样的观点：情况有了（**某些**）改变，秘密组织需要“适应”合法运动。

这种观点同立宪民主党的观点毫无区别，对此社会民主党的报纸已经不止一次地指出过。立宪民主党人完全承认，他们的党“整个组织被迫处于秘密状态”（见取消派的决议第3条），鉴于条件有了改变，秘密的党应当适应合法的运动。在立宪民主党人看来，做到这一点就足够了。在他们看来，他们的党被取缔、他们的党处于秘密状态是偶然的，“不正常的”，是一种残存的现象，而他们的合法工作才是主要的、本质的和基本的。他们这个观点的**逻辑**根据，是格列杰斯库尔先生所作的“对时局的估计”：不需要新的革命，只需要“立宪工作”。

立宪民主党进行秘密工作是偶然的，在整套“立宪工作”中是个例外。由此得出的逻辑结论是，秘密组织应当“适应合法运动”。立宪民主党人的情况就是这样。

社会民主党的看法则不同。从我们党对时局的估计中得出的主要结论是：**革命是需要的，并且即将到来**。向革命发展的**形式**虽然有了改变，但革命的**旧任务**依然存在。由此得出的结论是：组织形式应当改变，“支部”的形式应当灵活，发展支部将往往不是靠发展支部本身，而是靠发展**它的**合法的“外围组织”，等等。所有这些在党的决议中已经讲过多次了。

但是，秘密组织**形式**这样改变，决不能因此提出这样的公式：使秘密组织“适应”合法运动。完全不是这么回事！合法组织是把**秘密支部**的思想贯彻到群众中去的**据点**。就是说，我们改变施加影响的形式，是为了通过**秘密的**途径继续发挥早先的那种影响。

就组织**形式**来说，是秘密“适应”合法。就我们党的工作**内容**来说，是合法活动“**适应**”秘密思想。（顺便指出，“革命的孟什维主义”反对取消派的整个斗争就是由此引起的。）

请想一想，我们的取消派是多么深思熟虑呀，他们承认**第一个**前提（工作的形式），竟忘了第二个前提（工作的**内容**）！！他们给自己的立宪民主党的高见加上的标题是议论党的**建设**的组织形式，结果，他们的议论就是：

“应当这样来建设党：通过吸引群众参加合法运动来改组〈党〉，使秘密组织适应合法运动。”

试问，这像党的回答（建设党就是巩固和发展秘密支部，在秘密支部周围建立合法据点网）？

——还是像重复立宪民主党人和人民社会党人[134]的思想，而使取消派的可乘之隙合法化呢？——人民社会党人彼舍霍诺夫先生在1906年8月建立“公开的党”的时候，维护的**正是**这种思想；见1906年《俄国财富》杂志[135]第8期和《无产者报》[136]第4号《社会革命党的孟什维克》一文①。

三

决议第3条写道：

“3. 目前，社会民主党在整个组织被迫处于秘密状态的情况下，就应当竭力使党的工作的某些部分公开进行，并为此建立相应的机关。”

我们已经指出，这段话从头到尾十分贴切地描绘出了**立宪民主党**的真情实况。只是，“社会民主党”的字眼放在这里不对头。

的确，立宪民主党“整个组织”“被迫”处于秘密状态，的确，他们在目前情况下（谢天谢地，我们总算立宪了……）“就”竭力使自己党的工作的各部分公开进行了。

① 见本版全集第13卷第391—401页。——编者注

在这个取消派决议的字里行间透露出的讳莫如深的前提，正是认为“立宪工作”是唯一的，至少是主要的、持久的、基本的工作。

这是根本错误的。这也就是自由派工人政策的观点。

社会民主党无论“整个组织”也好，每个支部也好，或者——**最主要的**——宣传革命和酝酿革命的工作的全部内容也好，都是秘密的。因此，**不**能认为社会民主党的最公开的支部进行**最**公开的工作就是“党的工作的公开进行”。

例如，在1907—1912年，俄国社会民主工党最“公开的”支部是社会民主党杜马党团。它能够比一切组织都“公开地”谈问题。它是**唯一**合法的，它能够公开谈**很多问题**。

但不是一切问题！不仅“不是”笼统的“一切问题”都能公开谈，而且，尤其在涉及自己的党和自己党的工作方面，更“不是一切问题”以及最主要的问题都能公开谈的。因此，**即使**从社会民主党杜马党团来说，我们也不能同意取消派决议的第3条。至于党的其他“某些部分”就更不用说了。

取消派是赞成搞“公开的”、合法的党的。他们现在害怕（工人们迫使他们害怕，托洛茨基劝告他们害怕）直接说出这一点。他们就**吞吞吐吐地**谈论**这一点**。他们口里不说要党合法化。他们鼓吹党**一部分一部分地**合法化！

中立的普列汉诺夫在1912年4月对取消派说，从党内分裂出去的合法派的“发起小组”是反党的。取消派的代表会议回答说：从党内分裂出去的合法派的“发起小组”，这就是“党的工作”的某些部分的公开进行，这就是秘密的党所应当“适应”的**那种**“公开运动”，这就是“公开的生活”，而“吸引”群众参加这种生活是党实行必要“改组”的准绳和保证。

如果事实确实是取消派说的那样，似乎这些观点已被托洛茨基召来的“反取消派”所赞同，那么取消派碰上的该是头脑多么简单的对手啊！

四

决议的最后一条写道：

“4. 社会民主党组织由于处于秘密状态，不可能把自己影响所及的广大工人群众都吸引过来，因此应当同无产阶级的政治上积极的阶层取得联系并通过它们同群众取得联系，其方法就是建立各种比较固定的合法的或秘密的政治组织，各种合法的外围团体（如选举委员会、根据 3 月 4 日法令[137]建立的政治团体、地方自治机关选举组织、反对物价上涨的团体等等），而且使自己的行动适应非政治性的工人组织。”

这里，关于合法外围团体的不容争辩的议论不仅**掩饰了**可以争辩的内容，而且**掩饰了**简直是取消主义的内容。

建立**合法的政治组织**，这也就是列维茨基和尼·罗—柯夫所鼓吹的内容，这也就是要使党一部分一部分地合法化。

我们对取消派已经讲了一年多了，话说得够多了，你们还是建立你们的诸如“工人阶级利益保障协会”之类的“合法**政治**团体”去吧。别再空话连篇了，你们行动吧！

但是他们行动不起来，因为**现在的**俄国不可能实现自由派的空想。他们只能用这种掩饰的手法**维护**自己的“发起小组”，让这些小组针对“合法政治组织”高谈阔论、相互鼓励、提出种种建议和设想。

他们维护自己的“发起小组”，在决议中正式宣称，秘密组织**应当“同无产阶级的政治上积极的阶层**取得联系并通过它们同群众取得联系”!!! 就是说，“政治上积极的阶层”是在支部**之外**! 这难道不是在简单地重复人所共知的所谓一切积极分子都从“僵化的党”**跑到**“发起小组”去了的叫嚣吗?

《我们的曙光》杂志和《生活事业》杂志[138]**咒骂**秘密的党时直截了当地说出的话，托洛茨基同被开除出党的取消派说得“委婉一些”：在狭隘的秘密的党以外，似乎有更“**积极的**”分子，应当同他们“取得联系”。我们——从党内分裂出去的取消派，是积极分子；“党”应当通过我们同群众取得联系。

党十分明确地说过，在领导经济斗争中，社会民主党的支部必须同工会、同工会中的社会民主党小组、同工会运动的各个活动家合作。或者，在选举杜马的选举运动中，使工会同党的步调一致。这是很明确很清楚的。取消派却**相反**，他们鼓吹使党的工作整个地糊里糊涂地“适应”“非政治性的”即非党的工会。

帕·波·阿克雪里罗得把取消主义的思想传授给了托洛茨基。当阿克雪里罗得在《我们的曙光》杂志上遭到惨败后，托洛茨基就劝他用他们自己也会被搞糊涂的词句来掩饰这种思想。

这伙人是欺骗不了谁的。取消派代表会议必将使工人学会更严格地探究模棱两可的空话的含义。除了这种苦涩的、乏味的，但在资产阶级社会中不无用处的“学问”以外，这次代表会议不会使工人得到什么。

我们研究了套上列维茨基的便装的自由派工人政策的思想，这些思想即使套上托洛茨基的五光十色的华丽外衣也是不难识破的。

党的关于秘密组织和它的合法工作的思想，正在比所有这些伪装的冒牌货产生愈来愈大的影响。

载于 1912 年 11 月 5 日（18 日）
《社会民主党人报》第 28—29 号
合刊

译自《列宁全集》俄文第 5 版
第 22 卷第 176—185 页

塞尔维亚和保加利亚的胜利的社会意义

(1912 年 11 月 7 日〔20 日〕)

“对马其顿来说,保加利亚和塞尔维亚对它的征服,意味着一场资产阶级革命,意味着一个 1789 年或 1848 年”,——奥地利的马克思主义者奥托·鲍威尔的这句话一针见血地揭示了巴尔干目前事态的主要实质。

1789 年法国的革命,1848 年德国和其他国家的革命,是资产阶级革命,因为使一个国家摆脱专制制度和地主、农奴主的特权,实际上是为资本的发展提供了自由。但是,不言而喻,这种革命也是工人阶级的利益所迫切要求的,因此就连那些“无党派的”、还没有组成阶级的 1789 年和 1848 年的工人,也成了法国革命和德国革命的先进战士。

马其顿同所有的巴尔干国家一样,经济上非常落后,在那里,还保留着大量农奴制、中世纪那种农民对地主封建主的依附关系的残余。这些残余包括:农民向地主交纳代役租(货币或实物),以及对分制(按对分制,马其顿的农民通常把收成的三分之一交给地主,比俄国少些)等等。

马其顿的地主(所谓**斯帕吉**)是土耳其人,伊斯兰教徒;农民则是斯拉夫人,基督教徒。因此,阶级矛盾由于宗教矛盾和民族矛盾而更加尖锐。

所以说，塞尔维亚人和保加利亚人的胜利，就意味着马其顿封建统治的垮台，意味着农民土地占有者这一比较自由的阶级的形成，意味着巴尔干各国曾经受到专制制度和农奴制关系阻碍的整个社会的发展有了保证。

各种资产阶级报纸，从《新时报》到《言语报》，都在谈论巴尔干的**民族**解放，却避而不谈**经济**解放。而实际上，后者恰恰是主要的。

只有彻底摆脱地主和专制制度的压迫，民族解放和民族自决的充分自由才会必然到来。相反，如果地主和巴尔干各君主国对人民的压迫仍然存在，民族压迫也就必然会在某种程度上继续存在。

如果马其顿的解放是通过革命，即通过塞尔维亚、保加利亚和**土耳其**的农民共同反对**所有**这些民族的地主（以及反对巴尔干各国的地主政府）的斗争来实现的，那么巴尔干人民为争取解放献出的生命，也许不到现在这场战争所造成的死亡人数的百分之一。这样，为争取解放而付出的代价会轻得多，解放也会彻底得多。

试问，究竟是哪些历史原因使得这个问题是通过战争而不是通过革命解决的呢？主要的历史原因就是：巴尔干各国的农民群众软弱、分散、落后和愚昧，还有工人数量太少，——虽然工人对形势了解得很清楚，并且提出了建立巴尔干联邦（联盟）共和国的要求。

因此，很明显，欧洲的资产阶级和欧洲的工人对待巴尔干问题的态度根本不同。资产阶级，甚至像我国的立宪民主党人这样的自由派资产阶级都在大喊“斯拉夫人”的“民族”解放。这就是直接歪曲巴尔干目前事态的真相和历史意义，给巴尔干各国人民的真正解放事业**增添困难**。这就是**赞成**在某种程度上保存地主特权、政治压迫和民族压迫。

工人民主派则相反，只有它才坚决主张巴尔干各国人民的真正的、彻底的解放。只有彻底实现巴尔干各民族的**农民**在经济上和政治上的解放，才能根本消除一切民族压迫。

载于1912年11月7日《真理报》
第162号

译自《列宁全集》俄文第5版
第22卷第186—188页

新生的中国

(1912年11月8日〔21日〕)

先进文明的欧洲对中国的新生不感兴趣。4亿落后的亚洲人争得了自由,开始积极参加政治生活了。地球上**四分之一**的人口可以说已经从沉睡中醒来,走向光明,投身运动,奋起斗争了。

文明的欧洲却不加理会。直到现在,甚至法兰西共和国都还没有正式承认中华民国!法国众议院不久将就这一点提出质询。

为什么欧洲这样冷漠呢?这是因为在西方各国居于统治地位的是帝国主义资产阶级,而这个阶级已经腐烂了四分之三,准备把自己的"文明"全部出卖给任何一个冒险家,以便换取对付工人的"严厉"办法,或者说,以便从每个卢布多赚5戈比的利润。在这个资产阶级眼里,中国**不过**是一块肥肉。现在,当俄国"温柔地拥抱了"蒙古以后,日本人、英国人、德国人等等也都要来捞上一把了。

但是,中国新生的进程仍在继续。目前,正在开始选举国会——专制制度推翻以后的**第一届**国会[139]。众议院将由600名议员组成,"参议院"将由274名议员组成。

采用的选举制既**不是**普选制也**不是**直接选举制。只有年满21岁、在选区内居住两年以上、交纳约合2卢布的直接税或拥有约合500卢布财产的人才有选举权。先选出复选人,再由复选人选举议员。

1924 年 12 月 20 日《新青年》季刊第 4 期封面和
该刊所载列宁《新生的中国》一文的中译文(当时译《革命后的中国》)

这样的选举制就已经表明，在没有无产阶级或无产阶级完全没有力量的情况下富裕农民和资产阶级结成了联盟。

中国各政党的性质也表明了这种情况。主要的政党有三个[140]：

(1)“激进社会”党。这个党实际上同我国的“人民社会党”(以及十分之九的“社会革命党人”)一样，**丝毫没有**社会主义的思想。这是一个小资产阶级**民主派**的政党。它的主要要求是：实现中国的政治统一，发展“面向社会”(这种用语同我国民粹派和社会革命党人惯用的“劳动原则”和“平均制”一样含糊不清)的工商业，维护和平。

(2)第二个政党是自由派。它与“激进社会”党联合，共同组成**“国民党”**。这个党很可能在中国第一届国会中占多数。它的领袖就是著名的孙中山博士。现在他正忙于制定大规模的铁路网计划(请俄国民粹派注意：孙中山这样做是**为了**使中国“越过”资本主义！)。

(3)第三个政党叫做“共和派联盟”。这是一个在政治上招摇撞骗的典型！事实上它是**保守党**，主要依靠中国**北方**也就是中国最落后地区的官僚、地主和资产者。“国民”党则主要依靠有较多工业的、较先进、较发达的中国**南方**。

“国民党”的主要支柱是广大的农民群众。它的一些领袖是曾在国外留学的知识分子。

农民民主派与自由派资产阶级的联盟使中国争得了自由。没有得到无产阶级政党领导的农民究竟能否坚持民主主义立场**对付**那些伺机向右转的自由派，——这在不久的将来便会见分晓。

载于 1912 年 11 月 8 日《真理报》第 163 号

译自《列宁全集》俄文第 5 版第 22 卷第 189—191 页

美国总统选举的结果和意义

(1912年11月9日〔22日〕)

"民主党人"威尔逊当选北美合众国总统。他得了600多万张选票,罗斯福(新成立的"民族进步党"[141])得了400多万张选票,塔夫脱("共和党"[142])得了300多万张选票,社会党人尤金·德布兹得了80万张选票。

美国这次选举的世界意义主要并不在于社会党[143]的选票激增;这次选举的意义在于各**资产阶级**政党陷入最大的**危机**,在于出现了一股使它们土崩瓦解的惊人的力量。最后,这次选举的意义还在于非常明显地出现了作为反对社会主义的工具的**资产阶级改良主义**。

在**一切**资产阶级国家中,主张资本主义的政党即资产阶级政党在很久以前就形成了,而且政治自由愈多,资产阶级政党就愈稳固。

在美国,自由是最充分的。因此,在这里,奴隶占有制引起的1860—1865年内战[144]以后,整整**半个世纪**中,**两个**资产阶级政党十分稳固和强大。一个是先前的奴隶主的政党,就是所谓的"民主党"[145];一个是赞成黑人解放的资本家政党,现在发展成了"共和党"。

在黑人解放以后,这两个政党之间的区别愈来愈小。两个政党的斗争主要是在关税率高低的问题上。这种斗争对人民群众**没有多大**意义。两个资产阶级政党利用它们之间的虚张声势的毫无内容的**决斗**来欺骗人民,转移人民对切身利益的注意。

美国和英国推行的这个所谓"两党制",是阻止独立的工人政党即真正的社会主义政党产生的最强大的工具之一。

而现在在美国,在这个最先进的资本主义国家,两党制破产了! 为什么会破产呢?

这是由于工人运动的力量,由于社会主义的发展。

老的资产阶级政党("民主党"和"共和党")面向过去,面向解放黑人的时代。新的资产阶级政党"民族进步党"则面向**未来**。它的全部纲领围绕着资本主义的存亡问题,即围绕着工人保护的问题和"托拉斯"(美国对资本家联合组织的称呼)问题。

老的政党是时代的产物,那个时代的任务是最迅速地发展资本主义。政党之间的斗争归根到底是**如何**更好地加速和促进这种发展。

新的政党是现时代的产物,这个时代提出了资本主义本身的存亡问题。在最自由最先进的国家美国,这个问题最明显最广泛地提到日程上来了。

罗斯福和"进步党人"的全部纲领、全部鼓动工作都是围绕着这样一点:怎样通过……**资产阶级的改良来拯救资本主义**。

这种资产阶级改良主义在老的欧洲是作为自由派教授们的空谈出现的,而在自由的美国一下子就作为拥有400万张选票的政党出现了。这是美国方式。

这个党说:我们要用改良来拯救资本主义。我们要制定最先进的工厂法。我们要对**全部**托拉斯实行国家监督(在美国,这就是对**全部**工业实行监督!)。我们要对托拉斯实行国家监督,是为了消灭贫困,使大家都得到"相当不错的"工资。我们要确定"社会公平和工业公平"。我们发誓实行**一切**改良……我们不愿意实行的只有**一种"改良"——剥夺资本家!**

在美国,现在全部国民财富是1 200亿美元。约合2 400亿卢布。其中**将近三分之一**即800亿卢布属于洛克菲勒和摩根**两家**托拉斯,或者受这两家托拉斯控制!组成这两家托拉斯的不到4万个家庭,却主宰着8 000万名雇佣奴隶。

显然,只要这些现代奴隶主存在,一切"改良"都是无聊的骗局。罗斯福**分明**是被狡猾的亿万富翁雇来宣传这种骗局的。他所许诺的"国家监督",在资本掌握在资本家手里的情况下,只会成为反对罢工和镇压罢工的手段。

但是,美国无产者已经觉醒了,并且站到了自己的岗位上。他们用有力的讽刺来回答罗斯福的成就:亲爱的无赖罗斯福,你不是用改良主义的诺言迷惑了400万人吗?妙极了!明天,这400万人就会看出,你的诺言原来是骗局,要知道,这400万人现在所以跟着你走,**只是**因为他们感到再也**不能**按老样子生活下去了。

载于1912年11月9日《真理报》
第164号

译自《列宁全集》俄文第5版
第22卷第192—194页

关于工人代表的某些发言问题[146]

（1912年11月11日〔24日〕以后）

杜马中的工人发言人的**第一次**发言应当以哪些根本思想为基础呢？

当然，工人们都会十分焦急地、十分关切地等待**第一次**发言。当然，他们希望发言人在第一次发言中就能对大家特别关心的那些问题扼要地、集中地阐明看法，因为那些问题在国内政治中尤其是在工人运动（既包括政治运动，**也包括经济运动**）的实践中是居于首要地位的。

这些问题包括：

(1)社会民主党第四届杜马党团的活动的**继承性**。所谓继承性，应该理解为保持同历届社会民主党杜马党团的**不可割裂的联系**，而特别要强调的是同社会民主党第二届杜马党团的联系，因为社会民主党第二届杜马党团曾经受到来自反革命方面的人所共知的攻击。

强调继承性很重要，因为工人民主派同各资产阶级政党不同，它把**自己**在第一、二、三、四届杜马中的工作看做一个**统一的整体**，不允许因为任何事变（甚至像六三政变[147]这样的事变）而放弃自己的任务，不再追求自己坚定不移的目的。

(2)工人代表的第一次发言必须讲的第二点是社会主义。其实这里包括两个题目。一个题目是:俄国社会民主党是国际社会主义无产阶级大军中的一支队伍。波克罗夫斯基在第三届杜马中也确曾这样说过(见他的声明,官方出版的速记记录第328页,1907年11月16日第七次会议)。指出这一点显然是绝对必要的。

但是在现在,还有极为重要的另一点要指出。这就是指出全世界社会主义运动的**现**状和任务。社会主义运动的现状的特点是什么呢?(a)工人阶级同资产阶级的斗争极端尖锐化(生活费用飞涨;群众性的罢工;各大国的**帝国主义**,它们为争夺市场而进行疯狂竞争,它们在走向战争);(b)社会主义即将实现。全世界工人阶级进行斗争不是为了使自己组织社会主义政党的权利得到承认,而是为了**夺取政权**,为了建立新的社会制度。在杜马讲坛上讲明这种情况,告诉俄国工人欧洲和美洲争取社会主义的伟大战斗已经开始,社会主义在文明世界**即将**胜利(必然会胜利),——这是极端重要的。

(3)第三点是关于巴尔干战争、国际形势和俄国的对外政策。

这个最具有现实意义的题目决不能避而不谈。这个题目包括下列几个问题:

(a)巴尔干战争。俄国工人代表也应该宣布建立巴尔干联邦共和国的口号。反对斯拉夫人同土耳其人互相敌视。**争取**巴尔干**一切**民族的自由和平等。

(b)反对其他强国干涉巴尔干战争。必须响应国际社会党代表大会[148]召开时在巴塞尔举行的那种维护和平的游行示威。以战争对付战争!反对一切干涉!保卫和平!这就是工人的口号。

(c)反对俄国政府的整个对外政策,要特别提到它侵占(并且已经开始侵占)博斯普鲁斯海峡、土耳其属亚美尼亚、波斯、蒙古的

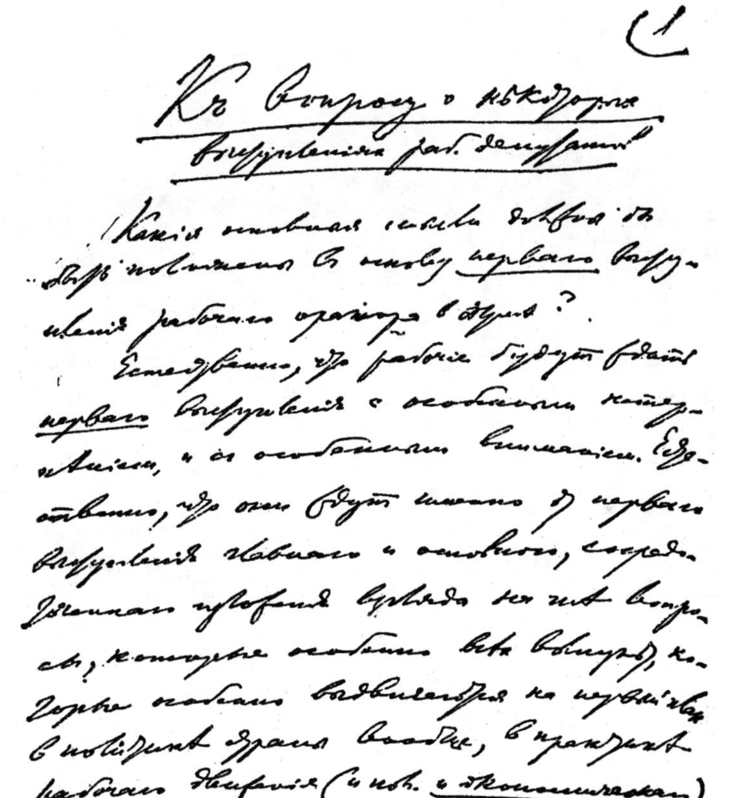
(1

Къ вопросу о нѣкоторыхъ выступленіяхъ раб. депутатовъ

Какія основныя темы должны быть положены въ основу перваго выступленія рабочаго депутата въ Думѣ?

Естественно, что рабочіе будутъ ждать перваго выступленія съ особеннымъ нетерпѣніемъ и съ особеннымъ вниманіемъ. Естественно, что они будутъ ждать отъ перваго выступленія главнаго и основного, сосредоточеннаго изложенія взгляда на тѣ вопросы, которые особенно ясно выступаютъ, которые особенно выдвигаются на первый планъ въ политической жизни страны вообще, въ практикѣ рабочаго движенія (и пол. и экономическаго) въ особенности.

Къ числу такихъ вопросовъ принадле-

1912年列宁《关于工人代表的某些发言问题》手稿第1页

（按原稿缩小）

“野心”。

(d)反对政府的民族主义，指出芬兰、波兰、乌克兰、犹太等是被压迫民族。为了抵制一切不彻底的提法（例如**单单**提出“平等”），极端重要的是要确切地提出一切民族**政治自决**的口号。

(e)反对自由派民族主义，这种民族主义虽不那么粗暴，但是由于它的虚伪、由于它对人民进行“巧妙的”欺骗而特别有害。从什么地方可以看到这种自由派（进步党—**立宪民主党的**）民族主义的表现呢？从关于“斯拉夫人”的使命的沙文主义言论，从关于俄国的“大国使命”的言论，从主张俄国为了**掠夺**其他国家而同英国和法国达成协议的言论可以看出来。

(4)第四点是俄国的政治形势。在这个题目下主要是描述人民无权、专横肆虐的情形，说明政治自由的**极端**必要性。

这里应该特别指出：

(a)必须提到库托马拉和阿尔加契等地的监狱的情况[149]。

(b)指出选举舞弊，波拿巴主义的手法，政府**甚至**丧失了六三政变所依靠的那些阶级（地主和资产阶级）的信任。

司祭被迫违心投票。

杜马向右转，全国向左转。

(c)对取消派臭名远扬的“结社自由”的口号同一般**政治自由**的任务之间的关系作出正确的说明，是特别重要的。指出下面这一点也极端重要：出版、结社、集会、罢工的自由对工人是**绝对**必要的，但是，**正是**为了实现这种自由，就应当懂得这种自由同政治自由的总的基础、同整个政治制度的**根本**改变的**密切联系**。不是要**在**六三制度**下**实现自由派的结社自由的空想，而是要**为了**自由，尤其是结社自由而**同这个制度**展开全面的斗争，反对这个制度的**基础**。

(5)第五点:农民的难以忍受的处境。1911 年有 3 000 万人挨饿。农村破产和贫困。政府的“土地规划”只是使情况更加**恶化**。财政稳定虚有其表,是靠强征赋税、鼓励人民酗酒取得的表面的稳定。甚至第三届杜马中的**右派**农民(“43 个农民”)提出的温和的土地法案[150]也被束之高阁。农民必须摆脱地主和地主土地占有制的压迫。

(6)第六点:第四届杜马选举时的三个阵营和国内的三个阵营:

(a)政府阵营。力量虚弱。选举舞弊。

(b)自由主义阵营。这里极端重要的是指出(哪怕用一两句话指出)自由派的反革命性:他们**反对**新的革命。可以原原本本地援引《真理报》第 85 号(8 月 8 日)转引的格列杰斯库尔的话①:“用不着进行第二次人民运动〈即第二次革命〉,需要的只是平静的、顽强的、有信心的立宪工作。”格列杰斯库尔就是这样说的,《言语报》转载了这些话。

自由派希望**在**保存现行制度的**基础的情况下**,**不经过**广大的人民运动而实行立宪**改革**,这是**空想**。

(c)第三个阵营是民主派。它以工人阶级为首。可以用第三人称谈过去,指出**连**《莫斯科呼声报》**也**讲过的事实,即工人阶级是在这样**三个**口号下参加选举的:一是建立民主共和国;二是实行八小时工作制;三是没收地主的全部土地交给农民。

(7)第七点:说明 1912 年的政治运动和罢工。

(a)极端重要的是指出参加**政治**罢工的人数达到了 100 万。整个解放运动很活跃。

(b)极端重要的是说明工人的政治罢工具有**全民的**目的,它

① 见本卷第 24—25 页。——编者注

提出的不是局部的而是**全民的**任务。

(c)必须指出,正是政治罢工和经济罢工相**结合**才使运动具有了力量和生气。

(d)指出工人抗议判处水兵死刑。

(8)第八点是很重要的一点,它是由上述各点产生的,并且同上述各点有密切的联系,这就是无产阶级的领导权。无产阶级的领导作用。它的领袖地位。它领导全体人民,领导整个民主派。它要求自由并且领导群众进行争取自由的斗争。它是榜样和典范。能鼓舞人心。能造成新的情绪。

(9)第九点也是最后一点,简短的复述和综合。应当用第三人称讲讲觉悟的工人,指出他们"坚定不移地忠于"**三个**原则:第一,忠于社会主义;第二,忠于"在战斗中久经考验的老俄国社会民主工党的原则",——工人们都忠于俄国社会民主工党,这个**事实**应当谈一谈;第三,忠于工人"自己的共和制的信念"。这里指的不是号召,不是口号,而是对信念的忠诚。(在英国、瑞典、意大利、比利时等许多君主制的国家中都有公开的共和党。)

附言:可能还会产生一个问题,就是关于**专门**提出"结社自由"的必要性的问题。应当指出,取消派常常在这个幌子下提出**在**毫不触动六三体制**基础的情况下**实行立宪改革的自由主义的要求……①

载于1930年《列宁全集》俄文第2、3版第16卷

译自《列宁全集》俄文第5版第22卷第197—201页

---

① 手稿到此中断。——俄文版编者注

关于杜马中的工人代表和他们的宣言问题[151]

（不晚于1912年11月13日〔26日〕）

社会民主党党团在第四届国家杜马的讲坛上发言时，要声明自己的活动同历届国家杜马中的社会民主党党团的活动，特别是同受到反革命闻所未闻的政治报复的社会民主党第二届国家杜马党团的活动，有着不可割裂的继承关系。俄国社会民主党是伟大的国际社会主义无产阶级解放大军中的一支队伍。现在，这支解放大军在全世界发展特别迅速；生活费用普遍飞涨，已经结成联合组织即卡特尔、托拉斯、辛迪加的资本的压迫和列强的帝国主义政策使工人群众的处境愈来愈难以忍受，使资本同劳动的斗争愈来愈尖锐；资本主义的末日快要来到了，千百万团结一致的无产者不久就会建立一种不再有群众的贫困、不再有人剥削人的现象的社会制度。

社会民主党党团要响应在巴塞尔国际代表大会上坚决反对战争的全世界工人的呼声。工人要求和平。工人反对对巴尔干事务的任何干涉。只有巴尔干各国人民得到充分的自由和完全的独立，只有建立巴尔干联邦共和国，才能够保证找到摆脱目前危机的最好办法并通过承认一切民族完全平等和有政治自决的绝对权利的途径使民族问题得到真正解决。

社会民主党第四届国家杜马党团尤其要反对俄国政府的对外政策。要痛斥它在博斯普鲁斯海峡、土耳其属亚美尼亚、波斯、中国强占别国的土地来扩张领土的企图，痛斥它强占蒙古这种破坏我国同伟大的兄弟之邦中华民国的友好关系的行为。

一切沙文主义和民族主义，不论是政府对芬兰、波兰、乌克兰、犹太和一切非大俄罗斯民族进行镇压和摧残的粗暴野蛮的民族主义，还是自由派和立宪民主党人用来替俄国的大国使命和俄国同其他大国达成的掠夺他国土地的协议辩解的精心伪装的民族主义，都要受到社会民主党党团无情的反对。

统治阶级枉费心机地竭力用民族主义的叫嚣转移人民对不堪忍受的俄国内部状况的注意力。第四届杜马选举的空前舞弊，很像冒险家拿破仑第三的波拿巴主义手法，它千百次表明了政府在居民中没有任何一个阶级可以依靠。这个政府就连 1907 年六三政变所谋求的同地主和大资产阶级的联盟也不能保持了。杜马在全国向左转的时候向右转了。

整个俄国在无法无天、专横暴虐的压迫下呻吟。整个文明世界听到政治犯在专事摧残我国优秀人物的库托马拉、阿尔加契等监狱中被拷打和折磨的情形，都感到无比愤怒。俄国正像人需要空气一样需要政治自由。没有出版、集会、结社和罢工的自由，俄国就不能生存和发展，首先和特别需要这些自由的是无产阶级，因为俄国现实中的无权状态束缚住它的手脚，使它不能进行它必需的争取提高工资、缩短工作日和改善生活的斗争。资本的压迫、生活费用的飞涨、城市中的失业和农村的贫困，使工人特别须要联合成工会，进行争取生存权利的斗争，而没有政治自由，就会使工人继续处于奴隶或农奴的地位。工人在争取自由的斗争中将不惜任何牺牲，因为他们很清楚，只有根本改变俄国生活的一切政治条件，只有充分保证政治自由的基础和支柱，才能保障工人同资本作斗争的自由。

第四届杜马的选举和有将近100万工人参加的1912年群众性的工人政治罢工表明，工人重新领导整个民主派去争取自由的日子就要到来。三个阵营在选举斗争中比试了自己的力量。执政的反革命阵营十分虚弱，甚至在按六三法令进行的选举中也要舞弊，强迫受压制的农村神父违心地、违背信念地去投票。自由派阵营愈来愈远离民主派而倒向大资产阶级。立宪民主党人在里加、叶卡捷琳诺达尔、科斯特罗马，以及在彼得堡的第一选民团中同黑帮结成联盟反对社会民主党，证明了自己的反革命性质。自由派想在保存现行政治制度的基础上、不经过强大的人民运动就实行立宪改革，这种空想在民主派中间愈来愈失去支持。自由派的口号是："用不着进行第二次革命，需要的只是立宪工作。"而工人阶级认识到这一口号的谬误，把整个民主派的力量团结在自己的周围，在选举中展开了自己的斗争。

大家知道，甚至政府报刊也说，工人阶级在选举运动中提出三个口号：建立民主共和国；实行八小时工作制；没收地主的全部土地交给农民。

社会民主主义无产阶级确信，这三个要求是实现一切民主主义者都同意的普选权，出版、集会、结社和罢工自由，由人民选举法官和官吏，取消常备军、建立民兵，教会同国家分离和学校同教会分离等等要求所必需的基础。

在俄国，农民群众的生活状况愈来愈难以忍受。政府的所谓"土地规划"只是使多数人的生活状况更加恶化，使农村破产，导致去年有 3 000 万人挨饿，没有给整个农业带来任何稳定的改善。表面上的财政稳定是靠强征赋税、鼓励人们酗酒来维持的，政府则依靠一次又一次举债来推迟自己的破产。甚至第三届杜马中 43 个右派农民的温和的土地法案也被束之高阁。难怪农民中的优秀分子都愈来愈把目光转向工人阶级，把它当做人民在争取自由的斗争中的唯一领袖。难怪整个民主派从同工人阶级的经济运动密切联系着的 1912 年的政治罢工中，看到了新生活的曙光，看到了新的、更强大的解放运动的曙光。

社会民主党第四届杜马党团将捍卫这个运动的利益和需要。它认为自己没有权利对第四届杜马中的多数人隐瞒俄国一切觉悟工人的思想和感情。觉悟的工人始终坚定不移地忠于社会主义。他们始终坚定不移地忠于在战斗中久经考验的老俄国社会民主工党的原则。他们始终坚定不移地为了这些原则而忠于自己的共和制的信念。

载于 1948 年《列宁全集》俄文第 4 版第 18 卷

译自《列宁全集》俄文第 5 版第 22 卷第 202—206 页

关于11月15日事件问题

（没有发表的讲话）

（1912年11月16日和19日
〔11月29日和12月2日〕之间）

11月15日，第四届杜马开幕了。11月15日，彼得堡发生了工人游行示威。[152]由于有了以前的各次政治罢工，有这些罢工作基础，这次游行示威便起到了一个重大的历史现象的作用。从罢工向游行示威的转变已经完成。群众运动已经上升到了更高的阶段——政治性的罢工发展成了街头游行示威。这是前进了一大步，它应该受到无产阶级的一切自觉的领导者的强调、重视和应有的评价。

这一步正好是在地主的、黑帮的、六三体制的第四届杜马开幕的时候实现的，因而具有更加重大的意义。游行示威选择的时机真是好极了！有本领用首都街头上的红旗飞舞来同黑帮“议会”的开幕式相对照，相比较，这真是卓越的无产阶级本能！

有本领用真正人民的、真正民主派的、纯工人的真正游行示威（可惜，如果相信报纸的说法，知识分子没有参加）来同谄媚者的、奴才的、立宪民主党人和十月党人的宫廷“示威”（指罗将柯关于“宪制”的几句可怜话[153]）相对照，这真是卓越的无产阶级本能。

一边是黑帮杜马中的谄媚者关于“宪制”的空话（或者类似罗

将柯的姜汁鲟鱼[154]），一边是杜马外面的正在展开的争取自由和人民代表制度（不带引号的）、争取共和制的斗争的范例，——这一对照，深刻而如实地显示出了革命群众的本能。

自由派—取消派的《光线报》提出防止这次游行示威的“警告”，这是与工人事业的叛徒的身份相符的。

但是社会民主党党团怎么可以提出“警告”呢？它怎么可以堕落到立宪民主党人的水平，堕落到奴才的水平呢？这个党团的某些成员怎么可以在那里唯命是从，做出这么可耻的事情呢？？

现在有人作出（有时是“非正式地”作出）这样一种推测：是不是曾经担心某一个“发出号召的”团体在进行挑拨？

姑且假定有过这种推测。但是这种推测能不能证明社会民主党党团是对的呢？不能。或者更确切些说，这种推测可以证明社会民主党党团的这一做法就**个人方面**来说是对的，但是不能证明这一做法**在政治上**是对的。这种推测可以证明社会民主党党团没有背叛工人事业的嫌疑，但是不能证明它在政治上并没有犯错误，因而可以不受谴责。

实际上，一个**工人**代表，一个真正的工人代表，如果一连三天都听到准备举行这种游行示威的消息，只在最后一天听到“是不是有人在挑拨”的“谣传”（说不定**也是**挑拨者散布的！），他究竟会怎么做呢？

这个工人代表就会去找一些有威信的工人。他会明白，在**这种**时刻他应该同优秀的工人在一起，同工人在一起要比参加杜马党团的会议重要百倍。这个工人代表会从优秀的工人那里，从两三个（甚至四五个）首都**有威信的**工人那里了解到**情况是怎样的**，工人们是怎样**想**的，群众的**情绪是怎样的**。

这个工人代表会了解到这些情况，他**能够**了解这些情况，他会知道工人是要举行罢工（据资产阶级报刊报道，有**15 000—50 000人**参加!!），是要举行游行示威，工人并不想使用暴力和进行扰乱，——**也就是说**，关于挑拨的谣传完全是胡说八道。

这个工人代表了解了这些情况，就不会上卑鄙的"发起小组"中那些惊慌失措的自由派知识分子的当。

就假定有过关于挑拨的谣传。难道在加邦请愿时不曾有过这样的谣传吗？哪有一个好工人，一个好的工人领袖居然不能把加邦请愿时群众开始表现的独特的觉醒同挑拨者加邦和怂恿加邦的警察挑拨者区别开来!!

就假定，11月15日游行示威的准备工作中有警察和奸细插手。就假定这样（虽然这一点并没有得到证实，而且是不可能的；关于挑拨的**谣传**倒很有可能是**奸细捏造的**）。

但是，假定是这样，那又怎样呢？在根本谈不到采取暴力的时候，就不应该采取暴力。而应该提出防止采取暴力的警告。但是，在群情**沸腾**的时候，难道应该提出防止和平罢工的警告吗？难道应该提出防止**游行示威**的警告吗??

整个社会民主党杜马党团犯了一个令人非常痛心的错误。如果能知道，并不是全体都犯了这个错误，许多犯这个错误的人都已认识错误而不会再重犯，那该多好！

俄国无产阶级运动（不管警察在什么地方搞了些什么名堂）已经上升到了**更高的阶段**。

载于1930年《列宁全集》俄文第2、3版第16卷

译自《列宁全集》俄文第5版第22卷第207—209页

关于民主派大学生中的党派问题

(1912年11月23日和29日〔12月6日和12日〕之间)

我们几天前在《真理报》(见第　号)上提到了大学生M.所写的一篇文章,这篇文章对"大学生的情绪"问题提供了极宝贵的材料。作者谈到大学生的党派问题时说:

"当然,加入左派组织的是大学生中比较有限的一部分人。在目前的条件下,情况不能不是这样,而且总的来说,各组织的力量不是决定于成员的人数,而是决定于它们对群众的影响。预测将来是困难的,但是应该指出,目前左派组织同大学生群众的步调是完全一致的。"(《生活需要》杂志第47期)

作者说得完全正确,在**我们**俄国,**特别**是在当前的政治条件下,"各组织的力量**不是**决定于成员的人数,**而是**决定于它们对群众的影响"。这对欧洲来说,是不正确的,对1905年秋天的俄国来说,也是不正确的,但是对现在的俄国来说,却是很正确的,以至我们可以大胆地发表这样一种表面上看来极其荒谬的言论:**为了**使组织能够给群众广泛而**深远的**影响,组织的人数不应当超过某种最低限度!

大学生中这些"左派"组织的党派关系究竟是怎样的呢?大学生M.写道:

"特别应当指出，看不到各左派组织之间争吵。大约在三年以前，在停滞和沉寂时期，这种争吵非常厉害。当时伙食等等委员会的选举是根据各党派提出的不同名单进行的。现在这种纠纷几乎绝迹了，这部分是由于大家都明白了必须联合力量一致行动，部分是由于各种旧的党派立场已经动摇，而新的立场还没有确立。"

毫无疑问，也正是在这方面，在大学生身上反映出了全俄范围的现象。在整个民主派中，甚至也在工人中，到处都是"各种旧的党派立场已经动摇，而新的立场还没有确立"。什么是取消主义呢？这就是或者向时势，向各种旧的党派立场"动摇"的时势胆怯地让步，或者让自由派幸灾乐祸地利用这种动摇。

整个民主派的任务就是要竭尽全力反对这种"动摇"，力求明确地、毫不含糊地、深思熟虑地去"确立""新的立场"。把对党的（和党内的）纲领的争辩同"纠纷"相提并论是极大的错误。

"联合力量一致行动"，包括，比如说，把马克思主义者和民粹派的力量联合起来，是完全必要的。但是，这并不排除明确的党派立场，而是正**需要**这种明确立场。只有在大家**真正**一致确信有必要采取某种行动的时候，才能采取联合行动。这个道理清楚明白，犹如白昼。俄国的民主派在同**非**民主主义者，同自由派"联合力量"采取**民主主义**行动的试验中，是吃过苦头的！

不妨将拥护政治罢工的人的"力量"和反对政治罢工的人的"力量""联合"起来试试吧！很明显，结果一定会**有害于**"行动"。不能这样，要力求首先在"立场"、政纲和纲领方面明确地、毫不含糊地、深思熟虑地划清界限，然后再把那些根据他们的信念和社会本质来看**能够**一道前进的力量**联合起来**，并且**只能**在那些可以取得一致看法的行动中把他们联合起来。这样，只有这样，联合的倡议才是有益的。

载于 1954 年《共产党人》杂志
第 6 期

译自《列宁全集》俄文第 5 版
第 22 卷第 210—211 页

美国在选举以后

（1912年11月25日〔12月8日〕以前）

我们已经在《真理报》上指出，美国共和党的分裂和罗斯福的“进步”党的成立有多么巨大的意义。[①]

现在选举结束了。“民主派”取得了胜利，社会党人所预料的一切后果立刻开始出现了。罗斯福的进步党以及该党获得450万张选票，是广泛存在的资产阶级改良主义思潮以美国式的规模登上舞台的一个例证。

这一思潮的兴衰之所以引起普遍的关注，是因为**在所有**资本主义国家**里**都有这种思潮，只是形式不同而已。

任何资产阶级改良主义思潮都包含着两个基本方面，这就是用改良的诺言来欺骗群众的资产阶级的首领和政客，以及那些感到再也不能按老样子生活下去而上了许愿最多的骗子手的当的群众。所以，在美国，刚刚成立的进步党在选举后的第二天，就四分五裂了。

用罗斯福那套招摇撞骗的伎俩欺骗群众的资产阶级政客，现在已经在高喊同共和党**合并**。这是怎么一回事呢？很简单：政客们需要肥缺，在美国，获胜的政党往往会特别厚颜无耻地把肥缺分配给自己的拥护者。共和党人的分裂使“民主党人”获得了胜利。

---

① 参看本卷第210—212页。——编者注

民主党人现在欣喜若狂地要来分享官家的大馅饼了。于是不言而喻，他们的竞争对手就准备背弃“进步”党，回到有一切可能战胜民主党人的**统一的**共和党中去了。

这岂不是拿“党派关系”做交易的拙劣而无耻的行为吗？但是我们在**所有**资本主义国家里看到的情况都是这样。国家**愈不**自由，资产阶级投机分子拿党派关系做交易的行为就愈卑鄙无耻，在谋取承租权、津贴和包揽有利可图的（对律师先生们来说）官司等等方面，幕后密谋和私人“关系”的作用就愈大。

任何资产阶级改良主义思潮的另一翼——上了当的群众——现在也以美国的方式独特地、自由地、鲜明地显示了自己。纽约工人的《呼吁报》[①]写道：“几十个投票支持进步党的人现在来到社会党的报纸编辑部和办事处，了解各种情况，打听消息。这些人大部分都是年轻的、易于轻信和没有经验的人。这是一些被罗斯福剪了毛的、对政治和经济学一窍不通的小羔羊。他们本能地感到社会党及其获得的100万张选票比支持罗斯福的450万张选票的力量强大得多，他们最关心的问题是能否实现罗斯福所答应的最低限度的改革。”

《呼吁报》补充说：“不用说，我们乐于向所有这些‘进步党人’提供**一切**情况和消息，我们把社会主义的书刊发给他们每一个人。”

那些老奸巨猾和善于投机钻营的人的“活动”……偏偏却有利于社会主义，——这就是资本主义的命运！

载于1954年《共产党人》杂志第6期

译自《列宁全集》俄文第5版第22卷第212—213页

① 《呼吁报》即《向理智呼吁报》，见本卷注96。——编者注

不明智的热心

（1912年11月25日〔12月8日〕以前）

无产阶级在谈论和平的必要性，资本家在谈论巴尔干战争中的“爱国”榜样，各谈各的。各有各的喜好。工人证明说，为巴尔干革命所要付出的牺牲也许不及巴尔干战争的百分之一，却能带来上千倍的更广泛更持久的民主成果。

资本家——无论是“右派的”还是自由派的资本家直到我国的进步党人和立宪民主党人，都竭力证明说，你们看，巴尔干的资产者联合起来捞到了多少多少东西，而如果英国、法国和俄国的资产者联合起来，那就会“同心协力地”捞到更多更多的东西。

有位美国的“爱国者”——大财主们的爱国者，不知从哪里得来消息，说希腊舰队中有一些军舰是用希腊豪绅巨富的私人资金建造的。

我们这位美国的古契柯夫，或者说美国的马克拉柯夫，急忙大肆宣传这种伟大的爱国榜样。他写道：“如果我国的海岸和我国的全部海外贸易能够受到以‘摩根’、‘阿斯特’、‘万德比尔特’、‘洛克菲勒’命名的海上巨型军舰的保护，那该有多好！人民看到这种榜样，对资本集中在亿万富翁手里和财富分配不均的怨言就会减少！”

美国工人嘲笑说：这种建议爱国，但不切实际。先生们，去实现你们的宏伟计划吧，我们完全**赞同**。直到现在，在我们美国，洛克菲勒、摩根之流一直是雇用私人的武装队伍来保护自己的财产并且同罢工者进行斗争的。但愿亿万富翁现在就能让人民看得更清楚一点，一切保卫“国家”不受“外敌”侵犯的措施，都是**保卫**我国托拉斯统治者的**垄断和利润**的措施。我们倒要看看，美国工人在看到以“摩根”、“洛克菲勒”等人命名的超级军舰以后，会受到什么教育：产生的是爱国的激情呢，还是社会主义的信念？他们是对资本家更加卑躬屈膝呢，还是更坚决地要求把所有托拉斯（工厂主的联合组织）和托拉斯的全部财产转归全社会和工人自己所有？

……美国的“爱国者”是过于热心了……

载于 1954 年《共产党人》杂志第 6 期

译自《列宁全集》俄文第 5 版第 22 卷第 214—215 页

再论第四届杜马中的农民代表

(1912 年 11 月 27—28 日〔12 月 10—11 日〕)

《新时报》不久前报道,第四届杜马中独立的农民团体终于组成。据这则报道,该团体有 40 名成员。参加该团体核心小组的有叶夫谢耶夫、卡拉乌洛夫、伊恰斯、菲尔索夫和梅尔希。

《新时报》写道:"卡拉乌洛夫(哥萨克)被认为是新团体中的最积极的工作人员之一。他在填写警察机关发给杜马代表的表格时对自己的党派关系作了一个独特的说明,因而引人瞩目。在'参加何种党派'一栏中卡拉乌洛夫写道:'我没有参加任何党派,我属于任何一个真正热爱祖国的人应该是的那种人,我是君主主义民主派。'"

能不能同意这种党派关系的说明是"独特的"呢?既能又不能。能,因为卡拉乌洛夫直言不讳地说出了许多人不肯坦白说出的话。不能,因为事实上持有卡拉乌洛夫代表这种自我评价的分明还有很大数量的农民和哥萨克。

顺便提一下,卡拉乌洛夫代表认为,"任何一个真正热爱祖国的人"都**应该**是民主派。卡拉乌洛夫代表显然错了。请他看一看杜马中整个右面这一半或者甚至占杜马三分之二的"右派":难道在所有这些"右派"——"民族党人"——十月党人中间就**没有**"真正热爱祖国的"人吗?想必是有的,这一点卡拉乌洛夫是不能不同意的。

其实,右派也好,民族党人也好,十月党人也好(老实说,还有立宪民主党人)**分明**都**不是**“民主派”。他们无疑都是君主派,但**不是**民主派。他们或者完全不赞成民主选举法,不赞成关于出版、集会和结社的民主法令,不赞成对土地所有权的民主分配,或者用空洞的词句回避这些严肃的民主问题。

怎么办?即使地主和农民都是“君主派”,但地主,比方说,对“真正热爱祖国”的理解和农民就**不同**,这难道不是一清二楚的吗?

可以保证,第四届杜马的工作将使卡拉乌洛夫以及和他类似的人不得不对此加以深思。

译自《列宁全集》俄文第5版
第22卷第216—217页

改良主义病

(1912年11月29日〔12月12日〕)

《我们害了什么病?》——不久前《光线报》上发表了一篇有感于11月15日罢工而写成的颇有教益的小品文,作者用这样的标题发问道。

答案可以从以下两段引文中看得很清楚:

"那些妄想当领袖的人似乎应该明白,只有要求解除戒严状态、实现结社自由,才是今天和最近将来的斗争任务,而宣言中所说的改变现存制度则是另外一回事。这个要求决不是玩弄我们现在常看到的罢工游戏所能达到的,而是需要进行顽强的有计划的工作,一个又一个地夺取阵地,拿出全部力量,表现出与众不同的组织性,不仅把工人阶级而且把广大人民群众吸引到这一斗争中来……

我们要自觉地对待自己的任务,有计划地维护自己的利益,不要忽冷忽热,要给我们建立起任何人也不敢来插手的强有力的工会组织和公开的政党。"

仅仅根据这两段引文,我们就可以对作者说:亲爱的,最好还是问一问"您自己害了什么病"吧。我们可以回答您:您害了改良主义病,这是很明显的。您有一种"念念不忘的主张",即斯托雷平工党的主张。这种病是危险的。《光线报》的医生们会完全把病治坏的。

作者反对政治自由的总的要求,而十分明确和自觉地宣传"公开的政党"。比较以上两段引文,就会对这一点确信无疑。在这里支吾搪塞是徒劳无益的。

我们要问作者：为什么小资产阶级民主派中的机会主义者（1906年的“人民社会党人”）和大资产阶级自由派中的机会主义者（1906—1907年及以后的立宪民主党人）的“公开的政党”都已经成了空想，而**您的**“公开的”工人政党就不是空想呢？

您承认（或者至少选举时的“公开”活动**使**您**不得不**承认），立宪民主党人是反革命的，他们不是民主派，他们的党不是一般群众的党，而是富裕资产阶级的党，是“第一选民团的”党。可是您这位“冷静的、实际的政治家”，反对“爆发和挥舞拳头”的人，却假借工人名义提出这样一种空想的、立宪民主党人无法达到的“最近的”要求！！您是一个大空想家，但您的空想却是渺小的、浅薄的、微不足道的。

您自己并没有意识到您感染上了灰心、胆怯、绝望、丧失信念的流行病（现在这种病流行得可厉害哩！）。这种病在把您往机会主义泥坑里推，人民社会党人和立宪民主党人就是因为陷入这种机会主义的泥坑而受到大家嘲笑的。

您认为解除戒严状态和实现结社自由是当前迫切的和实际的、“有计划的”和“自觉的”要求。您和社会民主党是根本背道而驰的，因为社会民主党**知道**实现这些改革的总的条件（和重要性）。您同进步党人和十月党人本质上倒是一致的，因为正是这些人空谈……目前形势下的改革和“自由”来自欺欺人。意大利改良主义者比索拉蒂为了**自由派**大臣乔利蒂许诺的在**各个**阶级的政党“公开”存在的情况下实行的改革而背叛了工人阶级。而您是为了**就连**伊兹哥耶夫和布尔加柯夫之流也**不**期待马卡罗夫实行的那些改革而背叛工人阶级！

您用轻蔑的口吻谈到“罢工游戏”。关于这一点，我不可能在这里对您作充分的答复。我只简单地说一句：把深刻的、有历史意义的运动称为“游戏”简直是愚蠢。您也像《新时报》(见 11 月 17 日涅兹纳莫夫的文章)、伊兹哥耶夫和布尔加柯夫之流一样，对罢工很**恼火**。您恼火是因为生活无情地粉碎了您的自由主义幻想。工人群众完全承认必须有组织、有步骤、有准备、有计划，但是对于您的言论他们现在和将来都是蔑视的。

您害的重病是由散布得很广的杆菌引起的。这种杆菌就是自由派工人政策，或者叫做取消主义。这种杆菌就在空中飘动。但是不管您对事态发展，特别是对 11 月 15 日的事件怎样恼火，事态发展还是要使这种杆菌死亡的。

载于 1912 年 11 月 29 日《真理报》第 180 号

译自《列宁全集》俄文第 5 版第 22 卷第 218—220 页

资本主义社会的贫困化

（1912 年 11 月 30 日〔12 月 13 日〕）

资产阶级改良主义者，以及跟在他们后面的社会民主党队伍里的某些机会主义者硬说，资本主义社会没有发生群众的贫困化。所谓“贫困化的理论”是不正确的：群众的物质福利虽然增长很慢，但是在增长着；有产者同无产者之间的鸿沟不是在加深，而是在缩小。

近来，这类论断的谬误已经在大众面前暴露无遗了。生活费用在不断飞涨。**即使**在工人进行了最顽强而且**非常**成功的罢工斗争的情况下，工人工资的增加还是比劳动力必要费用的增加慢得多。与此同时，资本家的财富却在飞速地增长着。

就拿德国的某些材料来说吧。——那里工人的生活状况远胜于俄国，那是由于有比较高的文化水平，有**罢工**和结社的**自由**，有政治自由，以及由于有几百万工会会员和几百万工人报纸的读者。

根据**资产阶级**社会政治家从官方得来的材料，德国工人的工资，在最近 30 年中平均增加了 25％。而在同一时期，生活费用**至少**上涨了 40％!!

食品、衣服、燃料和住房的费用都涨了。工人的贫困化是**绝对的**，就是说，他们确实愈来愈穷，不得不生活得更坏，吃得更差，更吃不饱，更多的人栖身在地窖里和阁楼上。

但是，工人的**相对**贫困化，即他们在社会收入中所得**份额**的减少更为明显。工人在财富迅速增长的资本主义社会中的**比**重愈来愈小，因为百万富翁的财富增加得愈来愈快了。

在俄国没有所得税，没有关于社会富裕阶级财富增长情况的材料。我国更为悲惨的实际情况被一层帷幕，一层愚昧无知、没有公开性的帷幕遮盖起来了。

在德国有关于有产阶级财富的确切材料。例如，在普鲁士被列为**第一等**的、总数为 100 亿马克（50 亿卢布）的应纳税财产，在 1902 年属于 1 853 人所有；而在 1908 年则属于 1 108 人所有。

最大富翁的数目减少了，他们的财富却增加了。1902 年，他们每人的平均财产是 500 万马克（250 万卢布），而 1908 年达到了 900 万马克（450 万卢布）！

人们常谈到"1 万个上层分子"。普鲁士"21 000 个上层"富翁拥有财产 135 亿马克，而其余 130 万个应纳税的财产所有者总共只拥有 30 亿马克。

普鲁士 4 个特大的百万富翁（1 个公爵、1 个大公、2 个伯爵）1907 年共有财产 14 900 万马克，而 1908 年竟达 48 100 万马克。

资本主义社会的财富以难于置信的速度增长着，与此同时工人群众却日益贫困化。

载于 1912 年 11 月 30 日《真理报》第 181 号

译自《列宁全集》俄文第 5 版第 22 卷第 221—222 页

我们党的“迫切的难题”[155]

“取消派”问题和“民族”问题

（1912年11月）

1912年8月，波兰王国和立陶宛社会民主党总执行委员会召开了波兰社会民主党“边疆区代表会议”[156]。大家知道，这个波兰社会民主党总执行委员会现在是一个**没有**党的总执行委员会。在波兰的首都华沙，社会民主党的地方组织痛斥了总执行委员会瓦解组织的政策，而总执行委员会对此的答复是，采取卑鄙的匿名方式诬控别人搞奸细活动，建立只有空架子的华沙组织，赶紧召开“自己的”、以同样方式炮制的边疆区代表会议。

后来，华沙工人选民团的国家杜马选举，完全证明了所谓总执行委员会的拥护者是空架子：66个初选人中有34个社会民主党人，其中只有3个（而且还不一定）是拥护总执行委员会的。

所以要预先这样说明，是为了使读者把我们打算谈的波兰王国和立陶宛社会民主党边疆区代表会议的决议，**只看做梯什卡的**总执行委员会的决议，而决不要看做波兰社会民主主义工人的决议。

一

波兰社会民主党对俄国社会民主工党的态度问题是非常重要和令人关切的。因此,梯什卡的代表会议关于这个问题的**决议**值得比较仔细地研究,尽管这个决议令人很难**认真**对待。

通篇都是谩骂的梯什卡决议之所以令人很难认真对待,这至少是由于这个决议对一个**主要**问题,即取消派问题所采取的态度。

这是1908—1912年俄国社会民主工党内部的主要问题。党受到了反革命的严重破坏。党在竭力恢复自己的组织。即使是在反革命势力十分猖獗的**整整4年当中**,党同社会民主党人中那些要取消党的小集团也一直在进行**不懈的**斗争。

因此,谁对取消派问题没有作出明确的解答而要自称党员,那是**枉然的**,这不是很明显的吗?

梯什卡的代表会议在关于对待俄国社会民主工党的态度的决议中,谈得最多的是取消派问题。代表会议承认,取消派是"阻挠俄国社会民主工党发展的最大障碍,对党的存在本身是严重的威胁"。

决议写道:"公开的彻底的取消派同革命的社会民主党是势不两立的。"

看来,梯什卡之流大胆地坚定地提出了问题——却又避而不答!

到底谁是"公开的彻底的"取消派?同取消派**4年斗争的经验**得出了什么实际结论呢?

对这些自然而且必然会提出的问题1912年俄国社会民主工党一月代表会议作了明确而肯定的回答:取消派就是《我们的曙光》杂志和《现代事业报》集团。这个集团把自己置于党外。

可以认为这个回答正确,或是不正确,但是不能不承认这个回答很明确,也不能不明确表示自己的立场!

而梯什卡的代表会议正是企图回避问题,躲躲闪闪,活像个小偷。如果我们在1912年1月明确指出的《我们的曙光》杂志是公开的彻底的取消派这一点不符合事实,为什么梯什卡之流在1912年8月不在波兰社会民主主义工人面前揭露我们的错误呢?如果《我们的曙光》杂志把自己置于党**外**这一说法不符合事实,如果你们,梯什卡、罗莎·卢森堡、瓦尔斯基先生们都认为它是**在党内**,你们又为什么不干脆说出来呢?这本是你们对波兰社会民主主义工人应尽的直接义务啊!

不管你们对1912年“列宁的”一月代表会议怎样斥责、诅咒、谩骂,你们这种喧嚣鼓噪除了那些甘愿受骗的人以外,是谁也骗不了的,因为在一月代表会议以后,对于《我们的曙光》杂志是不是取消派,这个集团置身何处——是在党内还是在党外这样的问题,不明确地加以回答,就不能算是觉悟的忠诚的社会民主党人,就不能谈论俄国社会民主工党的情况。

二

梯什卡的代表会议大骂“列宁派”,骂得花样百出、滔滔不绝,总起来无非是指责我们搞**分裂**。

俄国社会民主工党一月代表会议认为，置身党外的只有《我们的曙光》集团。这是众所周知的事实。从这个事实，就连梯什卡和他的朋友们也能得出这样一个简单明了的结论：指责我们搞分裂，就是承认《我们的曙光》集团是**属于党内的**。

就连小孩子也懂得必然会得出这个结论，何况梯什卡及其同伙早已不是小孩子了……

谁指责我们搞分裂，谁就应当有一点起码的勇气、起码的诚实，直截了当地说：“《**我们的曙光**》集团不是取消派”，“它**不应该**置身党外，它的位置**在党内**”，“它是党内的一种**合理的色彩**”，等等。

问题的全部实质恰恰在于指责我们搞分裂的像梯什卡先生之流是**偷偷摸摸地**、羞羞答答地、转弯抹角地谈及这一点（因为这一点是**很自然地**包含在关于分裂的叫嚣中的），而**不敢**直说！

要说明和**证明**《我们的曙光》杂志应该是在党内的，**那是不容易的**。谁这样说，谁就要承担一定的责任，就要解决一定的原则问题，就要公开为取消派头子**辩护**。这种人可以（并且应当）说是取消派的拥护者，但是不能不认为他是有信念的人，不能不承认他至少在某个取消派集团是否属于党这个狭小的问题上，政治上是诚实的。

如果整个组织（姑妄称之）或整个边疆区[157]的所有组织都转弯抹角地、偷偷摸摸地、羞羞答答地和吞吞吐吐地为取消派辩护，指责那些把取消派开除出党的人搞分裂，又不敢直说“这个取消派集团应该是在党内的”，那么必然得出这样的结论：我们面对的不是持有如此这般的观点的社会民主党人的组织，而是力图“利用”取消派同反取消派的斗争捞取一小笔政治资本的**阴谋家小集团**。

对于了解1907年以来俄国社会民主工党党内情况的人来说，

跟着崩得分子走的梯什卡及其同伙，是社会民主党人中通常被称为“按重量计算的马克思主义者”、“图希诺的倒戈分子”这类阴谋家的典型，这早就不是什么秘密了。梯什卡也同某些崩得分子一样，他在党内的整个“立场”的基础是在取消派和反取消派之间**耍把戏**，做调停人，利用“天平砝码”的地位捞油水，因为没有这个砝码，不论取消派还是反取消派，都得不到多数！

1911年秋天，当梯什卡耍的这个大家厌恶的老“把戏”使他垮台的时候，**两个**对立的派别——取消派和反取消派的机关报都在报刊上公开称他是阴谋家[158]。

其实，只要从“天平砝码”的角度来看，梯什卡的代表会议的不合逻辑的、孩子般天真的、软弱无力到可笑程度的决议立刻就可以**完全**理解了。阴谋家应当这样说，也正应当这样说：我谴责取消派……但我不直说谁是公开的彻底的取消派！我承认取消派对党的存在本身是一种威胁……但我不直说这个集团应当是在党内还是在党外！我在任何情况下**总**能从这种“立场”得到好处，捞到“政治资本”，因为**没有我**，反取消派不能战胜取消派，**没有我**，取消派就不能在党内得到可靠地位！！

“梯什卡的”政策不是偶然的个别的现象。在分裂时，一般说来，在各个派别展开残酷的斗争时，**必然**会出现这样的集团，它们存在的基础就是不停地从一边跑向另一边，施展小小的阴谋诡计。这是我们党的生活的可悲的、令人不快的特点，由于侨居国外开展革命工作的条件而使这一特点更加突出。阴谋集团，某些同国内联系特别差的集团的政策的阴谋特点，——这是一种现象，要使自己不受蒙蔽，不做各种“误解”的牺牲品，就应当了解这种现象。

三

当然,“统一”的口号在广大工人群众中“深受欢迎”,因为他们不知道应当**同谁**统一,这种**统一**意味着对某个集团要作出**哪些让步**,把取消派保留在党内还是开除出去的政策是**根据什么原则**制定的。

当然,煽动性地利用这种对事情实质的**不了解**来叫骂“分裂”,是最容易不过的了。用“统一”那些已经永远分离出去的派别的要求来掩饰小集团的外交手腕,是最容易不过的了。

但是,不管“统一”的口号在没有觉悟的人们中间多么“深受欢迎”,不管现在各种各样的煽动家、阴谋家、小集团的外交家用这个口号进行掩饰多么方便,我们还是要求每个觉悟的社会民主党人对 1912 年俄国社会民主工党一月代表会议解决的问题作出明确的回答。

1912 年 8 月召开的取消派代表会议清楚地表明,一切争论的中心正是关于取消派的问题,关于取消派集团是属于党还是不属于党(甚至是反党)的问题。谁回避问题的这个实质,谁就是自欺欺人。

但是要知道,胡说一月代表会议有“派别性”等等,正是**回避**问题的实质。好吧,先生们,对你们这些胡说八道的人可以这样来回答:就算一月代表会议带有极端的派别性,分裂性,是无权代表的,等等。但是要知道,你们这样“危言耸听”只不过是**自己欺骗自己**罢了。一部分社会民主党人(不要管是哪一部分)在 1 月说,《我们的曙光》杂志是置身党外的反党的取消派。这个意见在根据党的4年历史作出的详尽的、充分说理的决议中得到了论证。

谁要真心阐明并驳斥这些所谓“一月代表会议的”社会民主党人的错误，谁就应当分析并推翻这个决议，说明和证明：《我们的曙光》杂志应该是在党内，它的思想对党没有危害，应当对这个集团作某些让步，应当要求它履行某些义务，履行这些义务的保证应当是什么什么，这个集团在党内的影响的大小应当如何如何确定。

这样谈问题，才是老老实实地驳斥一月代表会议的社会民主党人的信念，才是向工人**阐明**你所认为不正确的东西。但是问题的实质正在于：在现在廉价地叫骂分裂的人中间，**没有一个人**是设法这样来谈问题的！！

因此，我们要鄙夷地撇开煽动家和阴谋家，泰然地重复说：我们关于开除取消派的决议没有被推翻，也是推翻不了的。新近的事实，例如同托洛茨基的腔调相似的取消派的《**光线报**》的出版，只会百倍地增加我们决议的力量。五月行动、成百个工人团体团结在反取消派报纸的周围、工人选民团进行的第四届国家杜马的选举等事实，**彻底**证明了我们反对取消派的立场是正确的。

叫骂“分裂”动摇不了这个信念，因为这种叫骂就是用虚伪的手法胆怯地、遮遮掩掩地**维护**取消派。

四

1912年俄国社会民主工党一月代表会议还提出了一个重大的原则问题，即关于我们党在民族方面的**结构**问题。限于篇幅，我只简略地谈谈这个问题。

是完全的联邦制还是不完全的联邦制，是“最坏类型的联邦制”还是完全的统一？这个问题就是这样摆着。

梯什卡的代表会议对这个问题也只是用谩骂和叫喊什么“捏造”、“歪曲事实”等等来回答。他们——这位梯什卡及其随从，是多么无聊的空喊家啊！

拉脱维亚、波兰、犹太（崩得）社会民主党人彼此完全隔绝，这是事实。每个波兰社会民主党人都知道，在波兰，过去和现在同崩得都谈不上有**任何**统一。俄国人同崩得的情况也是如此。“民族集团”有自己单独的组织、自己的中央机关、代表大会，等等。俄国人却没有**这些**，而且没有互相斗争的和不熟悉俄国情况的崩得分子、波兰人、拉脱维亚人参加，**俄国人的**中央委员会就不能解决俄国人的问题。

这是事实。无论怎样谩骂也推翻不了这个事实。自1907年以来，我们党内的**全体同志**都看到了这一点。大家都感到这种情况不正常。我们的代表会议甚至把这称为“**最坏类型的联邦制**”①。

对于问题的这种提法，忠诚老实的社会民主党人都应该就问题的实质作出回答。

八月代表会议最确凿地**证实了**这种提法是正确的，**就连**普列汉诺夫也承认这个代表会议是用它的臭名远扬的“民族文化”自治的决议来“使社会主义迁就民族主义”。

崩得和梯什卡的总执行委员会都同样用尽神圣的字眼发誓，

---

① 参看本版全集第21卷第143—144页。——编者注

说他们赞成统一，但是在华沙、罗兹等地，**他们之间**搞的却是**最彻底的分裂！！**

"取消派问题"同"民族问题"的联系不是我们杜撰出来的，而是生活本身暴露出来的。

让一切认真思考的社会民主党人把"民族问题"也摆出来讨论讨论吧。是联邦制还是统一？是"各民族"有单独的中央而俄国人**没有**单独中央的联邦制，还是完全的统一？是各地崩得的名义上的统一和实际上的分裂（或破裂），还是从下到上的实际上的统一？

谁认为可以回避这些问题，谁就是犯了严重的错误。谁指望简单地恢复 1907—1911 年的"最坏类型的联邦制"，谁就是**自欺欺人**。这种联邦制已经**不可能**恢复了。这个非驴非马的东西已经不能复活了。党已经永远离开它了。

党往何处去？是实行"奥地利"式的联邦制[159]，还是**完全**拒绝这种联邦制而实行实际上的统一？我们赞成后者。我们反对"使社会主义迁就民族主义"。

请大家都来全面考虑，并彻底解决这个问题吧。

载于 1913 年 8 月《争论专页》杂志
第 1 期

译自《列宁全集》俄文第 5 版
第 22 卷第 223—230 页

在 美 国

（1912 年 12 月 7 日〔20 日〕以前）

“美国劳工联合会”160（各种工会组织的联合会）第三十二届年会在罗切斯特市闭幕了。这个联合会和迅速成长的社会主义政党同时并存，它是现在还存在着的旧行会传统和自由派资产阶级传统这些旧事物的残余，这些传统目前还完全支配着美国的工人阶级**贵族**。

1911 年 8 月 31 日，劳联的会员为 1 841 268 人。赛米尔·龚帕斯这个社会主义的死敌再次当选为主席。社会主义工人的候选人麦克斯·海斯（Hayes）得到了 5 074 票，龚帕斯得到了 11 974 票，而过去龚帕斯当选是一致通过的。美国工会运动中社会主义者同“工会工作者”的斗争虽然进展缓慢，但是结果必定是前者战胜后者。

龚帕斯不仅完全相信“劳动同资本协调”的资产阶级神话，而且直截了当地在劳联中奉行资产阶级政策以反对社会主义政策，尽管他在口头上维护工会政治上的完全“中立”！不久以前，美国选举总统的时候，龚帕斯在劳联的正式机关报上转载了所有三个资产阶级政党（民主党、共和党和进步党）的纲领，而却**没有**刊登**社会**党的纲领！！

就连拥护龚帕斯的人，在罗切斯特代表大会上对他的这种行为也提出了抗议。

美国工人运动的现状同英国工人运动的现状一样向我们表明，纯工会趋向和社会主义趋向之间存在着十分严重的分歧，这也就是**资产阶级工人政策**和社会主义工人政策的分歧。这是因为，尽管这些话听起来非常奇怪，但在资产阶级社会中，如果工人阶级忘记了自己解放的目标，同雇佣奴隶制妥协，为了使自己的奴隶地位得到虚假的“改善”，只顾一会儿同这个资产阶级政党联合，一会儿又同另一个资产阶级政党联合，那么，工人阶级也是有可能奉行资产阶级政策的。

造成英国和美国资产阶级工人政策特别突出和(暂时)有影响的主要历史原因，是长久以来的政治自由以及同其他国家比较起来特别有利于资本主义向深度和广度方面发展的各种条件。由于这些条件，工人阶级中出现了贵族，他们**背叛了**自己的阶级，跟在资产阶级后面亦步亦趋。

在 20 世纪，英国和美国的这种特点正在迅速消失，因为别的国家正在追赶盎格鲁撒克逊的资本主义，工人**群众**正在从生活经验中学习社会主义。世界资本主义发展得愈快，社会主义在美国和英国胜利的日子就会来得愈早。

载于 1954 年《共产党人》杂志
第 6 期

译自《列宁全集》俄文第 5 版
第 22 卷第 231—232 页

工人阶级及其“议会”代表团[161]

（1912 年 12 月 12 日〔25 日〕）

俄国觉悟的工人已经不是第一次同国家杜马中的工人阶级代表团打交道了。在第二届、第三届和第四届杜马（这里不涉及社会民主党内多数人抵制的第一届杜马）的这种代表团形成的时候，每次都可以看到社会民主党内**多数人**和社会民主党的杜马代表团在意见、观点和方针上**不一致**的情形。

我们有说明与第二届国家杜马有关的这种不一致情形的确凿的材料。1907 年春天，曾经正式地、无可争辩地明确了，在社会民主党内是哪一种观点、方针、思潮或派别占优势，而在社会民主党杜马党团内是哪一种观点、方针、思潮或派别占优势。

当时每 500 个社会民主主义工人产生 1 名代表，结果布尔什维克有 105 名代表，孟什维克有 97 名代表，此外还有无派别分子的代表 4 名。[162]

优势显然是在布尔什维克派方面。

在“民族的”社会民主党人中，波兰人有 44 名代表，崩得分子有 57 名代表，拉脱维亚人有 29 名代表。当时在拉脱维亚人中反对机会主义即反对孟什维克和崩得的人占了极大优势，因此在“民族党员”中，各“思潮”的比例关系和社会民主党“俄国”部分各思潮的比例关系是一致的。

可是当时在社会民主党杜马党团内，有 36 个孟什维克和 18 个布尔什维克，而其中由工人选民团选出的代表有 12 个孟什维克和 11 个布尔什维克。显然，占优势的是孟什维克。

总之，在社会民主党内和在杜马党团内，各“思潮”的力量的分配情形不是一致的，而是截然相反的。

这是偶然的吗？

不是的。世界各国工人政党的议会代表团照例总要比各工人政党本身具有**更多的机会主义**成分。这种现象的原因是不难看出的：第一，资产阶级国家，哪怕是最民主的资产阶级国家的各种选举制度，实际上不是用年龄（在俄国要年满 25 岁），就是用居住地和工作地点固定的期限（在俄国是半年）等等来**限制**工人的选举权利。通常最受这种条例限制的正是无产阶级中年轻的、更觉悟、更坚决的阶层。

第二，工人政党中的非无产阶级分子，如工会官僚、小业主、职员，特别是“知识分子”，在资产阶级社会的**任何**选举制度下，都更容易（由于他们的职业、“社会”地位、教育程度等）精通“议会”职业。

从这个事实应该得出什么结论，第三届、第四届杜马的情形和第二届杜马的情形有什么不同，这些问题我们将另写文章论述。

载于 1912 年 12 月 12 日《真理报》
第 191 号

译自《列宁全集》俄文第 5 版
第 22 卷第 233—234 页

工人阶级及其“议会”代表团

第三篇文章

（1912 年 12 月上半月）

俄国社会民主党第三届杜马党团，是第一个存在了数年之久并经受了同工人阶级政党长期共同工作的“考验”的社会民主党党团。由于明显的原因，我们不能在这里叙述这项工作的历史。我们能够而且应当指出的，只是最主要的东西：党的发展是怎样**影响**杜马党团的？党团对党的**态度**是怎样改变的？

首先需要肯定一个事实，就是社会民主党第三届杜马党团起初的行动曾经引起党内多数人的极大不满和严厉谴责。当时在社会民主党第三届杜马党团内，占显著优势的是对 1907 年党的决议[163]持反对立场的孟什维克，而党团也就承袭了或者说照搬了这种“反对立场”。

在党与党团之间开始了一种特殊的斗争。党团的宣言的机会主义受到谴责（这是完全公正的）。代表党内多数人意见或者说全党意见的机关报，多次批评党团的机会主义做法，并指出党团在各种问题上没有表明或者说没有正确地阐述党的观点。

第三届杜马党团的一系列必须纠正的错误和不正确的做法在 1908 年 12 月被正式确认下来了[164]。自然，当时党也正确地指出，错误不应当只由党团负责，**全**党也要负责，党应当多**研究**自己杜马代表团的情况，同它**一道**工作。

这项工作的成果是大家都看到的。从1908年到1912年，党内的孟什维克右翼发展成了**取消派**。不管《光线报》多么不乐意，布尔什维克和护党派孟什维克[165]同取消派进行的4年斗争，是不能从历史上一笔勾销的。

就在这4年中，社会民主党杜马党团由一个**对**党采取反对立场、受党批评和受孟什维克保护(有时其机会主义甚至受到直接鼓励)的党团，变成了**反取消派的**党团。

到1912年为止，第三届杜马党团的成员按参加报纸工作划分的情况，确凿地证明了这一点。阿斯特拉汉采夫和库兹涅佐夫在取消派的《现代事业报》工作。别洛乌索夫也在那里工作，但是他很快就**完全脱离了党团**，给党团寄出了一封**极端取消主义的**信，信中用同情态度引证了马尔托夫和《我们的曙光》杂志的话(别洛乌索夫先生的这封有历史意义的信大概很快就要在报刊上发表)。

其次，舒尔卡诺夫既参加了取消派报纸的工作，也参加了反取消派报纸的工作。格格奇柯利和齐赫泽两边都没有参加。**党团中的其余8个人**(沃罗宁、沃伊洛什尼科夫、叶戈罗夫、扎哈罗夫、波克罗夫斯基、普列德卡林、波列塔耶夫和苏尔科夫)则都是**反取消派**机关报的撰稿人。

《我们的曙光》杂志在1911—1912年期间曾经多次表示了自己对社会民主党党团的不满，——取消派对孟什维克党团转到反取消派方面来，是不会感到高兴的。

在黑帮杜马中工作的经验，同滚到取消主义泥潭中去的孟什维克右翼斗争的经验，——这一切都把社会民主党第三届杜马党团推向左转，使它向党靠拢，脱离了机会主义。

党为维护党团的**党性**（当然，这里指的只是思想方向和工作路线）而进行的这4年**斗争**的光辉历史，很多人，特别是那些对这段历史感到不快的人，总是喜欢把它忘记掉。但是这段历史是事实。应当把它记住。应当根据这段历史来评价第四届杜马党团。关于第四届杜马党团我将在下一篇文章中再谈。

载于1954年《共产党人》杂志
第6期

译自《列宁全集》俄文第5版
第22卷第235—237页

工人阶级及其“议会”代表团

第五篇文章

（1912年12月上半月）

社会民主党第四届杜马党团第一个使人们对它的成分和行动方针有一定了解的措施，就是它关于亚格洛问题的决议[166]。从报纸上知道，决议是以孟什维克七票对布尔什维克六票通过的。因此很明显，我们所看到的这个决议，是不顾党内多数人的意见通过的，因为来自六个主要工业省份的六位工人代表，正如我们所看到的，是代表工人政党的大多数的。

但是，也许这个决议的**内容**可以使我们相信它是正确的？

我们就来看看决议的内容吧。

第1条指出，“没有确切的材料说明是华沙无产阶级中的多数人还是少数人”“推选”亚格洛“为**复选人**”。

这就是说，在这七位社会民主党代表看来，问题是不清楚的。但是，他们毕竟肯定地说是**华沙**无产阶级，而不是像取消派和崩得所说的那样，是整个波兰无产阶级（见《光线报》和《我们的曙光》杂志）。而我们**确切地**知道，“华沙无产阶级”“**推选的复选人**”是两名社会民主党人和一名波兰社会党人（亚格洛）。

二比一，前者是多数。就是说，有非常**确切的**材料说明亚格洛是由**少数人**推选出来的。不仅如此，**多数**工人复选人（两名社会民主党人)是**反对**选举亚格洛的,关于这一点他们曾经**正式**作了声明。取消派口口声声说亚格洛取得了多数票,但是这并不能抹杀被选为复选人的是**两名**社会民主党人和**一名**波兰社会党人这一**事实**。

不管怎样,七人团既然在决议中回避了两名社会民主党复选人曾经代表华沙的**整个**波兰社会民主党提出的**抗议**,他们的行动就是**反党的**,因为直到目前为止,**只有**波兰社会民主党加入了俄国社会民主党。

但是,决议的第2条更要糟糕得多。这一条说,"犹太资产阶级复选人"也选举亚格洛一事,"表明甚至在资产阶级人士中间〈!?在**犹太**资产阶级人士中间?〉认识也提高了,他们认识到只有社会党人才能成为为被压迫民族的合理〈?!〉利益而斗争的真正战士"。

大家都知道,犹太资产者丝毫没有表现出这样的"认识"。他们**宁愿选举**波兰资产者,只是因为找不到别的拥护平等权利的人,才**不得不**选举社会党人。不是"认识提高了",而是民族斗争在资产者内部所引起的**困难**增加了,正是这种因素使亚格洛取得了代表资格!

为了把好人选进杜马,工人复选人是可以(而且应当)**利用**相争的两贼的"困难"的。这是不容争辩的。一小部分波兰社会民主党人(即失去了**主体**——华沙——的所谓"总执行委员会")所持的相反的观点无论如何是站不住脚的。

但是,如果一个好人由于两贼相争而被选进了杜马,于是就说其中的**一个贼**"认识提高了",那是十分可笑和奇怪的。正是这种对犹太资产阶级复选人的赞扬,这种即使**为**亚格洛的代表资格**作辩护**也根本用不着的赞扬,证明了党团中的七个成员的**机会主义**,

证明了他们对民族问题所持的**非无产阶级**态度。

本来，七人团应当**在决议中**谴责和痛斥一切民族仇恨，**特别是**谴责和痛斥波兰资产者掀起反犹太人的运动，这是理所当然的。可是硬说犹太资产者的"认识提高了"，那就正好证明自己**没有**认识。

第 3 条是要证明亚格洛是个社会民主党人。证据是什么呢？(1)"他的一篇声明"。这不能算做证据。**护党的**人们重视的是某某人所参加的**组织**，而不是他的"声明"。这样的常识只有取消派才会忘记。① (2)"崩得和波兰社会党的联盟拥护提名亚格洛为候选人"。

可是波兰社会民主党又在哪里呢？这个联盟既然**没有波兰社会民主党参加**，而且又是**和它对立的**(华沙的两名社会民主党人复选人已经退出)，也就证明了崩得的**反党立场**，这一点连有浓厚调和主义情绪的普列汉诺夫也承认了！

第 4 条说："波兰社会党还没有同俄国社会民主党合并。"这只说对了一半！为什么七人团**避而不谈**党曾经通过决议(1908 年 12 月)[167] **拒绝**同波兰社会党合并的事实呢？只是为了讨好党内的取消派吗？

从整个这个蹩脚的、倒霉的决议中只能得出一个结论，就是要**把**"俄国社会民主党的内部生活问题"**同**"杜马的政治活动问题"**分开**。这种分法是再糟糕不过的了。**护党的**人们是不能把这两个问题分开的。把这两个问题分开，也就等于把杜马党团和党**分开**。这是最糟糕的机会主义，会引起极度的思想混乱。策略取决于党

① 这句话在手稿中被勾掉了。——俄文版编者注

的“内部”决定：在“杜马政治活动”中，是应当执行**这种**策略呢，还是执行另一种“没有党性的”策略??

希望被看成社会民主党的一部分的崩得候选人，在“社会民主党的内部生活问题”上**被剥夺了**表决权。这是被取消派弄得思想混乱不堪的七位代表通过的混乱不堪的决议的唯一优点。

觉悟的工人应当用各种办法帮助他们澄清混乱，指明他们所犯的错误，坚持不懈地**使**（在第四届杜马中也要像在第三届杜马中一样）杜马党团**走上正道**。错误在刚犯的时候还不太可怕，——柯·斯大林正确地指出了这一点，[168]——重要的只是，工人民主派要公开地和坦白地**承认**错误，并且要真正做到承认错误。这样，以后的情况就会比开头好些。

文章收到后，一定要告诉我，万一决定不发表，请立即寄回，好在别处发表。

载于1954年《共产党人》杂志
第6期

译自《列宁全集》俄文第5版
第22卷第238—241页

民族党人和立宪民主党人的“调和”

（1912 年 12 月 15 日〔28 日〕）

杜马辩论政府宣言的最大的政治结果，就是**民族党人**、十月党人和**立宪民主党人**的动人的联合。我们俄国的所谓“社会人士”太容易受响亮而廉价的空话的影响，因此必须特别谈谈**各个**政党就原则性政治问题发表评论的这个**实际**结果。

民族主义的《新时报》（第 13199 号）写道：“政党消失了。马克拉柯夫代表的精彩发言（12 月 7 日会议上的发言）把整个国家杜马联合起来了，整个国家杜马都给他鼓掌，忘掉了一切政党的恩恩怨怨和思想分歧。”

凡是密切关心政治的人，都应该记住并且仔细想想这家**民族主义的**报纸，这家擅长阿谀奉承、专事陷害犹太人和异族人的主要机关报的上述评语。

十月党人和民族党人，古契柯夫派和新时报派，给马克拉柯夫鼓掌，并不是由于“忘掉了”政党的思想分歧，而是由于他们正确地认识到自由派资产阶级和民族党人地主之间深刻的**思想一致**。

马克拉柯夫在对内政策和对外政策的根本问题上，发现了这种思想一致。这位立宪民主党人在**民族党人**经久不息的掌声中喊道：“俄国不寻求战争，它也不害怕战争。”他们怎么能不鼓掌呢？

凡是稍有政治常识的人都很清楚，立宪民主党人的这些话表明了他们**赞成**战争威胁政策，**赞成**武装陆海军、压迫人民群众、盘剥人民群众的军国主义政策。

反动派是不会害怕支持军国主义的自由派的，因为反动派判断得十分正确：支持军国主义是**行动**，而自由主义的叫喊是**空话**，在反动派统治下这种空话是决不可能实现的。“你给我们几百万卢布扩充军备，我们为你的自由主义空话鼓掌”，这就是每一个聪明的农奴主-地主对杜马中的巴拉莱金[169]之流所说的而且一定会说的话。

可对于马克拉柯夫在对内政策上的主张呢？右派司祭“心满意足”了（据《言语报》证实），《新时报》手忙脚乱地转载马克拉柯夫的“但愿俄国不会分裂为两个阵营——国家和政府”这个“主导思想”，——难道这一切都是偶然的吗？

不，这不是偶然的，因为马克拉柯夫大叫大嚷最好是“调和”，**实际上**却是在附和科科夫佐夫。科科夫佐夫也是希望“调和”的！

科科夫佐夫**不**希望社会力量的对比发生变化。马克拉柯夫**丝毫**不懂得必须有**什么样的**变化和**用什么办法**才能实现这种变化。“调和”这个词恰好**掩盖了**这种变化的条件和手段这个唯一重要的问题，——所以能掩盖这个问题，是由于这种陈词滥调言之无物，只会模糊群众的公民意识，使他们麻木不仁。

为马克拉柯夫之流大谈“调和”的发言拼命鼓掌的“社会人士”应该受到鄙视。

至于工人代表马林诺夫斯基就内阁宣言所作的发言，民族党人也好，立宪民主党人也好，都竭力不去注意其中民主派对问题的

提法。不过马林诺夫斯基的发言根本就**不是**讲给这一批听众听的。

载于1912年12月15日《真理报》第194号

译自《列宁全集》俄文第5版第22卷第242—243页

民族主义自由派

(1912年12月22日〔1913年1月4日〕)

近几年来，可以明显地看到俄国自由派内部的某种分化。“真正的”资产阶级开始脱离整个自由派的阵营。自由派资产阶级在建立**自己**单独的政党，许多过去与十月党人为伍的资产阶级分子一定会加入(而且正在加入)这个党，另一方面，最温和的大资产阶级分子，即立宪民主党的“头面人物”，也在加入这个党。

第三届杜马和第四届杜马中的“进步派”集团以及国务会议中的“进步”集团，很快就会成为这个民族主义自由派资产阶级在议会舞台上的正式的政党代表。不久前召开的“进步党”代表大会[170]，实质上已经制定了《俄国评论报》[171]现在所奉行的那个民族主义自由派纲领。

所谓的“进步党人”想要的是什么呢？为什么我们把他们叫做民族主义自由派呢？

他们**不**希望地主和官僚完全独占统治权。他们追求(并且直言不讳)的是温和的、以两院制和反民主的选举法为基础的、严格限制选举资格的立宪制度。他们想要的是一个执行以火与剑替“祖国工业”夺取新市场的“爱国”政策的“强有力的政权”。他们希望官僚像器重普利什凯维奇之流那样地器重他们。如果能那样，他们愿意不同反动派算“旧账”，而同他们携起手来建设“伟大的”

资本主义俄国。

这些人离开十月党，是因为地主分子在这个党内的势力太大，是因为这个党太温顺软弱。他们离开立宪民主党，是因为他们看不惯立宪民主党人蛊惑人心地同民主派调情。在这些"真正的"立宪主义者看来，立宪民主党人关于普选权，关于强制转让土地（虽然要付赎金）的种种谬论，是完全多余的和不能容忍的。

民族主义自由派直截了当地说：不必害怕人们责备我们"纵容反动势力"，必须公开地反对"号召侵占地主的土地"，反对"挑起对有产阶级的仇恨"；在"军事实力"的问题上既不应当有右派，也不应当有左派：

> "我们回到了祖国…… 俄国军队是……**我们的**军队…… 俄国的法庭不是舍米亚卡[172]的法庭，而是**我们的**…… 俄国对外的威力，这不是官僚好大喜功的怪癖，这是**我们的**力量和欢乐。"（见《俄国评论报》纲领性的声明）

民族主义自由派在俄国无疑是有一定的"前途"的。它将成为德国也有的那种"真正的"资本主义资产阶级政党。纯粹的知识分子，即"根基"薄弱的自由派分子，仍然和立宪民主党人一道。民族主义自由派自会得到像司徒卢威、马克拉柯夫、普罗托波波夫、柯瓦列夫斯基等这样一些早就一只脚站在反动阵营里的思想家。最温和的"希波夫"分子即地方自治派地主分子也无疑会和民族主义自由派同流合污，因为他们也赞成实行严格限制选举资格的立宪制度，即富人的"立宪制度"。（难怪不久以前，司徒卢威先生那么一往情深地怀念希波夫先生……）

"进步党人"想望有一个执行自由主义政策的"强有力的政权"，当然，这在近期是不会实现的。赫沃斯托夫和普利什凯维奇之流仍然是风云人物。很可能，民族主义自由派的党目前还不会完全形成，而且他们的报纸将会破产，正像曾经提出基本上相同目标的《言论报》[173]在三年前遭到破产一样（不过，在杜马中，“进步党人”的力量和立宪民主党人比起来是相对地增强了）。但是，民族主义自由派资产阶级的公开出场至少说明俄国的阶级矛盾已经相当成熟。

工人们应当在**自己的**组织和**自己的**阶级自决方面百倍努力，去同资本主义资产阶级的自决抗衡。

载于1912年12月22日《真理报》第200号

译自《列宁全集》俄文第5版第22卷第244—246页

关于对取消主义的态度和关于统一

（1912 年 12 月）

提　纲

1. 4 年来反对取消主义的斗争。

1908 年 **12 月**党给取消主义所下的定义。谴责取消主义，不是因为它主张进行合法工作，而是因为它破坏党。1912 年反取消派在合法活动方面（《**真理报**》和**选举**）取得的胜利。

2. 取消派搞分裂。取消派脱离党。他们的发起小组是分裂的产物和表现。

3. 1912 年的八月代表会议是反党分子的会议，甚至调和派分子也不得不承认这一点。

不能容许没有受到俄国社会民主党某一组织的直接委托，在行动上又不同它协调一致的国外小集团以社会民主党的名义进行活动。

4. 八月代表会议就运动的各项基本问题所作的决议，尤其是就是否完全而真诚地承认秘密的党这个基本问题所作的决议，用最客气的说法，是在玩弄“外交辞令”，即回避对问题作正面答复。实际上这是取消主义的决议。

5. 代表会议(八月代表会议)后,取消派集团在《我们的曙光》杂志和《光线报》上的政治态度表明了这个集团彻头彻尾的反党性质,这表现在:(1)鼓吹公开的党;(2)在合法报刊上嘲笑“地下组织”;(3)反对革命的罢工和一切群众性的革命斗争。

    必须同这个反党集团展开坚决的斗争。

6. 在合法报刊上鼓吹统一,回避和模糊事情的实质,即回避和模糊是否**真正承认**秘密的党的问题,就是欺骗工人。

7. 秘密组织中的各种思潮和倾向绝对必须统一起来。号召实现这种统一。

载于 1939 年《布尔什维克》杂志第 1 期

译自《列宁全集》俄文第 5 版第 22 卷第 247—248 页

有党的工作者参加的俄国社会民主工党中央委员会克拉科夫会议的通报和决议[174]

（1912年底—1913年初）

通　　报

（1913年1月1日和8日〔14日和21日〕之间）

今年2月召开了有党的工作者参加的俄国社会民主工党中央委员会会议。到会的有彼得堡（5人）、莫斯科地区（2人）、南方地区（2人）、乌拉尔和高加索的秘密的党组织的成员。各地方组织无法通过选举产生代表，因此这次会议不能算做代表会议。部分中央委员由于警察方面的原因，未能出席会议。

几乎全体与会者都积极参加了各种合法的工人团体，并利用了各种所谓“合法机会”。因此，会议的成员能够正确地反映俄国各主要地区党的整个工作状况。

会议共开了11次，就下列各项议程制定了决议（不包括未宣读的）①：（1）革命高潮、罢工和党的任务；（2）秘密组织的建设；

① 手稿中勾掉了括号内的这句话，出于秘密工作的考虑在小册子中省略了。——俄文版编者注

(3)社会民主党杜马党团;(4)党的报刊;(5)保险运动;(6)对取消主义的态度;关于统一问题;(7)关于“民族的”社会民主党组织。

上述决议,除一个同志对“保险”决议中的两条和另一个同志对“民族”决议中的部分条文弃权外,是一致通过的。

经中央委员会批准的这次会议的决议,总结了党的经验,并就社会民主党在当今俄国的工作中的一切最重要问题制定了领导路线。

* * *

系统地估计1912年的经验是社会民主党的最重要的任务,因为这一年是俄国工人运动发生具有历史意义的伟大转变的一年。仅仅说活跃正在代替低潮和涣散,是不够的。工人阶级已经转入对资本家和沙皇君主制的大规模进攻。经济罢工和政治罢工的浪潮大大高涨,使俄国在罢工方面又走**在**世界**各**国,甚至走在最发达的国家的**前面**。

当然,这个事实不会使任何一个觉悟的工人忘记,自由国家的无产者在群众的组织和群众的阶级教育方面是远远超过我们的。但是这个事实表明,俄国已经进入了一个**新革命**的高涨时期。

工人阶级所承担的伟大任务是要启发一切民主群众的革命意识,在斗争中教育他们,领导他们进行猛烈的冲击,以便推翻罗曼诺夫王朝,使俄国得到自由和建立共和国。全面支持群众的公开的革命斗争,组织这种斗争,扩大、加深和加强这种斗争,——这就是当前的基本任务。谁意识不到这个任务,谁不在某一个促进革命事业发展的秘密组织、小组或支部中工作,谁就不是社会民主党人。

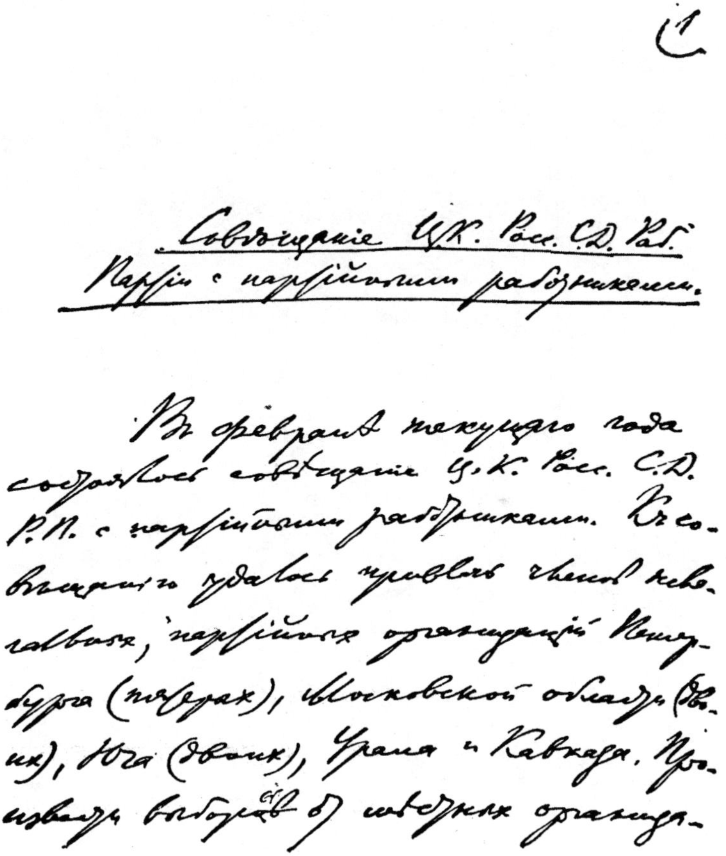

1

Совѣщаніе Ц.К. Росс. С.Д. Раб. Партіи с партійными работниками.

Въ февралѣ текущаго года состоялось совѣщаніе Ц.К. Росс. С.Д. Р.П. с партійными работниками. На совѣщаніе удалось привлечь членовъ нелегальныхъ партійныхъ организацій Петербурга (четырехъ), Московской области (двоихъ), Юга (двоихъ), Урала и Кавказа. Произвести выборовъ от мѣстныхъ организа-

1913年列宁关于有党的工作者参加的俄国社会民主工党
中央委员会克拉科夫会议的《通报》手稿第1页
（按原稿缩小）

*　　　*　　　*

1912年无产阶级的革命高潮是民主派情绪发生公认的变化的基本动力。社会民主党无论在第四届杜马选举中，或者在创办合法的、哪怕只是宣传马克思主义初步原理的工人报刊方面，都取得了巨大的胜利。沙皇政府不能阻止这些成就，完全是因为群众的公开的革命斗争已经改变了整个的社会政治状况。俄国社会民主工党一方面要坚决利用一切“合法机会”，从黑帮杜马的讲坛到任何一个戒酒协会都要加以利用，继续进行坚持不懈的有步骤的工作；同时一分钟也不要忘记，只有真正按照党的决议的精神，即按照那些不是从六三“合法性”着眼，而是从日益高涨的革命着眼经过周密考虑后作出的决议的精神，在群众中进行一切工作的人，才配得上党员的崇高称号。我们的任务不是迁就1908—1911年这段时期遗留下来的混乱和涣散状态，而是要同这种状态作斗争。我们所要做的事情不是随波逐流，跟混乱的无原则的合法主义跑，而是利用一切合法机会，把一切生气勃勃的力量逐渐聚集到秘密党的周围。我们的口号是决不同那些滥用合法主义的人讲和，因为他们以此来散布怀疑论，引导人们漠视群众的革命斗争，或者甚至直接阻挠这一斗争。

实现我们的要求的保证，不在于降低这种要求，不在于删削我们的纲领，不在于执行那种高呼在俄国沙皇制度下可以轻而易举地实行某种立宪改革的骗人口号来引诱觉悟不高的人的策略。不是的。这种保证在于以彻底的民主主义精神教育群众，使他们认清立宪幻想的欺骗性。这种保证在于先进阶级即无产阶级的革命组织，在于群众的伟大的革命热情。

反革命猖獗时期留给我们的后果是：思想上的混乱和瓦解，许多工人运动的中心组织涣散，手工业方式，一些人与党失去了联系，另一些人对维护革命传统、制定革命策略的“地下组织”抱蔑视的甚至深恶痛绝的态度。取消派从社会民主党中分裂出去，他们实际上另树一帜，许多地方的组织忘记了社会民主党的原则，一些“民族的”社会民主党组织陷于瓦解，所有这一切，使人们对**统一**的要求显得特别迫切了。

社会民主主义无产阶级的统一是这个阶级取得胜利的必要条件。

社会民主主义无产阶级的党——俄国社会民主工党不统一，这个无产阶级也就不可能统一。

从这里我们一下子就可以看到，如果不仅在口头上而且在行动上不首先解决秘密的党的必要性问题，那么这个统一问题也就不能得到解决。谁一方面高谈统一，同时又宣传“公开的工人政党”，谁就是欺骗自己，欺骗工人。谁一方面高谈统一，同时又装模作样地说这个问题可以解决，可以澄清，甚至可以只在合法的范围内提出来，谁就是欺骗自己，欺骗工人。

不，统一问题并不是在合法的刊物上空谈“统一”，同“各奔东西的”各种知识分子小集团妥协，在国外谈判中使用外交手腕所能解决的，**只有所有**参加俄国社会民主工党的工人在各地实现**联合**，真正**合并成**一个统一的秘密组织，只有这样才能解决统一问题。

工人们已经自己从下面着手实行这种唯一严肃认真、唯一实事求是的解决统一问题的办法了。会议号召全体社会民主党党员都来这样做。

社会民主主义工人正在各地恢复俄国社会民主工党统一的秘密组织，即工厂支部、工厂委员会、区分部、市总部和**一切**合法机关中的社会民主党小组等等。谁不愿意陷入单枪匹马、毫无力量的处境，谁就参加这些组织吧。这些地方，在工人亲自监督下，秘密的党得到了承认，群众的革命斗争得到了支持。

*　*　*

瓦解时期就要过去。聚集力量的时期已经到来。让我们在俄国社会民主工党的秘密组织中团结起来。任何一个社会民主党人，只要他愿意在秘密组织中工作，愿意帮助无产阶级的组织，支援他们反对资本的斗争和已经开始的对沙皇君主制的革命冲击，这些秘密组织是不会拒绝他的。

俄国全国性的政治危机正慢慢地然而不断地发展着。六三体制是挽救黑帮的沙皇君主制的最后尝试，是勾结资产阶级上层分子振兴这种君主制的尝试，但是这个尝试也破产了。新生的民主力量在俄国农民和城市资产阶级中间不是每日而是每时地在增长、壮大起来。城乡无产者的人数比过去增加得更快，他们的组织性、团结性日益提高，群众性罢工的经验使他们的必胜信心日益增强了。

俄国社会民主工党必须把这个无产阶级的先进部队组织成一个统一的整体，领导无产阶级为实现我们老的革命要求而投入革命的搏斗。

俄国社会民主工党中央委员会

1913 年 2 月

决　议

（1912年12月26日—1913年1月1日

〔1913年1月8—14日〕）

革命高潮、罢工和党的任务

1.在1912年这一年里，工人运动史和俄国革命史上最重大的事实，是无产阶级经济的和政治的罢工斗争都有了显著的发展。参加政治罢工的人数达到100万人。

2.1912年罢工斗争的性质值得特别注意。在很多情况下工人同时提出经济要求和政治要求，经济罢工和政治罢工此起彼伏，互相交替。为了夺回被反革命剥夺了的1905年的胜利果实而同资本家进行的斗争以及生活费用的不断飞涨，唤醒了一层又一层的工人群众，以最尖锐的形式向他们提出了政治问题。这种经济斗争和政治斗争互相结合、交叉穿插的形势，是使运动具有威力，使群众性的革命罢工得以形成的条件和保证。

3.成了1912年突出特点的陆海军中的不满情绪和起义的爆发，一开始就同工人的群众性的革命罢工有明显的联系，它表明广大民主派，特别是作为主要兵源的农民的骚动和愤懑与日俱增。

4.所有这些事实，同全国普遍向左转的形势（尽管黑帮的沙皇政府十分无耻地在第四届杜马选举中舞弊，这次选举还是表明了普遍向左转的形势）联系起来看，充分证明俄国又进入了群众进行公开的革命斗争的时期。刚刚开始的这场新的革命，是沙皇政府六三政策破产的必然结果。这种政策甚至没能使最会巴结讨好的大资产阶级满意。人民群众沦于更加无权的地位，被压迫民族的人民群众尤其是这样；农民则再次有成百万成百万人挨饿。

5. 在这种情况下，群众性的革命罢工所以具有十分重要的意义，还因为这种罢工是克服农业无产阶级和农民的冷漠、绝望情绪和涣散状态，激发他们的政治主动性，吸引他们参加尽可能齐心协力、步调一致、声势浩大的革命行动的最有效的手段之一。

6. 党组织一方面必须扩大和加强为实现俄国社会民主工党的最近要求（建立民主共和国，实行八小时工作制，没收地主的全部土地，把它交给农民）而进行的宣传鼓动工作，同时必须把全面支持群众性的革命罢工，发展和组织群众的各种革命行动放在自己工作的首要地位。特别是必须把举行街头革命示威游行（同政治罢工相结合，或者单独行动）这个迫切的任务提出来。

7. 某些资本家采取同盟歇业（大批解雇）来对付罢工工人，这就使工人阶级面临一个新的任务。必须仔细地估计每个地区、每个工业部门、每一次的罢工的经济条件，寻找反击同盟歇业的新的斗争方法（例如意大利式罢工[175]），以及用革命的群众大会和革命的街头示威游行来代替政治罢工。

8. 某些合法的机关报刊，无论它们如何评价这次或那次罢工，它们总的宣传鼓动都是反对群众性革命罢工的。例如，除自由派的报刊外，《光线报》取消派集团也违背这样或那样支持这份报纸的大部分工人的心愿，进行着这种宣传鼓动。因此，全体社会民主党工人党员的任务是：(1)同这个集团进行坚决的斗争；(2)有步骤地、坚持不懈地、不分派别地向全体工人解释上面所说的那种宣传的全部危害性；(3)团结一切无产阶级力量来进一步推进革命的宣传鼓动和群众的革命行动。

秘密组织的建设

1. 会议总结了 1912 年的工人运动和党的工作，认为：

已经开始涌现的群众的革命行动的新浪潮，完全证明了俄国社会民主工党过去通过的关于建党问题的决议(尤其是 1912 年一月代表会议的决议)是正确的。1912 年罢工斗争的进程、社会民主党在第四届杜马选举时进行的选举运动、保险运动的进程等等，都清楚地表明了当前组织建设的唯一正确形式是秘密的党，它是有各种合法的和半合法的工人团体作外围的许多党支部的总和。

2. 秘密建设的组织形式适应当地的条件是绝对必要的。用各种各样的形式来掩护秘密的支部，使工作形式尽可能灵活地适应当地生活条件，是秘密组织具有生命力的保证。

3. 目前组织建设方面的重要而迫切的任务是：在所有的工厂中建立由工人中最积极的分子组成的纯粹是党的秘密的工厂委员会。工人运动的巨大高涨正在创造条件，使大部分地区有可能恢复党的工厂委员会和巩固现有的党的工厂委员会。

4. 会议指出，现在已经迫切需要在每个中心由分散的地方小组建立领导组织。

例如，在彼得堡，通过由各区支部选举的原则同增补的原则相结合的办法产生的市领导委员会，就是这样一种全市性的组织形式。

这种组织形式能够使领导机关和基层支部之间建立起最密切、最直接的联系，同时又能够建立一个人员不多、机动灵便、极其秘密、有权随时代表整个组织进行活动的执行机关。会议向其他各个工人运动中心推荐这种组织形式,并建议根据当地的生活条件作某些改变。

5. 为了建立地方组织同中央委员会的密切联系,同时为了指导和统一党的工作,会议认为绝对必须在工人运动的各主要地区建立区域中心。

6. 在建立社会民主党中央委员会和地方组织之间的经常而有活力的联系方面,以及在大的工人运动中心建立灵活的地方工作领导形式方面,最重要的实际任务之一就是建立受托人制度。受托人应当从担任地方工作的工人领导人员中选拔。只有这些先进的工人才会用自己的力量使各地以至全俄国的党的中心机构得到加强和巩固。

7. 会议希望中央委员会尽可能经常地召开有从事社会民主党各部门工作的党的地方工作者参加的会议。

8. 会议请大家注意党屡次通过的决议:工人政党只有依靠党员定期交纳的党费和工人的捐款才能生存。没有这种捐款,尤其在目前情况下,即使最精简的党的中心机关(地方的和全国的)也绝对不可能生存。

9.(不公布。)

关于社会民主党杜马党团

1. 会议肯定,尽管政府进行了空前的迫害和在选举中舞弊,尽管黑帮和自由派反对社会民主党的联盟在许多地方已经完全形成,俄国社会民主工党在第四届杜马选举中还是取得了重大的胜利。几乎所有地方第二城市选民团中拥护社会民主党的选票都增加了，社会民主党正逐渐把第二城市选民团从自由派手中夺取过来。而在对我们党说来是主要的工人选民团中，俄国社会民主工党照旧保持了绝对的优势，同时工人阶级十分一致地通过使选民团中的布尔什维克代表全部当选的行动有力地表明了他们是毫不动摇地忠于老俄国社会民主工党及其革命传统的。

2. 会议对于社会民主党第四届杜马代表所进行的有力的活动，如在杜马中的许多发言、提出的质询、宣读的基本上正确地反映了社会民主党主要原则的宣言等，表示欢迎。

3. 会议承认我们党内树立起来的传统是唯一正确的，这个传统就是，社会民主党杜马党团是服从以党的各个中心机关为代表的整个党的一个机构；同时会议认为，为了从政治上教育工人阶级和合理安排党的杜马工作，必须注意社会民主党党团所采取的每一个步骤，从而实现党对党团的监督。

4. 会议不能不认为，社会民主党党团通过关于亚格洛的决议，是直接违背党团对党所承担的义务的。这个决议助长了崩得的分裂行动，而崩得勾结了非社会民主党（波兰社会党）反对波兰的社会民主党人，违反了在工人复选人中占多数的所有社会民主党复选人的意志，选举了非社会民主党人亚格洛。党团通过这一决议就扩大了波兰工人中间的分裂，妨碍了全党的统一事业。

5. 契恒凯里同志以党团的名义，为打着“建立每一个民族的自由发展所必要的机构”旗号的民族文化自治辩护，这是公然违背党纲的行为。[176]党的第二次代表大会在批准党纲时曾专门投票否决了本质上与此相似的条文。[177]无产阶级的政党不能容许向民族主义情绪让步，即使对以这种隐蔽形式出现的民族主义情绪也一样。

6. 社会民主党党团投票赞成了进步党人（实际上是十月党人）就内阁宣言提出的程序提案，而没有提出社会民主党的独立的提案，这是一种失误；[178]党必须指出这一点，因为自由派的报刊正对此进行恶意的解释。

7. 8. 9.（不公布。）[179]

关于秘密书刊

会议在讨论了必须全面发展秘密出版事业的问题并就这个问题拟定了若干具体指示之后，坚决号召各级地方党组织、一切工人支部和工人个人在运输工作和同中央局[180]取得联系方面发挥更大的独立性和主动性，以传播秘密书刊。

关于保险运动

会议肯定，工人阶级及其政党不顾一切迫害，在实行保险法[181]方面为保卫无产阶级的利益作了巨大的努力，同时认为：

1. 必须进行最坚决的、齐心协力的斗争，反对政府和资本家企图强迫工人不经过工人大会糊里糊涂地推选参加伤病救济基金会的受托人。

2. 各地工人都应当力争做到通过私下碰头的办法，把工人理想的受托代表候选人预先确定下来。

3. 工人们应当举行革命的群众大会，抗议在实行保险法过程中所发生的暴力和刁难行为。

4. 在任何情况下都必须预先确定工人的受托代表的候选人名

单，候选人要从最孚众望的社会民主党工人中提出，而且要做到使不能召开任何会议的地方也能一致通过这个名单。

5. 会议认为，抵制受托人的选举是不适当而且有害的。当前资本家正以最大的努力企图使工人不能掌握工厂中某些无产阶级基层组织，而工人伤病救济基金会就是这样的基层组织。抵制的办法，在目前会使工人分散力量，从而只会有利于资本家的上述企图的实现。

6. 争取合理地选举伤病救济基金会代表的斗争一分钟也不应当停顿。要千方百计，全力以赴，利用一切有利时机，扩大和发展工人的斗争，一分钟也不让企业主以为生产的正常进行有了保证；同时，不管有多少障碍，都要坚持使社会民主党的候选人名单得到通过。选举不会排斥斗争的进一步发展。相反，我们把坚定的社会民主党工人选为代表，将会有助于今后的争取正常选举的斗争，因为在这个斗争中代表们将尽力帮助工人。

7. 在没有开会就进行选举的地方，必须采取工人们能够接受的一切方式进行鼓动，争取根据真正自由选举的原则开会重选受托人。

8. 社会民主党杜马党团必须立即就禁止工人开会进行选举一事再次提出质询。

9. 必须把关于实行保险制度的整个鼓动工作同说明沙皇俄国的全部实际状况这一内容密切地结合起来，同时要说明我们的社会主义原则和革命要求。

关于对取消主义的态度和关于统一

1.4年来党同取消主义所进行的斗争证明，1908年俄国社会民主工党十二月全党代表会议所作的决定是完全正确的。决定说：

“党内有一部分知识分子试图取消现有的俄国社会民主工党组织，代之以一种绝对要在合法范围内活动的不定型的联盟，甚至不惜以公然放弃党的纲领、策略和传统为代价。”

由此可见，取消派受到谴责，决不是因为他们提出必须进行合法的工作，而是因为他们背弃秘密的党，破坏秘密的党。

俄国第一份马克思主义工人日报的创办和工人选民团中布尔什维克代表候选人的全部当选，充分证明了我们党在排除取消派之后，已经掌握了合法活动。

2.取消派脱离秘密的党，脱离地方组织单独组织小集团，制造分裂，而在许多地方，特别是在彼得堡成立所谓发起小组，就更扩大了分裂。1912年俄国社会民主工党一月代表会议断定：《我们的曙光》杂志和《生活事业》杂志的取消派文人集团是这些发起小组的核心，“已使自己完全置身于党外”[①]，这只是肯定取消派制造了分裂。

3.1912年八月代表会议自封为“俄国社会民主工党各组织的代表会议”，其实是取消派的代表会议，因为会议的主要成员和领导成员是从党内分裂出去的、脱离俄国工人群众的取消派文人集团。

① 见本版全集第21卷第160页。——编者注

4. 绝大多数的先进工人是忠于秘密的党的，这就使八月代表会议不得不向党性作表面的让步，表面上承认秘密的党。其实，这次代表会议的所有决议都彻头彻尾贯穿着取消主义，代表会议结束后，《我们的曙光》杂志和《光线报》马上声明赞成八月决议，更加卖力地展开了取消主义的宣传，内容是：

(1)主张成立公开的党；

(2)反对地下组织；

(3)反对党的纲领(维护民族文化自治，修改第三届杜马土地法，把建立共和国的口号挪到次要地位等等)；

(4)反对群众性的革命罢工；

(5)主张实行改良主义的、纯粹合法的策略。

因此，同《我们的曙光》杂志和《光线报》的取消派集团作坚决斗争，向工人群众说明取消派集团的宣传的严重危害性，仍然是党的任务之一。

5. 取消派在合法刊物上掀起“统一”运动，回避和模糊关于加入秘密的党并在其中工作这个主要问题，这样会把工人引入迷途，因为这个问题甚至不能在合法报刊上提出。实际上取消派照旧在进行分裂活动，彼得堡的选举特别清楚地说明了这一点，——在复选人分成势均力敌的两部分的时候，正是取消派反对抽签的建议，而当时抽签是唯一能够避免工人在资产阶级政党面前发生分裂的办法。[182]

6. 各种思潮和倾向的社会民主主义工人在承认并且加入俄国社会民主工党的秘密组织的条件下实现统一，是绝对必要的，是工人运动的一切利益坚决要求的。

在彼得堡纳尔瓦区组织以及许多外省组织内部正是根据这样

的原则实行联合的。

7.会议大力支持这样的联合，并建议各地立即自下而上地，即从工厂委员会、区分部等开始实行这样的联合，同时由工人同志认真检查：是不是承认秘密的组织了，有没有支持群众的革命斗争和革命策略的决心。只有实际建立起这种自下而上的统一，才能实现党的完全的团结和全国范围的十分巩固的统一。

关于“民族的”社会民主党组织

1.1912年的经验完全肯定了俄国社会民主工党一月代表会议（1912年）关于这个问题的决议①是正确的。崩得违反波兰社会民主党人的意志支持非社会民主党人候选人亚格洛，取消派、崩得和拉脱维亚社会民主党人的八月代表会议（1912年）违背党纲、助长民族主义的行为，都十分明显地表明社会民主党建党中的联邦制原则彻底破产了，表明“民族的”社会民主党组织处于互相隔绝的境地对于无产阶级事业是十分有害的。

2.因此，会议坚决号召俄国各民族工人坚决反击反动派的黩武的民族主义，反对劳动群众中民族主义情绪的任何表现，号召社会民主主义工人紧密地团结起来，组成当地的俄国社会民主工党的统一组织；这些组织要像高加索早就实行的那样，用当地无产阶级的每一种语言进行工作，并且真正实现自下而上的统一。

3.会议对于波兰社会民主党的队伍发生分裂一事表示十分遗憾，因为这种分裂严重地削弱了波兰社会民主主义工人的斗争。

① 参看本版全集第21卷第143—144页。——编者注

会议不得不指出，波兰社会民主党总执行委员会现在并不代表波兰无产阶级的波兰社会民主党组织中的多数人，它采取了令人不能容忍的手段反对这些多数人（例如毫无根据地猜疑华沙整个组织在搞奸细活动）。会议号召一切同波兰社会民主主义工人有接触的党组织协助波兰社会民主党建立真正的统一。

4. 会议特别指出崩得最近一次（第九次）代表会议决议中的极端机会主义和取消主义，这次代表会议取消了建立共和国的口号，把秘密工作挪到次要地位，并且把无产阶级的革命任务置于脑后。崩得阻挠各地（在华沙、罗兹和维尔纳等地）全体社会民主主义工人的联合，即 1906 年以来俄国社会民主工党的历次代表大会和代表会议一再坚持的联合，这种行为也应当受到同样的谴责。

5. 会议欢迎拉脱维亚组织中革命的社会民主主义工人不懈地进行的反取消主义的宣传，并对拉脱维亚社会民主党中央委员会支持取消派的反党行动的倾向表示遗憾。

6. 会议坚信，已经开始的革命高潮、群众性的经济罢工和政治罢工、街头示威游行以及其他形式的群众的公开革命斗争，都将有助于各地社会民主主义工人不分民族的、亲密无间的团结和打成一片，从而加强对压迫俄国各民族的沙皇制度的冲击，加强对联合起来的俄国各族资产阶级的冲击。

关于《真理报》编辑部的改组和工作

1. 编辑部贯彻党的精神不够坚定。坚决要求编辑部更严格地遵守和执行党的一切决议。合法办报的方针必须遵循。

中央委员会要采取措施改组编辑部。

2. 编辑部对彼得堡社会民主主义工人的党的生活反应不力。转述党的决议或者提及这些决议必须无条件地用合法的形式。

3. 编辑部应该更重视阐明整个取消主义的错误和危害，尤其是《光线报》宣传的错误和危害。

4. 编辑部应该更重视在工人中间进行征求订户和募捐的宣传。

5. 布尔什维克的杜马代表都应该加入扩大的报纸编辑委员会，并且经常地、坚持不懈地分担写作和经营方面的工作。

6. 编辑部对它的前进派撰稿人应该采取特别审慎的态度，以免妨碍刚开始的互相接近，以免犯原则性的路线错误。

7. 必须全力缩减出版费用和建立一个人员有限的领导委员会(主持整个工作)，这个领导委员会必须有六人团[183]的至少一名代表参加。

要有一个同样的领导委员会(经营委员会)来掌管经营方面的工作，该委员会也必须有六人团的一名代表参加。

8. 中央委员会认为必须刊登的文章，应该(署上商定的署名)立即刊登。

9. 在严格保持报纸合法性的同时，必须吸收彼得堡及外省的工人团体、协会、委员会、小组和个人积极参加为报纸写稿和推销报纸的工作。

10. 支持圣彼得堡一部分社会民主党人关于出版反取消派的总的工会机关报的倡议，事先要就地仔细检查一下工作的安排。

11. 采取措施使报纸和杂志[184]在写作和经营方面相互密切配合。

12. 必须积极着手在莫斯科创办一份工人日报作为彼得堡工

人日报的分支。为此应当使莫斯科小组同莫斯科地区三位杜马代表在组织上建立联系。

1913年2月上半月由俄国社会民主工党中央委员会在巴黎印成小册子

《关于〈真理报〉编辑部的改组和工作》首次发表于1956年《历史问题》杂志第11期

译自《列宁全集》俄文第5版第22卷第249—270页

1912 年的英国工人运动

（1913 年 1 月 1 日〔14 日〕）

过去一年中最突出的事件是煤矿工人的罢工。如果说 1911 年铁路工人的罢工[185]已经显示了英国工人的“新精神”的话，那么煤矿工人的罢工简直可以说构成了一个时代。

不论统治阶级怎样准备“战争”，不论资产阶级怎样竭力压制不听话的资本奴隶的反抗，罢工还是胜利了。煤矿工人的组织性堪称典范。没有出现一个工贼。想靠士兵或者毫无经验的粗工采煤，是根本办不到的。经过这场 6 个星期的斗争之后，英国资产阶级政府看到的是，国内整个工业生活停顿了，工人歌曲中所唱的“一切轮子都要停止转动，只要你那强壮的手要它停止……”[186]变成了事实。

政府让步了。

“曾经是全世界最强大的帝国的首相，出席了煤矿业主的罢工奴隶的代表们举行的会议，恳求他们妥协”。一位熟悉情况的马克思主义者对斗争的结果作了这样的描述。

年年总是给工人开“空头支票”许愿改革的英国政府，现在可真的手忙脚乱了。只用了 **5 天**时间议会就通过了一项新法律！这项法律规定了**最低**工资，即明文规定了一种工资额，工资下降不得**低于**这个数额。

诚然，这项法律也像资产阶级的其他一切改革一样，是不足道的、不彻底的，在某种程度上纯粹是欺骗工人的，因为尽管规定了最低工资额，业主照旧可以虐待他们的雇佣奴隶。但是一切了解英国工人运动的人都会肯定地说，在煤矿工人罢工之后，英国的无产阶级**与过去大不相同了**。工人们学会了斗争。他们看到了引导他们走向胜利的**道路**。他们感觉到了自己的力量。他们不再是那种长期以来使一切维护和讴歌雇佣奴隶制的人称心如意的唯命是从的小绵羊了。

英国社会力量的对比发生了用数字无法表明，但人人都能感觉到的变化。

然而遗憾的是，英国在党的事业方面进展不大。“英国社会党”（前社会民主联盟）同“独立”（独立于社会主义的）“工党”还继续处在分裂状态。“独立工党”的议员的机会主义行为照例会在工人中间产生一种**工团主义的**倾向。好在这种倾向还不严重。

英国工会现在正缓慢地然而坚定地转向社会主义，——这是违背议会中许多工人议员的心愿的，他们还在顽固地坚持自由派工人政策的老办法。但是，这最后的莫希干人[187]是无法把这些老办法再维持下去的！

载于 1913 年 1 月 1 日《真理报》第 1 号

译自《列宁全集》俄文第 5 版第 22 卷第 271—272 页

欧仁·鲍狄埃

（为纪念他逝世二十五周年而作）

（1913年1月3日〔16日〕）

去年，1912年11月，是法国的工人诗人欧仁·鲍狄埃，即著名的无产阶级的《国际歌》（“起来，饥寒交迫的奴隶……”）的作者逝世二十五周年。

这首歌已经译成欧洲各种文字，而且不仅仅是欧洲文字。一个有觉悟的工人，不管他来到哪个国家，不管命运把他抛到哪里，不管他怎样感到自己是异邦人，言语不通，举目无亲，远离祖国，——他都可以凭《国际歌》的熟悉的曲调，给自己找到同志和朋友。

世界各国的工人相继唱起自己的先进战士、无产者诗人的这首歌，并且使这首歌成了全世界无产阶级的歌。

世界各国的工人现在都在纪念欧仁·鲍狄埃。他的妻子和女儿还活着，但都过着贫困的生活，就像《国际歌》的作者一生所过的一样。他在1816年10月4日生于巴黎。他创作他的第一首歌的时候才14岁，这首歌叫做《自由万岁！》。1848年，他作为一个街垒斗士参加了工人反对资产阶级的伟大战斗。

鲍狄埃出身于贫穷的家庭，他一生中一直是一个穷人、一个无产者，起先靠包装箱子，后来靠绘制印花布图样维持生活。

从1840年起，他就用自己的战斗诗歌对法国生活中所发生的一切重大事件作出反应，唤起落后的人们的觉悟，号召工人团结一致，鞭笞法国的资产阶级和资产阶级政府。

在伟大的巴黎公社(1871年)时期，鲍狄埃被选为公社委员。在3 600张选票中，他得了3 352票。他参与了第一个无产阶级政府——公社所采取的一切措施。

公社失败后，鲍狄埃被迫逃到了英国和美国。著名的《国际歌》就是他在**1871年6月**，也可以说，是在流血的五月失败之后的第二天写成的……

公社被镇压了……但是鲍狄埃的《国际歌》却把它的思想传遍了全世界，在今天公社比任何时候都更有活力。

1876年，在流亡中，鲍狄埃写了一首长诗《美国工人致法国工人》。在这首长诗中，他描绘了在资本主义压迫下的工人生活，描绘了他们的贫困，他们的苦役劳动，他们遭受的剥削，以及他们对自己的事业的未来的胜利所抱的坚定信念。

公社失败以后过了9年鲍狄埃才回到法国，回来后立即参加了“工人党”[188]。1884年他的第一卷诗集出版了。1887年出版了第二卷，题名为《革命歌集》。

这位工人诗人的其他一些歌，是在他死后才出版的。

1887年11月8日，巴黎的工人把欧仁·鲍狄埃的遗体送到拉雪兹神父墓地，在那里埋葬着被枪杀的公社战士。警察大打出手，抢走红旗。无数群众参加了这次没有宗教仪式的葬礼。四面八方都在高呼：“鲍狄埃万岁！”

鲍狄埃是在贫困中死去的。但是，他在自己的身后留下了一个真正非人工所建造的纪念碑。他是一位最伟大的**用歌作为工具**

的宣传家。当他创作他的第一首歌的时候,工人中社会主义者最多不过几十人。而现在知道欧仁·鲍狄埃这首具有历史意义的歌的,却有千百万无产者……

载于 1913 年 1 月 3 日《真理报》第 2 号

译自《列宁全集》俄文第 5 版第 22 卷第 273—274 页

德国工人合唱团的发展

（1913 年 1 月 3 日〔16 日〕以后）

德国工人歌咏团体不久前举行了一个独特的庆祝会，庆祝工人歌手的人数已经达到 100 000 人，——工人歌咏团体的总人数是 165 000 人。参加这些团体的女工有 11 000 人。

工人合唱团有自己的报纸《工人歌手报》[189]，这份报纸从 1907 年起才开始正常出版。

工人歌咏团体最初开始活动是在 1860 年。当时在莱比锡的"手艺人教育协会"里组织了一个歌咏组，顺便提一下，奥古斯特·倍倍尔也参加过这个组。

斐迪南·拉萨尔对组织工人合唱团非常重视。由于他的坚持，"全德工人联合会"[190]的会员于 1863 年在美因河畔法兰克福组织了一个工人团体，取名为"歌咏团"。这个歌咏团在法兰克福一家小酒馆的一间昏暗的、充满了油烟的偏屋里集会。屋里用脂油蜡烛照明。

当时歌咏团团员有 12 人。当拉萨尔在一次巡回宣传途中不得不在法兰克福过夜时，这 12 个工人歌手为他合唱了著名诗人海尔维格作词的一首歌，拉萨尔曾经一再恳求海尔维格为工人的合唱歌曲作词。

在非常法[191]废除以后，到 1892 年工人合唱团在德国已经组织了 180 个歌咏团体，共有团员 4 300 人。1901 年团员人数达到 39 717 人，1907 年达到 93 000 人，而 1912 年则增加到了 165 000 人。柏林工人歌咏团体的人数是 5 352 人，汉堡是 1 628 人，莱比锡是 4 051 人，德累斯顿是 4 700 人，等等。

不久前，我们报道了法国工人和其他罗曼语国家的工人纪念著名的《国际歌》作者欧仁·鲍狄埃（1816—1887 年）逝世二十五周年的情形。[①] 在德国，用工人歌曲宣传社会主义的历史要短得多，而且德国的"容克"（地主的、黑帮的）政府采取了更多的卑鄙的警察手段来阻碍这种宣传。

但是，任何警察的无端寻衅，都不能阻止在世界各大城市，在所有的工厂区，以及愈来愈多地在雇农们的茅舍里，响起和谐的歌唱人类不久即将从雇佣奴隶制下解放出来的无产阶级的歌声。

载于 1954 年《共产党人》杂志第 6 期

译自《列宁全集》俄文第 5 版第 22 卷第 275—276 页

---

① 见本卷第 291—293 页。——编者注

迟做总比不做好

(1913 年 1 月 6 日〔19 日〕)

我现在才来驳斥尔·马尔托夫在《光线报》(1912 年 10 月 28 日第 37 号)上所写的东西[192]是太晚了。可这有什么办法呢？说谎是容易的。而要**弄清**真相往往需要很多时间。

尔·马尔托夫在《光线报》第 37 号上用一些经过字斟句酌的话骂我,采取的是这位作者惯用的"恶毒的"诽谤伎俩。10 年来,我对尔·马尔托夫的这套斗争手法已经看惯了,所以我连他的文章都没有读完。但是同事们告诉我,尔·马尔托夫硬说"列宁**欺骗**国际"这句话是德国社会民主党中央委员会委员哈阿兹同志讲的。

要弄清真相,就应当查找马尔托夫这样说的**根据**。他说是引自某《矿工报》第 225 号。这份报纸我没有找到。在《前进报》(德国社会民主党中央机关报)上没有这样的话。只有在《不来梅市民报》[193](社会民主党不来梅机关报)上我才找到了这样的话。

我不能像尔·马尔托夫那样草率从事,应当问问哈阿兹本人。于是向德国社会民主党中央委员会提出了书面的询问。

下面就是哈阿兹的复信：

德国社会民主党中央委员会

1912 年 12 月 31 日于柏林

敬爱的同志们:为答复你们的询问,特向你们说明:你们谈到的《光线报》对我在社会党国际局的发言所作的报道,是不符合事实的。在会上曾经讨论过组织委员会是不是可以要求派遣代表驻社会党国际局的问题。我当时表示,这是不行的,因为即使根据组织委员会自己的声明来看,它也不是一个组织,它只是想成为一个恢复组织统一的集团的联盟。因此我提出了在俄国党的目前状况下究竟谁有权代表这个党的问题,并且指出,如果认为中央委员会是作为"俄国社会民主工党"同国际局联系的说法是正确的,那么这个名称就可能引起误解。

可见,这里根本没有攻击列宁的意思,提出这种意见决没有侮辱的性质。我只是想说明同上面提到的说法有关的情况,我首先要提出的问题是:采取措施把俄国和波兰的一切集团联合起来的时刻是不是来到了。列宁没有出席会议,我感到十分遗憾。

为了说得更明确,我要指出,"欺骗"这个字眼不是出自我的口。

致同志的敬礼!

哈阿兹

由此可见,尔·马尔托夫是为了千次万次地咒骂我而重复了(跟在什么人的后面)关于哈阿兹的**谣言**。

哈阿兹是**反对**组织委员会有代表权的,哈阿兹对中央委员会的代表权**并没有提出异议**。

哈阿兹并不认为中央委员会是**整个**俄国社会民主工党的代表,因为他把"民族集团"和取消派都算在俄国社会民主工党内;可是据我所知,中央委员会自己也**从未**有过要代表他们的想法。

"民族集团"(波兰人、崩得、拉脱维亚人)另有他们自己的代表。

我仅仅根据事实作如上的驳斥……

尼·列宁

1913 年 1 月 19 日(公历)

载于 1913 年 1 月 11 日《真理报》
第 8 号

译自《列宁全集》俄文第 5 版
第 22 卷第 277—278 页

关于布尔什维主义[194]

（不晚于1913年1月12日〔25日〕）

布尔什维主义的产生，是同1897—1902年期间所谓的“经济主义”[195]（即否定工人阶级的政治斗争和它的领导作用的机会主义）反对革命的社会民主主义的那场斗争有密切联系的。旧《火星报》[196]（1900—1903年在慕尼黑、伦敦和日内瓦出版）发动的著名的运动击败了并清除了崩得所支持的经济主义，并在马克思主义和革命的社会民主主义的原则的基础上，恢复了社会民主党（它成立于1898年，后因遭受逮捕而被破坏）。在俄国社会民主工党第二次代表大会[197]（1903年8月）上，火星派发生了分裂：其中的**多数派**拥护旧《火星报》的原则和策略，**少数派**则转向机会主义，得到《火星报》从前的敌人“经济派”和崩得分子的支持。由此产生了布尔什维主义和孟什维主义（布尔什维克和孟什维克）的名称。在1903—1904年，斗争的主要对象是孟什维克在组织问题上的机会主义。从1904年年底起，策略上的分歧逐渐成为主要的分歧。转到孟什维克手中的**新**《火星报》[198]的“地方自治运动计划”（1904年秋天），维护起“不要恫吓自由派”的策略来了。[199]在1905年，策略上的分歧彻底形成了（1905年5月布尔什维克在伦敦召开了代表大会，即俄国社会民主工党第三次代表大会[200]，同时孟什维克在日内瓦也举行了“代表会议”[201]）。孟什维克使工人阶级的策略迁就自由派。布尔什维克则提出,工人阶级在资产阶级民主革命中的目标是:带领民主派农民,不顾自由派的背叛,把这场革命进行到底。两派在实践上的主要分歧是:1905 年秋天,布尔什维克主张抵制布里根杜马,孟什维克主张参加布里根杜马。1906 年春天,对待维特杜马的态度也是如此。在第一届杜马,孟什维克赞成支持杜马(立宪民主党)内阁的口号,布尔什维克赞成成立左派(社会民主党和劳动派)执行委员会,以组织群众进行直接斗争的口号等等。要作更详细的阐述,只有在国外的刊物上才有可能。在斯德哥尔摩代表大会[202](1906 年)上取得胜利的是孟什维克,在伦敦代表大会[203](1907 年)上取得胜利的是布尔什维克。在 1908—1909 年,"前进派"(哲学上的马赫主义[204]和政治上的"召回主义"[205]或对第三届杜马的抵制,如波格丹诺夫、阿列克辛斯基、卢那察尔斯基等人)从布尔什维克中分裂出去。在 1909—1911 年,布尔什维克同他们进行了斗争(参看弗·伊林《唯物主义和经验批判主义》1909 年莫斯科版①),同取消派(即否定秘密的党的孟什维克)进行了斗争,而同那些宣布同取消派作坚决斗争的**护党派孟什维克**(普列汉诺夫等人)接近了。布尔什维克机关报有:《前进报》[206]和《无产者报》[207](1905 年,日内瓦)、《新生活报》[208](1905 年,圣彼得堡)、《浪潮报》[209]、《回声报》[210](1906 年,圣彼得堡)等,以及在芬兰(1906—1907 年)、日内瓦(1908 年)和巴黎(1909 年)出版的《无产者报》,在巴黎(1909—1912 年)出版的《社会民主党人报》。一些主要的布尔什维主义著作已经收入弗·伊林编的《十二年来》文集[211](1908 年圣彼得堡),书中较详细地谈到了各种著

① 见本版全集第 18 卷。——编者注

作。主要的布尔什维克著作家有：格·季诺维也夫、弗·伊林、尤·加米涅夫、普·奥尔洛夫斯基等人。最近几年，布尔什维克是下列报刊杂志的主要撰稿人：圣彼得堡的《明星报》(1910—1912年)、《真理报》(1912年)和莫斯科的《思想》杂志[212](1910年)、圣彼得堡的《启蒙》杂志(1911—1913年)。

载于1913年在莫斯科出版的
尼·亚·鲁巴金《书林概述》
第2版第2卷

译自《列宁全集》俄文第5版
第22卷第279—280页

革命罢工和街头游行示威的发展

(1913 年 1 月 12 日〔25 日〕)

1912 年是罢工斗争突出发展的一年,这是人们早已指出并一致公认的。但是,不是所有的人都看清了这个现象并对它作出了正确的估计。

就拿这一年前 11 个月的政治罢工的统计材料来分析一下。我们看到的情况是:

1905 年	1 052 000 人
1906 年	642 000 人
1907 年	540 000 人
1912 年	约 **900 000** 人

前 9 个月参加政治罢工的人数,据最保守的统计,是 70 万人。在彼得堡,因对初选人资格的解释不满而引发的罢工[213],有将近 5 万工人参加;抗议塞瓦斯托波尔死刑判决的罢工和 11 月 15 日杜马开幕日举行的罢工,据莫斯科**厂主协会**的统计,有 188 000 人参加。这是 11 月 20 日以前的统计材料。很明显,90 万这个数字是最低的。即使减去同 1905—1907 年不可比的(**没有**实行工厂检查制度的工厂的)10 万人,也有 80 万人。

总之,运动的规模肯定是超过了 1906 年和 1907 年,不过**稍稍落后**于 1905 年。

这意味着什么呢?

当然，目前时期的运动远没有达到1905年那样的全民规模。可见，现在的革命高潮**一开头**就比第一次革命前夕**不知高出多少**。可见，未来的第二次革命现在就已经显示出在无产阶级中蕴藏着**雄厚得多的**革命潜力。无产阶级的人数至少增加了20%。无产阶级更加集中了。纯无产阶级的基本的运动支柱，由于加速摆脱同土地的联系而加强了。“手工业”和农业中的无产阶级和半无产阶级群众的人数大大增多了，而这是无法统计的。

最后，先进的民主阶级的觉悟程度提高了，经验丰富了，坚定性增强了。这是大家都同意的，但是并不是所有的人都敢于好好想一想由此应得出什么结论。不是所有的人都敢于面对真理，承认我们面对的是群众性的**革命**罢工，是**革命**高潮的开始。

表明这一点的，首先是运动的规模这个基本的、最客观的、最不容许主观任意解释的事实。如果没有革命的社会环境所造成的各种条件，世界上任何一个国家都不可能发动数十万工人在一年之内出于各种不同的理由组织若干次政治行动。而在我国，这种高潮是自发地来到的，这是因为几千万半无产者和农民把他们抑制不住的满腔怒火传染给了（如果可以这样说的话）他们的先锋队。

1912年俄国工人的革命罢工，具有真正的全民性质。所谓全民的运动，根本不应该理解为整个资产阶级或者至少是自由派资产阶级（在资产阶级民主革命的条件下）所支持的运动。只有机会主义者才这样认为。不是的。全民运动是反映全国的客观要求，对阻碍国家发展的敌人的中心势力给以沉重打击的运动。全民运动是得到大多数人民赞同的运动。

这一年的工人政治运动正是这样的运动，它得到了全体被剥削劳动者，整个民主派的赞同，尽管民主派还很软弱，受压制，而且是分散的和孤立无援的。更加明确地划清自由派和民主派之间的界限(这一点当然是同那些幻想“把杜马从反动派手中夺过来”的人进行了斗争才达到的)，是这场新的运动的一大优点。革命要取得胜利，就必须尽可能确切地了解：可以同谁一起战斗，谁是不可靠的同盟者，真正的敌人在什么地方。

所以说，自由派(立宪民主党人)反对新革命的公开表演具有十分重大的意义。所以说，建立共和国的口号恰恰是现在在俄国具有十分特殊的(同欧洲比起来)重要性，这个口号可以清除愿意斗争的民主派的意识中那种曾大大削弱了 1905 年的冲击力量的君主制幻想(以及“立宪”幻想)。俄国新革命发展的过程中有两个具有历史意义的关头：第一，四五月份的罢工，当时彼得堡的工人，甚至在他们的领导组织——彼得堡委员会的人员被逮捕了的情况下还是提出了建立共和国、实行八小时工作制和没收地主土地的口号。第二，11 月的罢工和游行示威(见里加和莫斯科的来信[214]；彼得堡也发生过同样的事件，不过我们的记者全被逮捕了)。这些游行示威的口号不仅有“废除死刑！打倒战争！”，还有“革命的工人阶级和革命的军队万岁！”。

在彼得堡、里加、莫斯科的街头，无产阶级向农民军队中英勇奋起反对君主制的先进分子伸出了双手。

* * *

自由派资产阶级反对新的革命，反对群众性的革命罢工。但是自由派绝非笼统地反对政治罢工，如果这种罢工只是证明“气氛活跃”并且只是支持自由派的立宪改革口号的话，他们就不反对。我们的取消派，不论他们的愿望如何“善良”，客观上都是反革命资产阶级的走卒，因为他们在革命高潮的两个历史关头的“表演”都是……反对革命罢工!! 在1912年5月20日《涅瓦呼声报》第1号上，令人难忘和出类拔萃的弗·叶若夫曾反对用政治罢工使经济罢工“复杂化”以及用经济罢工使政治罢工“复杂化”，反对把两种罢工“有害地混在一起”(参看《社会民主党人报》第27号第4版[①])。

1912年11月，取消派的《光线报》也对罢工进行攻击。后来它企图把一些粗心的人“引入迷途”，就借口说社会民主党党团也反对过11月15日的罢工。不过，谁要是稍微思考一下事件的意义，就不难看穿《光线报》偷梁换柱的伎俩。

不错，社会民主党党团也好，彼得堡委员会也好，都曾经认为在11月15日举行罢工不适当。他们曾经警告不要在那一天举行那一次罢工。工人的报刊有义务报道这方面的消息。《光线报》和《真理报》都这样做了。

但是，《光线报》不仅做了这一点。

在11月15日事件发生以后(当时正是一向同孟什维克的关系最密切的维堡区罢工搞得最起劲的时候)，在运动已经发展为游行示威以后，英明绝顶的《光线报》一再发表文章(11月17日的社论和这篇社论之后11月21日的小品文)，叫嚣反对“危险地浪费力量”，并武断地说“由于经常举行罢工，人们将不再同情罢工了”，提出了“我们要另找别的办法”，“爆发〈!?!〉不会得到任何结果”的口号，并且大喊大叫反对“玩罢工游戏”。

取消派先生们，这就是你们的那一套“哲学”——彼得堡的工

---

① 参看本版全集第21卷第356—357页。——编者注

人们早就从《涅瓦呼声报》上和你们的“发起小组”成员的言论中领教过了，正是这套“哲学”激起了彼得堡工人对你们的正当的憎恨和蔑视。个别的罢工可能遭到失败或者时机不当。但是只有自由派和反革命分子才会把使将近百万的无产者行动起来的世界上最伟大的一次运动说成是“玩罢工游戏”！

经常罢工是会使工人过分疲倦的。很可能，在这个时候应当号召举行时间比较短的罢工，举行更有准备的游行示威。但是11月15日事件之所以引人注目正是由于它是游行示威运动的一个新的前进步骤！

你们取消派不是老老实实地承认自己的错误（因为你们对11月15日的意义作了十分明显的错误估计），反而像厚颜无耻的自由派一样，大谈什么革命宣言“缺乏政治常识”，你们是在重弹自由派政策的老调！

让工人们来判断吧，既然取消派在革命的罢工和游行示威出现和发展的时代鼓动人们反对革命的罢工和游行示威，在合法的报刊上大肆诽谤秘密的宣言，那么他们关于同党“统一”的甜言蜜语还会有什么价值呢！！

* * *

其实，取消派攻击罢工，是有更深刻的原因的。取消派是自由派的奴仆。而顽强的革命罢工已经确实使自由派感到很不自在。“进步党人”厂主开始愤愤不平，甚至暴跳如雷。米留可夫之流开始担心他们同罗将柯结成的“联盟”能不能平安无事。

取消派的政策是让工人们服从自由派。马克思主义的政策是把工人提高为**农民**的领导者。取消派先生们，这个问题不能公开地谈，但是一切想成为革命的社会民主党人的人都应当想到这个问题，谈论这个问题。

在自由的立宪的欧洲，政治罢工暂时(在**社会主义**革命还没有开始的时候)还只是服务于争取个别改革的斗争。奴隶制的、亚细亚式的沙皇俄国正面临着一场即将掀起的**资产阶级民主**革命，在那里，政治罢工是一种推动、激励、唤醒和发动农民和农民军队中的优秀分子参加革命斗争的唯一重要的手段！值得俄国庆幸的是，除了单枪匹马的民粹派英雄再没有人“到民间去”的时代已经过去了。孤军奋战的恐怖分子能够谈论用恐怖手段来“唤醒”人民的时代快要过去了。俄国已经度过这些可悲的时代前进了。在1905年，革命的无产阶级已经给自己找到了另一条“到民间去的道路”，另一种吸引群众参加运动的手段。

这种手段，就是革命罢工——顽强的，从一个地方到另一个地方、从国家的一端到另一端此起彼伏，反复不断的罢工，是通过争取改善经济条件的斗争唤醒落后的人们走向新生活的罢工，是痛斥和抨击沙皇政府一切明显的暴力、专横和罪恶行为的罢工，是在两个首都的街头挥舞红旗，向**人群**、向人民群众发表革命演说和提出革命口号的罢工和游行示威。

人为地制造这样的罢工是办不到的，但是当几十万人已经被卷进罢工浪潮的时候，想阻止罢工也是办不到的。

就让那位因为能坐在罗将柯“本人”身边的沙发椅上而感激涕零的自由派去向工人们这样说吧：“弟兄们！不要爆发，要另找办法，从事和平的工会运动，认真地作好准备以便建立一个欧洲式的公开政党，不要鼓动农民造反，不要把精力浪费在罢工上，否则‘我们’可不同情你们了！”

工人们是会评价这种言论的，是会识破这种言论的，即使这些言论是用《光线报》的任何一位撰稿人的"准马克思主义的"词句伪装起来的。

工人将集中精力注意**有意识地**支持、加强、发展、巩固那种自发兴起的革命罢工,为农民和军队的起义作好准备。如果罢工使工人过分疲倦,那就应该交替地进行,让一些人休整,让经过休整的或"新锐的"力量投入斗争。应当举行时间比较短的罢工。有时应当用游行示威来代替罢工。可是最重要的是:让罢工、群众大会、游行示威不间断地进行;让全体农民和整个军队都知道工人的顽强斗争的情形;让农村,甚至最偏僻的农村都看到城市里不平静,看到"**自己人**"已经行动起来,正在进行殊死的斗争,争取美好的生活和较高的工资,制止当局专横暴戾的行为,要求把地主的土地交给农民,推翻沙皇的地主君主制,建立共和国。应该做到使工人的革命罢工成为集中农村中潜伏的愤恨和勉强克制着的不满以及兵营中的怒火的焦点。必须坚持不懈地进行这项工作,将来一定会有这么一天,无产阶级同农民和军队一起打倒地主,用人民起义推翻沙皇君主制。

附言:《光线报》还在进步:在直言不讳的弗·阿·(第 56 号)之后,又来了个外交家费·唐·(第 65 号)。尽管玩弄了"外交手腕",费·唐·的言论的主旨还是一样:**反对**革命罢工!这是一位纯粹的自由派分子,他根本没有**想到**罢工正在唤醒农民,引导他们起义,促进群众中的**革命**鼓动工作,唤醒军队,也没有**想到**应当从罢工(因为它使工人过分疲倦)转到街头游行示威等等。

费·唐·所谓"争取组织权的斗争"是"迫切的任务"(这是在特列先科夫时"提到日程上来的"立宪改革!)这样的自由主义庸俗

词句，是《光线报》反对革命罢工的斗争的唯一的辩护词。太少了，取消派先生们！

载于1913年1月12日(25日)
《社会民主党人报》第30号

译自《列宁全集》俄文第5版
第22卷第281—287页

波兰社会民主党的分裂

(1913 年 1 月 12 日〔25 日〕)

波兰社会民主党现在的分裂，是几年前就已经开始的冲突的结果。早在 1908 年党的第六次代表大会[215]上，以总执行委员会为一方同以华沙组织和栋布罗瓦区组织为另一方之间就有了十分尖锐的矛盾，以至代表大会否决了对总执行委员会表示信任的提案。冲突是组织问题上的冲突，然而具有很大的政治意义。地方组织要求能够影响党的政治立场，坚持必须让各级组织广泛地讨论党的一切措施。

总执行委员会还是掌握在那些人手里。以不无名气的梯什卡为首的总执行委员会多数派，乘党被削弱、革命遭到挫折和反革命势力猖獗之机，拒不改变自己的策略。在俄国社会民主工党里，梯什卡以波兰王国和立陶宛社会民主党的名义独断专行，玩弄权术，根本不顾是否符合波兰王国和立陶宛社会民主党的意志。在党的政策方面，开始出现一个毫无原则的和动摇不定的时期，例如工会问题，对待波兰社会党的态度，波兰社会民主党在俄国社会民主工党内的策略，在这些问题上都是如此。总执行委员会不允许那些揭露总执行委员会政策中的矛盾、要求执行彻底的原则路线的同志说话，不允许在报刊上展开讨论，更糟糕的是，**总是**答应说“最近”就要举行讨论，到时候会把同志们对这一策略的抗议书一并刊印出来的。总执行委员会中反对梯什卡的人，一些全党知名的老工作人员，都一个个地被排挤掉了。有一位早在第六次代表大会上就拒绝参加改选，宣布不能同梯什卡共事；另一位在1909年被排挤出去；还有一位在1911年拒绝参加总执行委员会。[216]

但是，随着运动的高涨和气氛的活跃，自1911年初起地方上也开始出现不满情绪。为首"造反"的是华沙组织，这个组织最重要，最有力量，而更主要的是，它革命态度最坚定，从1905年到今天一直是波兰社会民主党的左翼。

总执行委员会当然焦急不安起来，下决心加以"制止"。1911年12月华沙区际代表会议[217]是进攻的信号。这个代表会议竟敢于要求在即将召开的**党的**代表会议上要有一个比较有力量的"边疆区"代表团，也就是说，要以此（真是胆大妄为）削弱总执行委员会在代表会议上的影响。不过这还不算什么，罗兹代表会议[218]也通过了这样的决议。华沙组织的做法更不能容忍：它表明，它这样要求并不是无缘无故的，而是有**政治目的**的。它通过了几项使梯什卡感到不快的政治决议，其中还对总执行委员会不向它报告自己的工作表示不满，要求总执行委员会向党交代自己在俄国社会民主工党内的活动，不得对波兰工人隐瞒"俄国"政策等等。

于是一场公开的斗争展开了。梯什卡散发了许多"通报"和"解释"。他"解释"说：(1)华沙组织践踏了党章，搞分裂；(2)其决议是抵制主义、召回主义和无政府主义的表现；(3)它同总执行委员会没有任何思想分歧，也就是说，分裂毫无政治基础；(4)华沙组织并不存在，代表会议是一个空架子，因此不论现在和过去都没有发生过任何分裂；(5)华沙组织连一张小报都不能独立出版，一切报刊工作都让总执行委员会去做；华沙组织非法地掌握了自己的搞分裂的技术设备和出版自己的小报。他本人还不厌其详地描述了华沙两位“爱闹摩擦的知识分子”，说他们制造了分裂，而又从来不在组织中工作。

最后，梯什卡看到华沙组织坚持自己的立场，于是决定采取……“果断的”措施。他决定召开一个是**空架子的**代表会议，不准许反对派即在边疆区工作的大多数同志出席这次代表会议。为此，华沙组织这个最有力量的组织被梯什卡宣布……“解散”，由梯什卡的两三个代理人另行组成一个分裂主义的“华沙组织”。

但是，最可恶的是梯什卡“解散”华沙组织的所谓“理由”。梯什卡宣称，这个不听他话的组织无非是警察局搞奸细活动的工具。任何一个哪怕是非常小的、能够证明这一点的重要事实，梯什卡直到现在也没有举出来过。**任何一个**哪怕只是有点嫌疑的人的**名字**，他也没有公布过。而且为了给自己留一条退路，梯什卡在给国际局的声明中怯生生地写道，在华沙，**就像在任何一个**在目前条件下进行活动的组织中一样，很有可能潜伏着奸细。

但是，梯什卡认为，“解散”华沙组织，甚至宣布它已经不属于俄国社会民主工党是有好处的。读者可以看出，这已经不是派别斗争，简直是某种犯罪行为了。

不难理解，梯什卡做过了头，因此人们对他更加义愤填膺。梯什卡亲自指定的调查奸细行为的委员会也反对他。梯什卡的回答是开除了三位有多年党龄并深得党员信任的波兰社会民主党活动家。44 位老工作人员发表了极强烈的抗议书，反对“总执行委员会”这种有辱一切革命家的行动。不论在边疆区或国外，到处都要求追究“总执行委员会”的责任。当然，华沙组织并没有为了迎合梯什卡而解散，而是继续进行自己在目前条件下极为困难的工作。

在华沙工人选民团的选举中取得辉煌成绩的正是这个“反对派”。在选举中，社会民主党取得了压倒其他一切政党的绝对多数。在34名社会民主党初选人中，拥护反对派的有31人，动摇分子2人，拥护梯什卡的只有1人。可是在总执行委员会及其拥护者进行“工作”的外省，选举运动**到处**都遭到了失败。

应该相信，梯什卡的行为引起的不体面的小小的内讧，很快就会过去，原则性的意见分歧会明确地显露出来。波兰社会民主主义工人希望在组织上同俄国同志有更密切的联系的愿望，同样会更具体地表现出来。梯什卡在俄国社会民主工党内的行为使总执行委员会完全脱离了全党的生活，使它在俄国社会民主工党内没有一个同盟者，双方(取消派和反取消派)都同样地对梯什卡及其“总执行委员会”的奇怪的毫无思想性的“策略”感到莫名其妙。

波兰社会民主党现在正经历着困难的时刻。但是结局已经显示出来了。波兰社会民主党中的一切健康因素正在团结起来。波兰社会民主党成为具有自己的原则和策略的、护党的社会民主主义工人的组织，而不是毫无原则的阴谋家手中的玩物的时刻，就要到来了。

———

我们认为，有必要对关于波兰社会民主党分裂情形的报告作一点补充，谈谈谴责“奸细行为”这件事的进一步演变情况。关于这件事，我们得到的消息说：

罗莎·卢森堡(代表波兰社会民主党的社会党国际局委员)给社会党国际局写了一个文件，说华沙委员会是由**保安机关控制**的分裂分子组成的，并且说不要把这件事公布出去！

而就在这个时候，梯什卡**本人**在波兰社会民主党的刊物上把这些无耻谰言公布出来了!!

列宁在收到社会党国际局书记胡斯曼寄来的梯什卡的文件的副本之后,当然就给胡斯曼写了回信,指出:这是“极其奸险的”报复行为,前中央委员马列茨基和加涅茨基是党内大家都了解的人;梯什卡亲自指定的调查委员会**没有找到**任何奸细行为的事实;公布在政治上的对手中间有人当奸细,却又不指出名字,这是最卑鄙无耻的做法①。

总执行委员会的回答是破口大骂。

巴塞尔代表大会召开了[219]。华沙委员会的代表团得到了俄国社会民主工党的**全体**代表,包括取消派分子、拉脱维亚人、前进派分子、崩得分子、托洛茨基分子的**一致**承认!

在华沙的选举中,有**两个拥护华沙委员会**、反对梯什卡之流的社会民主党的工人复选人当选了。

现在大家已经看清梯什卡的这个平行组织是个空架子。采取诚实的办法,收回对奸细行为的谴责,梯什卡及其总执行委员会是办不到的。

但是,我们的酷爱“统一”的取消派和他们的组织委员会却比所有其他的人做得更妙。正式**参加**八月代表会议的《光线报》,**两次报道了**梯什卡的可耻的谎话!![220]

第一次干这种事的是一位只署了姓名的第一个字母的先生。第二次是**奥古斯托夫斯基**先生。

多么勇敢的人啊!他们躲在总执行委员会的背后,散布无耻谰言。他们说:这一切同我们毫无关系,我们用不着负责,我们不

① 参看本卷第47—48页。——编者注

是在散布无耻谰言，我们“**只是**”把那个用总执行委员会的名义**印发文件**（无耻谰言）**的事实**告诉人们!!

马尔托夫、托洛茨基、李伯尔、拉脱维亚人之流，躲在梯什卡的背后，在不能把文件刊登出来的合法刊物上**匿名**散布梯什卡的无耻谰言!!

载于1913年1月12日（25日）
《社会民主党人报》第30号

译自《列宁全集》俄文第5版
第22卷第288—292页

彭加勒当选的意义

(1913年1月15日〔28日〕)

人们正在起劲地祝贺法兰西共和国的新总统。请看一看黑帮暴徒的《新时报》和自由派的《言语报》吧:他们在向彭加勒总统表示祝贺时,在表达自己的满意心情时,那种一条心的情形多么令人感动啊!

对西欧各国的对外政策和国内状况问题的估计,十分清楚地揭示出我国黑帮分子和自由派的深刻的、内在的血缘关系。当这两种人都在祝贺法国大资产阶级和封建教权反动派的联盟选出的"全国的"总统彭加勒的时候,任何人都会明白,黑帮分子和自由派只是在反对社会主义的斗争**方法**的看法上有些分歧罢了。

但是,彭加勒当选的意义远比这些热心的"祝贺者"所想到的要大得多。觉悟的工人们在认真地考虑这次选举的意义时,注意到三点。

第一,彭加勒当选意味着法国面临的阶级斗争还要进一步加剧。彭加勒曾是**激进党**[221]在议会中占多数的时期的总理。而他**击败了**激进党候选人庞斯,当选为总统,他是在**封建教权**反动派的帮助下当选的,是由**右派联盟**选出的。

这意味着什么呢?在法国掌权的是**最后一个**资产阶级政党——激进党。这个资产阶级政党同"反动派"的差别愈来愈小。

为了反对社会主义的无产阶级，**整个**资产阶级，从激进的到反动的，勾结得愈来愈紧密，两者之间的界限在逐渐消失。在彭加勒当选这件事情上，这一点表现得特别明显。这种勾结是阶级矛盾极端尖锐化的确凿的标志。

第二，彭加勒的官运亨通是意味深长的，——这是把自己相继在政治上出卖给一切政党、在政治“之外”出卖给一切富豪的资产阶级投机分子的典型的飞黄腾达史。就职业说，彭加勒 20 岁当律师。26 岁当办公厅主任，33 岁当部长。各国的富豪和金融巨头很重视这类狡猾的野心家的政治关系。“杰出的”律师兼议员——狡猾的政客，这在“文明”国家中是**同义语**。

第三，在彭加勒竞选的时候法国社会主义者的示威是值得注意的。投瓦扬的票就是一种纪念巴黎公社的表示。瓦扬勾起了人们对公社的深切的怀念。只要看一看发白如银的瓦扬在讲坛上出现的时候，巴黎的工人是怎样欢迎他的，就足以了解这一点了。

请看，就在 1871 年资产阶级法国为了镇压无产阶级起义而把祖国出卖给俾斯麦的那个凡尔赛，就在 42 年前总想让国王登基的法国黑帮地主狂吠乱嚎过的那个大厅里，工人阶级的代表们给一位巴黎公社的老活动家投了票。

载于 1913 年 1 月 15 日《真理报》
第 11 号

译自《列宁全集》俄文第 5 版
第 22 卷第 293—294 页

坦　　率

（1913年1月17日〔30日〕）

杜马关于在阿尔汉格尔斯克省设置地方自治机关的法令草案在国务会议遭到否决一事，我们的报纸已经作了报道。尽管这个事实完全无足轻重，但却十分典型，对于它的意义还是应当再谈一谈。

将近50年来存在着的是一种保证封建**地主**（按俄国的说法，就是农奴主**地主**）占绝对优势的贵族地方自治机关。仅仅在某些省里，如在几乎没有贵族地产的维亚特卡省，地方自治机关才有较多的农民性质；然而正是在这里，有更加名目繁多的官僚禁令、障碍、限制、解释把地方自治机关团团围住。阿尔汉格尔斯克省为了设置这样一个看来不足为害的、打了折扣的地方自治机关，也已经奋斗了50多年了。

可是黑帮的、地主和资产阶级的第三届杜马关于在阿尔汉格尔斯克设置地方自治机关的决定，被国务会议**否决**了。这件“小事”多么清楚地说明了我国“革新”制度的**实质**！给我们上了多么生动的一课，说明政治是有阶级根源的！

在国务会议里，反对设置地方自治机关的人所持的理由很坦率：要知道那里没有贵族。国务会议的报告人斯季申斯基先生感叹地说：全省“私有”地产总共才有2 660俄亩。

总之,如果没有贵族地主,“人民”就连修道路、办医院的资格也没有。而既然没有地主,那就应当直接地或间接地安插些地主。

从哪里抽人来安插呢?从地主绰绰有余的俄国中部地区。黑土带中部地区的地主,那里农奴制遗留的痕迹最鲜明,保留的“徭役制”(工役经济制度)的成分最多,类似库尔斯克省的死硬派在独家统治、主宰和管理着的地方的地主,——在国家事务和社会事务上可以依靠的正是这些人。从这个意义上说,国务会议对阿尔汉格尔斯克设置地方自治机关问题的态度,是说明我国国家制度的极有教益、极为生动的一课。

载于1913年1月17日《真理报》
第13号

译自《列宁全集》俄文第5版
第22卷第295—296页

白里安内阁

（1913年1月18日〔31日〕）

曾经做过超革命者和“总罢工”倡导人的臭名昭著的叛徒白里安，现在又当上了法国的内阁首脑。他也跟英国的约翰·白恩士一样，背叛了工人阶级，卖身投靠了资产阶级。

他的新内阁成员是值得玩味的。在内阁中主宰一切的是三个人：若纳尔——艾蒂安——博丹。这是一些什么人物呢？

请看一看自由派的报纸，例如《言语报》第11号吧。那上面十分详细地叙述了部长们的学历和从政的经历。那上面有的是恬不知耻的吹捧和费尽心机的巴结：若纳尔是爱德华国王的朋友！博丹是巴黎公社活动家的侄子！

“口口声声只讲若米尼、若米尼，白酒的事情却只字不提。”[222]对问题的**本质**，《言语报》保持沉默。而问题的本质是很简单的：这三个人是一伙老奸巨猾的恬不知耻的金融投机分子和骗子。艾蒂安参加过**从巴拿马案件[223]开始**的千千万万件肮脏的勾当。他是在类似我国的巴什基尔地区的殖民地搞金融投机活动的人……　若纳尔参加过争夺开采温扎山（非洲）富铁矿的承租权的同样“相当干净的”勾当。他有几位亲戚是几家最大的股份公司的董事。博丹是造船厂资本家、承包商和厂主的管事人。海军部的职位对他正合适……承包海军的工程和物资供应更近便！

马克思说过，资产阶级政府是资本家阶级的管事人[224]，法国的情形最明显不过地证实了这句话。而法国伟大的进步就在于工人阶级剥掉了一切伪装，使模糊的东西清楚起来，“撕碎锁链上那些虚幻的花朵，不是要人依旧戴上没有幻想没有慰藉的锁链，而是要人扔掉它，采摘新鲜的花朵”。①

载于1913年1月18日《真理报》第14号

译自《列宁全集》俄文第5版第22卷第297—298页

① 见《马克思恩格斯文集》第1卷第4页。——编者注

生活在教导人们

（1913年1月19日〔2月1日〕）

谁真心诚意地关心我国解放运动的成败，谁就不能不首先关心我国的**工人**运动。革命高涨时期就像反革命猖獗时期一样，再清楚不过地表明了工人阶级走**在所有**解放力量的**最前头**，因此工人运动的成败是同俄国整个社会运动的成败息息相关的。

请看表明最近八年来工人**罢工运动**情况的曲线！再画上一条表明这几年俄国整个解放运动的高涨和低落情况的曲线。这两条曲线完全吻合。整个解放运动同工人运动之间有着十分密切的、不可分割的联系。

请仔细看一看1905年以来的俄国罢工运动的统计材料。

年　份	罢工次数	参加人数（单位千）
1905	13 995	2 863
1906	6 114	1 108
1907	3 573	740
1908	892	176
1909	340	64
1910	222	47
1911	466	105

1912年约有近150万人（经济罢工和政治罢工）。

难道上列统计材料还不能最清楚地说明，俄国工人的罢工运动是俄国整个全民解放斗争的最好的晴雨表吗？

在革命最高涨时期（1905年），罢工人数将近300万人。在

1906 和 1907 两年，运动逐渐低落，但是还保持着很高的水平，罢工人数平均有 100 万人。后来，运动开始急遽下降，一落再落，一直到 1910 年。1911 年是转变的一年。曲线开始上升了，虽然还不很显著。1912 年是新的大高涨的一年，曲线扶摇直上，达到了 1906 年的水平，并且大有达到以 300 万人的数字打破了**世界**纪录的那一年的趋势。

新的时期开始了。对于这一点现在不应该有任何怀疑。1913 年的开头就是最好的证明。工人**群众**已经从提出个别的**局部的**问题进而提出**总的**问题。最广大的群众的注意力现在已经不是仅仅集中在我们俄国生活中的个别的混乱现象上了。现在提出的是关于所有这些混乱现象的**总和**的问题，所谈的不是一项项零星的改革，而是总的改革。

生活在教导人们。现实斗争最完满地解答了那些不久以前还在争论不休的问题。现在，在 1912 年之后，请至少回顾一下我们关于"请愿运动"和"结社自由"的口号的争论吧。实际经验说明了什么呢？

征集哪怕只是几万名工人在十分温和的请愿书上签名，都没有能够办到。可是光是**政治**罢工就有 **100 万**人参加，这却是事实。有人说，不要超出"结社自由"的口号，不然群众就会不理解我们，就会动员不起来，这些话原来是一些脱离实际生活的人的空洞无聊的议论。而生气勃勃的、实实在在的数百万群众却正是被涉及面最广的、一点没有打过折扣的老口号动员起来了。只有这些口号才激起了群众的热情。现在事实令人十分信服地说明了：究竟谁真正同群众在一起，谁失去了群众，在和群众对着干。

群众自己朝气蓬勃的、强大的运动，以摧枯拉朽之势，把在办公室里冥思苦想、杜撰出来的方案一扫而光，正在奔腾向前。

这就是我们眼前发生的这场规模壮阔的运动的历史意义。

载于 1913 年 1 月 19 日《真理报》第 15 号

译自《列宁全集》俄文第 5 版第 22 卷第 299—301 页

新民主派

（1913年1月19日〔2月1日〕）

坦先生在《言语报》新年号的《杂谈会》中谈到了一个工人应当特别注意的重要问题。这就是新民主派的发展问题。

坦先生写道："大约一年以来或者说一年多来，生活的河道又开始改变并渐渐看不清了。低落的河水开始上涨了，天知道是从哪儿来的水，是从地下冒出来的还是从遥远的源头流下来的。三年来，一切都是寂静的和空荡荡的。现在出现了人群，人们一个接一个地从各个角落和穷乡僻壤钻了出来……

……最引人注目的是一些从下面来的农民出身的人。他们数不胜数。他们占据了生活的中间领域，甚至还要侵占上层领域，尤其是在外省。这是一些技术人员、统计人员、农艺师、教师以及地方自治机关的各种职员。他们彼此都很相似：面色苍白、骨架粗大、外表笨拙；他们反应不敏捷，却像猫儿一样耐活…… 生活显然又跨上了一级台阶，因为我们平民知识分子同他们比起来，就像当年贵族同我们相比一样。"

说得恰如其分，很正确，不过不应当忘记，不论旧平民知识分子或"农民出身的"新平民知识分子即民主派知识分子和半知识分子，他们都是与贵族-农奴主不同的资产阶级。

但是资产阶级有各种不同的阶层，这些阶层各有自己不同的历史机遇。上层资产阶级和富有的资产阶级知识分子如律师、教授、记者和杜马代表等等，几乎总是本能地倾向于同普利什凯维奇之流结成联盟。**这个**资产阶级同普利什凯维奇之流经济上有着千丝万缕的联系。

相反,农民资产阶级和"农民出身的"新知识分子却同无权的、被践踏的、愚昧的、挨饿的农民**群众**有着千丝万缕的联系,他们出于自己的一切生活条件,同**任何**普利什凯维奇主义以及它缔结的任何联盟都是不共戴天的。

这个人数更多、更接近千百万人的生活的新民主派,正在迅速地学习,巩固,发展起来。新民主派中的大部分人都具有模糊的反对派情绪,他们把自由主义糟粕当做精神食粮。觉悟的工人现在肩负的伟大而重要的任务,就是帮助这个民主派克服自由主义偏见的影响。只有克服这种偏见,抛弃贫乏的自由主义幻想,同自由派决裂,同工人携起手来,俄国的新民主派才能为自由事业作出重大的贡献。

载于 1913 年 1 月 19 日《真理报》
第 15 号

译自《列宁全集》俄文第 5 版
第 22 卷第 302—303 页

论民粹主义

(1913 年 1 月 20 日和 22 日〔2 月 2 日和 4 日〕)

阿·瓦·彼·先生在《俄国财富》杂志第 12 期上写了一篇谈论“当前”问题的“指导性”文章，题目是:《人民社会主义还是无产阶级社会主义?》。

这篇文章本身极不严肃，言之无物。我们已经好久没有看到过，在自命严肃的民粹主义杂志的所谓“指导性”文章中，有这样空洞无聊的文字堆砌，这样放肆的拐弯抹角的空论，这样拼凑起来的(折中主义的)观点的大杂烩了。

但是这篇文章是有其特点的，那就是它接触到一个目前人人都注意的十分重要的问题，即民粹主义解体的问题。民粹主义是俄国农民民主派的意识形态(观念体系)。因此，任何一个觉悟工人都应当密切注意这一意识形态的演变。

一

民粹主义由来已久。人们公认赫尔岑和车尔尼雪夫斯基是民粹主义的创始人。70 年代革命者提出“到民间去”(到农民中去)，那时候颇有影响的民粹主义盛极一时。19 世纪 80 年代，瓦·

沃·(沃龙佐夫)和尼古拉·—逊最完整地制定了民粹派的经济理论。20 世纪初,社会革命党人最周全地表述左派民粹派的观点。

1905 年的革命通过各阶级的群众性的公开行动展示了俄国的**各种**社会力量,也对民粹主义进行了一次总的检验,确定了它的地位。农民民主主义——这就是民粹主义的唯一的实际内容和社会意义。

俄国自由派资产阶级由于自己的经济地位而不得不追求的,不是**消灭**普利什凯维奇之流的特权,而是要在农奴主和资本家之间**瓜分**这些特权。与此相反,俄国资产阶级民主派即农民不得不追求的,是**消灭**所有这些特权。

民粹派关于"社会主义"、关于"土地社会化"、关于平均制等等的议论,都不过是掩盖农民追求政治上的完全平等以及彻底消灭农奴主土地占有制这一事实的空话。

1905 年的革命彻底揭示了民粹主义的这种社会实质和它的这种阶级本质。群众运动,不论是以 1905 年的农民协会的形式表现出来的,还是以 1905 年和 1906 年各个地方的农民斗争的形式表现出来的,或者是通过头两届杜马的选举形式(成立"劳动"团)表现出来的,都是向我们表明千百万农民**行动起来了**这一伟大的社会事实。这些事实像打扫尘土似地把貌似社会主义的民粹主义空话一扫而光,揭示出民粹主义的核心,即拥有巨大的尚未耗尽的后备力量的农民(资产阶级)民主主义。

谁要是没有从新的现代俄国的伟大时代的**经验**中学会识别什么是民粹主义的实际内容和什么是它的辞藻的外壳,谁就是不可救药的人,就是不该受到重视的人,谁就只可能是玩弄辞藻的撰稿人(像《俄国财富》杂志的阿·瓦·彼·那样),而不可能是政治家。

我们在下一节就来仔细研究民粹主义的解体和这位撰稿人。

二

1905年的经验之所以特别重要，正是因为它**强迫**人们根据群众**运动**检验了民粹派的理论。这一次检验立即引起了民粹主义的瓦解和民粹派理论的破产。

早在1905年12月的社会革命党的第一次代表大会上，“人民社会党人”就开始同社会革命党人分裂，到1906年秋天便最终同社会革命党人分道扬镳了。

这些“人民社会党人”比我们的取消派先走了一步。正是他们唱出了“公开的党”的调子，正是他们取消了彻底的民主派的口号并发表了叛徒言论（例如，彼舍霍诺夫先生在1906年《俄国财富》杂志第8期上的文章）。这是一些农民立宪民主党人；第二届杜马（民粹派，甚至社会革命党人都**没有**抵制它）**证明**，大部分农民代表追随《俄国财富》杂志的机会主义者，小部分代表追随社会革命党人。第二届杜马完全证实了早从“自由日子”[225]（1905年秋天和1906年春天）的民粹派报纸中就可以看出来的事实：社会革命党人无非是农民民主派的左翼，离开这个左翼他们就等于零。

民粹主义的解体日益明显地证实了这一点。在反革命猖獗时期，这一解体过程进行得很快，左派民粹派[226]把他们的人从杜马的劳动派中“召回了”。旧的党实际上已经取消，新的党还没有建立起来。叛变风（直到出现罗普申的可耻著作《一匹瘦弱的马》和《未曾有过的东西》的地步）甚至在“左派”民粹派中间也盛行起来了。他们中间有一部分（“创举派”[227]）放弃了抵制。一部分倾向于马克思主义（尼·苏汉诺夫，尽管他还有一大堆糊涂思想）。一部分倾向于无政府主义。整个说来，他们的瓦解情形要比社会民主党厉害得多，因为他们虽然有几个正式的中心，但是**没有**一条明确的、坚定的、能够同颓废主义**斗争**的原则路线。

阿·瓦·彼·先生给我们提供的就是这样一个思想上的颓废主义的范例。民粹派曾经有过自己的理论。现在只剩下一些胡乱抓来七拼八凑的对马克思主义的“修正意见”了。八面玲珑的资产阶级小报的任何一个无原则的小品文作者都会在阿·瓦·彼·先生的维护“人民”社会主义的文章上签名，而不必冒任何风险，受任何约束，**不必信奉任何东西**。这是因为“人民”社会主义是一套毫无内容的空话，只是用来**回避**关于在世界各地为社会主义进行斗争的是**哪一个**阶级或社会阶层这样的问题。

只要从阿·瓦·彼·先生的空谈中举出两个小例子就够了。

他写道：“……原来，掌握了无产阶级社会主义理论的政党，实际上也准备依靠其他阶层——‘半无产阶级’，甚至‘资产阶级’阶层，来壮大自己的力量。”

难道这种反驳不是只配由一个中学四年级的学生提出来吗！在全世界的社会主义政党里既有半无产者，也有资产者……**这意味着什么呢**？照阿·瓦·彼·先生的结论，这意味着可以不顾这样的事实：全世界**只有**无产阶级（1）才进行反对资本家阶级的一贯的斗争；（2）才是社会民主党的**群众**支柱。

第二个例子：

机灵的阿·瓦·彼·先生写道：“就以大学生为例，要知道他们是最地道的资产阶级，可是他们中间的社会主义者，我不知道现在怎样，但在不久前几乎占了一大半。”

难道这种说法不是举世无双的吗？难道这种论据不是只配由一个天真的社会革命党人女中学生提出来吗？在1905—1907年之后居然还看不到几千万农民和几百万工人在一切政治行动的舞台上彼此划清了界限的情况，反而认为俄国自由派和民主派的青年学生同情社会革命党人和社会民主党人这个事实具有重大意义（**当做反对**“无产阶级社会主义”的**论据！**）！阿·瓦·彼·先生，请你听着，……也要有个限度……

觉悟的工人应当采取直截了当的、明确的政策对待民粹派。要无情地嘲笑貌似社会主义的词句，**不许**他们**用这类词句**把彻底的**民主主义**这个唯一重要的问题**掩盖起来**。

什么“人民”社会主义、平均制、土地社会化、合作制、劳动原则？这些东西简直不值一驳。实际生活和革命早已把这些东西从一切重大的政治问题的领域中**清除出去了**。你们不过是想用这些空话把关于**民主主义**的**重要**问题掩盖起来罢了。你们应当明确地、直截了当地回答：你们是不是忠于**彻底的**民主派的口号？你们是不是愿意、是不是能够在确定的社会阶层的**群众**中进行**经常性的**工作来实现这些口号？如果是，那么在反对民主的一切敌人时，工人民主派就是你们的同盟者和朋友。如果不是，那就请你们滚开，你们不过是空谈家罢了。

载于1913年1月20日和22日
《真理报》第16号和第17号

译自《列宁全集》俄文第5版
第22卷第304—308页

告社会民主党人

(1913 年 1 月 22 日〔2 月 4 日〕)

现在我们把彼得堡《光线报》最近一号(1913 年 1 月 19 日，第 15 号，总第 101 号)的社论全文转载如下：

工人群众和地下组织

“五金工人工会又被拒绝登记。尽管工人们愿意作各种让步，当局还是一口咬定全部条款都不能接受。真的像有个时期报纸报道的那样，是厂主协会坚持不让五金工人成立新的工会呢？还是当局本身决定不许这样的工会存在，——这都不会改变问题的实质。彼得堡这一部分最先进的、文化水平最高的工人连根据社团暂行条例应该享有的一点最起码的权利也被剥夺了！为了争取现在被当局一笔勾销的这一点点权利，曾经花费了多少力量，牺牲了多少生命！

最奇怪不过的是广大工人群众对于权利被剥夺一事毫无反应。最近在合法组织横遭迫害的影响下，一部分工人甚至重又喜欢起‘地下组织’并且愈来愈喜欢了。我们对于这个我们认为令人痛心的事实决没有熟视无睹。但是我们没有崇拜自发性的习惯，我们正尽力认清这一事实的意义。

目前关于‘地下组织’的议论，在很大程度上使人想起了旧时的、现在看来完全被人忘掉了的关于恐怖手段的争论。当时有许多人为了掩饰自己的无用，也曾‘崇拜过’恐怖手段。他们说，好在有一些英雄，我们好歹可以跟在他们后面慢慢走。现在也是这样。我们懒得考虑，懒得寻找新的途径，我们在等待地下组织为我们作出决定，那时我们将在别人承担责任的情况下行动。成功了固然很好，失败了我们也可以把过错推到别人身上。

我们并不否认，这样一种心理在我国目前的政治环境中是有其根源的，可以说是由于为公开的运动作出了惨重的牺牲而产生的。这样一种不负责任的心理，一种下意识地想一旦失败就‘推说不在场’的心理，促使工人群众的某些阶层复活对地下组织的推崇。我们说推崇地下组织，而不是说逃到地下组织中去，因为实际上地下组织往往只有少数几个人（群众在地下组织中无事可做），就是这几个不对任何人负责的人在指挥群众性的行动。

可是有人说，一切‘合法机会’都已用尽，结果我们的合法组织几乎全部被消灭。正是**一切**机会都已用尽的说法是不正确的。其实，有一个**主要**机会还利用得很差，而不利用这个机会，工人阶级要想取得任何胜利都是不可想象的。我们曾经说过，应当有计划地发动群众捍卫自己的组织。到目前为止，在这方面所做的一切，既缺乏**计划性**，发动的**群众**也不够多。有几千人在结社自由的请愿书上签了名，这同几十万个工厂工人比起来是太少了。我们的工会、教育团体以及其他各种团体，只有几十个会员，很少有几百个会员的，如果跟同一行业、同一住宅区等等的大量工人比起来，简直是沧海一粟。而实际上真正关心工会并且在其中工作的人还要少些。

如果推举一部分优秀的工人知识分子担任合法组织中最危险的职务，那么一旦这些先进战士被抓走，群众就很有可能垂头丧气，马上会不干工作。这正是目前工人运动软弱的根本原因；正是在这一方面，还需要社会民主党人坚持不懈地进行无穷无尽的工作。”

很难想象，有哪一份阐述我国社会民主党迫切的一些难题的文件比这篇文章更全面、更确切、更有说服力了。《光线报》第 101 号的这篇社论，给整整 100 号的《光线报》以及取消派分子帕·波·阿克雪里罗得、费·唐恩、弗·叶若夫、列维茨基、波特列索夫、马尔托夫、马尔丁诺夫等人 5 年来的全部宣传，作了一个非常正确的总结。

要想详细地评论这篇社论，就得写上一本书，把**各派**马克思主义者在 1909—1912 年的报刊上反对取消派的言论重复一遍。

我们现在只谈几点。工人群众重又喜欢起地下组织并且愈来愈喜欢了，他们复活对地下组织的推崇。如果认为这个事实是令人痛心的，那他就是自由派，而不是社会民主派，就是反革命派，而不是民主派。把地下组织同恐怖手段相提并论，就是对革命的群众工作进行闻所未闻的嘲弄。只有地下组织才能提出并解决在日益增长的革命中的各种问题，推进革命的社会民主党的工作，并且正是通过这一工作来吸引群众。

过去和现在参加地下组织的总是最觉悟、最优秀、最受群众爱戴的先进工人。现在地下组织和群众的联系，可能是而且也确实是比过去更广泛、更密切了，这主要是由于群众的觉悟更高了，部分地也正是由于有了“合法机会”。关于公开的党的种种议论都是愚蠢的、卑鄙的议论。对我们的社会民主党的各支部说来，对**各支部的**群众工作说来，“合法机会”根本没有用尽，而且也**不可能**“用尽”。

难道《光线报》第 101 号的这篇社论没有震动**全体**社会民主党人吗？难道在社会民主党内可以找到哪怕一个能够容忍这种说教的“流派”吗？

难道这篇总结性的社论对社会民主党的**统一**这个**迫切的**难题的解决不会有帮助吗？

取消派的外交家在《光线报》第 101 号上原形毕露了。他们的假面具被撕下了。现在，只有伪君子才会同《光线报》和《我们的曙光》杂志的取消派集团讲统一了。

有些社会民主党人出于各种原因，一直动摇不定，不肯明确地回答问题，态度暧昧地同《光线报》“妥协”，用“统一”的词句掩盖同《光线报》联合的行为。现在是他们最终停止动摇，直截了当地表明态度的时候了。

同《光线报》的统一是不可能的，统一起来**反对**《光线报》却是完全可能的，而且是迫切需要的。这是因为现在谈的是“**地下组**

织”的统一，是秘密的社会民主党即俄国社会民主工党的统一，是它在群众中的革命工作的统一。

1913 年 1 月底在克拉科夫
印成单页

译自《列宁全集》俄文第 5 版
第 22 卷第 309—311 页

在阿捷夫之流的圈子里

(1913年1月25日〔2月7日〕)

民族主义报刊以阿廖欣"事件"为由掀起了一场轩然大波。天呀！奥地利人侮辱了俄国，他们平白无故地逮捕了一个俄国工程师，说他有间谍嫌疑，并对这个被捕者大肆凌辱！于是反对奥地利的"爱国主义"骚动闹个没完。

可是，现在真相已经大白——这一事件并没有什么奥妙，不过是司空见惯的老一套。阿廖欣先生成了奥地利警察局的"工作人员"魏斯曼的牺牲品；魏斯曼为了每月2 000克郎(800卢布)而干着跟踪在奥地利的俄国间谍的勾当。

不懂德国话的——显然还是半开化的——这位俄国工程师，天真地上了这个领他去参观兵工厂的奸细的当。

《新时报》以及我国其他黑帮派和政府派的报纸，是竭力维护**俄国的**阿捷夫之流的。但是一旦知道阿捷夫原来是在替奥地利效劳的时候，这些心地善良的俄国同胞都"义愤"填膺了。

然而，问题还不仅如此，原来魏斯曼以前当过**俄国的**间谍和奸细。这个魏斯曼的往上爬的经历是很耐人寻味的。

他父亲是妓院老板。做儿子的经过这种环境的熏染，成了在奥地利维也纳的俄国间谍，而且还监视俄国政治流亡者。1901—1905年，魏斯曼就这样给俄国警察局效劳——既当军事间谍，又是政治特务。

后来魏斯曼同俄国警察局闹翻了，就投效奥地利警察局了。

如此而已。

可怜的阿廖欣做了一个前俄国间谍的牺牲品。奥地利采用这种“阴险的手段”，俄国的奴才报纸怎么会不因此感到愤怒呢？

载于1913年1月25日《真理报》
第20号

译自《列宁全集》俄文第5版
第22卷第312—313页

资产阶级和改良主义

（1913年1月29日〔2月11日〕）

《言语报》对当前罢工问题的议论，很值得工人们注意。

这家自由派报纸引证了关于罢工运动的官方统计材料：

年　份	罢工次数	参加的工人数(单位千)
1905	13 995	2 863
1906	6 114	1 108
1907	3 573	740
1908	892	176
1909	340	64
1910	222	47
1911	466	105
1912	1 918	683

我们顺便指出，1912年的数字显然是被缩小了的，因为政治罢工参加者的统计数字总共才511 000人，而实际上要比这大约多一倍。我们再提醒一点，就在1912年5月，《言语报》曾经否认我们工人运动的政治性质，并且断言整个运动仅仅具有经济性质。不过，我们现在想谈的是问题的另一方面。

我国的自由派资产阶级是怎样估计这一现象的呢？

《言语报》写道："'俄国公民'政治意识的〈为什么仅仅是**意识的**呢??〉基本要求没有得到满足。"

"在任何地方，工人阶级都是城市民主派中最活跃、最敏感的阶层……人民中最积极的阶层……　要是在立宪条件下……在正常的政治环境中……就不会在这样一个由于对外关系上的一些麻烦事现在显得非常重要的生产部门里丧失掉〈由于普梯洛夫工厂罢工〉几万个工作日。"(该报第19号)

这显然是资产阶级的观点。"我们"要帝国主义政策,要掠夺别国的领土。"我们"受到罢工的干扰。"我们"会由于"丧失掉"工作日而损失剩余价值。"我们"也要像欧洲那样"正常地"剥削工人。

好极了,自由派先生们!你们的愿望是必然的,我们准备支持你们的意图……如果……**如果**这种意图不是凭空的、非现实的!

《言语报》接着说:"普鲁士的国家要人〈应当说是普鲁士地主〉让'**社会民主党合法化**'并不是出于同情自由。如果改良进行得及时,那就会带来应有的效果。"

这就是我国资产阶级的完备的改良主义。资产阶级只是唉声叹气,它想说服普利什凯维奇之流而不是得罪他们,想同他们讲和而不是排斥他们。任何一个有头脑的人都应当明白,"社会民主党合法化"这个口号,就其**客观**意义(即不管个别小集团的善良愿望如何)来说,是空虚贫乏、软弱无力的资产阶级改良主义的一个不可分割的组成部分。

我们只指出一点。俾斯麦的改良成功,就是因为他越出了改良主义的范围,大家都知道,他完成了一系列的"自上而下的革命",他从世界上最富有的一个国家掠夺了50亿法郎,他**可以**给那些被大量黄金和空前未有的军事胜利弄得如醉如痴的人民以普选权和真正的法制。

自由派先生们,你们是不是认为,在俄国也有类似的可能呢??可你们为什么甚至在阿尔汉格尔斯克省设置地方自治机关(这算是“改良”吧！)的问题上，也宣称俄国的改良是毫无希望的呢??

载于1913年1月29日《真理报》
第23号

译自《列宁全集》俄文第5版
第22卷第314—315页

论公开的党

(1913 年 1 月 30 日〔2 月 12 日〕)

《光线报》是很善于在知识分子中间“叫嚷”的，工人愈不爱读它，它就叫得愈厉害。现在，它正在卖力地，好像在做一件莫大的好事似地继续进行它的主张建立**公开的工人政党**的宣传。

在该报的新年社论里，我们又读到了那个老谎话，说什么在1912 年，“俄国工人提出了争取结社自由的问题以及争取社会民主工党公开存在的问题作为自己当前的口号和战斗旗帜”。

凡是真正接触过 1912 年的群众性工人运动并且仔细考察过这一运动的政治面貌的人都非常清楚，《光线报》取消派是在撒谎。工人们作为当前的口号和战斗旗帜提出的是**另外的东西**。这一点，比如从 5 月的运动来看，是特别明显的，当时各个派别的先进工人(多数是社会民主党人，甚至还有少数民粹派参与)**自己**就提出了**另外的**口号，举起了另外的“战斗旗帜”。

《光线报》的知识分子是知道这一点的，但是他们硬把**自己的**信心不足，**自己的**孤陋寡闻，**自己的**机会主义立场强加在工人头上。这种情形是我们早已见惯了的，一点都不新鲜！而在俄国，炮制类似的歪曲宣传的人很容易逃脱惩罚，因为这种歪曲宣传享有在一定的场合“公开”出现的特权。

但是《光线报》的谎话毕竟是谎话。而且谎话愈说愈荒唐，《光

线报》接着竟说:

"1913年,作为工人群众政治动员的中心口号,将正是这一口号……"

换句话说,《光线报》的知识分子**违反**已经提出了**另外的**口号的工人群众的意志,要对工人群众的口号加以阉割,把它大打折扣!悉听尊便,不过,先生们,你们干的根本不是社会民主党的事业,而是自由派的事业。

请读者回忆一下前不久《光线报》同《真理报》关于公开的党的争论吧。《真理报》问,为什么连立宪民主党人也没能建立公开的党呢?① 费·唐·却在《光线报》上回答道:

"立宪民主党人承认了自己的愿望是空想",因为他们的党章没有被批准;而取消派则进行了"顽强的有计划的工作,一个又一个地夺取阵地"。(见《光线报》第73号)

大家看:费·唐·对问题不作正面回答!就是立宪民主党人也进行了顽强的工作,他们也在合法刊物上以及许多合法团体中"夺取过阵地"。但是连立宪民主党人也**没有**一个公开的**党**。

立宪民主党人为什么还在幻想和谈论公开的党呢?因为他们的党是反革命的自由派资产阶级的党,这个党同意同普利什凯维奇之流**和解**,条件是对自由派作出某些小小的让步,包括对"和平的"公开的立宪民主党作一次小小的让步。

这就是在六三制度时期发表的关于公开的党的言论的客观意义,即不是善良愿望和美丽词句所能改变的意义。这些言论所表明的是:**背弃**彻底的民主派,鼓吹同普利什凯维奇之流**和解**。

取消派鼓吹公开的党,他们所抱的**目的**是什么,他们的企图和

① 参看本卷第237页。——编者注

指望是什么,这些都不重要。这是主观上的问题;大家都知道:地狱是由“善良的”愿望铺成的。重要的是,在六三制度时期,在自由派的政党也不能公开等等情况下鼓吹公开的工人政党,具有什么客观意义。

取消派关于公开的党的言论的客观意义就是,背弃民主派提出的全民的、基本的条件和要求。

因此,任何一个觉悟的工人都对取消派所鼓吹的那一套持否定态度,因为“公开的党”的问题,是一个**根本**问题,直接涉及工人阶级政党**存亡**的问题。取消派鼓吹的那一套正是要从根本上破坏真正工人政党的存在。

载于1913年1月30日《真理报》第24号

译自《列宁全集》俄文第5版第22卷第316—318页

选举结果

(1913年1月31日〔2月13日〕)

第四届杜马选举运动证实了马克思主义者自1911年以来对历史形势的估计是正确的。这个估计概括地说就是:俄国历史中的反革命猖獗时期的第一阶段已经结束。以资产阶级民主派的"轻部队"的觉醒(学生运动)、工人的进攻性经济运动特别是非经济运动等等为特点的第二阶段开始了。

经济萧条,反革命的悍然进攻,民主派的退却和涣散,"进步阵营"中"路标派的"、取消派的变节思想的泛滥,——这些就是第一阶段(1907—1911年)的特点。而第二阶段(1911—1912年)无论在经济、政治、思想方面,都具有相反的特点:工业繁荣,反革命不能用以前那样的力量或精力等等继续进攻,民主派的觉醒使路标主义、投降变节、取消主义的情绪不得不**隐藏起来**。

这就是正确评价1912年的选举运动时所必须注意到的总的背景情况。

一 "制造"选举

第四届杜马选举最明显的特征就是政府有步骤地在这次选举中舞弊。我们不打算在这里给"制造选举"作总结,关于这一点,自由派和民主派的**所有**报刊已经谈得够多的了；立宪民主党人在第四届杜马提出的详细质询也说明了这一点；等将来把大量的而且愈来愈多的材料收集起来，我们也许能写一篇专论来谈这个问题。

现在我们要谈的只是制造选举的基本结果和这种“制造”的主要的政治意义。

动员僧侣去对付自由派地主和十月党地主，变本加厉地进行迫害和肆无忌惮地破坏法律去对付城乡资产阶级民主派，试图用同样的手段从社会民主党那里夺走工人选民团，——这些就是制造1912年选举的基本手法。整个这一政策很像波拿巴主义的政策，其目的是要在杜马中形成一个右派—民族党人的多数。大家知道，这个目的并没有达到。但是，我们下面就会看到，政府毕竟还是在我国的议会（请原谅我的用词）中“维持住了”以前的、第三届杜马那样的状况：在第四届杜马中仍旧有两个多数，一个是右派—十月党人的多数，一个是十月党人—立宪民主党人的多数。

1907年的六三选举法“建立”的是以农奴主-地主同资产阶级上层的联盟为基础的国家管理（并且不仅仅是管理）制度，而且前一种社会成分在这个联盟中保有很大优势，而这**两种**成分支撑的实际上是一个不折不扣的旧政权。这个由农奴制等等的几世纪历史造成的政权，其特性过去如何、现在怎样，对于这一点，我们就不必谈了。不管怎么说，1905年的变动、旧事物的崩溃、群众和一些阶级的公开的强大行动，毕竟迫使这个政权谋求同这种或那种社会力量结成**联盟**。

1905—1906年指望过“乡巴佬”、庄稼汉（布里根选举法和维特选举法），这种指望现在已经破灭了。六三体制“把赌注押在强者身上”，即押在地主和资产阶级大亨身上。现在，第三届杜马总共大约5年的经历，已经开始连这个“赌注”也输掉了！再没有比

1907—1912 年间的十月党人更会拍马的了,可是就连十月党人也“没有拍上”。甚至就本性来说同他们有着血缘关系的旧政权(所谓“官僚制度”),同他们也不能和睦共处。资产阶级在农村中的政策(11 月 9 日的法令[228])和促进资本主义发展的各种措施,还是在普利什凯维奇之流掌握之下,因此结果非常可悲。普利什凯维奇主义虽然用新的土地政策和新的一套代表机构来改头换面、装饰一新,但它仍继续压制着一切,阻碍着发展。

六三体制出现了裂痕。在没有坚强的、牢固的、受过考验的完整的社会支柱的时候,在不得不在各种不同的成分中间随机应变的时候,“制造”选举是不可避免的,正像波拿巴主义的手法在历史上是不可避免的一样。如果民主阶级力量薄弱,或者被一些暂时的原因大大削弱了,这些手法就可能在许多年中获得“成效”。但是,就连 19 世纪 60 年代俾斯麦或拿破仑第三的“经典”范例也都证明,没有一些最急遽的转变(在普鲁士是“自上而下的革命”和几次非常成功的战争)是不行的。

二　新的杜马

为了说明选举的结果,我们要把关于第四届杜马党派成分的官方材料拿来,不仅同第三届杜马末期(1912 年)而且同初期(1908 年)的材料加以比较。我们看到这样一种大可注意的情况①:

① 这些材料来自以下杜马出版物:1908 年《一览表》,1912 年《参考手册》和 1912 年 12 月 2 日出版的《国家杜马(第四届)参考手册》1912 年第 14 期,材料订正截至 1912 年 12 月 1 日,三个民族集团系指波兰人、白俄罗斯人和穆斯林。

	第三届杜马		第四届杜马
	1908年	1912年	
右派……………………………	49	46	65
民族党人和温和的右派……	95	102	120
十月党人…………………………	148	120	98
进步派…………………………	25	36	48
立宪民主党人…………………	53	52	59
三个民族集团…………………	26	27	21
劳动派…………………………	14	14	10
社会民主党人…………………	19	13	14
无党派人士……………………	—	27	7
共　计…………	429	437	442

从这些材料得出的第一个结论是，在第四届杜马中仍旧有以前的两个多数：占283席(65＋120＋98)的右派—十月党人的多数以及占226席(98＋48＋59＋21)的十月党人—立宪民主党人的多数。

对于专制政府，实际上最重要的是杜马中“自己的”多数。在这方面，第三届杜马和第四届杜马没有多大差别。在第三届杜马中，右派—十月党人的多数最初占292席，最后占268席。现在获得的票数是在这两个数字之间，283席。

由于右派多数从第三届杜马开始到最后票数这样明显地减少，以致仍旧是专制的政府不能不采取制造选举这种非常措施。这种制造并不像梅延多夫、马克拉柯夫之流所喜欢描述的那样，是什么偶然的现象，是什么违反制度的现象，而是为了维持“制度”而必然要采取的措施。

以马克拉柯夫之流为首的自由派先生们，你们不是在谈论“当局同全国调和”（即同资产阶级调和）吗？如果是这样，那么二者必居其一。或者你们的**关于调和的言论**不是空话，那你们就应当接受“制造选举”，因为这是同现实当局调和的现实条件。你们本来就是那么爱好“现实政策”的人嘛！或者**你们**对“制造选举”的**抗议**不是空话，那你们谈的就不应该是调和，而应该是同调和完全不同的别的什么东西……

六三体制的第二个多数是自由派—十月党人的多数，在第三届杜马初期占 252 席，末期占 235 席，而在第四届杜马中则降到 226 席。可见，政府的“选举运动”实际上是成功了；政府达到了自己的目的，又一次实际地确立了自己的专制。关于右派—民族党人要占居多数的叫嚣，只不过是做交易要高价而已。实际上两个多数政府都需要，因为这**两个**多数都站在反革命的立场上。

无论怎样强调这一点都不为过分，因为自由派为了愚弄民主派正在掩饰这一点，而自由派工人政客（取消派）由于轻率也在掩饰这一点。立宪民主党人同十月党人的联盟在选举罗将柯时已经表现得非常明显（《言语报》就罗将柯的演说所写的不堪入耳的阿谀奉承的词句，大概更加明显地说明了这种联盟的存在），这种联盟决不只是“技术上的”事情。这种联盟说明从古契柯夫到米留可夫，整个资产阶级的反革命情绪是一致的；只是由于有这种情绪，这种联盟才可能实现。

另一方面，政府从六三制度的整个体制出发，也是需要自由派—十月党人的多数的，因为第三届（以及第四届）杜马决不像那些陷入罗普申的心情[229]和“召回派的”空话的泥潭里不能自拔的“左派”民粹派常常瞎扯的那样，是什么“纸糊的”机关。不是的。第三届和第四届杜马是专制制度的发展和资产阶级的发展中的一个阶段，是它们经历了1905年的胜利和失败后企图真正接近起来的一次必要的尝试。这次尝试如果惨败，就将不仅是斯托雷平和马卡罗夫的惨败，不仅是马尔柯夫第二和普利什凯维奇的惨败，**而且是“调和者”马克拉柯夫之流的**惨败！

政府需要自由派—十月党人的多数，是打算在保持普利什凯维奇之流的无限权力的情况下推动俄国前进。至于用来约束和缓和自由派—十月党人的异常急速的、过激的“进步主义”的工具，政府手里有的是，如国务会议和许多其他的东西……

三　六三体制内部的变化

上面引用的数字是关于反革命猖獗时期地主和资产阶级各政党、团体和派别的演变问题的很有意思的材料。在第三届和第四届杜马的成员中几乎谈不上有什么资产阶级（农民）民主派和工人民主派，原因很简单：六三体制就是为了排除民主派而特意建立的。“民族”政党，即不属于“主导”民族的各政党，也同样受到六三体制特殊的压迫和摧残。

因此，我们只把右派、十月党人和俄国自由派这些在六三体制中占有牢靠地位并受其保护而同民主派隔绝的政党挑出来，看一看这些政党内部的变化。

	第三届杜马		第四届杜　马	第四届杜马同第三届杜马初期相比
	1908 年	1912 年		
右派…………………………	144	148	185	＋41，即＋28％
十月党人……………………	148	120	98	－50，即－34％
自由派（进步派和立宪民主党人）…………	78	88	107	＋29，即＋37％

从这里可以清楚地看到，各特权阶层中的所谓“中派”明显变弱了，而这些阶层的右翼和自由派一翼却明显增强了。值得注意的是，尽管政府为了帮助右派采取了极其非常的措施在选举中舞弊，但是地主和资产阶级中的自由派人数增加得还是比右派**快**。

有一些人看到这些事实，喜欢讲一些什么六三体制的矛盾尖锐化了，什么温和资产阶级的进步主义要获胜了等等冠冕堂皇的话。第一，这些人忘记了，地主中间特别是资产阶级中间自由派人数虽然增加了，但是增加得最快的是把自己的全部政策完全建立在同右派“调和”的基础上的自由派右翼。关于这一点我们等一会还要详细说明。第二，这些人忘记了，轰动一时的所谓“资产阶级向左转”不过是民主派的真正向左转的征兆而已，只有民主派才是**唯一**能够促使制度发生重大变化的动力。第三，这些人忘记了，六三体制专门的目的是要在很大的范围内利用自由派资产阶级和反动地主之间的对抗性的，尽管这两者同整个民主派特别是同工人阶级有着深刻得多的**共同的**对抗性。

其次，我国的自由派喜欢把事情描写成这样：十月党人的垮台是“制造选举”引起的，是“制造选举”使这个“最后一个听命于政府的党”失去了支持等等。自然，这时自由派本身是以正直的反对派、不依附于人的人、甚至“民主派”的姿态出现的，但实际上任何一个马克拉柯夫同十月党人都根本没有什么区别。

请看一看第三届杜马和第四届杜马之间发生的变化，并且把这个变化同第三届杜马的初期和末期之间发生的变化比较一下。大家会看到，在第三届杜马中十月党减少的代表人数(28)比在第四届杜马选举时减少的(22)还要多。当然这并不意味着当时没有搞过“制造选举”的勾当；这种勾当当时搞得肆无忌惮，——特别是为了对付民主派。但是这意味着，不管怎样制造了选举，也不管政府的作用和总的“政策”怎么样，俄国有产阶级中党派划分的过程仍在进行，反革命派当中的右的、反动农奴主一翼和**同一个**反革命派当中的自由派资产阶级一翼划分开来的过程仍在进行。

杜马中右派—十月党人的多数中间的各个集团和派别组织(右派、民族党人、温和右派、“中派”、右派十月党人，等等)之间的差别，也同十月党人—自由派的多数(左派十月党人、进步派、立宪民主党人)内部的差别一样，是不固定的，不明确的，偶然的，往往是人为地制造出来的。当代的特点决不是依附于政府的十月党人受到了据说是不依附于政府的(就是马克拉柯夫！)立宪民主党人的排挤。这是自由派的蠢话。

当代的特点是：真正的阶级政党的形成过程正在进行，特别是一个反革命自由派的政党正在一片甚嚣尘上的鲜明的反对派呼声和侈谈“当局同全国调和”的甜言蜜语声中结成。

俄国发行最广的自由派报纸用全部力量来掩饰这个过程。因此，我们要再一次看看杜马统计材料的确切数字。应当记住，评论政党也像评论个人一样，不是根据他们的言论，而是根据他们的行动。**实际上**，立宪民主党人和进步派在一切最重要的问题上都是一致行动的，而这两种人无论是在第三届和第四届杜马中，或者是在最近结束的选举中，在一系列问题上又都是同十月党人一致行动的（在叶卡捷琳诺斯拉夫省，罗将柯同立宪民主党人结成联盟！）。

我们来看一看关于这三个政党的材料：

	第三届杜马		第四届杜马	第四届杜马同第三届杜马初期相比
	1908年	1912年		
十月党人…………………………	148	120	98	－50，即－34％
进步派…………………………	25	36	48	＋23，即＋92％
立宪民主党人…………………	53	52	59	＋ 6，即＋11％

我们看到：十月党人明显地和不断地减少；立宪民主党人稍有减少，随即又略有增加；**进步派则明显地和不断地增加**，他们在5年内**几乎增加了一倍**。

如果我们把米留可夫先生在1912年《〈言语报〉年鉴》第77页上公布的1908年的数字拿来看一看，那么情况还要明显得多。据米留可夫先生统计：1908年在第三届杜马中有154个十月党人，23个进步派，56个立宪民主党人。拿这个数字同第四届杜马相比较，那就是立宪民主党人的人数的增加微不足道，进步党人的人数则增加了**一倍多**。

1908年进步派不到立宪民主党人的一半。现在进步党人的人数是立宪民主党人人数的80％强。

由此可以看到一个无可争辩的事实：反革命猖獗时期（1908—1912年）俄国自由派内**最明显的特征**就是进步派有了很大的发展。

什么是进步党人呢？

按成分和意识形态来说，进步党人就是**十月党人同立宪民主党人的混合物**。

在第三届杜马中，进步派当时还被称做和平革新派[230]，他们的领袖之一反革命贵族李沃夫在第一届杜马中曾是立宪民主党人。我们看到，在第三届杜马中进步派的人数从 25 人增加到 36 人，即增加了 11 个人；在这 11 个代表中，有 9 个来自别的政党，即：1 个来自立宪民主党，2 个来自温和右派，1 个来自民族党人，5 个来自十月党。

进步党人在俄国自由派政治代表中间的迅速增长和"路标"派在"社会"中取得的成功，这是一件事情的两个方面。进步党人在政治实践中实现了"路标"派在理论中所宣扬的东西，即诽谤革命，背弃民主派，赞美资产阶级龌龊的牟利行为，把这种行为说成是人间的神圣事业等等。

立宪民主党人马克拉柯夫谈到当局同全国调和时，他所讴歌的只是进步党人所做的事情。

布尔什维克曾经在立宪民主党人完全陶醉于他们的"胜利"的时候揭露了立宪民主党人，指出了他们的党的真正本质①，现在这一本质在整个事态的发展中已经愈来愈清楚地暴露出来，因此，我们离开 1905 年和 1906 年愈远，就愈清楚地看到当时布尔什维克所说的是多么正确。

俄国民主派如果不坚决地破坏立宪民主党人在群众中的"威信"，任何胜利也不可能取得。反过来说，立宪民主党人同路标派和进步党人实际上合流，是民主派能够在无产阶级领导下团结和

① 参看本版全集第 12 卷第 242—319 页。——编者注

加强的条件之一和征兆之一。

四　选举斗争是为了什么？

这个问题在大多数关于选举的议论和文章中往往被推到了次要的地位，甚至被完全抹杀了。然而这是关于选举运动的思想政治内容的问题，是一个最重要的问题；不弄清这个问题，其余一切问题，一切关于“反对派的百分比”等等的普通统计数字就会完全失掉价值。

对这个问题的最流行的答案是：斗争是为了要不要立宪。右派是这样看的。自由派也是这样看的。右派和自由派的一切报刊都贯穿着这样一种观点：实际上进行斗争的是两个阵营，一个赞成立宪，另一个反对立宪。立宪民主党的领袖米留可夫先生和该党的正式机关报《言语报》曾直接提出这种两个阵营的论点，而且是以立宪民主党的代表会议的名义提出来的。

就请从选举的结果来看一看这种“理论”吧。它经得起现实的考验吗？

新杜马的第一个表现是，立宪民主党人同十月党人（甚至同部分右派）结成联盟拥戴罗将柯为“立宪派”的候选人；罗将柯的包含准立宪纲领的演说，受到了立宪民主党人的热烈欢迎。①

① 除《言语报》当时的文章外，还可以参看米留可夫先生1912年12月13日在杜马中的声明：“主席〈罗将柯〉发表了演说……他发表了他的宣言，**我们承认这个宣言是我们的！！**”（《言语报》12月14日第343号）立宪民主党人的立宪（可不是闹着玩的！）**宣言**就是这种货色！

大家知道，十月党人的领袖罗将柯是右派十月党人，他和“中派”或保守的立宪派的领袖克鲁平斯基一样，都认为自己是立宪派。

说斗争是为了立宪，就等于什么也没有说，因为马上就会提出这样的问题：指的是**什么样的**宪制？是克鲁平斯基式的宪制？还是罗将柯式的宪制？还是叶弗列莫夫—李沃夫式的宪制？还是马克拉柯夫—米留可夫式的宪制？接着还会提出更重要的问题，不是关于愿望、声明、纲领等等的问题（这些都是纸上的东西），而是关于达到愿望的实际**手段**的问题。

就这最重要的（也是唯一严肃的）一点来说，1912 年《言语报》第 117 号转载的格列杰斯库尔先生的声明也是驳不倒的，也是绝对正确的；他的声明说，不需要新的革命，需要的“只是立宪工作”。这个声明**从思想政治上**使立宪民主党人同十月党人更紧密更深刻地联结在一起，任何忠于宪制甚至……似乎是忠于民主的保证也不能把他们分开。

在俄国读到的报纸大概有近 90%是十月党人和自由派出版的。所有这些报纸都在向读者灌输两个阵营的思想，说其中有一个是赞成立宪的，这样一来也就使群众的政治意识受到了极大的腐蚀。只要想一想：整个这一运动是以米留可夫接受罗将柯的“立宪”宣言结束的！

由于这种情况，必须十分坚持反复强调政治科学中一些被许多人早已忘光了的老道理。什么是立宪？这才是俄国**当前令人关注的**问题。

立宪就是旧社会（贵族的、农奴制的、封建的、专制的社会）的历史势力和自由派资产阶级之间进行的交易。这种交易的实际情况，即旧势力让步的多少或自由派资产阶级胜利的大小，都取决于民主派，即广大人民群众（首先是工人）对各种旧势力取得的胜利。

我国的选举运动能够以米留可夫接受罗将柯的"宣言"而结束，只是因为**实际上**自由派争取的并不是取消旧势力的**种种特权**（经济的、政治的等等），而是（简单地说）由地主和资产阶级**瓜分这些特权**。自由派害怕民主派的人民群众运动甚于害怕反动势力，——这就是从资本的经济力量方面来看自由派在政治上显得惊人的**软弱**的原因。

在六三体制中，自由派取得了可以容忍的、半合法的反对派的垄断地位，新的政治活跃（用过于温和的和不确切的字眼来说）的开始使得新的、正在成长的民主派的广大阶层受到这些垄断者的影响。因此，现在俄国政治自由问题的全部**实质**就在于认清互相斗争的不是两个阵营，而是三个阵营，因为只有被自由派抹杀的这后一个阵营才真正**具有**实现政治自由的**力量**。

1912年选举中的斗争决不是"为了立宪"，因为主要的自由派政党，主要攻击并一再击败十月党人的政党——立宪民主党，是同意罗将柯的宣言的。在六三体制的警察压制下进行的这场斗争，是为了唤醒、加强和团结**独立的**、不受自由派的动摇和"十月党人的同情"的影响的**民主派**。

这就是为什么说从**纯**"议会"的角度来考察选举运动的真正思想政治内容是根本错误的。要比一切"立宪"纲领和政纲更实际百倍的，是各个政党和集团怎样对待作为1912年的标志的政治罢工运动的问题。

要把任何一国的资产阶级政党同无产阶级政党区别开，有一个最好的检验方法，就是看它们对经济罢工的态度。一个政党如果在自己的报刊上，在自己的组织内，在自己的议会活动中**不是**同举行经济罢工的工人一起进行斗争，这个政党就是资产阶级政党，不管它怎样拿自己的“人民性”、“激进社会主义”等等来赌咒发誓。在俄国，同样应该对那些想要被人称做民主主义政党的政党——mutatis mutandis(作相应的改变)——说：不要拿你们在纸上写的立宪、普选权、结社自由、各民族平等之类的东西来赌咒发誓，这些**话一文不值**，让我们看看你们对 1912 年的政治罢工运动所采取的**行动**吧！这个标准虽然**还不**完全，但它毕竟是实在的标准，而不是空洞的诺言。

五　现实生活对选举口号的检验

选举运动使一切自觉的政治活动家非常感兴趣，是因为这一运动提供了说明社会的各个不同**阶级**的观点、情绪以及利益的**客观**材料。在这一方面，可以把代表机构的选举比做人口普查，——选举提供的是政治统计材料。当然，这种统计材料有好的(如果实行的是普遍的……选举制)，但也有坏的(我国的议会——请原谅我的用词——选举)；当然，对于这种统计材料也同对于其他一切统计材料一样，应该学会批评它并批判地加以利用。最后，当然，必须把这种统计材料同一般社会统计材料联系起来看。例如，在那些没有得议会迷病的人看来，罢工统计材料往往要比选举统计材料重要和深刻百倍。

尽管预先作了这些说明，但是选举提供的材料是**客观的**这一点毕竟是无疑的。用计算各个不同阶级居民**群众**的投票来检验主观愿望、情绪和观点的方法，对一个多少有点像样的政治家来说，始终应该是很宝贵的。各个政党在选民面前展开的实际斗争和选举结果，总会给我们提供一些材料来**检验**我们对国内社会力量对比和对这些或那些“口号”的意义了解得是不是正确。

我们试从这个角度来看一看选举的结果。

关于政治统计材料问题，在这里必须提到的主要的一点是：由于政府极卑鄙地采取了“解释”、镇压、逮捕、流放等等无穷无尽的行政“手段”，这种统计材料有一大部分显然是无用的。例如，在《我们的曙光》杂志第9—10期合刊上切列万宁先生根据各选民团的数百名复选人的材料作出结论时不得不承认，把第二城市选民团和农民选民团中反对派复选人百分比的下降（同第三届杜马选举相比）当做向右转的证据“**是很可笑的**”。梅穆列佐夫[231]、赫沃斯托夫、托尔马乔夫、穆拉托夫之流**不能**搞舞弊的唯一的一个选民团，就是第一城市选民团。这个选民团表明“反对派的”复选人人数从56%增加到67%，而十月党人却从20%降到12%，右派从24%降到21%。

但是，即使“解释”使得关于复选人的选举统计材料变得毫无意义，即使完全**被排斥**于有特权的六三分子之外的各民主阶级都尝到了这些解释的种种好处，自由派对民主派的**态度**还是在选举中表现出来了。在这一点上仍然得到了客观材料，使我们可以根据现实生活的经验来检验各个不同的“流派”**在**选举**前**的思想和言论。

自由派对民主派的态度问题决不“仅仅是政党的”问题，也就是说，这个问题决不是**只**从某一条严格的政党的路线的角度来看才显得重要。不。这个问题对于**任何一个**追求俄国的政治自由的人说来，都是最重要的。这个问题也就是**怎样**才能达到俄国一切正直诚实的人共同追求的目标的问题。

1912 年的选举运动一开始，马克思主义者正是把**彻底**民主主义口号放在首要地位来同自由派工人政策相抗衡的。这些口号可以从两方面来检验：第一，别的国家的议论和经验；第二，1912 年的**运动的经验**。马克思主义者的口号对还是不对，这一点现在应当从自由派和民主派之间**实际**形成的关系看出来。这种检验的客观性就在于，检验这些口号的不是我们自己，而是**群众**，而且不仅仅是一般群众，其中也有**我们的反对者**。

由于选举和选举结果而形成的自由派和民主派的关系，是像马克思主义者所预料的那样呢，还是像自由派所预料的那样呢，还是像取消派所预料的那样呢？

为了分析这个问题，我们先要回忆一下这些“预料”。1912 年初，选举问题刚刚提出来，立宪民主党人（在他们的代表会议上）打起了统一的反对派（即**两个阵营**）和允许同左派十月党人联盟的旗帜，这时工人报刊就通过马尔托夫和唐恩的文章（发表在《现代事业报》第 2、3、8 号上）以及弗·尔—科等人的文章（发表在《明星报》第 11 号（总第 47 号）和第 24 号（总第 60 号）上）提出了口号的问题。

马尔托夫提出的口号是：“把反动派从他们的杜马阵地中赶出去”；唐恩提出的口号是：“把杜马从反动派手中夺过来”。马尔托夫和唐恩责备《明星报》不该**威胁**自由派，不该企图向自由派**强行索取**杜马中的席位。

这里三种立场都表现得很明显：

（1）立宪民主党人赞成统一的反对派（即赞成两个阵营）和允

许同左派十月党人联盟。

(2)取消派赞成“把杜马从反动派手中夺过来”的口号，即帮助立宪民主党人和进步党人“取得政权”(《现代事业报》第2号上马尔托夫的话)。不要替民主派向自由派**强行索取**席位。

(3)马克思主义者反对“把杜马从反动派手中夺过来”的口号，因为这意味着把**地主**从反动派手中夺过来。“我们在选举中的实际任务决不是‘把反动派从他们的杜马阵地中赶出去’，而是加强整个民主派，特别是工人民主派”(《明星报》第11号(总第47号)上弗·尔—科的话)①。必须**威胁**自由派，向他们**强行索取**席位，同他们进行战斗，不要怕关于什么黑帮危险的叫嚣的恫吓(同一作者在第24号(总第60号)上的话②)。自由派**只有当**民主派**不顾**自由派的动摇去赢得胜利的**时候**才能“取得政权”。

马克思主义者和取消派之间的分歧是极其深刻而且不可调和的，不管那些好心肠的人觉得用言词把不可调和的东西调和起来是多么容易。“把杜马从反动派手中夺过来”，这是一套完整的思想，一套完整的政策，**客观上**意味着把领导权交给自由派。“把民主派从自由派手中夺过来”，这是相反的一套政策，它的根据是下述论点：民主派只有摆脱对自由派的依赖**才能真正**打垮反动派。

现在我们来看看，这场**在**开始**以前**人们就议论纷纷的较量究竟结果怎样。

我们就把在《我们的曙光》杂志(第9—10期合刊)上对这场较量的结果作评判的弗·列维茨基先生作为证人，——大概任何人也不会怀疑**这位**证人偏袒《明星报》和《真理报》的路线吧。

---

① 见本版全集第21卷第168页。——编者注

② 同上书，第235页。——编者注

大家知道，第二城市选民团是唯一一个多少有点像“欧洲式”选举的选民团，它多少有些可能对自由派和民主派的“遭遇战”作出结论。那么这位证人是怎样评判第二城市选民团的较量结果的呢？

据这位证人统计，社会民主党人共进行了63次活动，其中有5次**不得不**放弃候选资格，5次同其他政党订立协定，53次是独立活动的。这53次中，有4次是在4个大城市里[232]进行的，49次是在选举复选人时进行的。

在这49次中，有9次不清楚社会民主党人是同谁斗争；有3次是同右派斗争（3次都是社会民主党人获胜）；有1次是同劳动派斗争（社会民主党人获胜）；**其余36次是同自由派斗争**（社会民主党人胜21次，败15次）。

单就**俄国的**自由派而言，社会民主党人同他们进行了21次斗争，结果如下：

	社会民主党人胜	社会民主党人的敌人胜	总次数
社会民主党人对立宪民主党人…………	7	8	15
社会民主党人对其他自由派①…………	4	2	6
共　计…………………	11	10	21

可见，社会民主党人的主要敌人是**自由派**（36次比3次）；使社会民主党人遭到**主要**失败的是**立宪民主党人**。

其次，在订立协定的5次中，有2次是反对派一致取得协议来反对右派的，有**3次**“可以说是左派联盟反对立宪民主党人的”（黑体是我用的；《我们的曙光》杂志第9—10期合刊第98页）。可

① 即进步党人和加上进步党人或劳动派的立宪民主党人。

见，订立协定的次数还不及活动总数的1/10。60%的订立协定是反对立宪民主党人的。

最后，4个大城市的投票结果如下：

	投票数（最大数字）			
	圣彼得堡	莫斯科	里加	
			第一次选举	决选投票
立宪民主党人得票…………	19 376	20 310	3 754	5 517
社会民主党人得票…………	7 686	9 035	4 583	4 570
十月党人得票………………	4 547	2 030	3 674	—
右派得票……………………	1 990	1 073	272	—
劳动派得票…………………	1 075	—	—	—

可见，**在所有**这4个大城市**里**都是社会民主党人**同立宪民主党人**斗争，其中有一次立宪民主党人是在决选投票中**靠了十月党人**（“波罗的海沿岸立宪党”的候选人也是十月党人）**的帮助**才获胜的。

这位证人的结论是：

“立宪民主党人对城市民主派代表权的垄断快要结束了。社会民主党人在这方面的最近任务就是从自由派那里夺取所有5个有独立代表权的城市的代表权。做到这一点的心理的〈??〉和历史的〈经济的呢?〉前提，即民主派选民的‘向左转’、立宪民主党人政策的破产和无产阶级自主精神的再度复活，——都已经具备。”（《我们的曙光》杂志，上引一期合刊第97页）

六　对立宪民主党的幻想的“结束”

1. 事实证明，立宪民主党人的“统一的反对派”或者“两个阵营”的口号的实际作用是欺骗民主派，让自由派骗取民主派觉醒的果实，让自由派使这支唯一能够推动俄国前进的力量的觉醒变得**不全面**、**不彻底**、**没有力量**。

2. 事实证明，这场唯一多少有点像"公开的"、"欧洲式的"选举斗争，**就是**要把民主派从自由派手中夺过来。这个口号是**生气勃勃的**，它表现了新的民主派走向新的运动的实际觉醒。而取消派"把杜马从反动派手中夺过来"的口号是自由派知识分子集团的陈腐不堪的臆想。

3. 事实证明，只有对立宪民主党人进行的"狂暴"的斗争，只有"吃掉立宪民主党人"（自由派的下贱的奴仆取消派曾以此责难我们），才体现了真正群众运动的真正要求，因为立宪民主党人实际上比我们所描绘的**还要坏**。立宪民主党人是黑帮反对社会民主党人普列德卡林和波克罗夫斯基的直接同盟者！

这可是俄国的一次历史性转折：黑帮本来对立宪民主党人恨得发狂，把立宪民主党人当做主要的敌人，可是事态发展却使他们为了对付社会民主党人而帮助立宪民主党人当选。这个似乎很小的事实反映了党派关系上的巨大变动；这种变动表明，黑帮和立宪民主党人**互相**攻击实际上是表面现象，普利什凯维奇和米留可夫实际上很容易地**发现了自己的志趣**，发现了自己在反对社会民主党人方面是一致的。

现实生活表明，我们布尔什维克不仅没有忽视同立宪民主党人可能建立的联盟（在第二阶段等等），而且应该说是**过于重视**这种联盟，因为**实际上**已经发生了立宪民主党人同十月党人在很多场合联合起来反对我们的事情！这当然不是说我们在很多场合，例如在省的选举大会上**拒绝**（像昨天的某些狂热的召回派及其同伙所要求的那样）利用我们同立宪民主党人结成的联盟来反对右派。而是说，实际生活肯定了并且更加巩固了我们的**总方针**（三个阵营；民主派反对立宪民主党人）。

顺便说一点。列维茨基先生、切列万宁先生和《我们的曙光》杂志的其他撰稿人为我们的选举统计收集了宝贵的材料，他们搞得那么热心，那么努力，是值得大大称赞的。遗憾的是，他们没有把关于立宪民主党人同十月党人以及右派结成**反对**社会民主党人的直接和间接的联盟次数的材料拿出来，——他们显然是有这种材料的。

普列德卡林和波克罗夫斯基这样的事情并不是独一无二的；在省的选举大会上还有过很多类似的情况。这些情况不应该忘记。对它们应该更加注意。

其次，我们的“证人”是被迫作出上面引用的关于立宪民主党人的结论的，他根本没有想到，这些结论**证实了**对立宪民主党的一种什么样的评价。是谁把立宪民主党称为城市民主派政党的？又是谁**从 1906 年 3 月起**甚至更早些就证明了这个自由派政党是靠欺骗民主派选民来维持的？

现在取消派像健忘的伊万[233]一样，开始唱道：“立宪民主党人的垄断快要结束了……” 可见，曾经“垄断”过？这意味着什么呢？垄断就是排斥竞争。是不是社会民主党人同立宪民主党人之间的竞争在 1906—1907 年比在 1912 年被排斥得更厉害呢??

弗·列维茨基先生重复着庸俗的空话，他**没有考虑**他所说的话的意思。他“不过是”从这个意义来理解垄断：立宪民主党人过去占优势，现在这种情况结束了。但是先生们，既然你们自认为懂得马克思主义，那就应该思索一下政党的阶级性问题，哪怕稍微思索一下也好，不要这样漫不经心地对待你们昨天说的话。

如果说立宪民主党是城市民主派的政党，那么他们的优势就不是“垄断”，而是城市民主派的**阶级**利益的结果！如果过了两三年，他们的优势变成了“垄断”，即出现了从资本主义的一般的和基本的规律和资本主义社会各阶级的相互关系的角度来看都是一种偶然的和不正常的现象，那么就应当说，那些把立宪民主党看做城市民主派政党的人是机会主义者，他们屈服于立宪民主党人一时的胜利，拜倒在立宪民主主义显赫一时的声势面前，放弃了对立宪民主党人进行马克思主义的批判，转而向立宪民主党人作自由主义的谄媚逢迎。

弗·列维茨基先生的结论**完全地**、**确凿地**证实了布尔什维克说明立宪民主党阶级本性的1907年伦敦决议[①]是正确的，而这个决议曾遭到孟什维克疯狂反对。如果说城市民主派跟着立宪民主党人走，如决议所说，是“**由于传统和直接受到自由派的欺骗**”，那么很明显，是1908—1911年的沉痛教训消除了“立宪幻想”，破坏了“传统”，揭穿了“欺骗”，从而结束了“垄断”。

现在，有意无意地忘掉过去的东西，对一切重要的政治问题的正确的、率直的、明确的答案，对1905—1907年和1908—1912年的丰富经验为这些答案所作的检验采取极端轻率的态度，——这些现象太普遍了。对于正在觉醒的民主派说来，没有什么能比这样的健忘和这样的态度更有害的了。

---

① 参看《苏联共产党代表大会、代表会议和中央全会决议汇编》1964年人民出版社版第1分册第193—217页。——编者注

七　关于“威胁到贵族土地所有制”的一个“大危险”

切列万宁先生在总结选举斗争时认为：反对派被“纯粹人为地、用完全特殊的手段夺走了 49 个席位”。在他看来，这些席位同实际获得的加在一起，就会有 207 个席位，即只比绝对多数少 15 席。作者得出结论说：“在六三体制的基础上，贵族-农奴主的反动势力在选举中如果不采取特殊的人为手段，本来会遭到完全的和决定性的〈??!〉失败。”

> 作者继续说：“在威胁到贵族土地所有制的这个大危险面前……”僧侣和地主的冲突也就算不得什么了。（上引一期合刊第 85 页）

这就是把杜马从反动派手中夺过来这个口号的后果！切列万宁狠狠地惩罚了马尔托夫，——他把马尔托夫的口号的荒谬绝伦全说穿了，而且可以说，他把取消主义的幻想结果同“选举斗争的结果”一起记录在案了。

第四届杜马中进步党人和立宪民主党人的多数会是**“威胁到贵族土地所有制的一个大危险”**！这真是妙论。

但这并不是口误，而是自由派和取消派往选举运动中拼命贯注的整个思想内容的必然结果。

同立宪民主党人比较起来，进步党人的作用大为提高，这些进步党人在政策中体现了立宪民主党人所有的变节行为（路标主义），立宪民主党人自己实际上也偷偷地转到了进步党人的立场上，——这一切，取消派都**不愿意**看到，也就是这一切，使他们得出了“切列万宁式的”妙论。“不要过多地谈论立宪民主党人的反革命性”——劳动派分子（民粹主义取消派分子）沃多沃佐夫先生曾经这样或大致这样写过。我们的取消派也正是这样看的。

他们甚至忘记了第三届杜马的教训：立宪民主党人别列佐夫斯基曾在第三届杜马中正式发言“解释”立宪民主党的土地纲领，并证明这个纲领**有利于**贵族-地主。而现在，在1912年，竟期望“反对派的”地主杜马，期望进步党人这些稍微改头换面的十月党人会成为“威胁到贵族土地所有制的一个大危险”……

切列万宁先生，请你听着，……空想也要有个限度！

针对切列万宁对取消派的策略所作的总结，我们可以举出一个说明选举结果的很好的例证。第四届杜马以132票对78票通过了进步党人的程序提案。

正式发表声明对这个最可鄙、最无聊的提案就像对十月党人的提案一样表示完全满意的不是别人，正是十月党人安东诺夫！当然，安东诺夫先生是对的。进步党人提出的是地道的十月党人的提案。进步党人充当了十月党人和立宪民主党人之间的调停者。

十月党主义被打垮了，十月党主义万岁！古契柯夫的十月党主义“被打垮了”，叶弗列莫夫和李沃夫的十月党主义万岁。①

---

① 12月16日的《言语报》断言，社会民主党人也投票赞成进步党人的卑鄙的提案。这是难以置信的。《真理报》对这一点默不作声。可能是把那些坐着的（或站起来要退席的？）社会民主党人“算做”投**赞成**票的了。

八　对失败的掩盖

我们还要看一看工人选民团这个最重要的选民团的选举结果。

这个选民团站在社会民主党方面，对于这一点过去和现在任何人都没有怀疑。这里的斗争已经不是以民粹派为对手，在民粹派中间**已经再也看不到**对民粹派取消主义（巴黎的《创举》杂志和彼得堡的人民社会党人）和民粹派召回主义的反击了，而不对这些没落的思潮作反击，左派民粹派就**等于零**。

工人选民团中的斗争只是在马克思主义者和自由派工人政客即取消派之间进行的。马克思主义者于1912年1月曾坦率和明确地、公开和毫不隐讳地宣布，在**工人**选民团中（仅仅在工人选民团中）不容许同工人政党的**破坏者**订立协定。①

这个事实是大家都知道的。大家也知道，就连调和派分子普列汉诺夫也把取消派的八月代表会议称做“可鄙的”、取消主义的会议（不管《我们的曙光》杂志怎样发誓否认），把这次会议的决议称做“**外交手腕**”，说得更直率一点，也就是欺骗。

选举的结果究竟说明了什么呢？

选举的结果是不是提供了说明一月声明和八月声明同现实的关系问题的**客观**材料？工人阶级选出的人到底是跟着谁走的？

这方面是有最确切的统计材料的，而取消派却竭力（徒劳无益

① 参看本版全集第21卷第148页。——编者注

地!)用叫嚷和谩骂来掩盖、抹杀和勾销这种材料。

从第二届杜马开始(对第一届杜马多数社会民主党人是抵制的),就有了表明工人选民团的杜马代表在社会民主党各“流派”之间分配情形的确切统计数字。这些数字如下:

工人选民团选出的国家杜马代表:

	孟什维克	布尔什维克	后者所占的百分比
第二届杜马…………(1907 年)	12	11	47
第三届杜马…(1908—1912 年)	4	4	50
第四届杜马…………(1912 年)	3	6	67

这些数字本身就说明了问题!

根据正式统计,1907 年在党内占多数的是布尔什维克(105 名布尔什维克代表,97 名孟什维克代表)。也就是说,在工人选民团中占 47%(在整个党团中则是 18 个布尔什维克+36 个孟什维克=54 个),相当于在工人政党内占近 52%。

在 1912 年,破天荒第一次,**选民团所有** 6 个代表都是布尔什维克。大家知道,这 6 个省份是主要的工业省份。大家知道,这些省份集中了大部分无产者,这是别的省份所不能相比的。由此可见,——而且同 1907 年相比也完全证明——在工人选民团中占 67%也就相当于在工人政党内占 70%以上。

在第三届杜马时期,当知识分子从工人政党中逃跑而取消派为此辩护的时候,工人离开了取消派。取消派分子别洛乌索夫从第三届杜马社会民主党党团中逃走[234]以及整个这个党团(有¾是孟什维克)从孟什维主义转向反取消主义①,这就是一种征兆和可

① 取消派分子奥斯卡罗夫很可笑地承认了这个不容争辩的事实:布尔什维克**“达到了自己的目的**:在最紧要的关头,他们即使不是正式地、但实际上使党团分裂了”(《我们的曙光》杂志,上引一期合刊第 III 页),——使第三届杜马党

靠的标志，说明在工人中也有一个**同样的**过程在进行着。而且第四届杜马的选举也证明了这一点。

因此，奥斯卡罗夫、马尔托夫、切列万宁、列维茨基等人在《我们的曙光》杂志上大发雷霆，他们向据说是宗派主义的、据说是列宁的所谓小圈子倾吐了一大堆十足普利什凯维奇式的“恭维话”。

好一个小圈子和宗派主义！1908—1912年，工人选民团中站在这方面的代表却不断增加，一直增加到在第四届杜马中占这个选民团的67％！取消派是笨拙的论战家。他们把我们骂得非常厉害②，结果却成了对我们最大的恭维。

用叫喊、谩骂和强词夺理来解决争论的问题，正是知识分子集团的一贯手法。工人喜欢用另一种办法，即根据**客观**材料。在俄国，在俄国现在的政治形势下，除了工人报刊和杜马的工人选民团以外，没有也不可能有其他衡量这个或那个流派在工人群众中的力量和影响的**客观**尺度。

因此，取消派先生们，你们在《我们的曙光》杂志和《光线报》上叫骂得愈厉害，我们就愈放心地向工人提出问题：请他们来指出，除了工人报刊和杜马中的工人选民团以外，还有什么别的能够表明同群众的联系的客观标志。

团分裂了。这里所谓的“分裂”，或是指取消派分子别洛乌索夫的逃跑，或是指党团中有2名参加了取消派的报纸，8名参加了反取消派的报纸，其余的中立这一事实。

② 取消派避而不谈工人选民团的选举结果，却喜欢对彼得堡的选举大喊大叫说：可耻！当然咯，先生们，是可耻！那些预先**发表的**、即经组织通过的**委托书**所反对的人是可耻的。叫人反对**委托书**是可耻的。一看到出现了3比3的情况而反对抽签，则更是可耻。彼得堡很有名声的“真理派分子”波·直接向取消派分子马·建议抽签，但遭到了他的拒绝！！彼得堡选举时的取消派可耻！

那些受关于“列宁的”“宗派主义的”“小圈子”等等的叫嚣所蒙蔽的读者，可以好好地想一想这些关于工人报刊和杜马的工人选民团的客观材料。这些客观材料表明，取消派叫嚷是为了掩盖自己的完全失败。

但是，把由于个人的倡议而**在选举那天**出版的《光线报》的创刊情况同《真理报》的创刊情况比较一下是特别有教益的。4月工人运动浪潮，是俄国群众性工人运动中有历史意义的最大的浪潮之一。甚至据厂主的统计，也有几十万工人参加了这次运动。**这次运动本身**的一个副产品是**产生了《真理报》**，——这次运动起初是使《明星报》得以加强，从周刊改为双日刊，后来使工人为《真理报》捐款的次数增加了，从3月的76次提高到4月的227次（仅工人团体捐款）。

这是一种根本没有改良主义性质的运动的典范，改良、让步或者放宽限制等等是它带来的副产品。

改良主义者针对规模壮阔的工人运动提出改良主义的口号（正像我国取消派所做的那样），是对工人运动的背叛。改良主义的反对者则不仅忠实于不折不扣的无产阶级口号，而且还是最好的“实践家”，因为正是宏大的规模，正是不打折扣的口号保证了一种力量，这种力量会带来让步、改良、放宽限制以及上层至少暂时必须容忍使它感到不快的下层的活跃这样一些副产品。

取消派在1908—1912年辱骂“地下组织”，替从地下组织“逃跑”的行为辩护，喋喋不休地谈论“公开的政党”，结果**整个**工人选民团都离开了他们，而他们也就无法利用4—5月的浪潮这第一次的、巨大的高涨！

马尔托夫先生在《我们的曙光》杂志上承认了这种对他说来是

可悲的情况，但是他承认的时候采取了特别有趣的形式。他痛骂普列汉诺夫集团和前进派集团，认为这些集团都是零，而**取消派自己**过去曾经不顾我们提出的只承认俄国国内组织的要求，把这些集团说成是“中心”，是流派。马尔托夫痛苦地、怨恨地、以大量恶毒的（布勒宁[235]式的恶毒的）字眼承认道，“列宁的”“宗派主义小圈子”“在完全不同于地下组织的舞台上站稳了脚跟”，“挺住了”，“甚至转入了进攻”（《我们的曙光》杂志，上引一期合刊第74页）。

但是马尔托夫的这种承认，使人觉得好笑。人的天性就是这样：敌人做错了，我们就幸灾乐祸，而敌人做对了，我们有时会孩子般地发怒。

自由主义取消派，感谢你们**不得已**而对我们说的恭维话！从1908年年底起，我们就坚决主张利用公开的运动形式，到1909年春天，由于这一点我们同许多朋友决裂了。[236]如果说我们在这种“舞台”上已成为一种力量，则只是因为我们没有为了形式而牺牲实质。为了适时地利用形式，为了抓住4月高潮的时机，为了得到马克思主义者所珍视的工人选民团的同情，就必须不抛弃原来的一套，不背叛原来的一套，而是要坚定地捍卫原来的思想、原来的传统、原来的物质实体。贯穿整个4月高潮的正是**这些**思想，1912年在工人选民团中占主要地位的也正是这些思想，只有那些在各种舞台上和各种形式中都忠实于这些思想的人，才能够同这个高潮和这个选民团相适应。

载于1913年1月《启蒙》杂志
第1期

译自《列宁全集》俄文第5版
第22卷第319—344页

俄罗斯人和黑人

（1913 年 1 月底—2 月初）

读者会这样想：这是多么奇怪的比较？怎么可以把一个种族和一个民族相提并论呢？

是可以比较的。黑人摆脱奴隶制度最晚，他们身上至今还带有奴隶制度留下的极深的痕迹，即使在先进国家也是如此，因为资本主义除了法律上的解放以外，不可能“容纳”其他方面的解放，就是法律上的解放也打了种种折扣。

至于俄罗斯人，历史告诉我们：他们在 1861 年“差不多”算是摆脱了**农奴**制度。北美的黑人大致也是在这个时候，在经历了反对美国奴隶主的内战以后，摆脱了奴隶制度。

比起俄国奴隶的解放来，美国奴隶所走的解放道路是一条“改良”比较少的道路。

因此，在过了半个世纪以后的现在，俄罗斯人身上留下的奴隶制度的痕迹比黑人**多得多**。如果我们不单是谈痕迹，而且也谈制度的话，那甚至会更确切些…… 但是我们在这篇短短的文章里，只能举出一个说明上述情况的小小的例证——文化程度问题。大家知道，文盲是奴隶制度的痕迹之一。在一个受帕沙、普利什凯维奇之流压迫的国家里，多数居民是不可能有文化的。

——在俄国，不算 9 岁以下的儿童，**文盲占 73％**。

在北美合众国的黑人当中，文盲占**44.5**%(1900 年)。

对文明先进的北美共和国来说，文盲的百分比这样高，是一种耻辱。并且谁都知道，美国黑人的**总的**状况是同文明国家不相称的——资本主义**不可能**使人们**彻底**解放，甚至也不可能使人们完全平等。

值得注意的是，在美国的白人当中，文盲只占 6%。但如果我们把美国划分为原奴隶制地区(美国的“俄罗斯”)和非奴隶制地区(美国的非俄罗斯)，那么**白人当中**的文盲在前一地区占 11%—12%，在后一地区占 4%—6%!

在原奴隶制地区，**白人当中**的文盲百分比要**高一倍**。奴隶制不仅在黑人身上留有痕迹!

黑人的状况是美国的耻辱!……

载于 1925 年《红色田地》杂志第 3 期

译自《列宁全集》俄文第 5 版第 22 卷第 345—346 页

立宪幻想的破灭

（1913年1月底—2月初）

米留可夫先生在1907年6月3日以后感叹说："谢天谢地，我们总算立宪了。"自由派资产阶级的首领用这样的宽心话来安慰自己，以掩饰自由派资产阶级不相信人民，不愿而且害怕离开"立宪"道路的心理。

尤其意味深长的是，现在，正当同一个米留可夫先生或者他的循规蹈矩的官方的自由派《言语报》承认"社会运动开始高涨"（第26号）的时候，这些立宪幻想的破灭就愈来愈明显了。企图回避令人不快的现实（和回避令人不快的走同"立宪"的道路完全不同的道路的必然性），企图用"立宪"的字眼安慰自己和别人，就是这些幻想的基础。

请看自由派对目前形势的评论！

"杜马的空气很沉闷，因为没有斗争。"（第25号）

先生们，可当初你们何苦要宣称我们总算立宪了呢！

"话都说尽了。现在需要的是行动，**可是对行动没有信心**。因此就消沉了。"（同上）

你们用对**空话**的信心安慰自己，而这些空话主要是说给十月党人听的。现在你们承认了，你们是用这些空话掩饰**对行动**缺乏

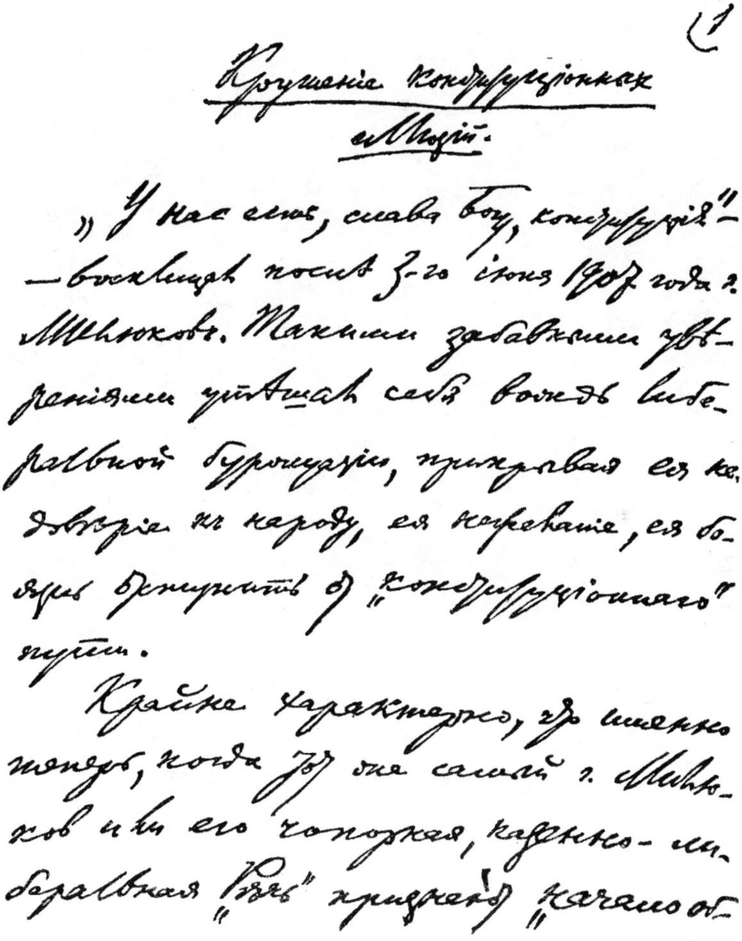

1

Крушеніе конституціонныхъ иллюзій.

„У насъ есть, слава богу, конституція" — воскликнулъ послѣ 3-го іюня 1907 года г. Милюковъ. Такими забавными утвержденіями утѣшалъ себя вождь либеральной буржуазіи, прикрывая ея недовѣріе къ народу, ея нежеланіе, ея боязнь отойти отъ „конституціоннаго" пути.

Крайне характерно, что именно теперь, когда тотъ же самый г. Милюковъ и вся его честная, кадетско-либеральная „Рѣчь" признаютъ „начало от-

1913 年列宁《立宪幻想的破灭》手稿第 1 页

（按原稿缩小）

信心的事实。

自由派先生们，你们自己谴责了自己。

整个民主派——特别是工人——对空话（立宪的空话）是不相信……①

载于1948年《列宁全集》俄文第4版第18卷

译自《列宁全集》俄文第5版第22卷第349—350页

① 手稿到此中断。——俄文版编者注

关于预算问题的发言提纲[237]

（1913年1月—5月上半月）

I. 基本矛盾："令人印象深刻的"、"出色的"预算与群众的令人难以置信的贫困，**任何一个**文明国家从未见过的饥荒！

可见：是"粉饰的坟墓"[238]，是掠夺群众，榨取赋税；用经济学的说法是：俄国的资本主义仍然只是靠资产阶级的上层在维持，与盘剥制和徭役制相比，它在地主经济中仍然只占从属的地位，仍然保持着地主经济的色彩，而不是像西欧那样使经济制度得到改善和促进全体群众生产力的发展。

这个基本矛盾也就说明了俄国的革命形势，而我们应该对这个基本矛盾详加阐述。

II. 出色的预算俄国已经有过（维特时期）。也有过"现金库存量"，也向欧洲夸耀过，也得到过欧洲资产阶级加大数额的贷款。但结果怎样呢？**破产**。

III. 当然，目前的预算是"向前进了"（就像俄国资本主义一样），可不是吗！要不是乌龟式爬行的话，财政体制恐怕连一年也维持不了！但是这种乌龟式的步子也正是"你们"地主的"进步"的步子。

同样是把大笔款项（$^3/_4$）拨给了军阀、警察等等，即拨给了当权的农奴主阶级。

同样是对庄稼汉的榨取(8亿),同样有间接税的压迫(57%)。**关于间接税要加以说明**。

IV. 有人说,在欧洲**几乎**也都是如此。是“几乎”,先生们!

第一,欧洲通过英勇的革命手段摆脱农奴主等的压迫已近100年了,而俄国还没有摆脱。

第二,欧洲的生产力**不是这样的**。

国家用于每个俄国居民的开支	—13卢布	[3 208—1 000] (2 208:172)。	美利坚(合众国)—14卢布。
农产品的价值	—34卢布	[>1/3] 34%	(约12%)—136卢布。 (12%)

V. 还有关于工人的比较。

工厂工业

在俄国

1908年

工资55 560万卢布÷225.3万工人=246卢布。

1910年

在美国

342 700万美元÷660万工人=518美元

=**1 036**卢布

多3倍

劳动生产率：

在俄国

465 080 万卢布÷225 万工人＝2 063 卢布。

在美国

2 067 200 万美元÷661 万工人＝3 125 美元

4 134 400 万卢布 ＝**6 250** 卢布

多 2 倍

还有关于铁路工人的比较：

在俄国 32 150 万卢布÷844 218＝381 卢布。

在美国 114 370 万美元÷1 699 420＝673 美元

＝**1 346** 卢布

多 3 倍。

VI. 俄国(1905—1909)小麦收成：

每俄亩 43 普特

（《〈言语报〉年鉴》第 651 页）

奥地利：每俄亩 89 普特

东印度： 55

英 国： 156

小麦的消费量：

（《〈言语报〉年鉴》第 654 页）

在俄国 1904/5—1908/9………3.8 普特

在美国(1910) 约 13.3 普特

俄国全部粮食消费量 ………… 17 普特

美国 约 40 普特

〔1 蒲式耳约等于 2 普特〕

VII. 生铁的消费量：

(《统计汇编》第 570 页) 在俄国每个居民＝1.25 普特

在美国 1910 年 17.5 普特

VIII. 美国是怎样摆脱奴隶占有制的？

IX. 农民的收入和支出

农业委员会，

第二届杜马，第 1212 页。[239]

贫困、肮脏、饥荒、榨取赋税。

材料过时了吗？没有。1911 年的饥荒。

1912 年许多省份的饥荒。

X. 原因何在？

农奴主-地主的压榨。 30 000—7 000 万俄亩

10 000 000—7 000 万俄亩

大地主土地占有制。

乌拉尔。

对比	1—2 000 俄亩
	300 户每户 7 俄亩[240]

XI. 国务会议与大地主土地占有制。

XII. 否决预算。程序提案

第二届杜马，959，

注意

第三届杜马，662。[241]

(1)是农奴制国家的一种侵吞人民生产力，导致人民群众破产、贫困和饥饿，把资本主义文明限制在一小撮上层人物范围内的预算

(2)间接税,——关税——榨取

(3)支持专制官僚制度和农奴主-地主

(4)3 月 8 日条例[242]

XIII. 俄国处于欧洲和先进的民主的亚洲之间。

[民主变革的英勇手段。]

译自《列宁全集》俄文第 5 版
第 22 卷第 397—400 页

农民土地的转移

（1913年2月1日〔14日〕）

土地所有权从一个人手里转到另一个人手里，叫做土地转移。直到现在，无论在法律上或者在“社会的”（甚至自由派的，立宪民主党人中间的）舆论中，对我国农民还保持着一种**农奴主的**看法，认为农民土地的转移是有害的，应当加以禁止或者限制。

在民主派看来，单是有这样一种想法，即认为可以禁止或者阻挠农民——一些成年人和有充分权利的公民——出卖自己的土地，就是极无耻地侮辱他们。只有在俄国这样的国家，才会对土地转移持有这种态度，因为俄国的所有官吏和大批自由派分子还完全以农奴主的旧眼光来看待受监护的、愚昧的、没有平等权利的“庄稼汉”。

从经济的观点来看，任何禁止和限制土地转移的做法都有莫大的害处。只要生活还勉强过得去，农民**决不会**出卖自己的土地。而如果由于贫困或者其他情况（迁徙、干活的人死亡等等）**不得不**出卖时，那是**任何法律**也制止不住的。人们**总**会规避法律，禁止只会使出卖土地的条件更加恶化。

有一个弗·奥博连斯基公爵，他显然是同意黑帮自由派对土地转移的通常看法的，连他也不得不在1月份的《俄国思想》杂志（这是自由派同黑帮的混合体——极右派立宪民主党人的机关刊物)上列举出种种**事实**证明限制土地转移的做法是愚蠢的和有害的。禁止非农民购买份地。购买者就登记为农民！禁止一个人购买六口人以上的份地。购买者就借亲属等等的名义订立假的欺骗性的契约！禁止抵押份地。这种办法正好便利了投机者的勾当，而使中农更难获得土地！

只有农奴主和伪君子才会期望用限制土地转移的办法来“帮助”农民。觉悟的农民决不会从这里寻找出路。

载于1913年2月1日《真理报》
第26号

译自《列宁全集》俄文第5版
第22卷第351—352页

谈谈罢工

(1913年2月2日〔15日〕)

《光线报》发表了许多文章来反对群众性的罢工。

当然,我们不可能在这里给《光线报》以它应该受到的那种驳斥。

我们只想就《光线报》的说教的**性质**,提出几点纯理论性的意见。《光线报》的撰稿人竭力引证西欧各国的例子,千百次地重复"无政府工团主义"等等字眼,这就暴露出他们完全不懂得俄国1912年罢工的历史特点。

20世纪欧洲任何一个地方的罢工,过去和现在都没有、而且也不可能有像我们俄国目前这个时期的罢工所具有的那样的意义。为什么呢?

因为在整个欧洲,深刻的民主改革时期早已完全结束,而在俄国,现在摆在日程上的,(从这个词的历史含义来看)正是这种改革。

因此,俄国的经济罢工,尤其是非经济罢工,都具有全民性质。而欧洲的罢工**已经没有**这种全民性质(从一个国家民主改革的角度来看),现在欧洲的罢工是完全不同的另一些改革的先声。其次,俄国的罢工同农业小生产者(农民)所处的地位的关系,也完全与西欧各国的不同。

综上所述，我们可以了解，《光线报》的说教要抹杀的恰恰是俄国1912年的经济罢工和非经济罢工的全民意义即民主意义。无产阶级**不顾**自由派的反民主情绪，以领袖(领导者)的姿态出现，这是我国罢工的最重要的历史特点。这一特点，正是《光线报》的撰稿人不懂得而且从他们的取消主义观点出发也不可能弄懂的。

当然，这里谈的根本不是估计某一次具体的罢工是否恰当的问题。全然不是必须作最有计划的准备，有时甚至必须用**同类的**行动来代替罢工的问题。这里谈的是取消派**完全**不懂得整个罢工所具有的**那种**意义，——正是这种意义表明了，"结社自由"或"公开的党"的口号是不适当的，是不符合当前情况的。

取消派不是否定个别罢工，而是否定运动的整个性质，在这方面，凡是马克思主义者和觉悟工人肯定的他们都否定。因此，工人过去和现在都对《光线报》的说教感到愤慨是理所当然的。

载于1913年2月2日《真理报》
第27号

译自《列宁全集》俄文第5版
第22卷第353—354页

一个发现

(1913年2月5日〔18日〕)

资产阶级社会完全是靠千百万人的雇佣劳动生存和维持的。没有雇佣劳动，不论地主的收入，或者资本家的利润以及诸如稿酬、薪俸之类的一切保证优裕生活的“派生”财源，都是不可能有的。而饥饿才是把千百万人赶到雇佣大军中去的力量。

这是人人皆知的老生常谈的事实。资产阶级公众对这个事实已经习以为常，也就“视而不见”了。但是贫困与奢华并存这种令人触目惊心的情况，有时候——特别是威胁到资产者先生们的健康和安宁的时候！——就会迫使人们有所“发现”。在每个大城市中，在任何一个偏僻的乡村里，有人会突然“发现”可怕的、令人厌恶的、有损人的尊严的肮脏、贫穷和荒芜的景象。有人“发现”了，在“大”报上向公众报道了，谈上一两天而又忘掉了。饱汉不知饿汉饥……

不久以前，有一个姓科兹洛夫斯基的医生，他在巡视了罗日杰斯特沃区的251套合租的住房以后，向彼得堡大众介绍了这样一个“发现”。

“阴暗潮湿的房间，令人窒息的空气，肮脏污秽，人睡在箱子上、地板上，拥挤得可怕(在251套住房里住着3 578个人)，墙壁上沾满被掐死的臭虫，真是一幅极其可怕的景象。”(《新时报》第13236号)

人民健康协会听了这个报告后，决定研究这个问题……提出申请……请求调查……也就是做到了所能做的一切。

这里有圣彼得堡市 1911 年的几个统计数字。有 16 960 个乞丐交给“调查和救济乞丐特别局”处理。其中 1 761 人**送交法院**——可不要打搅穿戴整洁的老爷们了！——1 371 人遣返原籍（乡村已经“习惯了”同贫穷打交道），1 892 人留下来由特别局各机构救济，9 694 人**获得自由**。

特别局的人毕竟出了力，进行了“调查”，没有白拿薪水。

就在 1911 年，有 43 156 名粗工向市劳动介绍所（莫斯科关卡外的）申请工作。有 6 076 人得到了工作。

“获得自由的人”（得不到“救济”的乞丐，找不到工作的粗工）在马路上、在小客栈里、在合租的住房里过夜……　这都是可供发现的材料。

载于 1913 年 2 月 5 日《真理报》
第 29 号

译自《列宁全集》俄文第 5 版
第 22 卷第 355—356 页

英国工党代表大会

(1913年2月6日〔19日〕)

公历1月29—31日在伦敦召开了英国工党第十三次代表大会。到会代表共500名。

代表大会通过了反对战争的决议,还以相当大的多数通过了另一个决议,要求党的议会代表投票反对任何不给妇女选举权的选举改革草案。

英国"工党",同机会主义的"独立工党"以及社会民主主义的"英国社会党"**并立**,也是**泛工党**一类的组织。它是社会主义的政党和非社会主义的工会之间的一个折中的东西。

这种折中的东西是由英国历史的特点造成的,是由于工人阶级的**贵族**分离出去组成一些非社会主义的、自由派的工会而造成的。这些工会开始转向社会主义,于是引出了许多模棱两可的混乱的情形。

例如,关于党的纪律问题,通过了一项决议,警告说,凡违反党和**议会党团**的决定的都要开除出党。

于是发生了在任何其他国家不可能有的争论:这项决议是对付谁的?是对付自由派的,还是对付社会主义者的?

问题在于,在议会的40名工人议员中竟有27名**非社会主义者**!!社会主义者威廉·梭恩在反对这项决议时说:13名社会主义者愿意服从**非社会主义者**，受他们的**约束**。连拥护这项决议的独立工党党员布鲁斯·格莱西尔也承认，**大约有5—6名**这样的工人议员是保守党那边的人。

决议被通过了。

而要求各个党的机关不要光是张贴机会主义……日报《每日先驱报》[243]的决议，却以643 000票对398 000票被否决了。这里的票数是按各代表所代表的党员人数计算的。

在代表大会上占多数的是非社会主义者和糟糕透顶的社会主义者。但是也有人发出了明确的呼声，表示工人群众不满意这样的党，要求代表们少玩弄立法游戏，多进行社会主义的宣传。

载于1913年2月6日《真理报》
第30号

译自《列宁全集》俄文第5版
第22卷第357—358页

日益扩大的矛盾

政论家札记

(1913年2月6—9日〔19—22日〕)

一

不久前,立宪民主党杜马代表召开了有该党地方活动家参加的例会。

果然不出人们所料,会上讨论了当前政治形势的特点。自由派对这一形势的估计是:

“注意到,全国对根本法的要求和这种要求由于立法机关现在的制度以及当局目前对人民代表机关的态度而不能得到满足,——这两者之间的矛盾在日益扩大。”

话说得乱七八糟,正像被小猫玩了好久的一团线。我们的自由派真是不幸,他们竟然无从把自己的思想说清楚!

但是请读得仔细一点——自由派的不幸,与其说是**无从**说清楚,不如说是**无话**可说。不但全国的要求和……“现在的制度”的不可救药之间的矛盾在日益扩大,而且全国的要求和自由派的**一筹莫展**之间的矛盾也在日益扩大。

自由派政治家先生们,全国的要求为什么不能得到满足呢?

立宪民主党人的答复是：由于立法机关现在的制度和当局目前对人民代表机关的态度从中作梗。

结论就是：必须有另一种制度和当局的另一种态度。究竟是什么样的制度和态度，在下文分析了立宪民主党会议的“四点意见”之后，我们就可以看到。

但首先我们必须提出一个主要问题：为什么会有“现在的”“制度和态度”？怎样才能出现**另一种**制度和态度？这一点立宪民主党人连想都没有想过！他们在这个**基本**问题上默不作声，不外出于那种守旧的、亚细亚式的庸俗观点，什么过去出主意的人不好，以后会有好的出主意的人……

立宪民主党人先生们，“现在的”一切同某一个**阶级的利益**，例如同大地主阶级的或者最富有的资产者阶级的**利益**就没有联系？“现在的”一切同**一定的阶级**的利益就不是完全**一致**？不考虑到各个阶级间的相互关系而谈论政治形势，就等于说空话，这不是很明显吗？

真可悲！立宪民主党人除了空话，竟没有别的东西可以用来掩盖他们的政策和全国的要求之间“日益扩大的矛盾”。

二

我国所有的自由派分子，还有跟在他们后面的自由派工人政客（取消派），都喜欢大谈特谈俄国的“欧化”。这是在用一句小小的真话来掩盖大大的谎言。

一般说来，俄国无疑是在欧化，也就是说是在按欧洲的面貌改造自己(而且现在只好撇开地理概念,把日本和中国也算进“欧洲”)。但是这种欧化,总的说来,从亚历山大二世时代,甚至从彼得大帝时代就开始进行了;革命高涨时期(1905 年)在进行,**反革命猖獗时期**(1908—1911 年)也在进行,警察局在进行,马尔柯夫类型的地主也在进行,他们正在“欧化”自己同民主派作斗争的方式。

“欧化”这个字眼原来是那么笼统,因此可以用来混淆事实,模糊重大的政治问题。

自由派希望俄国欧化。但是贵族联合会也力图用**自己** 1906 年 11 月 9 日(1910 年 6 月 14 日)的法令使俄国欧化。

自由派希望俄国有欧洲式的宪制。但是欧洲各国的宪制,是封建制度、专制制度和资产阶级、农民、工人之间长期严酷的阶级斗争的结果。自由派用来“羞辱”我国反动派的各国成文的和不成文的宪制,只不过是新事物经过百般周折取得对旧事物的一系列胜利和旧事物使新事物遭到一系列挫折之后得到的斗争**结果**的记录。

自由派希望我国出现的结果**没有**构成这一结果的一切长处和短处!自由派的纲领和策略就是:希望我国建立起欧洲式的制度,却**不要**经过那种在欧洲建立了这一制度的严酷斗争!

我们的科贝林斯基之流以一种对付“小铺老板”和“庄稼汉”的轻蔑态度来回答自由派的愿望和论据,这是可以理解的。科贝林斯基之流说:“自由派先生们,你们是想把你们在实际生活中还没有取得的胜利记在纸上。”

三

立宪民主党会议在策略问题上通过了四点意见。第一点意见是：

"整个反对派阵线联合行动的策略，虽然是实现国家杜马当前实际活动的必要条件，但是既不能保证为反对派的法律草案取得国家杜马中稳定的多数，也不能保证真正实施反对派依靠杜马中派有可能使国家杜马通过的那些法律草案。"

把这段艰涩难懂的话译成普通的俄语，就是：

自由派只有和十月党人一起才能成为国家杜马中的多数。这个多数是不稳定的，它的决议是无法实施的。

这样说是正确的。但是由此得出结论，把这些决议称为"必要的"、"当前的"、"实际的"(!??)活动，那就是自欺欺人。

如果立宪民主党人不仅仅在口头上想成为民主派，他们就应当对人民这样说：我们和十月党人一起投票否决右派，但是我们不会主张在第四届杜马中进行立法工作，不会散布立宪幻想。

立宪民主党会议的第一点"意见"惊人地不合逻辑。靠第四届杜马中不稳定的多数使实际上无法实施的法律草案得到通过，这竟被称为"实际的"活动!! 立宪民主党人自己也曾经好几百次地把这叫做烦琐、无聊的活动，这是正确的。

立宪民主党人的策略，从逻辑的观点来看是极端荒谬的，但是从阶级利益的观点来看却是可以理解的。不妨回忆一下 1907 年以来社会民主党人关于第三届和第四届杜马所说的话。他们说：

在杜马中有两个多数，一个是右派—十月党人的多数，一个是十月党人—立宪民主党人的多数。两个多数都站在反革命的立场上(参看 1913 年《启蒙》杂志第 1 期第 13 页)。①

立宪民主党人 1913 年的二月会议印证了我们 1907 年以来在自己的正式决议中所说过的话。

对立宪民主党人来说，"整个反对派阵线联合行动的策略……依靠杜马中派"之所以**必要**，是因为他们也同十月党人一样，站在反革命的立场上。他们有内在的血缘关系，因此他们自然都醉心于共同的"实际的"活动，尽管这种活动现在就毫无希望。

十月党人在自己的报刊上无休止地抱怨，谩骂革命，谩骂政府、右派、国务会议，——而在杜马里他们仅满足于有改革的愿望，并且跟着政府走。

立宪民主党人在自己的报刊上抱怨得更加厉害，谩骂革命，谩骂政府、右派、国务会议和十月党人，——而在杜马里他们仅满足于有改革的愿望，并且尽力使自己的反对派观点迁就十月党人。

四

立宪民主党会议的第二点意见是：

"只有实现三个基本条件，即选举法的民主化(普选制)，国务会议的根本改革和责任内阁，才能大大加强国家杜马这一立法因素和政治因素。"

这里阐述的策略的实质可以用这样一个词来表达：改良主义。

① 见本卷第 346—347 页。——编者注

历史科学告诉我们，一般说来，某一政治制度的改良主义的变革和非改良主义的变革的差别在于：实行前一种变革，政权仍然留在原先的统治阶级手中；实行后一种变革，政权从原先的阶级手中转到新的阶级手中。立宪民主党人不懂得历史变革的阶级基础。从理论的角度来看，立宪民主党人的基本错误就在这里。

从实践的角度来看，上述理论上的差别可以归结为：是局部的东西有所改变而总的和基本的东西毫无改变，还是总的和基本的东西也改变了。

在不同的历史时期，在不同的国家内，有过改良主义的资产阶级，但也有过不满足于改良主义的资产阶级。另一方面，工人阶级从不认为通过改良就能够实现根本的变革，但是也决不拒绝在一定条件下提出改良式的当前要求。

这就是说，问题在于，立宪民主党人把维持现在的统治阶级即封建类型的大土地占有者的统治地位看成是无可争议的。立宪民主党人仍然抱着御用的反对派的观点，仍然坚持“谢天谢地，俄国总算立宪了”的看法。

换句话说，立宪民主党人的“三个基本条件”，就是自由派资产阶级提出的由封建土地占有制同资本**和睦地**瓜分经济特权和政治特权的条件。

十月党人也抱着这样的观点（“当局同全国调和”，这不知是十月党人的说法，还是立宪民主党人马克拉柯夫的说法），同时十月党人提出了更“**讨好**”土地占有制的瓜分条件。

十月党人的大讨好已经遭到破产。有什么根据指望立宪民主党人的小讨好会有别的结果呢？从改良主义的观点来看，十月党人要彻底得多，因为坚持改良主义观点的人必须考虑到改良是不是**可行**，而十月党人的“改良”是“可行”得多的。

结论只有一个：自由派的改良主义和全国的要求之间的矛盾在日益扩大。

五

立宪民主党会议的第三点意见是：

“应当把创造这些条件作为立宪民主党人的策略的基本任务，同时当前的立法活动，同其他反对派集团以及中派一起，如果可能实现的话，也应当加以利用，但是这种活动不得妨碍这些基本任务的实现。”（2月4日《言语报》第34号）

前一点“意见”原是对左派立宪民主党人的让步，或者更确切地说，原是对民主派的诱饵：支持我们立宪民主党人吧，因为我们是“民主派”，我们赞成普选制！

刚向左点完头，就急剧地向右转。把第三点意见的艰涩难懂的话译成普通的俄语，就是：我们立宪民主党人承认**同进步党人以及十月党人共同进行的**当前的立法活动！

但是要知道，在第一点意见中不是已经承认这种“当前的”立法活动只能产生一些**无法实施的**法律草案吗？立宪民主党人有一个附带条件，“如果可能实现的话”。说得直截了当一点就是，我们要做这种烦琐事，可是这样做的责任要让十月党人来负！我国的立宪民主党人真是一些爱开玩笑的人……

其次，进步党人也好，十月党人也好，都比立宪民主党人更彻底地坚持**改良主义的**观点，都不同意像普选制、国务会议的根本改革等等“过分”自由主义的要求。仍旧以民主派自居的立宪民主党人怎么能宣布同这些人所共知的民主派的**敌人共同进行**当前的立法活动呢?

这里立宪民主党人又有一个附带说明:我们立宪民主党人忙于为实现普选制**作准备**,通过和十月党人**共同进行的**活动来**作准备**,而这种活动“不得妨碍”普选制的“实现”!

办法很简单:我们宣布罗将柯的演说是“拥护宪制的”演说,我们投票赞成(不是像社会民主党人那样由于犯错误,而是出于信念)十月党人就内阁宣言提出的程序提案,因为这一切并**不妨碍**实现普选制的“准备”工作!!

这里已经不能说立宪民主党人是爱开玩笑的人了。这里应该用**另外的**字眼……

欧洲各国背弃了民主派的反革命的自由派资产阶级还在要人们相信,它是在进行(在普鲁士是同民族主义自由派共同进行,在法国是同一切进步派共同进行)实现“根本的”民主改革的**准备**工作。

完全走上了改良主义道路的资产阶级是腐朽的资产阶级,这样的阶级由于自由主义而软弱无力,不能指望它实行民主变革,它敌视工人,**背弃**人民,**投奔**了右派。

六

立宪民主党会议的最后一点即第四点意见是:

“会议认为，除了提出上述三个口号，同时提出采取更积极的议会斗争的策略手段问题，是适时的。”

仅仅是议会斗争吗？仅仅是提出问题吗？

“更积极的议会斗争的策略手段”究竟是什么意思，这只有天知道。立宪民主党会议完全是故意用最难理解的话来表达自己的论点。

立宪民主党人说什么更积极的手段，显然是想表明他们正在向左转。但这只不过是**摆摆样子**罢了，因为从这里看不到任何具体的东西。

一般说来，哪些议会斗争的“手段”可以称为更积极的呢？

不投票赞成十月党人和进步党人提出的程序提案。

不发表“当局同全国调和”的言论。

当右派—十月党人的多数通过反民主的措施时决不沉默。

不同意停止和缩小普遍性的、原则性的争论。

我们建议每一个同立宪民主党人有接触的人不要忘记问问他们：他们是不是已经“提出了”更积极的手段的问题？既然他们打算提出这个问题，他们是怎样解决这个问题的？实际上他们是怎样采取“更积极的手段”的？

全国正在向左转。新的民主派已经出现在实际生活中。立宪民主党人装模作样地稍稍向左转，这有十分明显的政治意义，就是欺骗这个新的民主派，使它跟着走，冒充它的代表。

民主派的首要任务，就是不让这种骗局得逞。要知道，即使立宪民主党人局部地领导了民主派分子，也必然会导致动摇、背叛和不战而败的可耻结局。谁不能从过去的沉痛教训得出这个结论，谁就是什么也没有学到。必须把这样的人看做民主派的敌人。

七

总的来看，立宪民主党会议拿出来的是一份说明我国“中派”政治生活的很有意思的文件。对于这样的文件，对于有组织的政党的一些确实的正式决议，我们的报刊通常很少注意。人们不大喜欢“决议”，而喜欢访问记和流言蜚语。

但是对待政治的严肃态度要求极仔细地分析各政党的决议，马克思主义者将尽其所能来进行这种分析。

我们曾把立宪民主党人称为“中派”。这**通常**是对站在右派和反对派之间的十月党人的称呼。

但是，不论从各政党的阶级基础来看，还是从**当代**政治的实质来看，对各政党的分析都不能仅仅局限于杜马内的情况，都不能单单把十月党人算做“中派”。

请看一看我国各政党的阶级基础：右派和民族党人，总的来说，都是农奴主–地主。他们**主张**保持并“加强”现行制度。

我们看到，十月党人、进步党人和立宪民主党人，无疑是比较资产阶级化的地主以及一批大资产阶级分子。所有这些政党都希望实行**改良**。它们形成了介于地主–农奴主和民主派（农民民主派和工人民主派）之间的**真正的**“中派”。

资产阶级害怕民主派甚于害怕反动派；进步党人是这样，立宪民主党人也是这样。当然，在日常政治的实际任务中，必须估计到这两个党的反对派立场，但是我们不应当因此而忽视这两个党和十月党人的阶级血缘关系。

农奴主-地主实行统治时既单独干，也同资产阶级上层勾结起来干。农奴主反对改良。资产阶级一般说来是赞成改良的，而且仅限于采取改良主义的立场。对于农民民主派，特别是对于工人民主派，就不能这样说了。

立宪民主党会议使我们清楚地看到，立宪民主党人的**改良主义**是他们唯一的策略。最重要的是弄清楚这个策略同资产阶级的阶级利益的**联系**，这个策略的**缺点**，它同全国的要求之间的“日益扩大的矛盾”。最重要的是弄清楚立宪民主党人和十月党人的根本的血缘关系，弄清楚在立宪民主党人领导下民主派决不可能取得任何成就。

八

在《莫斯科呼声报》第30号上有一篇评论立宪民主党会议的编辑部文章，题目是《今后怎样?》。在我收到这份报纸时，我的短文已经写好了。

这篇编辑部文章由于同2月6日杜马的表决(通过就卡索的说明提出的程序提案)[244]一事有关而显得十分重要，它十分明确地阐述了立宪民主党人对待十月党人的态度问题，因此非常有必要再谈谈他们的关系问题。

十月党人的正式机关报《莫斯科呼声报》，把立宪民主党会议(不知道为什么它把这次会议称为代表会议)说成是以米留可夫为首的左派立宪民主党人对右派立宪民主党人的胜利。

《莫斯科呼声报》对立宪民主党人的决议作了这样的说明:“立法活动只有在同这些基本任务〈即普选制、国务会议的改革和责任内阁〉不矛盾的情况下,才能加以利用。”

“简单地说,通过这个提案无异是拒绝了在实际可行的范围内的一切立法活动,而立宪民主党这个反对派从此就具有了一种公然不负责任的性质。”

《莫斯科呼声报》由此得出结论说,唯一的办法就是解散杜马,因为十月党人决不会采取立宪民主党人如此“不调和的〈可不是闹着玩的!〉立场”,杜马中根本没有多数,“毫无希望”……

历史就是这样写成的!

这里清楚地暴露了立宪民主党人和十月党人的极密切的血缘关系,以及他们“争吵”的真实性质,那是:夫妻吵嘴,只当开心。

我们已经知道,2 月 6 日十月党人的正式机关报在莫斯科宣布,**在 2 月 4 日前**召开的立宪民主党会议(2 月 4 日《言语报》发表了关于会议的消息)以后,十月党人—立宪民主党人联盟完全瓦解了。

就在**同一个** 2 月 6 日,十月党人和立宪民主党人在圣彼得堡,在第四届杜马中,**一起**以 173 票对 153 票使**十月党人和立宪民主党人**就卡索的说明提出的程序提案得到通过——这个提案后来在复决时偶然被否决了!!

这不是很好吗?

我们眼前清清楚楚摆着一个说明十月党人和**立宪民主党人**如何搞自己的政治“勾当”的典型例证。老天在上,他们决没有结成任何“联盟”! 可是他们为了欺骗公众,十分“巧妙地”分摊角色,甚至任何形式上的联盟都不可能使他们得到这样的“方便”。立宪民主党人看到,全国正在向左转,新的民主派已经出现,因此他们玩弄左倾把戏,通过自己的会议说出一些毫无意义、毫无内容而**像是左倾的**空话。十月党人**支持**公众中这样一种情绪或印象,似乎立宪民主党人已经向左转;他们采取的办法是**郑重其事地**在《莫斯科呼声报》的编辑部文章中宣布立宪民主党人的立场是不调和的,声称通过十月党人和立宪民主党人的联合形成杜马中的多数是不可能的,攻击立宪民主党人左倾,叫嚷解散杜马等等,等等。

实际上,他们在悄悄地和立宪民主党人讨价还价,而且正是在自己最猛烈地攻击立宪民主党人左倾的时候,在共同的提案上同他们**谈妥了**!!

"既要狼吃饱,又要羊完好。"民主派被愚弄了,被欺骗了,被牵到立宪民主党那一群人中去了(立宪民主党人不是十分左吗……看,十月党人不是在大骂他们左倾吗!),而十月党人—立宪民主党人联盟在黑帮杜马中保留下来了,巩固了,发展了。

这使人不禁要长叹一声:啊,天呀!俄国的民主派究竟什么时候才会懂得自由派立宪民主党人的这套简单的骗人把戏呢?其实,欧洲各国的自由派资产阶级政客变换花样玩弄的正是这一套把戏:在人民面前,为了选举,他们在正式的言论中大叫大嚷,赌咒发誓,说他们是民主派,是激进派(德国的"自由思想派"[245],英国的劳合-乔治之流),甚至是社会党人(法国的激进社会党人)。而**实际上**,在自己**真正的**政策方面,他们却同极力反对民主的政府和政党,同各种不同色彩和不同民族的十月党人走在**一起**。

这是陈腐的老一套,立宪民主党人就是这么没完没了地在重复着这老一套!

九

《莫斯科呼声报》硬说，在选举前立宪民主党人

“同左派进行了激烈的论战，证明在现实条件范围内进行立法工作的必要性。这就使人有理由指望杜马中派和反对派可能达成协议。但是选举后，立宪民主党领导者的看法有了重大改变。米留可夫提出的经代表会议通过的关于杜马策略问题的决议，根本违反了选举时显然是为了争取城市大资产阶级的选票而说的一切。城市大资产阶级未必肯支持立宪民主党人采取现在代表会议提出的政纲”。

这真是一种典型的怪论，简直不知道值得惊奇的究竟是其中天真的狡猾还是天真的无知。

立宪民主党人的看法没有**任何**改变。他们始终是以欺骗手段引导民主派的自由派政党。1912年选举时，立宪民主党人在大资产阶级面前突出表明了自己的“真”面目，自己的投机分子的“团结感”，资本家阶级奴仆的“冷静”。而在同一个时期，这些立宪民主党人却在民主派选民面前再三说，他们是民主派，他们在杜马中的策略同社会民主党的策略毫无重大差别。

立宪民主党政策的这两个方面是各文明国家的每个自由派政党必定有的“服饰”。当然，某些党员往往各有专长，有的玩弄民主，有的给“狂热的人”泼冷水，执行着“慎重的”资产阶级政策。要知道，各国的情况往往就是这样的。例如，英国著名的自由党骗子劳合-乔治，在向人民演说时把自己描绘成十足的革命者，几乎是社会党人，而实际上这个部长在政策方面是跟着自己的领袖，比保

守党人毫不逊色的阿斯奎斯走的。

《莫斯科呼声报》的文章把米留可夫先生描绘成左派立宪民主党人的代表，这只能引人发笑。事实上，米留可夫先生是玩弄正式的立宪民主党外交辞令，使立宪民主党的不民主实质同民主词句调和起来的代表人物。

《莫斯科呼声报》写道：

> "米留可夫先生的这个'选举后的'新主张远没有得到代表会议的一致赞同。代表会议的相当一部分代表坚持和杜马中派达成协议的策略，以便使某些草案和文化改革得以通过。拥护这种观点的人表示，在讨论各种法律草案时，党团应该妥协，竭力使这些草案按自由主义精神得到通过，而决不应该使这些草案成为不可接受的。"于是出现了反对"著名的立宪民主党的纪律"，反对立宪民主党人"绝对服从"米留可夫先生的"专制意志"的越轨举动。

显然是一种把戏。破绽百出。十月党人在"激"右派立宪民主党人，竭力把他们描绘成失败者，促使他们去更坚决地反对左派立宪民主党人。但是十月党人的这个把戏（如果立宪民主党人和十月党人不是同一个小家族的成员，这个把戏也就玩不成了），并没有消除一个无可辩驳的事实：左派立宪民主党人和右派立宪民主党人之间，即我国自由派中的劳合-乔治之流和阿斯奎斯之流之间存在着细微的差别。

请看《俄国评论报》。这个进步党人的机关刊物，鼓吹十月党人和立宪民主党人妥协的刊物，在大量地搜罗立宪民主党的**正式**党员。曼瑟列夫、马克拉柯夫、奥博连斯基、格列杰斯库尔和亚历山德罗夫都不是一下子，而是逐渐地跟着"路标派的"首领司徒卢威跑过去的。这一伙人过去就想更加接近十月党人，这是毫无疑问的。情况只能是这样。但是，米留可夫正在使他们在打着民主派招牌而实际包藏着十月党实质的纲领的基础上同"左派立宪民主党人"调和起来，这同样也是毫无疑问的。

十

杜马中各个政党就卡索的说明提出的程序提案引起了人们很大的兴趣。这些提案为我们进行政治分析提供了准确的、已由各个政党的杜马代表正式确认了的材料。我们通常做得最不够的，正是对这种材料的分析。这种材料都隐没在每天的报刊评论或杜马的一大堆速记记录中。为了弄清楚各个政党的真正本质，很有必要研究一下这种材料。

在通过不信任案的第二天，《言语报》的编辑部文章宣称："这样，俄国社会从国家杜马那里得到了有权指望得到的东西。"(2月7日第37号)这似乎是说，"社会"只要知道杜马是不是信任卡索先生，就够了！

这不对。人民和民主派应当知道不信任的**理由**，以便**了解**被认为政治上不正常的现象产生的原因，以便能够找到正常化的**办法**。立宪民主党人、十月党人、社会民主党人仅仅根据"我们不信任"这样一句话就联合起来，这是远远不能说明这些重大问题的。下面就是十月党人提出的程序提案：

"国家杜马……认为：(1)任何吸引中等学校学生参加政治斗争的做法，都对俄国青年力量的精神发展有极大的害处，对社会生活的正常发展也有害处;(2)当局及时获悉中等学校中的不良现象后,必须采取预防措施,而不是坐待这些现象具有不正常的性质①;(3)坚决反对对学生使用 1912 年 12 月 10 日使用过的办法,即不通知学校校长,用警察措施来代替正常的教育影响;(4)迟迟不决定被开除的学生的命运是违反教育原则的,希望善意地对待学生,立即消除这种现象,现在转入下项议程。"

这个提案的政治思想是什么呢?

学校里谈政治是有害的。学生是有过错的。但是惩罚他们的应该是教师,而不是警察。我们对政府不满的是它缺少"善意"和办事迟缓。

这是反民主的思想。这是自由主义反对派的立场:让旧政权的制度继续存在,但在运用它时要温和一些。打吧,但是要适可而止,并且不要声张。

请看进步党人提出的程序提案:

"……杜马认为:(1)国民教育部获悉最近在圣彼得堡中等学校中发生的事件后,对自己的职责采取了冷漠的态度,没有制止警察局侵入中等学校;(2)警官任意采取了搜查学校,逮捕孩子并把孩子拘禁在警察局,用不能容许的方法审讯学生等等措施,这些措施决不能认为是正当的,何况这里的问题还不涉及维护国家的安全,而在于恢复中等学校中的秩序,可是国民教育部并未对此提出抗议;(3)国民教育部的一整套旨在使学校同家庭隔阂的办法,因为是以死板的形式主义压制青年一代的精神和智力的发展,也就为学校生活中不正常现象的产生创造了有利条件。杜马认为国民教育大臣的说明是不能令人满意的,现在转入下项议程。"

---

① 这个文本是在 1 月 25 日的会议上提出的。在 2 月 1 日的会议上,第 2 点被改成这样:"从这一具体事件可以看出,中等学校中对学生普遍采取形式主义的冷漠态度,教师同家庭隔阂,因此必须确立善意看待正在成长的一代的共同观点。"

这一提案是在1月30日提出的，当时进步党人就声明，如果十月党人提出不信任，他们就投票支持十月党人。这次交易的结果我们在上面已经看到了。

能够进行这次交易的基础是什么呢？就是意见基本上一致。

进步党人也认为学校里谈政治是不正常的，也要求"恢复秩序"(农奴制的秩序)。他们采取的也是御用的反对派的立场，他们反对的不是旧政权的制度，而是运用这个制度时的"冷漠的、死板的"方法等等。皮罗戈夫在19世纪60年代也同意要打，但是他要求，**不要**冷漠地打，**不要**死板地打。进步党人不反对由当今的社会人士来"恢复秩序"，但劝他们做得"留情些"。半世纪来我们有多么大的进步啊！

下面是立宪民主党人提出的程序提案：

> "杜马在听取国民教育大臣的说明后认为：(1)这个说明完全把教育观点和警察观点混淆起来了；(2)这个说明完全否定了学校和家庭借以建立友好的合作关系的正常基础；(3)该部的政策引起学生的极大不满，在社会上也引起了理所当然的愤慨，这一政策本身就促成了一种过早地吸引青年学生从事政治活动的气氛，而这种气氛又造成了一些本应防止的情况的发生；(4)采取像对待国事犯那样的办法来对待学生，摧残了正在成长的一代中最有才能的人的生活，使其中许多人成了牺牲品，从而构成了对俄国未来的威胁。杜马认为教育大臣的说明是不能令人满意的，现在转入下项议程。"

这里**也**非常温和地、闪烁其词地指责了"过早地"吸引学生从事政治活动的做法。这是反民主的观点。十月党人也好，立宪民主党人也好，他们指责警察措施，只是因为要求用**预防措施**来代替。现行制度要做的不应当是解散集会，而应当是防止集会。显然，这样的改良只会粉饰而不会改变制度本身。立宪民主党人说：

我们不满意国民教育部的政策。但是他们完全像十月党人一样，认为**可以希望**这种政策有所改变而不必经过某种深刻得多的变革。

立宪民主党人说的反对政府的话比十月党人说的尖锐得多，政治上不开展的人听了这种尖锐的话，会看不出立宪民主党人和十月党人在对**问题**的自由主义的、反民主的**提法**上是完全一致的。

杜马应当认真地教人民学习政治。谁向立宪民主党人学习政治，谁就会在思想上受到毒害，而不会得到提高。

十月党人、进步党人和立宪民主党人在共同的提案上讨价还价，而且谈妥了，这不是偶然的，这是他们在思想政治方面基本上一致的结果。立宪民主党人的政策是最可怜不过的了，——他们为了承认说明是不能令人满意的，而同意直接指责在学校中进行政治活动。但是立宪民主党人之所以同意这样做，是因为他们自己反对"过早地"吸引学生从事政治活动。

下面是劳动团提出的提案：

"国家杜马注意到：(1)1912年12月9日对中等学校的青年学生采用蛮横的暴力，可耻地让保安机关参与对中等学校学生的教育监督工作，这种做法使社会震惊，但国民教育大臣卡索先生在说明中，却完全赞同这种做法，而且幸灾乐祸地嘲笑社会舆论；(2)搜查和密探制度是联合内阁的全部政策特别是国民教育大臣卡索的全部政策的产物，它会导致极大的混乱，有在将来引起正在成长的一代严重波动的危险。国家杜马要求立即恢复12月9日全体被开除学生的学籍，同时认为国民教育大臣卡索的说明是不能令人满意的，要求立即撤销他的职务，现在转入下项议程。"

这个提案，严格说来是一个激进自由派的提案，但是，民主派所应该说的、**不同于**自由派的话在这个提案中却没有。自由派也会承认让保安机关参与教育监督工作是可耻的，但是民主派则还应当说(而且应当教会人民懂得),**任何**“监督”都无权侵犯成立小组和组织政治座谈会的自由。自由派也会指责“联合内阁的全部政策”,但是俄国民主派则还应当阐明,有某些共同条件使任何一个部都不得不实行实质上相同的政策。

劳动团提出的提案的民主性**只**表现在它的语气上,表现在起草者的情绪上。不用说,情绪是政治上的一种征象。但是要求程序提案不仅要有“高昂的”情绪,而且要有缜密的思想,这并不算过分。

社会民主党人的程序提案是:

“国家杜马听取了国民教育大臣的说明,从说明中看出:(1)决心反对青年学生通过自学来增长见识和增进同学间交往这一合理而可喜的意图;(2)为官僚的形式主义办法、密探和警察搜查制度辩护;这种办法和制度正在高等学校、中等学校和初级学校中推行,残害着青年的心理和精神,无情地压制任何一点独立思考和个性独立的表现,使学生中间自杀流行。因此,国家杜马认为这个说明是不能令人满意的。同时,国家杜马认为:(1)警察观点在国民教育事业中的统治,是同密探对俄国全部生活的控制、同公民各种有组织的独立活动受到镇压以及他们的无权地位不可分割地联系着的;(2)只有根本改造国家制度和国家管理制度,才能把公民从警察的束缚中解放出来,才能把学校从警察的束缚中解放出来,现在转入下项议程。”

这个提案未必能说是无可挑剔的。不能不说它还可以表述得更通俗、更透彻些,也不能不对它没有指出从事政治活动的合理性这一点表示遗憾,等等,等等。

但是我们对**一切提案**的批判,决不是针对着它的表述的细节,而纯粹是针对着起草者的**基本政治思想**。民主派不得不说出主要的一点:成立小组和组织座谈会是**合理而可喜的**事情。实质就在这里。用任何理由指责吸引学生参加政治活动,即使指责“过早地”吸引学生参加政治活动,都是虚伪和蒙昧主义的表现。民主派不得不把问题**从**“联合内阁”**提到**国家制度的高度。民主派不得不首先指出“同密探的控制”的“不可分割的联系”，其次指出同封建大地主阶级在经济生活中的统治的“不可分割的联系”。

载于1913年3月和4月《启蒙》杂志第3期和第4期

译自《列宁全集》俄文第5版第22卷第370—388页

感谢坦率

（1913年2月12日〔25日〕）

我们要感谢黑帮报纸《新时报》发表了国务会议右派领袖科贝林斯基坦率的言论。我们也要感谢这位“领袖”本人。

科贝林斯基先生感叹地说：“国家杜马的代表们往往暴露出对立法事务的无知和无能…… **只有小铺老板才这样制定法律**。

……有人因为我们否决了关于在阿尔汉格尔斯克省设置地方自治机关的法令草案而攻击我们…… 国家杜马根本没有想到，在阿尔汉格尔斯克省，由于缺乏有文化的人才和人口稀少，也许不得不像我们这里有人开玩笑说的那样，把**一个庄稼汉**、一只鹿和一只熊选进地方自治局。

……成立像第三届国家杜马所筹划的那种**庄稼汉的**地方自治机关，这是**我们**无论如何**不能容忍**的。”

瞧，这位国务会议的右派领袖，亦即国务会议的领袖这么坦率，怎么能不感谢他一番呢？

自由派的那些**反对**国务会议的言之无物的陈词滥调，我们且不去管它；我们要衷心地向读者推荐这种鲜明而老实的**拥护**国务会议的提法。

国家杜马中的小铺老板……地方自治机关中的庄稼汉、熊……我们不能容忍小铺老板和庄稼汉。这就是一个地主-农奴主的直率的语言。

请注意：他这个农奴主说得对，在国家杜马中没有“小铺老板”，用觉悟的工人（而不是野蛮的地主）的话来说，就是没有**资产**

阶级，就**不会有**多数。他这个地主说得对，自治实际上就是**农民的**自治（觉悟的工人喜欢用**农民的**一词；而不喜欢用野蛮的地主用惯的"庄稼汉的"一词）。农民就是多数。

国务会议决不是偶然出现的政治机构，而是某个**阶级**的机关，这就是科贝林斯基老实的演说表明的事实。这个阶级就是大地主。他们**不能容忍**"小铺老板和庄稼汉"。

俄国自由主义的"小铺老板"先生们，十月党人和立宪民主党人先生们，请向科贝林斯基学习学习怎样严肃地提出政治问题吧！

载于1913年2月12日《真理报》第35号

译自《列宁全集》俄文第5版第22卷第359—360页

统一问题

（1913年2月16日〔3月1日〕）

科斯特罗马工人的代表沙果夫给《真理报》的信(第22号,总第226号)非常清楚地指出,工人认为在什么条件下才能实现社会民主党的统一。工人选民团的其他许多代表的来信(《真理报》第21—28号)肯定了这种看法。工人自己应当“自下而上地”实现统一。取消派分子不应当反对地下组织,倒应当自己也参加地下组织。

令人惊异的是,在问题这样明确、这样直截了当地提出以后,我们竟在《光线报》第27号(总第113号)上读到托洛茨基华而不实、言之无物的陈词滥调。一个字也没有触及问题的**实质**!一点也没有列举**确切事实**并对这些事实作出全面分析的打算!一点也没有提出实现统一的**切实条件**的迹象!空洞的感叹,夸张的言词,对于没有指明姓名的对手的狂妄攻击,装腔作势的保证,——这就是托洛茨基的全部货色。

先生们,这是没有用的。你们**像同小孩子**说话**那样**“同工人”说话,一会儿用非常可怕的字眼(“小组习气的束缚”,“骇人听闻的论战”,“我党历史上的封建农奴制时期”)吓唬他们,一会儿又像哄小孩子一样“劝导”他们,既不进行说服,也不讲清问题。

工人既不会被你们吓倒,也不会听你们的劝导。他们**自己**会把《光线报》同《真理报》加以对比,例如,他们只要读一遍《光线报》

第 101 号的社论(《工人群众和地下组织》),就会干脆不理睬托洛茨基的豪言壮语。

托洛茨基用黑体写了如下一段话:“在实践上,社会民主党各个部分对地下组织这个臆想的原则问题所采取的解决办法是完全一样的……” 彼得堡工人根据经验知道,情况并不是这样。俄国任何一个角落的工人,只要读了《光线报》的这篇社论,马上就会看出,托洛茨基在回避事实。

他写道:“硬说《光线报》的政治倾向和《真理报》的政治倾向之间存在着不可调和的矛盾,是可笑的和荒谬的。”亲爱的作者,要知道,工人不会被“荒谬的”和“可笑的”这些字眼吓倒,他们会要求您**像同成年人**说话**那样**同他们说话,**要触及实质**——说明一下这两种倾向!证明一下《光线报》第 101 号的社论和社会民主党是“可以调和”的!

不,您用空话,即使是“调和的”空话,即使是最甜蜜的空话,也哄骗不了工人。

托洛茨基写道:“我们历史上的派别,布尔什维克派和孟什维克派,按出身来说,都是纯知识分子的构成物。”

这是在重复自由派的鬼话。事实上俄国的整个现实向工人提出了对待自由派和对待农民的态度问题。即使没有任何知识分子,工人也**不可能**回避这个问题:**跟着**自由派走,还是领导农民**反对**自由派。

把分歧的根源说成是“知识分子”造成的,这对自由派**有利**。但是托洛茨基重复自由派的鬼话,只会使自己出丑。

载于 1913 年 2 月 16 日《真理报》
第 39 号

译自《列宁全集》俄文第 5 版
第 22 卷第 361—362 页

“土地规划”的某些结果

（1913 年 2 月 23 日〔3 月 8 日〕）

新土地政策的结果怎样？对于这个问题，所有的工人理所当然地都很关心。政府的统计搞得很糟糕而且失之偏颇，简直叫人无法相信。毫无疑问，新的土地政策是**资产阶级的**政策，但是这个政策完全是在普利什凯维奇、马尔柯夫之流那一伙老爷们，即旧式的农奴主的掌握之下。在他们的“掌握”下，除了彻底失败，是很难有其他结果的。

不妨留意看看最近一期《俄国思想》杂志（1913 年第 2 期）上弗·奥博连斯基先生的结论。这份杂志是黑帮—立宪民主党的刊物。文章的作者也是反对革命的，就是说，是个十分偏袒地主的见证人。这个作者在萨马拉省找到了一个“土地规划”取得“巨大”成就的县份（新乌津斯克县），那里大半农户主分得的土地都是连成一片的。

然而作者还是**不能不**得出这样的结论：

“……至于新的土地改革的直接后果……未必可以认为在某种程度上是可喜的…… 大量份地从半无产者农民那里贱价地转到了富裕农民和包买主投机商人手中…… 地租上涨了…… 在占有整块土地和占有村社的零散插花土地之间，其耕作能力上的差别是微不足道的…… 新法律……使经济生活的条件和经济生活的内容之间的矛盾更加尖锐了…… 现在农民的思想可能比上次革命高涨时活动得更厉害。”

农民的思想**朝什么方向**活动？关于这一点，还是别问《俄国思想》杂志的这位自由派吧。他根本不谈地主土地上的农奴制经营问题，并不是没有原因的。

但是这个自由派地主的结论很值得深思。所有的矛盾尖锐化了，剥削加重了，地租上涨了，经营上的进步**微不足道**。农民的思想不是“可能”而是肯定在活动着。

载于 1913 年 2 月 23 日《真理报》
第 45 号

译自《列宁全集》俄文第 5 版
第 22 卷第 389—390 页

民粹派内部的情况怎样？农村中的情况又怎样？

（1913年2月）

《俄国财富》杂志使我们看到的正是俄国生活中民粹派或劳动派的巨流或潮流中的那两股支流；这两股支流，根据其他更为明显、更为直接的政治知识史料也是可以研究清楚的。

例如，我们可以回想一下第一届和第二届杜马中的争论。可惜现在这两届杜马的速记记录已经停止出售了。但是不管怎样，这些记录中可以用来研究俄国农民和俄国劳动派的观点、意向的大量政治材料，一部分已为一切有学识的人所掌握，另一部分也必将为他们所掌握。从这些材料得出的主要结论是，**知识分子**劳动派（包括知识分子社会革命党人）和**农民**劳动派是两个本质上不同的政治派别。

知识分子民粹派爱讲调和的或"全人类的"词句。这些词句总令人感觉到他们是自由主义者。阶级斗争的观点，他们是根本不能接受的。他们是空谈家。他们拖民主派农民**倒退**，使农民不再向阶级敌人作生气勃勃的面对面的斗争，而去附和含糊不清、牵强附会、软弱无力的准社会主义的词句。

在头两届杜马中，农民民粹派是一团火，热情奔放。他们满心渴望采取直接的坚决的行动。他们愚昧、没有知识、幼稚，但是当他们奋起反对自己的阶级敌人的时候，却表现得那么直截了当、毫不调和、切齿痛恨，使您**感到**这是一支极其重要的社会力量。

换句话说，知识分子民粹派是最糟糕的社会主义者和最差劲的民主主义者。农民劳动派决不玩弄他们十分陌生的社会主义，但他们是“本能的”、真诚的、热情有力的民主主义者。俄国农民民主派会不会取得胜利，这一点谁也不能预言，因为这要受非常复杂的客观条件所制约。但是毫无疑问，劳动派农民只有**抛弃**民粹派知识分子带进他们运动中来的那些倾向，才**可能**取得胜利。在有利的历史条件下，生气勃勃的新生的真诚的民主派是**可能**取得胜利的，而“社会主义的”**词句**，民粹主义的空谈，则永远不可能取得胜利。

这个结论，我认为是俄国革命最重要的教训之一，我希望我将来能够通过对民粹派在头两届杜马中的发言作详尽分析，并运用1905—1907年的其他政治材料，来论证这个结论。而现在我想指出，民粹派的主要的最有分量的机关刊物《俄国财富》杂志的最近一期（1912年第12期）精彩地证实了这个结论。

这一期杂志上的两篇文章给人印象无疑是很典型的。阿·瓦·彼·先生的文章（《人民社会主义还是无产阶级社会主义？》）是“人民社会党人”和社会革命党人的典型的知识分子议论。

如果俄国农民的群众力量一定要按照阿·瓦·彼·之流的先生们的**推论**所“得出的”结论那样行动，那么俄国资产阶级民主派的事业便无可指望地输定了，因为花言巧语和夸夸其谈是**不可能**产生历史性的**行动**的。**这种**民粹主义是极端软弱无力的。

在克留柯夫先生的文章《无火》中，通过某个甜言蜜语的小神父的嘴谈到农民、农民生活以及农民心理，这个小神父把农民描述得正像农民**自己**过去和现在所表现的那样。如果这种描述是真实的，那么俄国资产阶级民主派（其代表正是农民），肯定会有大规模的历史性行动，这种行动在包含着随之而来的各种现象的比较有利的形势下，是很有可能取得胜利的。

为了说明这一点，我们要简单地介绍一下阿·瓦·彼·先生的“思想”，并且引证那个甜言蜜语的小神父对俄国农民的几段描述。

阿·瓦·彼·先生是在捍卫民粹主义的原则，反对《箴言》杂志的撰稿人苏汉诺夫，因为苏汉诺夫把民粹主义的一系列根本性理论前提**出让给**马克思主义，同时还鼓吹一种类似要马克思主义者同民粹主义者联合的主张。

阿·瓦·彼·先生不反对联合，但是并不打算“出让”民粹主义的原则。于是，正是阿·瓦·彼·先生这样一位无疑很有权威、很有名气的民粹主义者对民粹主义原则的纯洁性和坚定性所作的这种**捍卫**，最清楚不过地表明他的立场是完全**没有前途的，这种**民粹主义是**绝对没有生命力的**。

苏汉诺夫先生甚至说到，只有无产阶级自己才是天生的社会主义的阶级。如果对此稍微深入地推想一下，这当然意味着承认马克思主义，而全盘否定民粹派**社会主义**。

阿·瓦·彼·先生反驳苏汉诺夫先生，可是他的论据却是些十分可怜的东西：他只能提出一些保留意见，修正意见，打上一些问号，发表一些折中的看法，比如说修正主义“不适当地宣扬”生活对理论的修正，而正统派又白费力气地反驳这种修正。阿·瓦·彼·先生的这类糊涂议论，和欧洲各国流行的“人道的”资产者反对阶级斗争和阶级社会主义的言论如出一辙。

阿·瓦·彼·先生不敢否认这个大家都知道的基本事实：世界上只有无产阶级每天都在进行反对资本的一贯的斗争，无产阶级才是社会主义政党的群众支柱。阿·瓦·彼·先生不会不知道，国家在政治方面**愈自由**，农民就**愈少**表现出哪怕是微弱的社会主义性。为了**模糊**问题，他一味**玩弄**欧洲资产阶级教授和机会主义者的支离破碎的思想，甚至没有打算提出哪怕是某种类似完整的、直截了当的、明确的社会理论的东西来反对马克思主义。

因此，没有任何东西比阿·瓦·彼·先生的文章更枯燥乏味的了。没有任何东西更能说明俄国民粹派**社会主义**在思想上已经完全死亡。这种社会主义已经死亡。阿·瓦·彼·先生的全部"思想"，你们在西方资产阶级社会改良派的任何刊物中都可以找得到。连驳斥这种思想都没有什么意思了。

然而，如果说俄国民粹派**社会主义**已经死亡，它已经被1905年革命处死并由阿·瓦·彼·先生之流埋葬了，它剩下的只是陈词滥调，那么俄国农民民主派决不是社会主义民主派，而是同1860年美国的民主派、18世纪末法国的民主派、19世纪上半叶德国的民主派等等一样的资产阶级民主派，这个民主派还**活着**。

克留柯夫先生转述的那个甜言蜜语的小神父关于农村的谈话，完全证实了这一点。顺便指出，克留柯夫的报道，也许比民主派的著名敌人路标派分子布尔加柯夫根据多方面的观察在《俄国思想》杂志（1912年第11期：《在选举中》）上写出来的还要鲜明，还要准确。

克留柯夫文章中的那个小神父在谈到俄国的僧侣时说道："自卑和怯懦，这是任何时候都有的！…… 但不同的是，任何时候都不曾有过像现在这种**平静得出奇地**、不声不响地脱离教会的现象。仿佛教会的生气消失了。我再说一遍：不单是知识分子离开了，人民也离开了……必须承认这一点。要知道，我已经在农村当了两年司祭。"

这个甜言蜜语的小神父回想起1905年的情形。当时这个小神父曾向农民解释过宣言。

他哭诉说："我曾经希望人们醒悟、紧密联合、**博爱**、戒酒、思想健康、朝气蓬勃、精力充沛…… 醒悟倒似乎是醒悟了，然而代替团结和联合的却是敌意和内讧。在农村首当其冲地受到触动的正是我，而且触动得很厉害。我觉得，我是一心一意维护农村的……我对这些自由以及其他一切问题都作了解释。人们听得多么入神啊！我曾以为，已经不可能比我说出更多的东西了，可情况并不是这样……还有另外一些议论流传到农村中来了。另一些解释者把问题弄得一团糟，他们谈到土地、平等、地主老爷。**当然，庄稼汉对这些话马上就心领神会了**。他们所做的第一件事就是跑来对我说，他们以后不给我200卢布的薪水，只给100卢布了……

……但是，特别使我**伤心**的不是100卢布这件事，而是所有那些忽然之间构成农村新面貌的现象。真可以说人们是从各个方面努力使农村打开眼界，摆脱束缚，摆脱这种愚昧状态！说实在的，他们是成功了。失明的人一旦能看见一丝光亮，他就不再是瞎子了……即使他还没有完全复明。但是这种半复明状态只会使他认识到最痛苦的事情，产生最恨之入骨的敌意…… 有时他也许会为自己一无所见而叹息。这种敌意在农村里已经愈来愈深，现在似乎整个空间都充斥着这种敌意…… 动辄挥刀舞棒，动辄付之一炬。明显的无能为力，有冤无处申的痛苦情绪，斗嘴吵架，不分青红皂白的仇恨，对一切生活得较为优裕安逸的有产者的嫉妒。从前，当然也有嫉妒，也有敌意，也有不幸和万恶的罪孽，但是人们听天由命，承认世俗的幸福是空虚的，相信死后的善报，并从中**得到一种忍耐的力量**。现在这种信仰已经不存在了。现在那里存在着这么一种信仰：我们是奴役者，他们是被奴役者。一切关于自由的解释在农村的土壤上产生出各种毒草…… 现在请看这个新的土地法，——兄弟反对兄弟，儿子反对父亲，邻居反对邻居！敌意和混乱十分严重，农村会因此憋死，一定会憋死。"

我们给这个甜言蜜语的小神父（彻头彻尾的民粹派知识分子！）关于农村状况的出色描述的某些特别值得注意的字眼用黑体

标出。

这个小神父是“博爱”的拥护者，是“仇恨”的敌人。在这方面，他完全同意我国立宪民主党人以及准立宪民主党人正在不断发挥的托尔斯泰的（也可以说基督教的）反动透顶的观点。幻想一下什么“土地社会化”，空谈一下合作社的“社会主义”意义、“土地份额”，这个小神父大概是不反对的，但是一旦仇恨代替了“博爱”，他马上就招架不住，软作一团，痛哭流涕。

口头上的、空谈的“社会主义”（“人民的而不是无产阶级的”），不论多少，欧洲每一个有知识的小市民都赞成。而一旦“仇恨”代替了“博爱”，那就通不过了。人道词句的社会主义——我们赞成；革命的民主——我们反对。

实际上，甜言蜜语的小神父关于农村中“胡闹行为”的老一套的说法，丝毫没有什么新东西。但是从他的话中可以明显地看出，“胡闹行为”只不过是**农奴主**提出的概念。“有冤无处申的痛苦情绪”，这才是这个甜言蜜语的小神父肯定的事实。而这毫无疑问，远远不是什么“胡闹行为”。

马克思主义者向来认为自己在反对民粹主义的斗争中的任务是，摧毁马尼洛夫精神[246]、甜言蜜语、多愁善感的超阶级观点，摧毁对法国任何一个善于见风使舵、投机取巧的“激进社会党人”也很合适的庸俗的“人民”社会主义。但是马克思主义者向来认为，取出民粹主义观点中的**民主主义**核心也是自己义不容辞的任务。民粹派社会主义，是腐烂发臭的尸体。如果克留柯夫文章中的那个甜言蜜语的小神父对俄国农民民主派的描述合乎实际情况，那么俄国农民民主派就是一支有生气的力量。在普利什凯维奇之流

还在横行霸道的时候，在还有 3 000 万人挨饿的时候，它也不可能不是一支有生气的力量。

有人对我们说什么“不分青红皂白的仇恨”。首先，这说得不完全正确。看不见“青红皂白”的是普利什凯维奇之流，是官僚，是好心肠的知识分子。其次，要知道，就是在俄国工人运动刚开始的时候也出现过一定的“不分青红皂白的仇恨”的因素，例如 19 世纪 60—80 年代罢工时破坏机器的现象。这种现象很快就消失了。这不是主要的。要求在当时的情况下已经失去耐心的人“带着白手套行动”是卑鄙的。

最主要的是，要彻底同旧的、反动透顶的世界观决裂，深刻领会关于“被奴役者”的学说，这个学说保证的不是沉沉酣梦，而是朝气蓬勃的生活。

民粹派社会主义，包括最左的民粹派社会主义，都完全腐烂了。在自觉地同“博爱”、“忍耐”等等说教决裂的基础上，净化、启发、唤醒、团结民主派，则是一项朝气蓬勃的、有生命力的任务。甜言蜜语的小神父感到忧心忡忡。我们则有充分理由为规模宏大的朝气蓬勃的工作而兴高采烈。

载于 1913 年 2 月《启蒙》杂志
第 2 期

译自《列宁全集》俄文第 5 版
第 22 卷第 363—369 页

附　　录

有党的工作者参加的俄国社会民主工党中央委员会克拉科夫会议的材料

（1912年底—1913年初）

1

《关于社会民主党杜马党团》决议初稿①

导言　（一）社会民主党在选举中的胜利

（二）指出宣言和有力的活动

（三）党的监督和批评的必要性。

否定方面

1. 亚格洛。
2. 民族文化自治（契恒凯里）。
3. 对进步党人的提案投赞成票。

---

① 决议见本卷第279—281页。——编者注

不公布

(α)6和7:代表权和表决权的平等

(β)退出《光线报》……

(γ)**六人团的集体的有组织的活动**。

注意‖有了印刷所和技术,人们开始重视党。

(α)40卢布
(β)铅字

柯巴:(α)中央机关报>[①]通俗
(β)报道组。

2

《关于对取消主义的态度和关于统一》决议初稿[②]

(1)八月代表会议　　成员
　　　　　　　　　决议

(2)　　　　　　　　《光线报》(α)公开的党
　　　　　　　　　　　　(β)反对罢工。

1. 4年来同取消派进行斗争**不是**因为它主张合法主义,**而是**因为它破坏党。

增　补(在第1点中??)
1912年护党派在合法工作中,即在马克思主义派的工人日报

① 较为。——编者注

② 决议见本卷第283—285页。——编者注

2. 取消派分裂分子及其组织和**独立的**发起小组。

3. 八月代表会议及其成员

分裂分子（“前进”集团和普列汉诺夫）

“国外中心”和俄国国内工人组织。

4. 八月代表会议决议——这些决议的“要外交手腕的”性质和取消主义性质。

5. 《**我们的曙光**》杂志和《**光线报**》的态度

(α)公开的党

(β)实际上反对地下组织

(γ)反对**革命的**罢工

把第9点增补在此处。

6. **合法**报刊宣传“统一”，**回避秘密**党的问题并以此欺骗工人。

7. **秘密**组织的**统一**是绝对必要的，并号召全体工人建立秘密组织。

8. 圣彼得堡纳尔瓦区及省里**许多**地方的创举

——欢迎和支持

方面和在工人选民团的国家杜马选举方面取得完全的胜利。

是否需要补充关于彼得堡选举这一点？

——正确的途径。

9. 强烈抗议和坚决反对《**我们的曙光**》杂志和《**光线报**》的取消派集团及其支持分裂、支持(独立的发起小组的)口号和支持旨在取消群众中的革命工作和取消秘密党的宣传的行为。

译自《列宁全集》俄文第5版第22卷第393—395页

《革命罢工和街头游行示威的发展》一文的附言初稿[①]

（1913 年 1 月 12 日〔25 日〕以前）

附言：

我们请社会民主党人特别注意费·唐·在《光线报》上发表的《策略意见》。托洛茨基式的装潢门面的调和主义和“联合的”词句，销声匿迹得多么快呀！《光线报》的**实际**方针——露骨的取消主义，暴露得多么明显呀！

费·唐·在合法的机关报上经常进行笔战，他不仅反对群众性的革命罢工（至于起义，那就更不用说了），而且反对在群众中进行任何革命鼓动工作。实际上，费·唐·比弗·阿·（《光线报》第 56 号）走得远得多，他暴露出他同崩得的所谓“勾销”革命的主张在思想上完全是一脉相承的。请看取消派拒绝对“形势”作公开的、明确的、正式的“估计”造成了怎样的结果。实际上费·唐·采用的正是拉林式的估计，即否定**要求**工人**为了革命**、为了吸引一般群众特别是农民参加**革命**运动而组织起来的**客观**条件。

关于费·唐·的文章，我们以后还会谈到的。

载于 1948 年《列宁全集》俄文第 4 版第 18 卷

译自《列宁全集》俄文第 5 版第 22 卷第 396 页

① 该文见本卷第 301—308 页。——编者注

注　释

1 十月党人是俄国十月党的成员。十月党(十月十七日同盟)代表和维护大工商业资本家和按资本主义方式经营的大地主的利益,属于自由派的右翼。该党于1905年11月成立,名称取自沙皇1905年10月17日宣言。十月党的主要领导人是大工业家和莫斯科房产主亚·伊·古契柯夫、大地主米·弗·罗将柯,活动家有彼·亚·葛伊甸、德·尼·希波夫、米·亚·斯塔霍维奇、尼·阿·霍米亚科夫等。十月党完全拥护沙皇政府的对内对外政策,支持政府镇压革命的一切行动,主张用调整租地、组织移民、协助农民退出村社等办法解决土地问题。第一次世界大战期间,号召支持政府,后来参加了军事工业委员会的活动,曾同立宪民主党等结成"进步同盟",主张把帝国主义战争进行到最后胜利,并通过温和的改革来阻止人民革命和维护君主制。二月革命后,该党参加了资产阶级临时政府。十月革命后,十月党人反对苏维埃政权,在白卫分子政府中担任要职。——1。

2 《莫斯科呼声报》(«Голос Москвы»)是俄国十月党人的机关报(日报),1906年12月23日—1915年6月30日(1907年1月5日—1915年7月13日)在莫斯科出版。十月党人领袖亚·伊·古契柯夫是该报的出版者和第一任编辑,也是后来的实际领导者。参加该报工作的有尼·斯·阿夫达科夫、亚·弗·博勃里舍夫-普希金、尼·谢·沃尔康斯基、弗·伊·格里耶、费·尼·普列瓦科、亚·阿·斯托雷平等。该报得到俄国大资本家的资助。——1。

3 社会革命党人是俄国最大的小资产阶级政党社会革命党的成员。该党是1901年底—1902年初由南方社会革命党、社会革命党人联合会、老民意党人小组、社会主义土地同盟等民粹派团体联合而成的。成立时的领导人有马·安·纳坦松、叶·康·布列什柯-布列什柯夫斯卡娅、尼·谢·鲁萨诺夫、维·米·切尔诺夫、米·拉·郭茨、格·安·格尔舒尼等，正式机关报是《革命俄国报》(1901—1904年)和《俄国革命通报》杂志(1901—1905年)。社会革命党人的理论观点是民粹主义和修正主义思想的折中混合物。他们否认无产阶级和农民之间的阶级差别，抹杀农民内部的矛盾，否认无产阶级在资产阶级民主革命中的领导作用。在土地问题上，社会革命党人主张消灭土地私有制，按照平均使用原则将土地交村社支配，发展各种合作社。在策略方面，社会革命党人采用了社会民主党人进行群众性鼓动的方法，但主要斗争方法还是搞个人恐怖。为了进行恐怖活动，该党建立了事实上脱离该党中央的秘密战斗组织。

在1905—1907年俄国第一次革命中，社会革命党曾在农村开展焚烧地主庄园、夺取地主财产的所谓“土地恐怖”运动，并同其他政党一起参加武装起义和游击战，但也曾同资产阶级的解放社签订协议。在国家杜马中，该党动摇于社会民主党和立宪民主党之间。该党内部的不统一造成了1906年的分裂，其右翼和极左翼分别组成了人民社会党和最高纲领派社会革命党人联合会。在斯托雷平反动时期，社会革命党经历了思想上、组织上的严重危机。在第一次世界大战期间，社会革命党的大多数领导人采取了社会沙文主义的立场。1917年二月革命后，社会革命党中央实行妥协主义和阶级调和的政策，党的领导人亚·费·克伦斯基、尼·德·阿夫克森齐耶夫、切尔诺夫等参加了资产阶级临时政府。七月事变时期该党公开转向资产阶级方面。社会革命党中央的妥协政策造成党的分裂，左翼于1917年12月组成了一个独立政党——左派社会革命党。十月革命后，社会革命党人(右派和中派)公开进行反苏维埃的活动，在国内战争时期进行反对苏维埃政权的武装斗争，对共产党和苏维埃政权的领导人实行个人恐怖。内战结束后，他们在“没有共产党人参加的苏维埃”的口号下组织了一系列叛乱。1922年，社会革命党彻底瓦解。——1。

4　指1912年7月1日(14日)在塔什干爆发的起义，这次起义是由于兵营生活条件恶劣和军官对士兵态度横暴引起的，有两个工兵营的士兵参加。起义失败后，有 228 人受到军事法庭审讯，其中 14 人被判处死刑，112 人被判处服苦役。——2。

5 《土耳其斯坦新闻》(«Туркестанские Ведомости»)是俄国官方报纸，1917 年二月革命以前是土耳其斯坦总督府的机关报；1870 年 4 月—1917 年 12 月在塔什干出版。初期每周出一次，1893 年起改为两次，1904 年增加到四次，从 1907 年第 97 号起改出日报。——2。

6 1912 年俄国社会民主工党一月全国代表会议即俄国社会民主工党第六次全国代表会议，于 1912 年 1 月 5—17 日(18—30 日)在布拉格举行，会址在布拉格民众文化馆捷克社会民主党报纸编辑部内。

这次代表会议共代表 20 多个党组织。出席会议的有来自彼得堡、莫斯科、中部工业地区、萨拉托夫、梯弗利斯、巴库、尼古拉耶夫、喀山、基辅、叶卡捷琳诺斯拉夫、德文斯克和维尔诺的代表。由于警察的迫害和其他方面的困难，叶卡捷琳堡、秋明、乌法、萨马拉、下诺夫哥罗德、索尔莫沃、卢甘斯克、顿河畔罗斯托夫、巴尔瑙尔等地党组织的代表未能到会，但这些组织都送来了关于参加代表会议的书面声明。出席会议的还有中央机关报《社会民主党人报》编辑部、《工人报》编辑部、国外组织委员会、俄国社会民主工党中央运输组等单位的代表。代表会议的代表中有两位孟什维克护党派分子 Д.М.施瓦尔茨曼和雅·达·捷文，其余都是布尔什维克。这次代表会议实际上起了代表大会的作用。

出席代表会议的一批代表和俄国组织委员会的全权代表曾经写信给拉脱维亚边疆区社会民主党中央委员会、崩得中央委员会、波兰和立陶宛社会民主党总执行委员会以及国外各集团，请它们派代表出席代表会议，但被它们所拒绝。马·高尔基因病没有到会，他曾写信给代表们表示祝贺。

列入代表会议议程的问题是：报告(俄国组织委员会的报告，各地方以及中央机关报和其他单位的报告)；确定会议性质；目前形势和党的任务；第四届国家杜马选举；杜马党团；工人国家保险；罢工运动和工会；“请愿运动”；关于取消主义；社会民主党人在同饥荒作斗争中的任务;党的出版物;组织问题;党在国外的工作;选举;其他事项。

列宁代表中央机关报编辑部出席代表会议,领导了会议的工作。列宁致了开幕词,就确定代表会议的性质讲了话,作了关于目前形势和党的任务的报告和关于社会党国际局的工作的报告,并在讨论中央机关报工作、关于社会民主党在同饥荒作斗争中的任务、关于组织问题、关于党在国外的工作等问题时作了报告或发了言。他起草了议程上所有重要问题的决议案,代表会议通过的决议也都经过他仔细审定。

代表会议的一项最重要的工作是从党内清除机会主义者。当时取消派聚集在两家合法杂志——《我们的曙光》和《生活事业》——的周围。代表会议宣布"《我们的曙光》和《生活事业》集团的所作所为已使它们自己完全置身于党外",决定把取消派开除出俄国社会民主工党。代表会议谴责了国外反党集团——孟什维克呼声派、前进派和托洛茨基分子——的活动,认为必须在国外建立一个在中央委员会监督和领导下进行协助党的工作的统一的党组织。代表会议还通过了关于党的工作的性质和组织形式的决议,批准了列宁提出的党的组织章程修改草案。

代表会议共开了23次会议,对各项决议进行了详细的讨论(《关于党的工作的性质和组织形式》这一决议,是议程上的组织问题与罢工运动和工会问题的共同决议)。会议的记录至今没有发现,只保存了某些次会议的片断的极不完善的记录。会议的决议由中央委员会于1912年以小册子的形式在巴黎出版。

布拉格代表会议恢复了党,选出了中央委员会,并由它重新建立了中央委员会俄国局。当选为中央委员的是:列宁、菲·伊·戈洛晓金、格·叶·季诺维也夫、格·康·奥尔忠尼启则、苏·斯·斯潘达良、施瓦尔茨曼、罗·瓦·马林诺夫斯基(后来发现是奸细)。在代表会议结束时召开的中央委员会全会决定增补伊·斯·别洛斯托茨基和斯大林为中央委员。过了一段时间又增补格·伊·彼得罗夫斯基和雅·米·斯维尔德洛夫为中央委员。代表会议还决定安·谢·布勃诺夫、米·伊·加里宁、亚·彼·斯米尔诺夫、叶·德·斯塔索娃和斯·格·邵武勉为候补中央委员。代表会议选出了以列宁为首的《社会民主党人报》

编辑委员会，并选举列宁为俄国社会民主工党驻社会党国际局的代表。

这次代表会议规定了党在新的条件下的政治路线和策略，决定把取消派开除出党，对俄国社会民主工党这一新型政党的进一步发展和巩固党的统一具有决定性意义。

关于这次代表会议，参看《俄国社会民主工党第六次（布拉格）全国代表会议文献》（本版全集第21卷）。——2。

7 《社会民主党人报》（«Социал-Демократ»）是俄国社会民主工党秘密发行的中央机关报。1908年2月在俄国创刊，第2—32号（1909年2月—1913年12月）在巴黎出版，第33—58号（1914年11月—1917年1月）在日内瓦出版，总共出了58号，其中5号有附刊。根据俄国社会民主工党第五次代表大会选出的中央委员会的决定，该报编辑部由布尔什维克、孟什维克和波兰社会民主党人的代表组成。实际上该报的领导者是列宁。1911年6月孟什维克尔·马尔托夫和费·伊·唐恩退出编辑部，同年12月起《社会民主党人报》由列宁主编。该报先后刊登过列宁的80多篇文章和短评。在斯托雷平反动时期和新的革命高涨年代，该报同取消派、召回派和托洛茨基分子进行斗争，宣传布尔什维克的路线，加强了党的统一和党与群众的联系。第一次世界大战期间，该报同国际机会主义、民族主义和沙文主义进行斗争，反对帝国主义战争，团结各国坚持国际主义立场的社会民主党人，宣传布尔什维克在战争、和平和革命等问题上提出的口号，联合并加强了党的力量。该报在俄国国内和国外传播很广，影响很大。列宁在《〈反潮流〉文集序言》中写道，“任何一个觉悟的工人，如果想**了解**国际社会主义革命思想的发展及其在1917年10月25日的第一次胜利”，《社会民主党人报》上的文章“是不可不看的”（见本版全集第34卷第116页）。——2。

8 《涅瓦呼声报》（«Невский Голос»）是俄国孟什维克取消派的合法报纸（周报），1912年5月20日（6月2日）—8月31日（9月13日）在彼得堡出版，共出了9号。该报由Д.Ф.科斯特罗夫出版，为该报撰稿的有帕·波·阿克雪里罗得、尔·马尔托夫、亚·马尔丁诺夫、尤·查茨基等。该报前身是《现代事业报》。——2。

9 关于第四届国家杜马的选举,参看《选举结果》一文(本卷第 343—371 页)。

第四届国家杜马(第四届杜马)是根据 1907 年 6 月 3 日(16 日)颁布的选举法于 1912 年秋天选举、当年 11 月 15 日(28 日)召开的,共有代表 442 人,主席是十月党人米·弗·罗将柯。在这届杜马的 442 名代表中,有右派和民族党人 185 名,十月党人 98 名,立宪民主党人 59 名,进步党人和民族集团 69 名,劳动团 10 名,社会民主党人 14 名,无党派人士 7 名。这届杜马和上届杜马一样,也有两个多数:右派—十月党人多数和自由派—十月党人多数。第四届杜马的社会民主党党团中有 6 名布尔什维克、7 名孟什维克和 1 名附和孟什维克而不享有完全权利的党团成员(华沙代表,波兰社会党"左派"的叶·约·亚格洛)。1913 年 10 月,布尔什维克代表退出了统一的社会民主党党团,成立了独立的布尔什维克党团——俄国社会民主党工人党团。布尔什维克代表为了揭露沙皇制度的反人民政策,就大家所关心的问题不断向第四届杜马提出对政府的质询。第一次世界大战爆发后,布尔什维克代表坚决反对战争,拒绝投票赞成军事拨款,并在群众中进行革命宣传活动。1914 年 11 月布尔什维克党团成员被捕,随后被流放到西伯利亚。1915 年 8 月,第四届国家杜马中的地主资产阶级党团组成了所谓"进步同盟",一半以上的杜马代表参加了这个同盟。列宁认为,这是自由派和十月党人为了同沙皇在实行改革和动员工业力量战胜德国这一纲领上达成协议而结成的同盟。

1917 年 2 月 26 日(3 月 11 日),二月革命爆发后,沙皇尼古拉二世命令第四届国家杜马停止活动。2 月 27 日(3 月 12 日),国家杜马代表为了反对革命和挽救君主制度,成立了国家杜马临时委员会。3 月 1 日(14 日),该委员会同彼得格勒苏维埃执行委员会的社会革命党和孟什维克领导达成协议,通过了关于建立资产阶级临时政府的决议。1917 年 10 月 6 日(19 日),在革命群众的压力下,资产阶级临时政府被迫发布了解散国家杜马的法令。——5。

10 指《俄国社会民主工党的选举纲领》。这个文件是列宁以俄国社会民主工党第六次(布拉格)全国代表会议的决议为基础于 1912 年 3 月初在巴黎写的，经中央委员会批准后，以中央委员会的名义在梯弗利斯印成单页，运到包括最大的无产阶级中心的18个地点。《社会民主党人报》第26号根据在俄国出版的单页作为附刊予以转载，列宁于1912年3月13日（26日）把纲领的一份手抄件寄给《明星报》编辑部，并写了附言，要求停止制定其他选举纲领（见本版全集第46卷第54号文献）。——5。

11 指沙皇政府当局通过解释选举法来剥夺工人、农民的选举权或宣布已进行的选举无效的行为。“说明”一词可能是由参议院解释法律的文件称为“参议院说明”而来的。在第二届国家杜马选举时，参议院曾通过解释选举法，剥夺了成万名工人、农民的选举权。——5。

12 指孟什维克取消派威胁要在第四届国家杜马工人选民团选举中提出自己的候选人来对抗布尔什维克的候选人一事。列宁在一些文章里指出，所谓“双重候选人名单”的谈论，不过是脱离了工人运动的知识分子小团体的吓人企图罢了。这一点完全被工人选民团选举的实践所证实。——6。

13 指当时对取消派持调和态度的拉脱维亚边疆区社会民主党中央委员会。

拉脱维亚边疆区社会民主党原称拉脱维亚社会民主工党，于1904年6月在该党第一次代表大会上成立。在1905年6月党的第二次代表大会上通过了党的纲领并作出了必须同俄国社会民主工党统一的决议。1905年该党领导了工人的革命行动并组织群众准备武装起义。1906年，在俄国社会民主工党第四次（统一）代表大会上，拉脱维亚社会民主工党作为一个地区性组织加入了俄国社会民主工党。代表大会后改名为拉脱维亚边疆区社会民主党。——7。

14 崩得是立陶宛、波兰和俄罗斯犹太工人总联盟的简称，1897年9月在维尔诺成立。参加这个组织的主要是俄国西部各省的犹太手工业者。崩得在成立初期曾进行社会主义宣传，后来在争取废除反犹太特别法律的斗争过程中滑到了民族主义立场上。在1898年俄国社会民主工党第一次代表大会上，崩得作为只在专门涉及犹太无产阶级问题上独立的“自治组织”，加入了俄国社会民主工党。在1903年俄国社会民主工党第二次代表大会上，崩得分子要求承认崩得是犹太无产阶级的唯一代表。在代表大会否决了这个要求之后，崩得退出了党。根据1906年俄国社会民主工党第四次(统一)代表大会决议，崩得重新加入了党。从1901年起，崩得是俄国工人运动中民族主义和分离主义的代表。它在党内一贯支持机会主义派别(经济派、孟什维克和取消派)，反对布尔什维克。第一次世界大战期间，崩得分子采取社会沙文主义立场。1917年二月革命后，崩得支持资产阶级临时政府。1918—1920年外国武装干涉和国内战争时期，崩得的领导人同反革命势力勾结在一起，而一般的崩得分子则开始转变，主张同苏维埃政权合作。1921年3月崩得自行解散，部分成员加入俄国共产党(布)。——7。

15 指取消派筹备召开的代表会议。这次代表会议于1912年8月12—20日(8月25日—9月2日)在维也纳举行，在会议上成立了八月联盟，倡议者是列·达·托洛茨基。出席会议的代表共29名，其中有表决权的代表18名：彼得堡“中央发起小组”2名，崩得4名，高加索区域委员会4名，拉脱维亚边疆区社会民主党中央4名，莫斯科调和派小组1名，塞瓦斯托波尔、克拉斯诺亚尔斯克和黑海舰队水兵组织各1名；有发言权的代表11名：组织委员会代表2名，维也纳《真理报》代表1名，《社会民主党人呼声报》代表1名，《涅瓦呼声报》代表1名，莫斯科取消派小组代表1名，波兰社会党“左派”代表4名和以个人身份参加的尤·拉林。29人中只有3人来自俄国国内，其余都是同地方工作没有直接联系的侨民。普列汉诺夫派——孟什维克护党派拒绝出席这一会议。前进派代表出席后很快就退出了。代表会议通过的纲领没有提出建立民主共和国和没收地主土地的口号，没有提出民族自决权的要求，而仅仅提出了宪法改革、全权杜马、修订土地立法、结社自由、“民族文化自治”等自由派的要求。八月联盟还号召取消秘密的革命党。代表会议选出了试图与俄国社会民主工党中央委员会抗衡的组织委员会，但它在俄国国内只得到少数取消派小组、《光线报》和孟什维克七人团的承认。八月联盟成立后只经过一年多的时间就瓦解了。关于八月联盟的瓦解，可参看列宁的《“八月”联盟的瓦解》、《“八月联盟”的空架子被戳穿了》、《论高喊统一实则破坏统一的行为》(本版全集第25卷)。——7。

16 《现代事业报》(«Живое Дело»)是俄国孟什维克取消派的合法报纸(周报),1912年1月20日(2月2日)—4月28日(5月11日)在彼得堡出版,共出了16号。参加该报工作的有尔·马尔托夫、费·伊·唐恩、帕·波·阿克雪里罗得等。接替《现代事业报》出版的是《涅瓦呼声报》。——7。

17 发起小组(社会民主党公开工人运动活动家发起小组)是俄国孟什维克取消派为与秘密的党组织相抗衡而从1910年底起先后在彼得堡、莫斯科、叶卡捷琳诺斯拉夫和康斯坦丁诺夫卡建立的组织。取消派把这些小组看做是他们所鼓吹的适应斯托雷平六三制度的新的广泛的合法政党的支部。这些小组是一些人数不多、同工人阶级没有联系的知识分子小集团,其领导中心是取消派在国外出版的《社会民主党人呼声报》和他们在俄国国内出版的《我们的曙光》杂志和《生活事业》杂志。发起小组反对工人举行罢工斗争和革命的游行示威,在第四届国家杜马选举中反对布尔什维克。第一次世界大战期间,发起小组采取社会沙文主义立场。——7。

18 《社会民主党人呼声报》(«Голос Социал-Демократа»)是俄国孟什维克的国外机关报,1908年2月—1911年12月先后在日内瓦和巴黎出版,共出了26号(另外还于1911年6月—1912年7月出了《〈社会民主党人呼声报〉小报》6号)。该报编辑是:帕·波·阿克雪里罗得、费·伊·唐恩、尔·马尔托夫、亚·马尔丁诺夫和格·瓦·普列汉诺夫。《社会民主党人呼声报》从创刊号起就维护取消派的立场。普列汉诺夫于1908年12月与该报实际决裂,1909年5月13日正式退出该报编辑部。此后该报就彻底成为取消派的思想中心。——7。

19 高加索区域委员会(外高加索区域委员会)是高加索孟什维克取消派的派别中心。该委员会是在1908年2月外高加索社会民主党组织第五次代表大会上选出的。出席代表大会的有15名孟什维克和1名布尔什维克。

委员会没有经过任何选举，也不顾各个党组织的意志，就任命帕·波·阿克雪里罗得、费·伊·唐恩和诺·维·拉米什维里为出席俄国社会民主工党第五次全国代表会议的代表。1912 年，该委员会参加了列·达·托洛茨基组织的八月联盟。——7。

20 指在 1912 年 1 月崩得、高加索区域委员会和拉脱维亚边疆区社会民主党中央委员会的代表举行的取消派会议上成立的组织委员会。积极参加这个组织委员会工作的，除了几个民族的社会民主党组织外，还有维也纳《真理报》编辑部、《社会民主党人呼声报》编辑部、“前进”集团以及彼得堡取消派“发起小组”的代表。组织委员会的事实上的领导人是列·达·托洛茨基。组织委员会是召集 1912 年八月代表会议的正式机关。——7。

21 指“前进”集团的组织者之一斯坦尼斯拉夫·沃尔斯基(安·弗·索柯洛夫)。

“前进”集团是俄国社会民主党内的一个反布尔什维主义的集团。它是在亚·亚·波格丹诺夫和格·阿·阿列克辛斯基的倡议下，由召回派、最后通牒派和造神派于 1909 年 12 月在它们的派别活动中心卡普里党校的基础上建立的。该集团出版过《前进》文集等刊物。

前进派在 1910 年一月中央全会上与取消派-呼声派以及托洛茨基分子紧密配合行动。他们设法使全会承认“前进”集团为“党的出版团体”，并得到中央委员会对该集团刊物的津贴，在全会以后却站在召回派-最后通牒派的立场上尖锐抨击并且拒绝服从全会的决定。1912 年党的布拉格代表会议以后，前进派同孟什维克取消派和托洛茨基分子联合起来反对这次党代表会议的决议。

由于得不到工人运动的支持，“前进”集团于 1913 年实际上瓦解，1917 年二月革命后正式解散。——8。

22 《真理报》(«Правда»)是托洛茨基派的派别报纸，1908—1912 年出版，头 3 号在利沃夫出版，以后在维也纳出版，共出了 25 号。除前两号作为斯皮尔卡(乌克兰社会民主联盟)的机关报出版外，该报不代表俄国的任何党组织，按照列宁的说法，它是一家“私人企业”。该报编辑是列·达·托洛茨基。

该报以“非派别性”的幌子作掩护，从最初几号起就反对布尔什维主义，维护取消主义和召回主义，宣扬革命者同机会主义者共处于一党之中的中派理论。1910 年中央一月全会后，该报持取消派立场，支持“前进”集团。中央一月全会决定派遣列·波·加米涅夫为中央代表参加该报编辑部。由于该报根本不理会全会决议，双方不断发生摩擦和冲突，加米涅夫被迫于 1910 年 8 月退出。1912 年，托洛茨基及其报纸成了八月联盟的发起人和主要组织者。——8。

23 指俄国布尔什维克的合法日报《真理报》。

《真理报》(«Правда»)是俄国布尔什维克的合法报纸(日报)，1912 年 4 月 22 日(5 月 5 日)起在彼得堡出版。《真理报》是群众性的工人报纸，依靠工人自愿捐款出版，拥有大批工人通讯员和工人作者(它在两年多时间内就刊载了 17 000 多篇工人通讯)，同时也是布尔什维克党的实际上的机关报。《真理报》编辑部还担负着党的很大一部分组织工作，如约见基层组织的代表，汇集各工厂党的工作的情况，转发党的指示等。在不同时期参加《真理报》编辑部工作的有斯大林、雅·米·斯维尔德洛夫、尼·尼·巴图林、维·米·莫洛托夫、米·斯·奥里明斯基、康·斯·叶列梅耶夫、米·伊·加里宁、尼·伊·波德沃伊斯基、马·亚·萨韦利耶夫、尼·阿·斯克雷普尼克、马·康·穆拉诺夫等。第四届国家杜马的布尔什维克代表积极参加了《真理报》的工作。列宁在国外领导《真理报》，他筹建编辑部，确定办报方针，组织撰稿力量，并经常给编辑部以工作指示。1912—1914 年，《真理报》刊登了 300 多篇列宁的文章。

《真理报》经常受到沙皇政府的迫害。仅在创办的第一年，编辑们就被起诉过 36 次，共坐牢 48 个月。1912—1914 年出版的总共 645 号报纸中，就有 190 号受到种种阻挠和压制。报纸被查封 8 次，每次都变换名称继续出版。1913 年先后改称《工人真理报》、《北方真理报》、《劳动真理报》、《拥护真理报》；1914 年相继改称《无产阶级真理报》、《真理之路报》、《工人日报》、《劳动的真理报》。1914 年 7 月 8 日(21 日)，即在第一次世界大战前夕，沙皇政府下令禁止

《真理报》出版。

1917年二月革命后,《真理报》于3月5日(18日)复刊,成为俄国社会民主工党中央委员会和彼得堡委员会的机关报。列宁于4月3日(16日)回到俄国,5日(18日)就加入了编辑部,直接领导报纸工作。1917年七月事变中,《真理报》编辑部于7月5日(18日)被士官生捣毁。7月15日(28日),资产阶级临时政府正式下令查封《真理报》。7—10月,该报不断受到资产阶级临时政府的迫害,先后改称《〈真理报〉小报》、《无产者报》、《工人日报》、《工人之路报》。1917年10月27日(11月9日),《真理报》恢复原名,继续作为俄国社会民主工党中央委员会的机关报出版。1918年3月16日起,《真理报》改在莫斯科出版。——8。

24 《我们的曙光》杂志(«Наша Заря»)是俄国孟什维克取消派的合法的社会政治刊物(月刊),1910年1月—1914年9月在彼得堡出版。领导人是亚·尼·波特列索夫,撰稿人有帕·波·阿克雪里罗得、费·伊·唐恩、尔·马尔托夫、亚·马尔丁诺夫等。围绕着《我们的曙光》杂志形成了俄国取消派中心。第一次世界大战一开始,该杂志就采取了社会沙文主义立场。——9。

25 《〈社会民主党人呼声报〉小报》(«Листок Голоса Социал-Демократа»)是俄国孟什维克取消派的机关报,1911年6月—1912年7月在巴黎出版,共出了6号。

这里说的是尔·马尔托夫在《〈社会民主党人呼声报〉小报》第6号上发表的《好"创举"》一文。这篇文章是评论一些社会革命党人办的取消主义刊物《创举》杂志第1期的(关于这个杂志,见注227)。文中摘引尼·德·阿夫克森齐耶夫等人承认社会革命党已被取消的文章,然后加注说:"还未听说,社会革命党内有普列汉诺夫那样富于才智的人物,能够因为这些话而要求把其作者们'开除'的。"——9。

26 波兰社会党"左派"原为波兰社会党内的左派。波兰社会党是以波兰社会党人巴黎代表大会(1892年11月)确定的纲领方针为基础于1893年成立的。这次代表大会提出了建立独立民主共和国、为争取人民群众的民主权利而斗争的口号，但是没有把这一斗争同俄国、德国和奥匈帝国的革命力量的斗争结合起来。该党右翼领导人约·皮尔苏茨基等认为恢复波兰国家的唯一道路是民族起义，而不是以无产阶级为领导的全俄反对沙皇的革命。从 1905 年 2 月起，以马·亨·瓦列茨基、费·雅·柯恩等为首的左派逐步在党内占了优势。1906 年 11 月在维也纳召开的波兰社会党第九次代表大会把皮尔苏茨基及其拥护者开除出党，该党遂分裂为两个党：波兰社会党"左派"和波兰社会党"革命派"（"右派"，亦称弗腊克派）。

波兰社会党"左派"反对皮尔苏茨基分子的民族主义及其恐怖主义和密谋策略，主张同全俄工人运动密切合作，认为只有在全俄革命运动胜利基础上才能解决波兰劳动人民的民族解放和社会解放问题。在 1908—1910 年期间，主要通过工会、文教团体等合法组织进行活动。该党不同意孟什维克关于在反对专制制度斗争中的领导权属于资产阶级的论点，可是支持孟什维克反对第四届国家杜马中的布尔什维克代表。第一次世界大战爆发后，该党持国际主义立场，参加了 1915 年的齐美尔瓦尔德会议和 1916 年的昆塔尔会议。该党欢迎俄国十月革命。1918 年 12 月，该党同波兰王国和立陶宛社会民主党一起建立了波兰共产主义工人党（1925 年改称波兰共产党，1938 年解散）。——9。

27 拿炸弹的自由派是指曾参加社会革命党搞恐怖活动的自由派分子。参看《俄国恐怖主义者飞黄腾达的一生》一文（本版全集第 20 卷）。——10。

28 第三届杜马（第三届国家杜马）是根据 1907 年 6 月 3 日（16 日）沙皇解散第二届杜马时颁布的新的选举条例在当年秋天选举、当年 11 月 1 日（14 日）召开的，存在到 1912 年 6 月 9 日（22 日）。这届杜马共有代表 442 人，先后任主席的有尼·阿·霍米亚科夫、亚·伊·古契柯夫（1910 年 3 月起）和米·弗·罗将柯（1911 年起），他们都是十月党人。这届杜马按其成分来说是黑帮—十月党人的杜马，是沙皇政府对俄国革命力量实行反革命的暴力和镇压政策的驯服工具。这届杜马的 442 名代表中，有右派 147 名，十月党人 154 名，立陶宛—白俄罗斯集团 7

名，波兰代表联盟 11 名，进步派 28 名，穆斯林集团 8 名，立宪民主党人 54 名，劳动派 14 名，社会民主党人 19 名。因此它有两个多数：黑帮—十月党人多数和十月党人—立宪民主党人多数。沙皇政府利用前一多数来保证推行斯托雷平的土地政策，在工人问题上采取强硬政策，对少数民族采取露骨的大国主义政策；而利用后一多数来通过微小的让步即用改良的办法诱使群众脱离革命。

第三届杜马全面支持沙皇政府在六三政变后的内外政策。它拨巨款给警察、宪兵、法院、监狱等部门，并通过了一个大大扩充了军队员额的兵役法案。第三届杜马的反动性在工人立法上表现得尤为明显，它把几个有关工人保险问题的法案搁置了 3 年，直到 1911 年在新的革命高潮到来的形势下才予以批准，但保险条件比 1903 年法案的规定还要苛刻。1912 年 3 月 5 日（18 日），杜马工人委员会否决了罢工自由法案，甚至不许把它提交杜马会议讨论。在土地问题上，第三届杜马完全支持斯托雷平的土地法，于 1910 年批准了以 1906 年 11 月 9 日（22 日）法令为基础的土地法，而拒绝讨论农民代表提出的一切关于把土地分配给无地和少地农民的提案。在少数民族问题上，它积极支持沙皇政府的俄罗斯化政策，通过一连串的法律进一步限制少数民族的基本权利。在对外政策方面，它主张沙皇政府积极干涉巴尔干各国的内政，破坏东方各国的民族解放运动和革命。

第三届杜马的社会民主党党团，尽管工作条件极为恶劣，人数不多，在初期活动中犯过一些错误，但是在列宁的批评和帮助下，工作有所加强，在揭露第三届杜马的反人民政策和对无产阶级和农民进行政治教育等方面都做了大量的工作。——11。

29　套中人是俄国作家安·巴·契诃夫的同名小说的主人公别利科夫的绰号。此人对一切变动担惊害怕，忧心忡忡，一天到晚总想用一个套子把自己严严实实地包起来。后被喻为因循守旧、害怕变革的典型。——13。

30　立宪民主党（正式名称为人民自由党）是俄国自由主义君主派资产阶级的主要政党，1905 年 10 月成立。中央委员中多数是资产阶级知识分子、地方自治人士和自由派地主。主要活动家有帕·尼·米留可夫、谢·安·穆罗姆采夫、瓦·阿·马克拉柯夫、安·伊·盛加略夫、彼·伯·司徒卢威、约·弗·盖森等。立宪民主党提出一条与革命道路相对抗的和平的宪政发展道路，主张俄国实行立宪君主制和资产阶级的自由。在土地问题上，主张将国家、皇室、皇族和寺院的土地分给无地和少地的农民；私有土地部分地转让，并且按“公平”价格给予补偿；解决土地问题的土地委员会由同等数量的地主和农民组成，并由官员充当他们之间的调解人。1906 年春，曾同政府进行参加内阁的秘密谈判，后来在国家杜马中自命为“负责任的反对派”。第一次世界大战期间，支持沙皇政府的掠夺政策，曾同十月党等反动政党组成“进步同盟”，要求成立责任内阁，即为资产阶级和地主所信任的政府，力图阻止革命并把战争进行到最后胜利。二月革命后，立宪民主党在资产阶级临时政府中居于领导地位，竭力阻挠土地问题、民族问题等基本问题的解决，并奉行继续帝国主义战争的政策。七月事变后，支持科尔尼洛夫叛乱，阴谋建立军事独裁。十月革命胜利后，苏维埃政府于 1917 年 11 月 28 日(12 月 11 日)宣布立宪民主党为“人民公敌的党”。该党随之转入地下，继续进行反革命活动，并参与白卫将军的武装叛乱。国内战争结束后，该党上层分子大多数逃亡国外。1921 年 5 月，该党在巴黎召开代表大会时分裂，作为统一的党不复存在。——14。

31 《言语报》(«Речь»)是俄国立宪民主党的中央机关报(日报)，1906 年 2 月 23 日(3 月 8 日)起在彼得堡出版，实际编辑是帕·尼·米留可夫和约·弗·盖森。积极参加该报工作的有马·莫·维纳维尔、帕·德·多尔戈鲁科夫、彼·伯·司徒卢威等。1917 年二月革命后，该报积极支持资产阶级临时政府的对内对外政策，反对布尔什维克。1917 年 10 月 26 日(11 月 8 日)被查封。后曾改用《我们的言语报》、《自由言语报》、《时代报》、《新言语报》和《我们时代报》等名称继续出版，1918 年 8 月最终被查封。——14。

32 御用的反对派即陛下的反对派，是人们对自由派这种专制制度“反对派”的讽刺性称呼。陛下的反对派一语出自俄国立宪民主党领袖帕·

尼·米留可夫的一次讲话。1909 年 6 月 19 日(7 月 2 日),米留可夫在伦敦市长举行的早餐会上说:"在俄国存在着监督预算的立法院的时候,俄国反对派始终是陛下的反对派,而不是反对陛下的反对派。"(见 1909 年 6 月 21 日(7 月 4 日)《言语报》第 167 号)——14。

33 *劳动派*(劳动团)是俄国国家杜马中的农民代表和民粹派知识分子代表组成的小资产阶级民主派集团,1906 年 4 月成立。领导人是阿·费·阿拉季因、斯·瓦·阿尼金等。劳动派要求废除一切等级限制和民族限制,实行自治机关的民主化,用普选制选举国家杜马。劳动派的土地纲领要求建立由官地、皇族土地、皇室土地、寺院土地以及超过劳动土地份额的私有土地组成的全民地产,由农民普选产生的地方土地委员会负责进行土地改革,这反映了全体农民的土地要求,同时它又容许赎买土地,则是符合富裕农民阶层利益的。在国家杜马中,劳动派动摇于立宪民主党和布尔什维克之间。布尔什维克党支持劳动派的符合农民利益的社会经济要求,同时批评它在政治上的不坚定,可是劳动派始终没有成为彻底革命的农民组织。六三政变后,劳动派在地方上停止了活动。第一次世界大战期间,劳动派多数采取沙文主义立场。二月革命后,劳动派积极支持资产阶级临时政府,1917 年 6 月与人民社会党合并为劳动人民社会党。十月革命后,劳动派站在资产阶级反革命势力方面。——15。

34 *《给瑞士工人的信》*是用德文写的。1912 年 7 月,孟什维克取消派的俄国社会民主工党苏黎世联合组织常务局给"和睦"这一瑞士社会民主党组织的执行委员会和瑞士工人联合会写了一封信,声称自己是在苏黎世的俄国社会民主工党各国外团体的唯一代表。7 月 27 日(8 月 9 日)布尔什维克的俄国社会民主工党国外组织瑞士支部在苏黎世举行了会议。会议决议中有一项是对取消派常务局的信提出抗议。列宁的这封信和这项用德文写的决议一起在苏黎世印成了单页。在《列宁全集》俄文版里,这封信是根据单页从德文译成俄文刊印的。——17。

35 *国外组织委员会*即俄国社会民主工党国外组织委员会,是在 1911 年 12 月布尔什维克国外小组巴黎会议上选出的。这次会议决定"在拒绝同取消派-呼声派达成任何直接或间接的协议的基础上”,“在执行真正的党的路线的基础上”建立俄国社会民主工党国外组织。会议还“决定在各地设立这一国外组织的分部,并认为必须吸收一切同意支持俄国组织委员会、中央机关报和《工人报》的护党分子参加这些分部”(参看《苏联共产党代表大会、代表会议和中央全会决议汇编》1964 年人民出版社版第 1 分册第 337 页)。会议选出的国外组织委员会成员有:尼·亚·谢马什柯、米·费·弗拉基米尔斯基、伊·费·阿尔曼德等人。国外组织委员会的成员几经变动。在 1915 年 2 月 27 日—3 月 4 日于伯尔尼举行的俄国社会民主工党国外支部代表会议上,娜·康·克鲁普斯卡娅、阿尔曼德、格·李·什克洛夫斯基、弗·米·卡斯帕罗夫被选进了国外组织委员会。第一次世界大战期间,该委员会设在瑞士,在列宁的直接领导下开展工作。俄国社会民主工党第六次(布拉格)全国代表会议批准了国外组织委员会,谴责了在国外的所有的派别活动,确认在国外建立一个在中央委员会的监督和领导下工作的统一的党组织是完全必要的。国外组织委员会在团结党的力量,同孟什维克取消派、调和派、托洛茨基派和其他机会主义分子进行的斗争中发挥了重要的作用。国外组织委员会于 1917 年停止活动。——17。

36 社会党国际局是第二国际的常设执行和通讯机关,根据 1900 年 9 月巴黎代表大会的决议成立,设在布鲁塞尔。社会党国际局由各国社会党代表组成。执行主席是埃·王德威尔得,书记是卡·胡斯曼。俄国社会民主党人参加社会党国际局的代表是格·瓦·普列汉诺夫和波·尼·克里切夫斯基。从 1905 年 10 月起,列宁代表俄国社会民主工党参加社会党国际局。1914 年 6 月,根据列宁的建议,马·马·李维诺夫被任命为社会党国际局俄国代表。社会党国际局在第一次世界大战开始后实际上不再存在。——17。

37 《涅瓦明星报》(«Невская Звезда»)是俄国布尔什维克的合法报纸,1912 年 2 月 26 日(3 月 10 日)—10 月 5 日(18 日)在彼得堡出版,共出了 27 号。《涅瓦明星报》最初与《明星报》同时出版,以备《明星报》被查封或没收时可资替补。1912 年 4 月 22 日(5 月 5 日)以后即接替被查封的

《明星报》出版。参加该报编辑工作的有尼·尼·巴图林、维·米·莫洛托夫、米·斯·奥里明斯基等。列宁从国外对报纸实行思想领导。该报发表了20篇列宁的文章和360多篇工人通讯。报纸经常遭到政府的迫害，在所出的27号报纸中有9号被没收，两号被罚款，编辑曾不止一次被法庭审讯。——18。

38 《俄罗斯新闻》(«Русские Ведомости»)是俄国报纸，1863—1918年在莫斯科出版。它反映自由派地主和资产阶级的观点，主张在俄国实行君主立宪，撰稿人是一些自由派教授。至19世纪70年代中期成为俄国影响最大的报纸之一。80—90年代刊登民主主义作家和民粹主义者的文章。1898年和1901年曾经停刊。从1905年起成为右翼立宪民主党人的机关报。1917年二月革命后支持资产阶级临时政府。十月革命后被查封。——18。

39 指由沙皇政府大臣会议主席彼·阿·斯托雷平主持拟定、沙皇政府于1906年11月颁布的土地法令，包括1906年11月9日(22日)《关于农民土地占有和土地使用现行法令的几项补充决定》(这个法令由国家杜马和国务会议通过后称为1910年6月14日法令)和1906年11月15日(28日)《关于农民土地银行以份地作抵押发放贷款的法令》。根据这两个法令，农民可以退出村社，把自己的份地变成私产，也可以卖掉份地。村社必须为退社农民在一个地方划出建立独立田庄或独立农庄的土地。独立田庄主或独立农庄主可以从农民土地银行取得优惠贷款来购买土地。沙皇政府制定这些土地法令的目的是，在保留地主土地私有制和强制破坏村社的条件下，建立富农这一沙皇专制制度在农村的支柱。

斯托雷平的土地政策通过最痛苦的普鲁士道路，在保留农奴主-地主的政权、财产和特权的条件下，加速了农业的资本主义演进，加剧了对农民基本群众的强行剥夺，加速了农村资产阶级的发展。

列宁称1906年斯托雷平土地法令是继1861年改革以后俄国从农奴主专制制度变为资产阶级君主制的第二步。尽管沙皇政府鼓励农民退出村社，但在欧俄部分，九年中(1907—1915年)总共只有250万农户退出村社。首先使用退出村社的权利的是农村资产阶级，因为这能使他们加强自己的经济。也有一部分贫苦农民退出了村社，其目的是为了出卖份地，彻底割断同农村的联系。穷苦的小农户仍旧像以前一样贫穷和落后。

斯托雷平的土地政策并没有消除全体农民和地主之间的矛盾，只是导致了农民群众的进一步破产，加剧了富农和贫苦农民之间的阶级矛盾。——18。

40 指俄国1861年废除农奴制的改革。这次改革是由于沙皇政府在军事上遭到失败、财政困难和反对农奴制的农民起义不断高涨而被迫实行的。沙皇亚历山大二世于1861年2月19日（3月3日）签署了废除农奴制的宣言，颁布了改革的法令。这次改革共“解放了”2 250万地主农民，但是地主土地占有制仍然保存下来。在改革中，农民的土地被宣布为地主的财产，农民只能得到法定数额的份地，并要支付赎金。赎金主要部分由政府以债券形式付给地主，再由农民在49年内偿还政府。根据粗略统计，在改革后，贵族拥有土地7 150万俄亩，农民则只有3 370万俄亩。改革中地主把农民土地割去了$\frac{1}{5}$，甚至$\frac{2}{5}$。

在改革中，旧的徭役制经济只是受到破坏，并没有消灭。农民份地中最好的土地以及森林、池塘、牧场等都留在地主手里，使农民难以独立经营。在签订赎买契约以前，农民还对地主负有暂时义务。农民为了赎买土地交纳的赎金，大大超过了地价。仅前地主农民交给政府的赎金就有19亿卢布，而转归农民的土地按市场价格仅值5亿多卢布。这就造成了农民经济的破产，使得大多数农民还像以前一样，受着地主的剥削和奴役。但是，这次改革仍为俄国资本主义经济的发展创造了有利的条件。——20。

41 贵族联合会是农奴主-地主的组织，于1906年5月在各省贵族协会第一次代表大会上成立，存在到1917年10月。成立该组织的主要目的是维护君主专制制度，维护大地主土地占有制和贵族特权。贵族联合会的领导人是阿·亚·鲍勃凌斯基伯爵、Н.Ф.卡萨特金-罗斯托夫斯基公爵、Д.А.奥尔苏菲耶夫伯爵、弗·米·普利什凯维奇等人。列宁称贵族联合会为“农奴主联合会”。贵族联合会的许多成员参加了国务会议和黑帮组织的领导中心。——22。

42 这句话引自俄国社会民主工党第五次全国代表会议关于目前形势和任务的决议(参看《苏联共产党代表大会、代表会议和中央全会决议汇编》1964 年人民出版社版第 1 分册第 247 页)。列宁在《走上大路》一文中对决议中的这一点作了分析(见本版全集第 17 卷)。——22。

43 路标派是指俄国立宪民主党的著名政论家、自由派资产阶级的代表人物尼·亚·别尔嘉耶夫、谢·尼·布尔加柯夫、米·奥·格尔申宗、亚·索·伊兹哥耶夫、波·亚·基斯嘉科夫斯基、彼·伯·司徒卢威和谢·路·弗兰克。1909 年春,他们把自己论述俄国知识分子的一批文章编成文集在莫斯科出版,取名为《路标》,路标派的名称即由此而来。在这些文章中,他们企图诋毁俄国解放运动的革命民主主义传统,贬低维·格·别林斯基、尼·亚·杜勃罗留波夫、尼·加·车尔尼雪夫斯基、德·伊·皮萨列夫等人的观点和活动。他们诬蔑 1905 年的革命运动,感谢沙皇政府“用自己的刺刀和牢狱”把资产阶级“从人民的狂暴中”拯救了出来。列宁在《论〈路标〉》一文中对立宪民主党的这一文集作了批判分析和政治评价(见本版全集第 19 卷)。——25。

44 指 1908 年沙皇俄国政府财政部工业局对俄国工厂企业的调查。调查的初步资料,由瓦·叶·瓦尔扎尔发表于《1909 年初以前的帝国加工工业》一文,该文载于 1911 年 12 月 11 日(24 日)《财政与工商业通报》杂志第 50 期。列宁利用了此文的综合统计表中的数字。——26。

45 这些资料载于《1910 年工厂视察员报告汇编》1911 年圣彼得堡版第 37 页。——28。

46 指 1912 年春苏格兰煤矿工人的罢工。这次罢工约有 100 万人参加,是英国工业史上规模最大的一次罢工。政府立即对这次罢工作出让步,议会匆忙通过了最低工资法。有关这次罢工的情况和最低工资法的问题,列宁在本卷第 289—290 页《1912 年的英国工人运动》一文中作了比较详细的评述。——41。

47 下面的数字材料,列宁摘自《1910年工厂视察员报告汇编》1911年圣彼得堡版第15页。——43。

48 《新时报》(«Новое Время»)是俄国报纸,1868—1917年在彼得堡出版。出版人多次更换,政治方向也随之改变。1872—1873年采取进步自由主义的方针。1876—1912年由反动出版家阿·谢·苏沃林掌握,成为俄国最没有原则的报纸。1905年起是黑帮报纸。1917年二月革命后,完全支持资产阶级临时政府的反革命政策,攻击布尔什维克。1917年10月26日(11月8日)被查封。——45。

49 《有何吩咐报》在此处是指《新时报》。"有何吩咐?"原来是沙皇俄国社会中仆人对主人讲话时的用语。俄国作家米·叶·萨尔蒂科夫-谢德林在他的特写《莫尔恰林老爷们》中首次把对专制政府奴颜婢膝的自由派报刊称为《有何吩咐报》。——46。

50 零沽零饮,均所欢迎一词出自革命前俄国小酒店的招贴用语,意思是"在本店就饮或外沽均所欢迎"。俄国作家米·叶·萨尔蒂科夫-谢德林在《蒙列波避难所》里曾用它来描写俄国新兴资产者,说"他对科学毫无兴趣,对艺术珍品漠然置之,在他的旗帜上赫然写着的只有这么一句话:'零饮零沽,均所欢迎!'"。——46。

51 波兰王国和立陶宛社会民主党成立于1893年7月,最初称波兰王国社会民主党,其宗旨是实现社会主义,建立无产阶级政权,最低纲领是推翻沙皇制度,争取政治和经济解放。1900年8月,该党和立陶宛工人运动中国际主义派合并,改称波兰王国和立陶宛社会民主党。在1905—1907年俄国革命中,波兰王国和立陶宛社会民主党提出与布尔什维克相近的斗争口号,对自由派资产阶级持不调和的态度。但该党也犯了一些错误。列宁曾批评该党的一些错误观点,同时也指出它对波兰革命运动的功绩。

1906年4月,在俄国社会民主工党第四次(统一)代表大会上,该党作为地区性组织加入俄国社会民主工党，保持组织上的独立。由于党的领导成员扬·梯什卡等人在策略问题上发生动摇，1911 年 12 月该党分裂成两派：一派拥护在国外的总执行委员会，称为总执委会派；另一派拥护边疆区执行委员会，称为分裂派（见本卷《波兰社会民主党的分裂》一文）。分裂派主要包括华沙和罗兹的党组织，同布尔什维克密切合作，赞同 1912 年俄国社会民主工党布拉格代表会议的决议。第一次世界大战期间，波兰王国和立陶宛社会民主党持国际主义立场，反对支持外国帝国主义者的皮尔苏茨基分子和民族民主党人。1916 年该党两派合并。该党拥护俄国十月社会主义革命，1918 年在波兰领导建立了一些工人代表苏维埃。1918 年 12 月，在该党与波兰社会党"左派"的统一代表大会上，成立了波兰共产党。——47。

52 指波兰王国和立陶宛社会民主党总执行委员会给社会党国际局的信。这封信是罗莎·卢森堡写的，刊载于 1912 年 7 月 14 日总执委会派《工人报》第 16 号。——47。

53 华沙委员会的抗议书分发给了社会党国际局全体委员，后来刊载于 1912 年 9 月 11 日（24 日）分裂派《工人报》第 17—18 号合刊。——48。

54 进步派是俄国自由主义君主派资产阶级的一个政治集团。这一集团在国家杜马选举中以及在杜马中，试图把形形色色的资产阶级地主政党和派别的成员在"非党"的旗号下联合起来。

在第三届国家杜马中，进步派组成了一个有和平革新党和民主改革党代表参加的集团。出于害怕爆发新的革命的动机，进步派批评沙皇政府的"极端行为"，认为政府不肯让步造成了左派革命力量活动的条件。在 1912 年第四届国家杜马选举中，进步派同立宪民主党结成联盟。进步派杜马代表在第三届杜马初期是 28 名，末期已增加到 37 名，到了第四届杜马又进一步增至 48 名。

进步派于 1912 年 11 月 11—13 日在彼得堡召开代表大会，组成独立政党——进步党。该党纲领要点是：制定温和的宪法，实行细微的改革，建立责任内阁即对杜马负责的政府，镇压革命运动。列宁称这个纲领为民族主义自由派纲领，认为进步党人按成分和意识形态来说是十月党人同立宪民主党人的混合物，该党将成为德国也有的那种“真正的”资本主义资产阶级政党(参看本卷第265、352页)。进步派的创建人有著名的大工厂主亚·伊·柯诺瓦洛夫、帕·巴·里亚布申斯基、弗·巴·里亚布申斯基，大地主和地方自治人士伊·尼·叶弗列莫夫、格·叶·李沃夫、尼·尼·李沃夫、叶·尼·特鲁别茨科伊、德·尼·希波夫、马·马·柯瓦列夫斯基等。进步派在不同时期出版的报刊有《莫斯科周刊》、《言论报》、《俄国评论报》和《俄国晨报》。

第一次世界大战期间，进步党人支持沙皇政府，倡议成立军事工业委员会。1915年夏，进步党同其他地主资产阶级政党联合组成“进步同盟”，后于1916年退出。1917年二月革命后，进步党的一些领袖加入了国家杜马临时委员会，后又加入了资产阶级临时政府。但这时进步党本身实际上已经瓦解。十月革命胜利后，原进步党领袖积极反对苏维埃政权。——50。

55 《俄国报》(«Россия»)是俄国黑帮报纸(日报)，1905年11月—1914年4月在彼得堡出版。从1906年起成为内务部的机关报。该报接受由内务大臣掌握的政府秘密基金的资助。——52。

56 第一届杜马即维特杜马，是根据沙皇政府大臣会议主席谢·尤·维特制定的条例于1906年4月27日(5月10日)召开的。

在1905年十月全俄政治罢工的冲击下，沙皇尼古拉二世被迫发表了10月17日宣言，宣布召开具有立法职能的国家杜马以代替布里根咨议性杜马，借以把国家引上君主立宪的发展道路。1905年12月11日，沙皇政府公布了《关于修改国家杜马选举条例的命令》，这一命令原封不动地保留了为选举布里根杜马而制定的以财产资格和阶级不平等为基础的选举制度，只是在原来的三个选民团——土地占有者(地主)选民团、城市(资产阶级)选民团、农民选民团之外，新增了工人选民团。就分得的复选人数额来说，各选民团的权利不是平等的。地主的1票相当于城市资产阶级的3票、农民的15票、工人的45票。工人选民团的复选人只占国家杜马全部复选人的4%。选举不是普遍的。全体妇女、不满25岁的青年、游牧民族、军人、学生、小企业(50人以下的企业)的工人、短工、小手工业者、没有土地的农民都被剥夺了选举权。选举也不是直接的。一般是二级选举制,而为工人规定了三级选举制,为农民规定了四级选举制。

十二月起义失败后,沙皇政府一再限制曾经宣布过的杜马的权力。1906 年 2 月 20 日的诏书给了国务会议以批准或否决国家杜马所通过的法案的权力。1906 年 4 月 23 日(5 月 6 日)又颁布了经尼古拉二世批准的《国家根本法》,将国家政策的最重要问题置于杜马管辖之外。

第一届国家杜马选举于 1906 年 2—3 月举行。布尔什维克宣布抵制,但是没能达到搞垮这次选举的目的。当杜马终究召集起来时,列宁要求利用杜马来进行革命的宣传鼓动并揭露杜马的本质。

第一届国家杜马的代表共 478 人,其中立宪民主党 179 人,自治派 63 人(包括波兰、乌克兰、爱沙尼亚、拉脱维亚、立陶宛等民族的资产阶级集团的成员),十月党 16 人,无党派人士 105 人,劳动派 97 人,社会民主党 18 人。主席是立宪民主党人谢·安·穆罗姆采夫。

第一届国家杜马讨论过人身不可侵犯、废除死刑、信仰和集会自由、公民权利平等等问题,但是中心问题是土地问题。在杜马会议上提出的土地纲领主要有两个:一个是立宪民主党人于 5 月 8 日提出的由 42 名代表签署的法案,它力图保持地主土地占有制,只允许通过"按公平价格"赎买的办法来强制地主转让主要用农民的耕畜和农具耕种的或已出租的土地;另一个是劳动派于 5 月 23 日提出的"104 人法案",它要求建立全民土地资产,把超过劳动土地份额的地主土地及其他私有土地收归国有,按劳动份额平均使用土地。

第一届国家杜马尽管很软弱,它的决议尽管很不彻底,但仍不符合政府的愿望。1906 年 7 月 9 日(22 日),沙皇政府解散了第一届国家杜马。——52。

57　这里是套用俄国作家亚·谢·格里鲍耶陀夫的喜剧《智慧的痛苦》第 1 幕第 2 场中女仆莉莎的独白:"哎!最好别让我待在老爷身旁,在他身旁时刻都会遭殃;老爷发怒也罢,老爷爱怜也罢,都是最可怕的灾难,可千万别落到我们头上!"——55。

58 国务会议是俄罗斯帝国的最高咨议机关，于1810年设立，1917年二月革命后废除。国务会议审议各部大臣提出的法案，然后由沙皇批准；它本身不具有立法提案权。国务会议的主席和成员由沙皇从高级官员中任命，在沙皇亲自出席国务会议时，则由沙皇担任主席。国家杜马成立以后，国务会议获得了除改变国家根本法律以外的立法提案权。国务会议成员半数改由正教、各省地方自治会议、各省和各州贵族组织、科学院院士和大学教授、工商业主组织、芬兰议会分别选举产生。国务会议讨论业经国家杜马审议的法案，然后由沙皇批准。——56。

59 布里根杜马即沙皇政府宣布要在1906年1月中旬前召开的咨议性国家杜马。1905年8月6日(19日)沙皇颁布了有关建立国家杜马的诏书，与此同时，还颁布了《关于建立国家杜马的法令》和《国家杜马选举条例》。这些文件是受沙皇之托由内务大臣亚·格·布里根任主席的特别委员会起草的，所以这个拟建立的国家杜马被人们称做布里根杜马。根据这些文件的规定，在杜马选举中，只有地主、资本家和农民户主有选举权。居民的大多数——工人、贫苦农民、雇农、民主主义知识分子被剥夺了选举权。妇女、军人、学生、未满25岁的人和许多被压迫民族都被排除在选举之外。杜马只能作为沙皇属下的咨议性机构讨论某些问题，无权通过任何法律。布尔什维克号召工人和农民抵制布里根杜马。孟什维克则认为可以参加杜马选举并主张同自由派资产阶级合作。1905年十月全俄政治罢工迫使沙皇颁布10月17日宣言，保证召开立法杜马。这样布里根杜马没有召开就被革命风暴扫除了。——57。

60 凯撒主义是个人独裁和形式上承认人民即平民的权利相结合的政治制度。这一政治制度的创始者是古罗马统帅和政治家尤利乌斯·凯撒。所谓农民凯撒主义是指沙皇政府笼络农民，使之充当专制制度的主要支柱的政策。——58。

61 《取消派和“统一”》一文在1912年8月24日(9月6日)《真理报》第99号上发表时，包含有米·斯·奥里明斯基写的专门分析取消派对《真理报》的责难的一节。——61。

62 赫列斯塔科夫是俄国作家尼·瓦·果戈理的喜剧《钦差大臣》中的主角。他是一个恬不知耻、肆无忌惮地吹牛撒谎的骗子。——61。

63 奥勃洛摩夫是俄国作家伊·亚·冈察洛夫的长篇小说《奥勃洛摩夫》的主人公,他是一个怠惰成性、害怕变动、终日耽于幻想、对生活抱消极态度的地主。——64。

64 《箴言》杂志(«Заветы»)是倾向俄国社会革命党的合法的文学政治刊物(月刊),1912年4月—1914年7月在彼得堡出版。为杂志撰稿的有P.B.伊万诺夫-拉祖姆尼克、波·维·萨文柯夫、尼·苏汉诺夫、维·米·切尔诺夫等。——65。

65 指鲁·马·布兰克在1912年7月20日《生活需要》杂志第29期上发表的《社会民主党的纲领》一文中的意见。该文说,在社会民主党的报纸里"论战几乎完全排挤了政治","同自由派的琐细纠纷,对他们的一切罪过的'揭露',实在说,是不能算做本来意义上的政治的"。该文表示希望"论战最终让位给政治",也就是说社会民主党制定出正面的选举纲领。——69。

66 《庶民报》(«Земщина»)是俄国黑帮报纸(日报),国家杜马极右派代表的机关报,1909年6月—1917年2月在彼得堡出版。——69。

67 舍芬庭是西欧某些国家的陪审法庭。舍芬(德语Schöffe)即陪审员。——76。

68 绝顶聪明的鮈鱼出典于俄国作家米·叶·萨尔蒂科夫-谢德林的同名讽刺故事。故事说,一条鮈鱼感到处处有丧生的危险,便常常东躲西藏,提心吊胆地度日,而却自以为绝顶聪明。——80。

69 《罗莎·卢森堡和波兰"党"总执行委员会步马尔托夫的后尘》一文是为德国《不来梅市民报》写的,由亚·马列茨基译成了德文,但当时没有刊登出来。——84。

70 《前进报》(«Vorwärts»)是德国社会民主党的中央机关报(日报),1876

年10月在莱比锡创刊，编辑是威·李卜克内西和威·哈森克莱维尔。1878年10月反社会党人非常法颁布后被查禁。1890年10月反社会党人非常法废除后，德国社会民主党哈雷代表大会决定把1884年在柏林创办的《柏林人民报》改名为《前进报》（全称是《前进。柏林人民报》），从1891年1月起作为中央机关报在柏林出版，由李卜克内西任主编。恩格斯曾为《前进报》撰稿，同机会主义的各种表现进行斗争。1895年恩格斯逝世以后，《前进报》逐渐转入党的右翼手中。它支持过俄国的经济派和孟什维克。第一次世界大战期间持社会沙文主义立场。俄国十月革命以后，进行反对苏维埃的宣传。1933年停刊。——84。

71 指波兰王国和立陶宛社会民主党总执行委员会所组织的党的法庭指控卡·拉狄克有若干不道德行为一事。根据该法庭的决定，拉狄克被开除出波兰王国和立陶宛社会民主党。

在波兰王国和立陶宛社会民主党国外分部委员会（“分裂派”）倡议下，1913年9月初在巴黎成立了重新审议法庭决定的委员会。委员会由下列人员组成：弗·L.列德尔，代表波兰王国和立陶宛社会民主党国外分部委员会；M.埃迪舍罗夫，代表俄国社会民主工党中央委员会；米·巴甫洛维奇，代表俄国社会民主工党组织委员会。稍后委员会又增补进阿·瓦·卢那察尔斯基和代表崩得的Я.弗连克尔。总执行委员会不承认委员会有审议的权利，竭力阻挠向它移交起诉材料。委员会秘书列德尔于1913年10月21日写信给列宁，请他协助在社会党国际局会议上提出这个问题。列宁支持重新审理此案，他认为总执行委员会对拉狄克的指控同它对“分裂派”的尖锐斗争有关联。他在《罗莎·卢森堡和波兰“党”总执行委员会步马尔托夫的后尘》一文（见本卷第84—89页）中着重论证了总执行委员会领导人对拉狄克的攻击是无根据的，认为这一案件的实质是总执行委员会在进行政治报复。

该委员会经过5个月的工作得出了如下结论：把拉狄克交给党的法庭和开除出党是没有根据的；建议继续承认拉狄克为波兰王国和立陶宛社会民主党及俄国社会民主工党的党员（见波兰王国和立陶宛社会民主党国外分部委员会1914年3月出版的《波兰王国和立陶宛社会

民主党党员卡尔·拉狄克案件调查委员会报告书》)。——84。

72 指1911年尔·马尔托夫在巴黎出版的小册子《拯救者还是毁灭者?(谁破坏又是怎样破坏俄国社会民主工党)》。小册子大谈布尔什维克同乌拉尔"尔博夫分子"战斗队以及1907年梯弗利斯剥夺国库事件组织者的组织关系,并且提出了一系列无中生有的指责,来证明布尔什维克领导人的所谓"涅恰耶夫主义"。小册子还带有明显的政治讹诈性质。——84。

73 指1910年俄国社会民主工党中央一月全会通过的《党内状况》决议(参看《苏联共产党代表大会、代表会议和中央全会决议汇编》1964年人民出版社版第1分册第297—300页)。——84。

74 指《社会民主党人报》。见注7。——85。

75 指哥本哈根国际社会党代表大会。

哥本哈根国际社会党代表大会(第二国际第八次代表大会)于1910年8月28日—9月3日举行。出席代表大会的有来自欧洲、南北美洲、南部非洲和澳洲33个国家的896名代表。同奥地利、英国、德国、法国一样,俄国在大会上拥有20票,其中社会民主党(包括立陶宛和亚美尼亚社会民主党)10票,社会革命党7票,工会3票。代表俄国社会民主工党出席代表大会的有列宁、格·瓦·普列汉诺夫、亚·米·柯伦泰、阿·瓦·卢那察尔斯基等。

代表大会的主要议题是反对军国主义和战争、合作社与党的关系、国际团结和工会运动的统一等问题。为了预先讨论和草拟各项问题的决议,大会成立了5个委员会——合作社问题委员会;工会、国际团结和奥地利工会运动统一委员会;反战委员会;工人立法和失业问题委员会;关于社会党统一、关于死刑、关于芬兰、阿根廷、波斯等各种问题的决议制定委员会。

列宁参加了合作社问题委员会的工作。代表大会就合作社在无产阶级革命斗争中的作用和任务以及合作社与社会主义政党之间的相互关系问题展开了争论,并通过了一项决议,"对无产阶级合作社的任务作了一个基本正确的规定”(见本版全集第 19 卷第 348 页)。

代表大会通过的《仲裁法庭和裁军》这一反战问题的决议重申了 1907 年斯图加特代表大会的《军国主义与国际冲突》决议，要求各国社会党人利用战争引起的经济危机和政治危机来推翻资产阶级。决议还责成各国社会党及其议员在议会中提出下列要求：必须把各国间的一切冲突提交国际仲裁法庭解决；普遍裁军；取消秘密外交；主张各民族都有自决权并保护它们不受战争侵略和暴力镇压。决议号召各国工人反对战争的威胁。

为了团结各国革命马克思主义者，列宁在大会期间倡议召开了出席代表大会的各国左派社会民主党人的会议，与会者有法国的茹·盖得和沙·拉波波特，比利时的路·德·布鲁凯尔，德国的罗·卢森堡和埃·武尔姆，波兰的尤·马尔赫列夫斯基(卡尔斯基)，西班牙的巴·伊格莱西亚斯，奥地利的阿·布劳恩，俄国的普列汉诺夫等人。

代表大会期间，还举行了俄国社会民主工党代表——布尔什维克、孟什维克护党派和社会民主党杜马党团代表——的会议。参加会议的有列宁、普列汉诺夫和尼·古·波列塔耶夫等。在会议上达成了关于出版合法的和秘密的机关报以及孟什维克护党派为两者撰稿的协议。——85。

76 中央委员会国外局是由 1908 年 8 月俄国社会民主工党中央委员会全体会议批准成立的，是从属于中央委员会俄国局的全党的国外代表机构，由 3 人组成。其任务是与在俄国国内活动的中央委员会和在国外工作的中央委员保持经常联系，监督俄国社会民主工党国外各协助小组以及代表它们的国外中央局的活动，收纳国外组织上缴中央会计处的钱款，并为中央委员会募捐。1910 年中央委员会一月全会改组了中央委员会国外局，限定它的职能为领导党的一般事务，同时相应地加强了中央委员会俄国局的权力。中央委员会国外局改由 5 人组成，其中有各民族组织中央委员会的代表 3 人，布尔什维克代表 1 人和孟什维克代表 1 人。起初组成中央委员会国外局的是：阿·伊·柳比莫夫(布尔什维克)、波·伊·哥列夫(孟什维克)、扬·梯什卡(波兰社会民主党)，约诺夫(崩得)和扬·安·别尔津(拉脱维亚社会民主党)。但不久布尔什维克的代表改为尼·亚·谢马什柯，崩得代表改为米·伊·李伯尔，拉脱维亚社会民主党代表改为施瓦尔茨，后二人是取消派。这样，取消派就在中央委员会国外局的成员中取得了稳定的多数。他们极力破坏党中央机关的工作，阻挠召开中央委员会全会。布尔什维克代表谢马什柯被迫于1911年5月退出中央委员会国外局。

1911年6月在巴黎召开的俄国社会民主工党中央委员会会议作出了谴责中央委员会国外局政治路线的决议，指出国外局走上了反党的、维护派别策略的道路，决定把国外局是否继续存在的问题提交最近召开的中央委员会全会解决。1911年11月，波兰社会民主党从中央委员会国外局召回了自己的代表，随后拉脱维亚社会民主党也召回了自己的代表。1912年1月，中央委员会国外局自行撤销。——87。

77 这里是指当时参加中央委员会国外局的波兰社会民主党代表扬·梯什卡、崩得代表米·伊·李伯尔和拉脱维亚社会民主党代表施瓦尔茨(K.Я.埃利亚斯)。——87。

78 这里说的是1912年1月俄国社会民主工党第六次(布拉格)全国代表会议通过的、由列宁起草的《关于取消主义和取消派集团》决议(见本版全集第21卷)。——87。

79 《俄国思想》杂志(«Русская Мысль»)是俄国科学、文学和政治刊物(月刊)，1880—1918年在莫斯科出版。起初是同情民粹主义的温和自由派的刊物。90年代有时也刊登马克思主义者的文章。1905年革命后成为立宪民主党右翼的刊物，由彼·伯·司徒卢威和亚·亚·基泽韦捷尔编辑。十月革命后于1918年被查封。后由司徒卢威在国外复刊，成为白俄杂志，1921—1924年、1927年先后在索非亚、布拉格和巴黎出版。——90。

80 这几句诗出自俄国诗人尼·阿·涅克拉索夫的叙事长诗《谁在俄罗斯能过好日子》第1部第2章《集市》。诗中的布吕歇尔是指参加过滑铁卢大战的普鲁士元帅格布哈德·莱贝雷希特·布吕歇尔。——91。

81 维·格·别林斯基《给果戈理的信》是1847年7月写的，长期秘密流传，1855年由亚·伊·赫尔岑第一次发表在《北极星》文集上。这封信提出了俄国革命民主派的战斗纲领，同时也是别林斯基一生革命文学活动的总结，在当时俄国进步知识界影响很大。列宁在《论〈路标〉》一文(见本版全集第19卷)中也谈到了路标派对别林斯基这封信的意义的曲解。——92。

82 尼·阿·涅克拉索夫的这些诗句出自他的《给寄给我〈不可能〉一诗的一位不认识的朋友》。

1866年发生了莫斯科大学学生德·弗·卡拉科佐夫谋刺沙皇亚历山大二世的事件，沙皇政府于是对进步人士和进步报刊加紧迫害。涅克拉索夫为了保全他任主编的《同时代人》杂志免遭查封，违心地写了一些对反动派阿谀逢迎的诗，这引起了进步思想界的惶惑和责难。有一位读者写了一首题为《不可能》的诗寄给涅克拉索夫。涅克拉索夫在悔恨交加的心情下，于1867年写下了这首诗来回答那位不认识的朋友。——93。

83 引自俄国作家米·叶·萨尔蒂科夫-谢德林的讽刺故事《自由主义者》。一个自由主义者唱着“任何社会都必须以自由、保障和独立三要素作为基础”的高调，却没有为实现自己的理想而奋斗的决心和勇气。他“始而请求长官‘尽可能地’实行改良，继而央求‘哪怕一点儿也行’，最后则采取了永远不变的‘同流合污’的立场”。——93。

84 新康德主义是在复活康德哲学的口号下宣扬主观唯心主义的资产阶级哲学流派，19世纪中叶产生于德国。创始人是奥·李普曼和弗·阿·朗格等人。1865年李普曼出版了《康德及其追随者》一书。该书每一章都以“回到康德那里去!”的口号结束。他还提出要纠正康德承认“自在之物”这一“根本错误”。朗格则企图用生理学来论证不可知论。新康德主义后来形成两大学派：马堡学派(赫·柯亨、保·格·纳托尔普等)和弗赖堡学派(威·文德尔班、亨·李凯尔特等)。前者企图利用自然科学的成就，特别是利用数学方法向物理学的渗透，来论证唯心主义；后者则把社会科学与自然科学对立起来，宣称历史现象有严格的独特性，不受任何规律性的支配。两个学派都用科学的逻辑根据问题来取代哲学的基本问题。新康德主义者从右边批判康德，宣布“自在之物”是认识所趋向的“极限概念”。他们否认物质世界的客观存在，认为认识的对象并不是自然界和社会的规律性，而仅仅是意识的现象。新康德主义的不可知论不是“羞羞答答的唯物主义”，而是唯心主义的变种，断言科学没有力量认识和改变现实。新康德主义者公开反对马克思主义，用“伦理社会主义”对抗马克思主义。他们依据自己的认识论，宣布社会主义是人类竭力追求但不可能达到的“道德理想”。新康德主义曾被爱·伯恩施坦、康·施米特等人利用来修正马克思主义。俄国的合法马克思主义者企图把新康德主义同马克思主义结合起来。格·瓦·普列汉诺夫、保·拉法格和弗·梅林都批判对马克思主义所作的新康德主义的修正。列宁揭露了新康德主义的实质并指出了它同其他资产阶级哲学流派（内在论者、马赫主义、实用主义等等）的联系。——93。

85 祖巴托夫政策是20世纪初沙皇政府在工人问题上采取的一种政策，因其倡议者莫斯科保安处处长、宪兵上校谢·瓦·祖巴托夫而得名。祖巴托夫政策是在俄国工人运动从经济斗争向政治斗争转变、社会民主党的影响不断扩大的情况下提出来的，主要内容是建立亲政府的合法工人组织，以诱使工人脱离反对专制制度的政治斗争。祖巴托夫分子力图把工人运动引入纯粹经济要求的轨道，并向工人灌输政府准备满足这些要求的想法。祖巴托夫在制定和实行这一政策时利用了伯恩施坦主义、合法马克思主义和经济主义的思想。

1901年5月，保安处在莫斯科建立了第一个祖巴托夫组织——机械工人互助协会。同年夏季，祖巴托夫代理人（原为崩得成员）在明斯克和维尔诺建立了犹太独立工党。在1901—1903年间，彼得堡、基辅、哈尔科夫、叶卡捷琳诺斯拉夫、尼古拉耶夫、彼尔姆、敖德萨等地都建立了祖巴托夫组织。这些组织开会讨论过必须争取提高工人工资和缩短工作日等问题，甚至还提出过让工人购买企业的建议。革命报刊因此称祖巴托夫政策为“警察社会主义”。

革命社会民主党人揭露祖巴托夫政策的反动性，同时也利用合法工人组织来吸引工人阶级的广大阶层参加反对专制制度的斗争。在革命社会民主党人宣传鼓动的影响下，祖巴托夫组织发起的多次罢工都转变成了反政府的政治行动，1903 年爆发的南俄总罢工特别明显地表明了这一点。沙皇政府于是摒弃了祖巴托夫建议的同革命运动斗争的方法，而祖巴托夫政策也为工厂主所反对。1903 年夏，祖巴托夫组织被全部撤销。

加邦请愿是指与俄国保安机关有联系的格·阿·加邦神父怀着挑衅的目的，建议彼得堡工人于 1905 年 1 月 9 日(22 日)列队前往冬宫向沙皇呈递请愿书一事。在请愿那天，沙皇命令军队对手无寸铁的工人和他们的妻子儿女开枪，结果有 1 000 多人被打死，2 000 多人受伤。沙皇的暴行引起了工人的极大愤怒，当天彼得堡街头就出现了街垒，工人同军警发生了武装冲突。1 月 9 日成了 1905—1907 年俄国第一次革命的起点。——94。

86 第二届国家杜马(第二届杜马)于 1907 年 2 月 20 日(3 月 5 日)召开，共有代表 518 人。主席是立宪民主党人费·亚·戈洛文。尽管当时俄国革命处于低潮时期，而且杜马选举是间接的、不平等的，但由于各政党间的界限比第一届杜马时期更为明显，群众的阶级觉悟较前提高，以及布尔什维克参加了选举，所以第二届杜马中左派力量有所加强。按政治集团来分，第二届杜马的组成是：右派即君主派和十月党 54 名，立宪民主党和靠近它的党派 99 名，各民族代表 76 名，无党派人士 50 名，哥萨克集团 17 名，人民社会党 16 名，社会革命党 37 名，劳动派 104 名，社会民主党 65 名。

同第一届杜马一样，第二届杜马的中心议题是土地问题。右派和十月党人捍卫 1906 年 11 月 9 日斯托雷平关于土地改革的法令。立宪民主党人大大删削了自己的土地法案，把强制转让土地的成分降到最低限度。劳动派在土地问题上仍然采取在第一届杜马中采取的立场。孟什维克占多数的社会民主党党团提出了土地地方公有化法案，布尔什维克则捍卫全部土地国有化纲领。除土地问题外，第二届杜马还讨论了预算、对饥民和失业工人的救济、大赦等问题。在第二届杜马中，布尔什维克执行与劳动派建立“左派联盟”的策略，孟什维克则执行支持立宪民主党人的机会主义策略。

1907 年 6 月 3 日(16 日)沙皇政府发动政变,解散了第二届杜马;同时颁布了保证地主和大资产阶级能在国家杜马中占绝对多数的新选举法。这一政变标志着俄国历史上斯托雷平反动时期的开始。——95。

87 犹杜什卡是对犹大的蔑称,是俄国作家米·叶·萨尔蒂科夫-谢德林的长篇小说《戈洛夫廖夫老爷们》中的主要人物波尔菲里·弗拉基米罗维奇·戈洛夫廖夫的绰号。谢德林笔下的犹杜什卡是贪婪、无耻、伪善、阴险、残暴等各种丑恶品质的象征。——95。

88 《俄罗斯通报》杂志(«Русский Вестник»)是俄国文学和政治刊物,1856 年由米·尼·卡特柯夫在莫斯科创办,起初为双周刊,1861 年起改为月刊。该杂志初期持温和自由派立场,期待自上而下的改革,1862 年起变成了反动势力的喉舌。它的文学栏登载过一些长篇小说,把当时的革命青年描写成杀人凶手、盗贼、纵火犯、疯子和恶棍,而与之相映衬的则是贵族阶层和宗法制生活中的"正面"的英雄。1887 年卡特柯夫死后,该杂志曾迁到彼得堡出版,1906 年停刊。——96。

89 俄罗斯人民同盟是俄国黑帮组织,于 1905 年 10 月在彼得堡成立。该组织联合城市小资产阶级的代表、地主、部分知识界和宗教界人士、城市无业游民、一部分富农以及某些工人和农民,创始人为亚·伊·杜勃洛文、弗·安·格林格穆特、弗·米·普利什凯维奇等。1905 年 12 月 23 日(1906 年 1 月 5 日),沙皇尼古拉二世接见同盟代表团,接受了同盟成员的称号和徽章。同盟纲领以维护俄国的统一和不可分、保持专制制度、沙皇和人民通过咨议性的国民代表会议取得一致、大国沙文主义、反犹太主义等为基本内容,同时也包含一些蛊惑性的条文,如批评官僚制、保持村社土地所有制、各等级权利平等、国家为工人提供保险等。同盟的中央机构是由 12 人组成的总委员会,设在彼得堡。全国各城市、村镇所设的同盟分部在 1905—1907 年间达 900 个。同盟的主要机关报是《俄国旗帜报》。同盟通过宣传鼓动几次掀起俄国反犹太人大暴行的浪潮,同时也进行个人恐怖活动。它刺杀了第一届国家杜马代表米·雅·赫尔岑施坦、格·波·约洛斯,并两次对谢·尤·维特行刺。第二届国家杜马解散后，同盟于1908—1910年分裂为米迦勒天使长同盟、俄罗斯人民同盟、彼得堡全俄杜勃洛文俄罗斯人民同盟等几个互相敌对的组织。1917年二月革命后同其他黑帮组织一起被取缔。——98。

90 说的是下面几件事：

1908年11月和12月，大工业家尤·彼·古容、格·亚·克列斯托夫尼科夫等曾同立宪民主党活动家彼·伯·司徒卢威、亚·阿·曼努伊洛夫、亚·亚·基泽韦捷尔等人一起在莫斯科举行讨论“当前问题”的秘密会议。

1910年10月，第三届国家杜马代表费·亚·戈洛文声明辞去自己的代表职务，过了不久就积极参加了铁路的承租。

1912年3月，第三届国家杜马代表、律师瓦·阿·马克拉柯夫不顾自己的代表身份，担任了塔吉耶夫案件的辩护人。塔吉耶夫是巴库大石油工业家，因被控折磨本公司一名职员而受审。——99。

91 乡会是俄国1861年改革后设立的地方农民管理机关，由乡长、村长等地方公职人员和农民代表(每10户选一人)组成，每年开会两三次。乡会选举乡长等地方公职人员，解决本乡的一些行政和经济问题。乡会掌握在农民资产阶级手中，实际是乡公所的咨询机关。资产阶级临时政府于1917年5月21日颁布法令，撤销乡会，在乡一级设地方自治机关。——106。

92 指1912年6月13日《真理报》第38号刊载的一封寄自特维尔省科尔切瓦县的来信，题为《退出村社》，署名为“一个农民出身的工人”。——106。

93 独立农庄原指开垦新土地时建立的独户农业居民点，随着资本主义的发展，后来通常指拥有农业建筑物和供个人使用的地段的独立庄园。在俄国，独立农庄最早于18世纪前半期出现在顿河军屯地区，农庄主是富裕的哥萨克。到19世纪，独立农庄在波兰王国地区、波罗的海沿岸以及西部各省得到了发展。1906年以后，随着斯托雷平土地改革的实行，独立农庄的数量增加较快。到1910年，独立农庄在欧俄农户中所占比重为10.5%。十月革命后，在农业全盘集体化的过程中，多数独立农庄被取消，某些地区保存到1940年。

村社是俄国农民共同使用土地的形式，其特点是在实行强制性的统一轮作的前提下，将耕地分给农户使用，森林、牧场则共同使用，不得分割。村社内实行连环保制度。村社的土地定期重分，农民无权放弃和买卖土地。村社管理机构由选举产生。俄国村社从远古即已存在，在历史发展过程中逐渐成为俄国封建制度的基础。沙皇政府和地主利用村社对农民进行监视和掠夺，向农民榨取赎金和赋税，逼迫他们服徭役。

村社问题在俄国曾引起热烈争论，发表了大量有关的经济学文献。民粹派认为村社是俄国向社会主义发展的特殊道路的保证。他们企图证明俄国的村社农民是稳固的，村社能够保护农民，防止资本主义关系侵入他们的生活。早在19世纪80年代，格·瓦·普列汉诺夫就已指出民粹派的村社社会主义的幻想是站不住脚的。到了90年代，列宁粉碎了民粹派的理论，用大量的事实和统计材料说明资本主义关系在俄国农村是怎样发展的，资本是怎样侵入宗法制的村社、把农民分解为富农与贫苦农民两个对抗阶级的。

在1905—1907年革命中，村社曾被农民用做革命斗争的工具。地主和沙皇政府对村社的政策在这时发生了变化。1906年11月9日，沙皇政府大臣会议主席彼·阿·斯托雷平颁布了摧毁村社、培植富农的土地法令，允许农民退出村社和出卖份地。这项法令颁布后的9年中，有200多万农户退出了村社。但是村社并未被彻底消灭，到1916年底，欧俄仍有三分之二的农户和五分之四的份地在村社里。村社在十月革命以后还存在很久，直到全盘集体化后才最终消失。——106。

94　《生活需要》杂志（«Запросы Жизни»）是彼得堡的一家周刊，1909—1912年出版。为它撰稿的有立宪民主党人、人民社会党人和孟什维克取消派。列宁称它是“取消派—劳动派—路标派的”杂志。——108。

95　指1912年8月24日（9月6日）《涅瓦呼声报》第8号发表的编辑部文

章《我们的彻底的民主派》。——114。

96 《向理智呼吁报》(«Appeal to Reason»)是美国社会党人的报纸,1895 年在美国堪萨斯州吉拉德市创刊。该报宣传社会主义思想,很受工人欢迎。第一次世界大战期间,该报采取国际主义立场。——118。

97 《光线报》(«Луч»)是俄国孟什维克取消派的合法报纸(日报),1912 年 9 月 16 日(29 日)—1913 年 7 月 5 日(18 日)在彼得堡出版,共出了 237 号。为该报撰稿的有帕·波·阿克雪里罗得、费·伊·唐恩、弗·叶若夫(谢·奥·策杰尔包姆)、诺·尼·饶尔丹尼亚、弗·科索夫斯基等。该报主要靠自由派捐款维持。对该报实行思想领导的是组成原国外取消派机关报《社会民主党人呼声报》编辑部的尔·马尔托夫、阿克雪里罗得、亚·马尔丁诺夫和唐恩。该报反对布尔什维克的革命策略,鼓吹建立所谓"公开的党"的机会主义口号,反对工人的革命的群众性罢工,企图修正党纲的最重要的论点。列宁称该报是叛徒的机关报。

从 1913 年 7 月 11 日(24 日)起,《光线报》依次改用《现代生活报》、《新工人报》、《北方工人报》和《我们的工人报》等名称出版。——120。

98 这篇文章是以俄国社会民主工党中央委员会的名义对 1912 年 9 月 28 日《莱比锡人民报》第 226 号所载的一篇报道的答复。取消派提供的这篇报道是介绍 1912 年 8 月举行的取消派代表会议的,但它歪曲了代表会议的真相,使德国社会民主党人受到了蒙蔽。

列宁的文章发表于 1912 年 10 月 9 日《莱比锡人民报》第 235 号。列宁随后把它寄给了社会党国际局书记卡·胡斯曼,并在附信中说,这篇文章可供他了解这个假社会民主党代表会议的情况(见本版全集第 46 卷第 96 号文献)。

《莱比锡人民报》(«Leipziger Volkszeitung»)是德国社会民主党的报纸(日报),1894—1933 年出版。该报最初属于该党左翼,弗·梅林和罗·卢森堡曾多年担任它的编辑。1917—1922 年是德国独立社会民主党的机关报,1922 年以后成为右翼社会民主党人的机关报。——122。

99《明星报》(«Звезда»)是俄国布尔什维克的合法报纸,1910年12月16日(29日)—1912年4月22日(5月5日)在彼得堡出版,起初每周出版一次,从1912年1月21日(2月3日)起每周出版两次,从1912年3月8日(21日)起每周出版三次,共出了69号。《明星报》的续刊是《涅瓦明星报》,它是因《明星报》屡被没收(69号中有30号被没收)而筹备出版的,于1912年2月26日(3月10日)即《明星报》尚未被查封时在彼得堡创刊,最后一号即第27号于1912年10月5日(18日)出版。根据在哥本哈根国际社会党代表大会期间召开的有布尔什维克、孟什维克护党派和社会民主党杜马党团的代表参加的会议上的协议(参看注75),《明星报》编辑部起初由弗·德·邦契-布鲁耶维奇(代表布尔什维克)、尼·伊·约尔丹斯基(代表孟什维克护党派)和伊·彼·波克罗夫斯基(代表第三届国家杜马社会民主党党团)组成。尼·古·波列塔耶夫在组织报纸的出版工作方面起了很大作用。在这一时期,《明星报》是作为社会民主党杜马党团的机关报出版的,曾受孟什维克的影响。1911年6月11日(24日),该报出到第25号暂时停刊。1911年10月复刊后,编辑部经过改组,已没有孟什维克护党派参加。该报就成为纯粹布尔什维克的报纸了。

列宁对《明星报》进行思想上的领导,他在《明星报》和《涅瓦明星报》上发表了约50篇文章。积极参加该报编辑和组织工作或为该报撰稿的还有尼·尼·巴图林、康·斯·叶列梅耶夫、米·斯·奥里明斯基、安·伊·叶利扎罗娃-乌里扬诺娃、瓦·瓦·沃罗夫斯基、列·米·米哈伊洛夫、弗·伊·涅夫斯基、杰米扬·别德内依、马·高尔基等。《明星报》刊登过格·瓦·普列汉诺夫的多篇文章。

在列宁的领导下,《明星报》成了战斗的马克思主义的报纸。该报与工厂工人建立了经常的密切联系,在俄国工人阶级和劳动人民中享有很高的威信。1912年春,由于工人运动的高涨,《明星报》的作用大大增强了。

以无产阶级先进阶层为读者对象的《明星报》,还为创办布尔什维克的群众性的合法报纸《真理报》作了准备。它宣传创办布尔什维克的群众性日报的主张并从1912年1月开始为筹办这种报纸开展募捐,得到了工人群众的热烈支持。——123。

100 民族党人是指全俄民族联盟的成员。全俄民族联盟是俄国地主、官僚的反革命君主主义政党。该党前身是1908年初从第三届国家杜马右派总联盟中分离出来的一个独立派别，共20人，主要由西南各省的杜马代表组成。1909年10月25日，该派同当年4月19日组成的温和右派党的党团合并成为"俄国民族党人"共同党团(100人左右)。1910年1月31日组成为统一的党——全俄民族联盟，党和党团主席是彼·尼·巴拉绍夫，领导人有帕·尼·克鲁平斯基、弗·阿·鲍勃凌斯基、米·奥·缅施科夫和瓦·维·舒利金。该党以维护贵族特权和地主所有制、向群众灌输好战的民族主义思想为自己的主要任务。该党的纲领可以归结为极端沙文主义、反犹太主义和要求各民族边疆区俄罗斯化。1915年初，"进步"民族党人从全俄民族联盟分离出来，后来参加了"进步同盟"。1917年二月资产阶级民主革命后，该党即不复存在。——127。

101 三国同盟是指德国、奥匈帝国和意大利三国的军事政治联盟。德国是三国同盟的发起者，它在1879年首先同奥匈帝国缔结了军事同盟条约，此后又乘法意两国因突尼斯问题发生冲突之机把意大利拉入该同盟。1882年5月20日，德国、奥匈帝国和意大利在维也纳缔结了矛头主要指向法国和俄国的秘密同盟条约，三国同盟至此最终形成。意大利由于在财政上依赖英国，所以它参加三国同盟时提出如下附带条件：只有同盟的敌人不包括英国时，意大利才能履行自己的义务。意大利在第一次世界大战初期宣布中立，1915年退出三国同盟而转到了协约国一边。从此，三国同盟不复存在。——128。

102 三国协约是指与德、奥、意三国同盟相对立的英、法、俄三国帝国主义联盟。这个联盟的建立，始于1891—1893年缔结法俄同盟，中经1904年签订英法协定，而由1907年签订英俄协定最终完成。在第一次世界大战期间先后有美、日、意等20多个国家加入。十月革命后，协约国联盟的主要成员——英、法、美、日等国发动和组织了对苏维埃俄国的武装干涉。——128。

103　英国社会党是由英国社会民主党和其他一些社会主义团体合并组成的，1911 年在曼彻斯特成立。英国社会党是马克思主义的政治组织，但是由于带有宗派倾向，并且党员人数不多，因此未能在群众中展开广泛的宣传活动。第一次世界大战前夕和大战期间，在党内国际主义派（威·加拉赫、约·马克林、阿·英克平、费·罗特施坦等）同以亨·海德门为首的社会沙文主义派之间展开了激烈的斗争。但是在国际主义派内部也有一些不彻底分子，他们在一系列问题上采取中派立场。第一次世界大战爆发以后，1914 年 8 月 13 日，英国社会党的中央机关报《正义报》发表了题为《告联合王国工人》的爱国主义宣言。1916 年 2 月英国社会党的一部分活动家创办的《号召报》对团结国际主义派起了重要作用。1916 年 4 月在索尔福德召开的英国社会党年会上，以马克林、英克平为首的多数代表谴责了海德门及其追随者的立场，迫使他们退出了党。该党从 1916 年起是工党的集体党员。1919 年加入了共产国际。该党左翼是创建英国共产党的主要发起者。1920 年该党的绝大多数地方组织加入了英国共产党。——135。

104　独立工党（I.L.P.）是英国改良主义政党，1893 年 1 月成立。领导人有基·哈第、拉·麦克唐纳、菲·斯诺登等。党员主要是一些新、旧工联的成员以及受费边派影响的知识分子和小资产阶级分子。独立工党从建党时起就采取资产阶级改良主义立场，把主要注意力放在议会斗争和同自由主义政党进行议会交易上。1900 年，该党作为集体党员加入英国工党。在第一次世界大战期间，独立工党领袖采取资产阶级和平主义立场。1932 年 7 月独立工党代表会议决定退出英国工党。1935 年该党左翼成员加入英国共产党，1947 年许多成员加入英国工党，独立工党不再是英国政治生活中一支引人注目的力量。——135。

105　自由党是英国的一个反映工商业资产阶级利益的政党，于 19 世纪 50 年代末至 60 年代初形成。自由党在英国两党制中代替辉格党的位置而与保守党相对立。19 世纪至 20 世纪初，自由党多次执政，在英国政治生活中起了重要作用。1916—1922 年，自由党领袖戴·劳合-乔治领导了自由党和保守党的联合政府。20 世纪初，在工党成立后和工人运动发展的条件下，自由党力图保持它对工人的影响，推行自由派改良主义的政策，但也不惜公然动用军队来对付罢工工人。第一次世界大战结束后，自由党的势力急剧衰落，它在英国两党制中的地位为工党所取代。——136。

106 工党(英国工党)成立于1900年，起初称劳工代表委员会，由工联、独立工党和费边社等组织联合组成，目的是把工人代表选入议会。1906年改称工党。工党的领导机关执行委员会同工联总理事会、合作党执行委员会共同组成所谓全国劳动委员会。工党成立初期就成分来说是工人的政党(后来有大批小资产阶级分子加入)，但就思想和政策来说是一个机会主义的组织。该党领导人从党成立时起就采取同资产阶级实行阶级合作的路线。第一次世界大战期间，工党领导机构多数人持沙文主义立场，工党领袖阿·韩德逊等参加了王国联合政府。从1924年起，工党领导人多次组织政府。——136。

107 指孟什维克关于非党工人代表大会的宣传。召开非党工人代表大会的主张是帕·波·阿克雪里罗得于1905年夏首次提出的，得到了其他孟什维克的支持。这一主张概括起来说就是召开各种工人组织的代表大会，在这个代表大会上建立社会民主党人、社会革命党人和无政府主义者都参加的合法的"广泛工人政党"。这实际上意味着取消俄国社会民主工党而代之以非党的组织。召开非党工人代表大会的主张也得到了社会革命党人、无政府主义者以及立宪民主党人和黑帮工人组织(祖巴托夫分子等)的赞同。1907年俄国社会民主工党第五次(伦敦)代表大会谴责了这种主张(参看《苏联共产党代表大会、代表会议和中央全会决议汇编》1964年人民出版社版第1分册第208页)。——136。

108 保守党是英国大资产阶级和大土地贵族的政党，于19世纪50年代末至60年代初在老托利党基础上形成。在英国向帝国主义阶段过渡的时期，保守党继续维护土地贵族利益，同时也逐步变成垄断资本的政党。保守党在英国多次执掌政权。——137。

109 阿基里斯之踵意为致命弱点，出典于希腊神话。阿基里斯是希腊英雄珀琉斯和海洋女神西蒂斯所生的儿子。他的母亲为了使他和神一样永生不死，在他出生后曾捏着他的脚后跟把他放进冥河的圣水里浸过。他的脚后跟因为没有沾上圣水就成了他唯一可能受到伤害的部位。后来阿基里斯果然被暗箭射中脚后跟而死。——138。

110　指1912年9月23日(10月6日)《言语报》第261号发表的简讯《选举的第一阶段》。——142。

111　指沙皇政府发动六三政变时颁布的法令。

六三政变是指俄国沙皇政府在这一天发动的反动政变，史称六三政变。政变前，沙皇政府保安部门捏造罪名，诬陷社会民主党国家杜马党团准备进行政变。沙皇政府随之要求审判社会民主党杜马代表，并且不待国家杜马调查委员会作出决定，就于6月2日(15日)晚逮捕了他们。6月3日(16日)，沙皇政府违反沙皇1905年10月17日宣言中作出的非经国家杜马同意不得颁布法律的诺言，颁布了解散第二届国家杜马和修改国家杜马选举条例的宣言。依照新的选举条例，农民和工人的复选人减少一半(农民复选人由占总数44%减到22%，工人复选人由4%减到2%)，而地主和资产阶级的复选人则大大增加(地主和大资产阶级复选人共占总数65%，其中地主复选人占49.4%)，这就保证了地主资产阶级的反革命同盟在第三届国家杜马中居统治地位。新的选举条例还剥夺了俄国亚洲部分土著居民以及某些省份的突厥民族的选举权，并削减了民族地区的杜马席位(高加索由29席减为10席，波兰王国由37席减为14席)。六三政变标志着1905—1907年革命的失败和反革命的暂时胜利，斯托雷平反动时期由此开始。——143。

112　遇到三棵松树就迷了路一语出自俄国民间笑话，常被用来形容那些连最简单的问题都弄不清楚的笨伯。——146。

113　第三届杜马社会民主党党团成员阿·阿·沃伊洛什尼科夫在1911年12月2日(15日)第35次杜马会议上讨论关于修改兵役条例的法律草案时发言，把沙皇军队叫做警察军队，并号召用全民武装来代替常备军。由于这个发言，杜马主席提议取消沃伊洛什尼科夫参加5次会议的资格。沃伊洛什尼科夫在这次会议上作了第二次发言以后，取消他参加会议资格的次数又增至15次。对杜马主席的第一次提议，立宪民主党人投了赞成票。——147。

114 《告俄国全体公民书》写于1912年10月初，由俄国社会民主工党中央委员会以传单形式印发。10月10日（23日），列宁把它寄给社会党国际局书记卡·胡斯曼，请他通知各国社会民主党书记并刊登这一文件。不久，《告俄国全体公民书》被《莱比锡人民报》和《前进报》用德文，比利时《人民报》用法文，《社会党国际局定期公报》用法文、德文和英文刊登了出来。俄国社会民主工党国外组织委员会也印发了这份号召书。号召书还作为1912年11月5日（18日）《社会民主党人报》第28—29号合刊的特别附刊刊出。——148。

115 指第一次巴尔干战争。

第一次巴尔干战争（1912年10月—1913年5月）是土耳其和巴尔干同盟各国——保加利亚、塞尔维亚、门的内哥罗和希腊——之间的战争，以土耳其战败告终。双方于1913年5月签订了伦敦和约，根据条约，土耳其几乎全部丧失了它在巴尔干的属地，阿尔巴尼亚人民获得独立。列宁认为第一次巴尔干战争“是亚洲和东欧中世纪制度崩溃的一系列世界性事件中的一个环节”（见本版全集第23卷第39页）。——148。

116 指1905年和1911年由于德法两国争夺摩洛哥而引起的战争危机。——149。

117 指沙皇尼古拉一世派军队镇压1848—1849年匈牙利资产阶级革命一事。匈牙利当时处在奥地利帝国（哈布斯堡王朝）统治之下，奥地利皇帝就身兼匈牙利国王。争取民族独立和反对封建制度的匈牙利革命以1848年3月15日佩斯起义为开端，得到全国广泛响应。1849年4月14日，在匈牙利革命军队战胜奥地利帝国的入侵军队之后，匈牙利议会通过了《独立宣言》，正式宣布成立匈牙利共和国。奥地利皇帝弗兰茨-约瑟夫一世于4月21日向俄国求援。5月，俄国干涉军14万人侵入了匈牙利。匈牙利革命受到两面夹击而遭到失败。8 月 13 日,匈牙利军队向俄国干涉军司令伊·费·帕斯凯维奇投降。——150。

118 指 1912 年 4 月 4 日(17 日)沙皇军队枪杀西伯利亚勒拿金矿工人的事件。勒拿金矿工人因不堪资本家的残酷剥削和压迫,于 1912 年 2 月底开始举行罢工。3 月中旬,罢工席卷各矿,参加者达 6 000 余人。罢工者提出实行八小时工作制、增加工资、取消罚款、提供医疗救护、改善供应和居住条件等要求。布尔什维克帕·尼·巴塔绍夫是领导罢工的总委员会主席。沙皇当局调动军队镇压罢工,于 4 月 3 日(16 日)夜逮捕了几乎全部罢工委员会成员。4 月 4 日(17 日),2 500 名工人前往纳杰日金斯基矿向检察机关的官员递交申诉书。士兵们奉命向工人开枪,当场死 270 人,伤 250 人。勒拿惨案激起了全俄工人的愤怒,俄国革命运动从此迅速地向前发展。——150。

119 国内土耳其人暗指沙皇政府、农奴主以及他们的精神奴仆,出典于俄国文学评论家尼·亚·杜勃罗留波夫为伊·谢·屠格涅夫的长篇小说《前夜》写的评论文章《真正的白天什么时候到来?》。《前夜》的主人公保加利亚人英沙罗夫决心把自己的祖国从土耳其占领者的压迫下解放出来。杜勃罗留波夫的文章指出:俄国正处于革命的"前夜",需要像英沙罗夫那样的革命家,但他们应是俄国式的英沙罗夫,因为俄国现在有许多国内的"土耳其人";俄国需要有同大量的"国内土耳其人"作斗争的英雄。——150。

120 《俄罗斯言论报》(«Русское Слово»)是俄国报纸(日报),1895 年起在莫斯科出版(第 1 号为试刊号,于 1894 年出版)。出版人是伊·德·瑟京,撰稿人有弗·米·多罗舍维(1902 年起实际上为该报编辑)、亚·瓦·阿姆菲捷阿特罗夫、彼·德·博博雷金、弗·阿·吉利亚罗夫斯基、瓦·伊·涅米罗维奇-丹琴科等。该报表面上是无党派报纸,实际上持资产阶级自由派立场。1917 年后完全支持资产阶级临时政府,并曾拥护科尔尼洛夫叛乱。十月革命后不久被查封,其印刷厂被没收。1918 年 1 月起,该报曾一度以《新言论报》和《我们的言论报》的名称出版,1918 年 7 月最终被查封。——150。

121 这里说的是应从圣彼得堡省工人选民团复选人中产生的一名杜马代表。根据1907年6月3日(16日)颁布的国家杜马选举条例,应从圣彼得堡、莫斯科、弗拉基米尔、叶卡捷琳诺斯拉夫、科斯特罗马和哈尔科夫六个省的工人选民团复选人中各产生一名杜马代表。——153。

122 图希诺的倒戈分子一语源出于俄国历史故事。1608年俄波战争时,波兰傀儡伪德米特里二世率军攻入俄国,驻扎在莫斯科西北的图希诺,与在莫斯科的沙皇瓦西里·舒伊斯基两军对峙。在这种形势下,一些俄国领主和贵族像候鸟随气候变化而迁飞那样奔走于两个营垒之间:当莫斯科情况危急时,他们纷纷投奔图希诺营寨;当战局有利于沙皇时,他们又返回莫斯科,重新归顺沙皇。这些人便被称为"图希诺的倒戈分子"。后来人们常用这一称号来形容反复无常的投机分子。——158。

123 帕·尼·米留可夫同外交大臣谢·德·萨宗诺夫的会晤是1912年9月底或10月初举行的。会晤时讨论了沙皇政府的巴尔干政策。据当时报纸报道,"外交大臣对交谈者发表的一切观点都非常满意。"——159。

124 《每日纪事报》(«The Daily Chronicle»)是英国的一家资产阶级报纸,1855—1930年在伦敦出版。——172。

125 指日俄战争中1905年3月日军在沈阳击溃俄军主力的战役。——172。

126 《给社会党国际局的报告〈第四届杜马的选举〉》一文曾被认为已经失落,后来发现刊载于1912年11月20日比利时《人民报》第325号。1963年,该报告被收入《列宁和卡米耶·胡斯曼通信集。1905—1914》一书巴黎版。1965年,《列宁全集》俄文第5版第54卷首次用俄文予以刊印。——174。

127 无双议院是指法国波旁王朝复辟初期于1815年8月选出的议会众议院,当选的议员几乎清一色是贵族和教士。——175。

128 这里说的是里加和叶卡捷琳诺达尔第四届国家杜马选举的情形。在这两个地方，立宪民主党人和右派政党一起投票反对社会民主党的候选人。——179。

129 这个宣言于1912年"五一"前在彼得堡印刷并散发到各工厂。宣言号召工人于5月1日这一天，在俄国社会民主工党第六次（布拉格）全国代表会议所提出的"召开立宪会议，实行八小时工作制，没收地主土地"的口号下，在涅瓦大街举行群众大会和游行示威。宣言以"打倒沙皇政府！废除六三专制宪制！民主共和国万岁！社会主义万岁！"的口号结束。宣言署名为："圣彼得堡全体有组织工人代表会议"："社会民主党'联合'小组"，"社会民主党城市中心小组"，社会革命党工人小组，"圣彼得堡社会民主党工人小组"，"五月委员会代表"。

1912年6月4日（17日）《社会民主党人报》第27号在纪事栏里全文刊载了这个宣言。——182。

130 指由勒拿事件引发的1912年4、5月的罢工运动。4月7—8日（20—21日），彼得堡许多企业中的工人举行集会，要求惩办凶手。4月14—22日（4月27日—5月5日），彼得堡有14万工人罢工；4月12—30日（4月25日—5月13日），莫斯科的罢工人数达7万人；乌克兰和波罗的海沿岸地区、北部和中部工业区、伏尔加河中游区、白俄罗斯、立陶宛和波兰等地共约30万工人参加了抗议罢工。5月1日（14日）又开始举行大规模罢工，参加的人数将近40万。大学生同工人们站在一起。工人的罢工也激发了波罗的海水兵的斗争情绪，各舰艇组织的代表通过了起义的决定。——186。

131 指俄国社会民主工党第五次全国代表会议。

俄国社会民主工党第五次全国代表会议于1908年12月21—27日（1909年1月3—9日）在巴黎举行。出席代表会议的有24名代表，其中有表决权的代表16名：布尔什维克5名（中部工业地区代表2名，彼得堡组织代表2名，乌拉尔组织代表1名），孟什维克3名（均持高加索区域委员会的委托书），波兰社会民主党5名，崩得3名。布尔什维克另有3名代表因被捕未能出席。列宁作为俄国社会民主工党中央委员会的代表出席代表会议，有发言权。代表会议的议程包括：俄国社会民主工党中央委员会、波兰社会民主党中央委员会、崩得中央委员会以及一些大的党组织的工作报告；目前政治形势和党的任务；关于社会民主党杜马党团；因政治情况变化而发生的组织问题；地方上各民族组织的统一；国外事务。

在代表会议上，布尔什维克就所有问题同孟什维克取消派进行了不调和的斗争，也同布尔什维克队伍中的召回派进行了斗争，并取得了重大胜利。代表会议在关于各个工作报告的决议里，根据列宁的提议建议中央委员会维护党的统一，并号召同一切取消俄国社会民主工党而代之以不定型的合法联合体的企图进行坚决的斗争。由于代表会议须规定党在反动年代条件下的策略路线，讨论目前形势和党的任务就具有特别重要的意义。孟什维克企图撤销这一议程未能得逞。会议听取了列宁作的《关于目前形势和党的任务的报告》(报告稿没有保存下来，但其主要思想已由列宁写入《走上大路》一文，见本版全集第17卷)，并稍作修改通过了列宁提出的决议案。在讨论列宁的决议草案时，孟什维克建议要在决议里指出，专制制度不是在变成资产阶级君主制，而是在变成财阀君主制，这一修改意见被绝大多数票否决；召回派则声明他们不同意决议草案的第5条即利用杜马和杜马讲坛进行宣传鼓动那一条，但同意其他各条，因此投了赞成票。关于杜马党团问题的讨论集中在是否在决议中指出杜马党团的错误和中央委员会对党团决定有无否决权这两点上。孟什维克对这两点均持否定态度，并且援引西欧社会党的做法作为依据。召回派则声称俄国本来不具备社会民主党杜马党团活动的条件，杜马党团的错误是客观条件造成的，因此不应在决议中指出。列宁在发言中对召回派作了严厉批评，指出他们是改头换面的取消派，他们和取消派有着共同的机会主义基础。代表会议通过了布尔什维克的决议案，对党团活动进行了批评，同时也指出了纠正党团工作的具体措施。在组织问题上代表会议也通过了布尔什维克的决议案，其中指出党应当特别注意建立和巩固秘密的党组织，而同时利用各种各样的合法团体在群众中进行工作。在关于地方上各民族组织统一的问题上，代表会议否定了崩得所维护的联邦制原则。此外，代表会议也否决了孟什维克关于把中央委员会移到国内、取消中央委员会国外局以及把中央机关报移到国内等建议。

俄国社会民主工党第五次全国代表会议的意义在于它把党引上了大路，是在反革命胜利后俄国工人运动发展中的一个转折点。——194。

132 指1910年1月2—23日(1月15日—2月5日)在巴黎举行的俄国社会民主工党中央委员会全体会议，即所谓“统一的”全体会议。

关于巩固党及其统一的途径和方法问题，1909年秋天就特别尖锐地提出来了。1909年11月，列宁根据《无产者报》扩大编辑部会议的决定，提出布尔什维克同孟什维克护党派接近和结成联盟以便共同反对取消派和召回派的计划。调和派格·叶·季诺维也夫、列·波·加米涅夫、阿·伊·李可夫违抗列宁的计划，力图使布尔什维克同孟什维克呼声派(取消派)和托洛茨基分子联合，这实际上就意味着取消布尔什维克党。中央委员约·费·杜勃洛文斯基和维·巴·诺根也表现出调和主义的动摇。由于党内和俄国国内的既成局势迫切要求解决与联合党的力量有关的各项问题，布尔什维克于1909年11月1日(14日)致函中央委员会国外局，声明必须在最近期间召开党中央委员会全体会议。

出席这次全体会议的有布尔什维克、孟什维克取消派、波兰王国和立陶宛社会民主党、崩得、拉脱维亚社会民主党、前进派等派别和集团的代表。列·达·托洛茨基代表维也纳《真理报》出席。格·瓦·普列汉诺夫托词有病没有到会，因此，会上没有孟什维克护党派的代表。

全会的议程是：中央委员会俄国局的工作报告；中央委员会国外局的工作报告；中央机关报编辑部的工作报告；各民族社会民主党中央委员会的工作报告；党内状况；关于召开下届全党代表会议；俄国社会民主工党中央委员会章程；其他问题。

在这次全会上，反对列宁立场的人占多数。列宁和他的拥护者经过紧张斗争，在有些问题上达到了目的，但由于调和派搞妥协，也不得不作一些局部的让步，包括组织问题上的让步。会议的决议最终具有折中性质。

在讨论党内状况问题时，孟什维克呼声派同前进派结成联盟并在托洛茨基分子支持下，竭力维护取消主义和召回主义。列宁在会议上与机会主义和调和派进行了顽强斗争，坚决谴责取消派和召回派，贯彻布尔什维克同孟什维克护党派接近的路线。在列宁的坚持下，全会通过的《党内状况》这一决议，乃是1908年十二月代表会议关于谴责取消主义、无条件地要求承认社会民主党的杜马工作和利用合法机会的决议的继续。尽管调和派和各民族组织的代表因受孟什维克呼声派、前进派和托洛茨基分子的压力而同意不在决议中提取消派和召回派的名称，全会决议仍然谴责了取消主义和召回主义，承认这两个派别的危险性和同它们斗争的必要性。

全会关于召开全党代表会议的决议反映了一些取消派的观点，但是承认必须召开代表会议，因此仍具有重要意义。布尔什维克根据这个决议展开了筹备召开代表会议的工作。

在全会上，调和派违反列宁的意旨同托洛茨基结成联盟，把孟什维克呼声派（取消派）而不是把孟什维克护党派安排进党的中央机关。全会还决定资助托洛茨基的维也纳《真理报》，并派中央委员会的代表加米涅夫参加该报编辑部，担任第三编辑。全会决定解散布尔什维克中央，《无产者报》停刊，布尔什维克将自己的部分财产移交中央委员会，其余部分交第三者（卡·考茨基、弗·梅林和克·蔡特金）保管，并由第三者在两年内移交给中央会计处，条件是孟什维克呼声派取消自己的派别中心并停止出版自己的派别机关报。在《关于派别中心》的决议中，全会指出“党的利益和党的统一的利益要求在最近停办《社会民主党人呼声报》”，然而全会也只限于得到呼声派和前进派的口头允诺而已。

孟什维克呼声派、前进派和托洛茨基分子我行我素，拒绝服从全会的决定。因此，1910年秋天，布尔什维克宣布他们不受一月全会上各派通过的协议的约束，开始出版自己的机关报《工人报》，争取召开新的全体会议并要求归还交由中央暂时支配的、属于他们自己的财产和资金。

一月全会的记录未找到。关于全会的工作以及会上同取消派、前进派、托洛茨基分子和调和派的斗争，详见列宁《政论家札记》一文(本版全集第19卷)。——194。

133 指《社会民主党人日志》。

《社会民主党人日志》(«Дневник Социал-Демократа»)是格·瓦·普列汉诺夫创办的不定期刊物，1905年3月—1912年4月在日内瓦出版，共出了16期。1916年在彼得格勒复刊，仅出了一期。在第1—8期(1905—1906年)中，普列汉诺夫宣扬极右的孟什维克机会主义观点，拥护社会民主党和自由派资产阶级联盟，反对无产阶级和农民联盟，谴责十二月武装起义。在第9—16期(1909—1912年)中，普列汉诺夫反对主张取消秘密党组织的孟什维克取消派，但在基本的策略问题上仍站在孟什维克立场上。1916年该杂志出版的第1期里则明显地表达了普列汉诺夫的社会沙文主义观点。——194。

134 人民社会党人是1906年从俄国社会革命党右翼分裂出来的小资产阶级政党人民社会党的成员。人民社会党的领导人有尼·费·安年斯基、韦·亚·米雅柯金、阿·瓦·彼舍霍诺夫、弗·格·博哥拉兹、谢·雅·叶尔帕季耶夫斯基、瓦·伊·谢美夫斯基等。人民社会党提出"全部国家政权应归人民"，即归从无产者到资产阶级知识分子的全体劳动者，主张对地主土地进行赎买和实行土地国有化，但不触动份地和经营"劳动经济"的私有土地。在俄国1905—1907年革命趋于低潮时，该党赞同立宪民主党的路线，六三政变后，因没有群众基础，实际上处于瓦解状态。第一次世界大战期间，持社会沙文主义立场。二月革命后，该党开始恢复组织。1917年6月，同劳动派合并为劳动人民社会党。这个党代表富农利益，积极支持资产阶级临时政府，十月革命后参加反革命阴谋活动和武装叛乱，1918年后不复存在。——200。

135 《俄国财富》杂志(«Русское Богатство»)是俄国科学、文学和政治刊物。1876年创办于莫斯科，同年年中迁至彼得堡。1879年以前为旬刊，以后为月刊。1879年起成为自由主义民粹派的刊物。1892年以后由尼·康·米海洛夫斯基和弗·加·柯罗连科领导，成为自由主义民粹派的中心，在其周围聚集了一批政论家，他们后来成为社会革命党、人民社会党和历届国家杜马中的劳动派的著名成员。在1893年以后的几年中,曾同马克思主义者展开理论上的争论。为该杂志撰稿的也有一些现实主义作家。1906年成为人民社会党的机关刊物。1914年至1917年3月以《俄国纪事》为刊名出版。1918年被查封。——200。

136 《无产者报》(«Пролетарий»)是俄国布尔什维克的秘密报纸,于1906年8月21日(9月3日)—1909年11月28日(12月11日)出版,共出了50号。该报由列宁主编,在不同时期参加编辑部的有亚·亚·波格丹诺夫、约·彼·戈尔登贝格、约·费·杜勃洛文斯基等。该报的头20号是在维堡排版送纸型到彼得堡印刷的,为保密起见,报上印的是在莫斯科出版。由于秘密报刊出版困难,从第21号起移至国外出版(第21—40号在日内瓦、第41—50号在巴黎出版)。该报是作为俄国社会民主工党莫斯科委员会和彼得堡委员会的机关报出版的,在头20号中有些号还同时作为莫斯科郊区委员会、彼尔姆委员会、库尔斯克委员会和喀山委员会的机关报出版,但它实际上是布尔什维克的中央机关报。该报共发表了100多篇列宁的文章和短评。该报第46号附刊上发表了1909年6月在巴黎举行的《无产者报》扩大编辑部会议的文件。斯托雷平反动时期,该报在保存和巩固布尔什维克组织方面起了卓越的作用。根据俄国社会民主工党中央委员会1910年一月全会的决议,该报停刊。——200。

137 3月4日法令是指沙皇政府在1906年3月4日(17日)这一天颁布的关于结社和关于集会的两个暂行条例。这两个条例允许组织社团和集会,但同时又设置了许多障碍,实际上使之成为一纸空文。法令授权内务大臣可以酌情查封社团并拒绝新社团的登记注册。——202。

138 《生活事业》杂志(«Дело Жизни»)是孟什维克取消派的合法机关刊物,1911年1—10月在彼得堡出版,共出了9期。——203。

139 指袁世凯任临时大总统时召开的中华民国第一届国会。根据1912年8月10日袁世凯政府公布的经临时参议院通过的国会组织法,国会由参议院和众议院组成。参议员274名由各省议会推举,众议员596名由各省按人口比例选出。1912年底至1913年初在全国进行了国会议员选举，结果国民党获得大胜，在参众两院870个议席中占45%强，而拥护袁世凯的共和党和民主党等合计仅占26%弱。第一届国会于1913年4月8日开幕。

1913年10月6日，在袁世凯威逼下，国会经过三次投票把袁世凯捧上正式大总统宝座。1913年11月4日袁下令解散国民党，收回国民党议员的证书，使国会不足法定人数，无法开会。1914年1月袁又通过政治会议这一御用组织停止了参、众两院议员的职务，并将各党派议员遣送回原籍。第一届国会遂告结束。——208。

140 列宁1912年11月写这篇文章时住在波兰的克拉科夫，看来没有可能直接研究中国材料，而只能通过俄国的和西方各国的报刊了解中国，因而文中提到的政党名称大多与实际情况不符。

辛亥革命后，中国一时政党团体林立。1912年，为了迎接国会选举，在它们的基础上组成了一些大的政党，主要是：1912年8月，以孙中山的同盟会为基础，联合统一共和党、国民共进会、共和实进会、国民公党组成了国民党；1912年5月，由统一党、民社、国民协进会、民国公会、国民党（一个小政党，不是上面说的国民党）组成共和党；1912年10月，由共和建设讨论会、共和促进会、共和俱进会、共和统一党和国民新政社合并组成民主党。文中说的“激进社会”党看来是指同盟会，自由党可能是指与同盟会合组国民党的统一共和党等政党团体，“共和派联盟”可能是指民主党或共和党。——209。

141 民族进步党是由美国共和党分离出来的一部分成员在1912年夏天美国总统选举前夕建立的。该党在1912年8月5日芝加哥代表大会上提名西·罗斯福为总统候选人，并制定了一个包含要求选举制度民主化、对托拉斯进行监督、实行八小时工作制、保障工人的最低生活费用等内容的党纲。在1912年秋天的总统选举中，罗斯福得4 119 000张选票，居第二位。民族进步党存在到1916年。——210。

142 共和党是美国两大政党之一，1854年由辉格党（自由党）等政治势力组成。初期代表美国东北部资产阶级利益，反对南方奴隶主的叛乱。美国进入帝国主义阶段后，代表垄断资产阶级利益。该党长期同民主党轮流执政。——210。

143 美国社会党是由美国社会民主党（尤·维·德布兹在1897—1898年创建）和以莫·希尔奎特、麦·海斯为首的一批原美国社会主义工人党党员联合组成的，1901年7月在印第安纳波利斯召开代表大会宣告成立。该党社会成分复杂，党员中有美国本地工人、侨民工人、小农场主、城市小资产阶级和知识分子。该党重视同工会的联系，提出自己的纲领，参加选举运动，在宣传社会主义思想和开展反垄断的斗争方面作出了贡献。后来机会主义分子（维·路·伯杰、希尔奎特等）在党的领导中占了优势，他们强使1912年该党代表大会通过了摒弃革命斗争方法的决议。以威·海伍德为首的一大批左派分子退党。第一次世界大战期间，社会党内形成了三派：支持美国政府帝国主义政策的社会沙文主义派；只在口头上反对帝国主义战争的中派；站在国际主义立场上反对帝国主义战争的革命少数派。1919年，退出社会党的左派代表建立了美国共产党和美国共产主义工人党。社会党的影响下降。——210。

144 1860—1865年内战是美国北部资本主义发达的各州和发动叛乱的南部各蓄奴州之间进行的一场战争，也称南北战争。1860年11月，反对奴隶制的共和党总统候选人阿·林肯当选总统。同年12月，南卡罗来纳州率先退出联邦，其他蓄奴州纷纷响应，它们于1861年2月正式组成南部同盟，并选出了自己的总统。南部军队于4月12日发动了武装叛乱。林肯政府于4月15日对南部同盟宣战。战争初期，由于资产阶级不坚决，政府军连连失利。在群众革命运动不断高涨的情况下，林肯政府采取了一系列革命性措施，特别是1862年5月通过《宅地法》和1862年9月颁布解放黑奴宣言，动员了广大工人、农民和黑人参加战争，从而扭转了战局，并保证了北部在内战中的胜利。1865年4月南部军队战败投降。这场战争的结局为美国资本主义的蓬勃发展扫清了道路。——210。

145 民主党是美国两大政党之一，1828年成立，前身是民主共和党。在美国国内战争时期，该党主要代表南方奴隶主的利益。内战后与共和党的差别很快趋于消失。美国进入帝国主义阶段后，代表垄断资产阶级利益。它长期与共和党轮流执政。——210。

146 列宁起草的这份《关于工人代表的某些发言问题》提纲，成了社会民主党第四届国家杜马党团宣言的基础。

在党团通过这篇宣言之前，布尔什维克代表同孟什维克七人团进行了激烈的斗争。布尔什维克终于争取到把布尔什维克的基本要求列入宣言，使宣言几乎包括了最低纲领的一切重要内容。同时，孟什维克也争取到把他们的一项关于民族文化自治的要求写进宣言。该宣言曾在1912年12月7日（20日）的杜马会议上宣读。1912年12月8日（21日）《真理报》公布了包括宣言全文的杜马会议速记记录，报纸因此被没收，编辑也受到法庭传讯。——213。

147 指俄国沙皇政府在1907年6月3日(16日)发动的政变。见注111。——213。

148 国际社会党代表大会(巴塞尔代表大会)于1912年11月24—25日在巴塞尔举行。这是在巴尔干战争爆发、世界大战危险日益迫近的形势下召开的国际社会党非常代表大会。出席代表大会的有来自23个国家的555名代表，俄国社会民主工党的代表有6名。

代表大会只讨论了一个问题，即反对军国主义与战争威胁问题。在代表大会召开的当天，来自巴登、阿尔萨斯和瑞士各地的工人及与会代表在巴塞尔明斯特教堂举行了声势浩大的反战集会。11月25日，代表大会一致通过了《国际局势和社会民主党反对战争危险的统一行动》决议，德文本称《国际关于目前形势的宣言》，即著名的巴塞尔宣言。宣言谴责了各国资产阶级政府的备战活动，揭露了即将到来的战争的帝国主义性质，号召各国人民起来反对帝国主义战争。宣言斥责了帝国主义的扩张政策，号召社会党人为反对一切压迫小民族的行为和沙文主义的表现而斗争。宣言写进了1907年斯图加特代表大会决议中列宁提出的基本论点：帝国主义战争一旦爆发，社会党人就应该利用战争所造成的经济危机和政治危机，来加速资本主义的崩溃，进行社会主义革命。——214。

149 指俄国库托马拉和阿尔加契监狱的政治犯骚动。1912 年 8 月发生的这几起骚动，是由于外贝加尔州督军下令在涅尔琴斯克(尼布楚)苦役区各监狱的政治犯待遇方面实行军事规则引起的。这一决定宣布后，库托马拉监狱的政治犯绝食 15 天以示抗议，而为回答这一点，典狱官竟对不服从粗暴命令的犯人严刑拷打，以致一些犯人因绝望而自杀。阿尔加契监狱也发生了同类事件。1912 年夏秋间，在俄国其他监狱中也时有政治犯骚动发生。为抗议对政治犯的虐待，彼得堡、莫斯科、华沙和里加等地的工人曾举行罢工。杜马社会民主党党团和劳动派曾就侮辱犯人的问题在第四届杜马中提出质询。——217。

150 指无党派和右派农民代表于 1908 年 5 月 10 日(23 日)提交第三届杜马讨论的土地法案。该法案主张强制地主按市场平均价格出让自己不耕种的土地，并由普选产生的地方土地委员会来进行土地改革。列宁在《新土地政策》和《第三届杜马关于土地问题的讨论》两篇文章中，给了上述土地法案以评价(见本版全集第 16 卷和第 17 卷)。——218。

151 这是列宁写的社会民主党党团宣言草稿，经娜·康·克鲁普斯卡娅转抄后，于 1912 年 11 月 13 日(26 日)从克拉科夫寄给布尔什维克杜马代表。宣言草稿因被沙皇警察截获而未能寄到。——220。

152 这次游行示威是根据彼得堡一些企业和区里的布尔什维克的倡议组织的。第四届杜马开幕的前几天，他们没有事先通知彼得堡委员会，而在各企业散发传单，号召工人在 1912 年 11 月 15 日(28 日)举行一天政治罢工和去国家杜马所在地塔夫利达宫举行示威。取消派在《光线报》上反对游行示威，一再提出“警告”。11 月 13 日(26 日)，社会民主党杜马党团召开了一次有彼得堡委员会、《真理报》编辑部、取消派的领导中心——组织委员会和取消派《光线报》的代表参加的会议。在会议上，布尔什维克支持工人要求在杜马开幕那一天举行罢工和游行示威的建议，认为这是他们的权利，而取消派则坚决反对。会后，社会民主党党团在《光线报》和《真理报》上发表了一个有政治性错误的声明，对罢工持否定态度，号召工人不要参加。尽管如此，在杜马开幕那一天仍然有几万名工人举行了罢工。许多企业的工人在厂内举行了飞行集会。在塔夫利达花园和其他一些街道上举行了有一二百人参加的游行示威。

社会民主党杜马党团里的布尔什维克代表事后在工人集会上承认了错误。——224。

153 指十月党人米·弗·罗将柯当选第四届国家杜马主席后发表的演说。他在演说中宣称自己是“依据立宪原则的代表制度的坚定不移的拥护者”，同时又声明自己要“毫不动摇地忠于”沙皇。在演说结束时，支持罗将柯的立宪民主党人和十月党人代表为他欢呼。立宪民主党的《言语报》在1912年11月16日(29日)的社论中把投票选举罗将柯说成是一次“政治示威”，并对他的“宪制宣言”大加赞扬。——224。

154 这里是借用俄国作家米·叶·萨尔蒂科夫-谢德林的话。

姜汁鲟鱼是俄国上层社会享用的名贵菜肴。萨尔蒂科夫-谢德林在《文明人》等作品中曾用它来嘲讽俄国自由派人士，说他们不知要宪法好，还是要姜汁鲟鱼好。所谓罗将柯的姜汁鲟鱼就是指他的宪制空谈。——225。

155 《我们党的“迫切的难题”》一文最初刊载于1913年8月《争论专页》第1期。《争论专页》是波兰王国和立陶宛社会民主党反对派(分裂派)的机关刊物，由该党华沙委员会和罗兹委员会在克拉科夫出版，只出了这一期。在《列宁全集》俄文版中，这篇文章是根据该刊从波兰文译成俄文刊印的。——241。

156 波兰社会民主党“边疆区代表会议”于1912年8月11—17日召开。会议参加者全都属于波兰王国和立陶宛社会民主党总执行委员会的拥护者(总执委会派)，他们对取消派采取了调和主义的立场，而反对坚持布尔什维克立场的“分裂派”。代表会议赞同总执行委员会的活动，决定解散支持“分裂派”的党组织，并赞成在第四届国家杜马选举中同崩得和波兰社会党“左派”达成策略性协议。代表会议通过了本文所分析的波兰社会民主党对俄国社会民主工党的态度的决议。——241。

157 指维斯瓦河沿岸边疆区，它是波兰王国的别称，辖10个省。——244。

158 指取消派的机关报《社会民主党人呼声报》1911 年 12 月第 26 号刊载的亚·马尔丁诺夫的文章《在布尔什维克—波兰人联盟的废墟上》和反取消派的机关报《社会民主党人报》1911 年 12 月 8 日(21 日)第 25 号发表的列宁的文章《党内危机的结局》(见本版全集第 21 卷)。——245。

159 "奥地利"式的联邦制是指奥地利社会民主党按民族划分的组织结构。该党在 1897 年维姆堡(维也纳)代表大会上,把一个统一的党划分成德意志、捷克、波兰、卢西人、意大利、南方斯拉夫六个民族的社会民主主义团体。这些团体仅通过共同的代表大会和共同的中央执行委员会彼此联结起来,而形成联邦式的联盟。在 1899 年的布隆代表大会上,中央执行委员会被改组成一个由各民族社会民主党的执行委员会组成的联邦机关。统一的奥地利社会民主党遂因实行组织上的联邦制而瓦解。——249。

160 美国劳工联合会(劳联)是美国的工会联合组织,成立于 1881 年。劳联主要联合工人阶级的上层——熟练工人。参加劳联的工会基本是按行会原则组织的。劳联的改良主义领导人否定社会主义和阶级斗争原则,鼓吹阶级合作。第一次世界大战期间,支持帝国主义的战争政策。1935 年发生分裂,矿工联合会、纺织工人联合会等产业工会另组美国产业工会联合会(产联)。1955 年,劳联同产联重新合并,称做美国劳工联合会—产业工会联合会(简称劳联—产联)。——250。

161 《工人阶级及其"议会"代表团》是列宁为《真理报》撰写的一组论述第二、三、四届杜马内社会民主党党团工作经验的文章中的第一篇。《真理报》只发表了这一篇。1954 年波兰统一工人党中央移交给苏共中央一批在克拉科夫找到的列宁文稿,其中有这组文章的第三篇和第五篇(见本文之后的两篇文章)。这两篇文章随即发表于 1954 年 4 月苏联《共产党人》杂志,并编入《列宁全集》俄文第 5 版。第二篇和第四篇文章至今尚未找到。——252。

162 列宁在这里说的是俄国社会民主工党第五次(伦敦)代表大会代表的组

成情况。列宁依据的是代表大会统计委员会提供的336名代表(未区分有表决权和有发言权的代表)情况的资料,与后来发表的数字稍有出入(参看注203)。——252。

163 指俄国社会民主工党第四次代表会议(第三次全国代表会议)关于社会民主党国家杜马党团的策略决议(参看《苏联共产党代表大会、代表会议和中央全会决议汇编》1964年人民出版社版第1分册第230—232页)。——254。

164 指1908年俄国社会民主工党第五次全国代表会议关于社会民主党杜马党团的决议(参看《苏联共产党代表大会、代表会议和中央全会决议汇编》1964年人民出版社版第1分册第250—253页)。——254。

165 指孟什维克护党派。

*孟什维克护党派*是孟什维克队伍中的一个在组织上没有完全形成的派别,于1908年开始出现,为首的是格·瓦·普列汉诺夫。1908年12月,普列汉诺夫同取消派报纸《社会民主党人呼声报》编辑部决裂;为了同取消派进行斗争,1909年他恢复出版了《社会民主党人日志》这一刊物。1909年在巴黎、日内瓦、圣雷莫、尼斯等地成立了孟什维克护党派的小组。在俄国国内,彼得堡、莫斯科、叶卡捷琳诺斯拉夫、哈尔科夫、基辅、巴库都有许多孟什维克工人反对取消派,赞成恢复秘密的俄国社会民主工党。普列汉诺夫派在保持孟什维主义立场的同时,主张保存和巩固党的秘密组织,为此目的而同布尔什维克结成了联盟。他们同布尔什维克一起参加地方党委员会,并为布尔什维克的《工人报》、《明星报》撰稿。列宁的同孟什维克护党派接近的策略,扩大了布尔什维克在合法工人组织中的影响。

1911年底,普列汉诺夫破坏了同布尔什维克的联盟。他打着反对俄国社会民主工党内部的"派别活动"和分裂的旗号,企图使布尔什维克党同机会主义者和解。1912年普列汉诺夫派同托洛茨基分子、崩得分子和取消派一起反对俄国社会民主工党布拉格代表会议的决议。——255。

166 指社会民主党第四届国家杜马党团关于接收叶·约·亚格洛为社会民主党党团成员的决议。这一决议于1912年12月1日(14日)在《真理报》第182号和《光线报》第64号上全文公布。决议在党团内是以7票对6票强行通过的,但对亚格洛的权利作了些限制。决议规定:亚格洛作为党团成员在杜马工作问题上有表决权,在党内问题上只有发言权。列宁在《工人阶级及其"议会"代表团》一文以及有党的工作者参加的俄国社会民主工党中央委员会克拉科夫会议《关于社会民主党杜马党团》的决议中,对上述决议作了评价(见本卷第252—253、279—281页)。

亚格洛是波兰社会党"左派"的党员,不属于社会民主党。在华沙工人选民团的选举中,波兰王国和立陶宛社会民主党本已取得初选人的多数,在选举复选人时,可以获得全胜,但由于该党处于分裂状态,支持该党总执行委员会的一个初选人拉拢两个持动摇立场的初选人对属于该党分裂派的候选人投弃权票,所以该党不得不与波兰社会党和崩得的联盟订立协议,最后选出该党两名分裂派的成员(尤·布罗诺夫斯基和扎列斯基)和一名波兰社会党的成员(亚格洛)为复选人。接着在选举杜马代表时,占华沙城市选民团复选人多数的犹太民族主义者又与波兰社会党和崩得的联盟达成协议支持亚格洛,亚格洛乃当选为华沙杜马代表。社会民主党的两名复选人反对这种做法,在投票选举杜马代表时退出会场表示抗议。——257。

167 指1908年12月俄国社会民主工党第五次全国代表会议关于同波兰社会党"左派"联合的决议,决议说:"代表会议听取了孟什维克同志们关于同波兰社会党'左派'联合的建议后,没有讨论就转入下一议程。"(参看《苏联共产党代表大会、代表会议和中央全会决议汇编》1964年人民出版社版第1分册第257页)——259。

168 指斯大林在1912年12月1日(14日)《真理报》第182号上发表的文章《亚格洛是社会民主党党团内不享有充分权利的成员》。——260。

169 巴拉莱金是俄国作家米·叶·萨尔蒂科夫-谢德林的讽刺作品《温和谨慎的人们》和《现代牧歌》中的人物,一个包揽词讼、颠倒黑白的律师,自由主义空谈家、冒险家和撒谎家。巴拉莱金这个名字后来成为空谈、撒谎、投机取巧、出卖原则的代名词。——262。

170 进步党的这次代表大会于1912年11月11—13日(24—26日)在彼得堡召开。大会的中心议题是进步派改组问题。大会通过的政治纲领决议提出了根除行政专横、建立法制、制定新选举法、扩大人民代表机关权利、改革国务会议、实行政治自由、废除等级限制和特权、扩大城乡自治机关权利、普及初等义务教育等要求,并认为建立立宪君主制和各部大臣对人民代表机关在政治上负责是实现所有这些要求的先决条件。会议通过了把“进步派”改组为进步党的决议,并决定以上述政治纲领中的要求为基础制定新的纲领(参看注54)。——264。

171 《俄国评论报》(«Русская Молва»)是俄国进步党的机关报(日报),1912年12月9日(22日)—1913年8月20日(9月2日)在彼得堡出版。——264。

172 舍米亚卡是17世纪俄国讽刺作品《舍米亚卡判案的故事》中的人物,一个糊涂和贪婪的法官。——265。

173 《言论报》(«Слово»)是俄国资产阶级的报纸(日报),1903—1909年在彼得堡出版。起初是右翼地方自治人士的报纸,1905年11月起是十月党的机关报。1906年7月起停刊。1906年11月19日(12月2日)复刊后,是同十月党无实质区别的和平革新党的机关报。——266。

174 这是列宁起草和审定的俄国社会民主工党中央委员会克拉科夫会议的文件。本卷《附录》还收有关于这次会议的其他一些材料。

有党的工作者参加的俄国社会民主工党中央委员会克拉科夫会议于1912年12月26日—1913年1月1日(1913年1月8—14日)在波兰的克拉科夫举行,出于保密考虑定名为二月会议。出席会议的有中央委员列宁、斯大林、格·叶·季诺维也夫、罗·瓦·马林诺夫斯基(后来发现是奸细),第四届杜马中的布尔什维克代表阿·叶·巴达耶夫、格·伊·彼得罗夫斯基、尼·罗·沙果夫,党的工作人员娜·康·克鲁普斯卡娅、列·波·加米涅夫、B.H.洛博娃以及由彼得堡、莫斯科地区、南方、乌拉尔和高加索的秘密的党组织选派的代表。

会议的筹备工作是由列宁直接主持的。他就组织会议的问题同俄国各地党的工作者进行了大量的通信联系，并向俄国社会民主工党中央委员会俄国局发出了指示。会议也是在列宁主持下进行的。他作了《革命高潮、罢工和党的任务》和《关于对取消主义的态度和关于统一》这两个报告(报告稿没有保存下来)，起草和审定了会议的全部决议，草拟了俄国社会民主工党中央委员会关于这次会议的《通报》。

会议通过了关于党在革命新高潮中和罢工运动发展中的任务、关于秘密组织的建设、关于社会民主党杜马党团的工作、关于保险运动、关于党的报刊、关于民族的社会民主党组织、关于反对取消主义的斗争和关于无产阶级政党的统一等决议。这些决议对党的巩固和统一，对扩大和加强党同广大劳动群众的联系，对创造党在工人运动不断高涨条件下新的工作方式都起了巨大的作用。

克拉科夫会议的决议获得俄国社会民主工党中央委员会的批准，并在会议之后不久胶印出版。1913 年 2 月(公历)上半月，在巴黎出版了会议决议和中央委员会关于会议的《通报》的单行本。《关于〈真理报〉编辑部的改组和工作》这一决议可能也在会议结束后在中央委员会秘密会议上讨论过，当时为保密起见没有发表。这个决议只有克鲁普斯卡娅的手抄件保存了下来，1956 年首次在苏联的《历史问题》杂志第 11 期上发表，1961 年收入《列宁全集》俄文第 5 版第 22 卷(见本卷第 286—288 页)。

克拉科夫会议的记录没有保存下来。留存的只有列宁在会议讨论某些问题的过程中随手作的一些简要笔记和他关于革命高潮、罢工和党的任务的报告的简单提纲。——269。

175　意大利式罢工即消极罢工或留场罢工，因首先流行于意大利而得名。——277。

176　指社会民主党杜马党团成员孟什维克阿·伊·契恒凯里在 1912 年 12 月 10 日(23 日)国家杜马第 10 次会议上的发言。——280。

177　俄国社会民主工党第二次代表大会所否决的条文是崩得分子弗·达·

麦迭姆(戈尔德布拉特)对党纲一般政治部分的第 8 条的补充。草案中该条是:“国内各民族都有自决权”。麦迭姆建议增加:“并建立保障它们充分自由发展文化的机关”。这一修改意见被大会以多数票对 3 票所否决(见《俄国社会民主工党第二次代表大会。记录》1959 年俄文版第 190—192 页)。——280。

178 1912 年 12 月 15 日(28 日)杜马第 14 次会议结束了关于政府宣言的讨论之后,立宪民主党人、进步党人、劳动派和民族党人都提出了程序提案。大会以多数票通过了进步党人的提案。该提案中说,确信政府会实行 1905 年 10 月 17 日的宣言。社会民主党人也对这个提案投了赞成票。后来他们承认投赞成票是错误的。——281。

179 未公布的第 7、8、9 条的条文没有保存下来,但可根据收在本卷《附录》中的《〈关于社会民主党杜马党团〉决议初稿》来判断其内容大意。——281。

180 中央局即俄国社会民主工党中央委员会俄国局,是中央委员会的一部分,其任务是领导俄国国内地方党组织的实际工作,1903 年俄国社会民主工党第二次代表大会以后建立,最初在基辅,1904 年设在莫斯科,从 1905 年起设在彼得堡。俄国局下设组织组、技术组、财务后勤组、军事组和一个协调各组工作的执行委员会。1905 年 11 月,由于领导中央国外部分的列宁回国,俄国局的职能改由俄国社会民主工党中央委员会执行。从 1908 年起,俄国局由在俄国活动的中央委员会俄国委员会全体会议选出,在两次全体会议之间负责处理俄国委员会的一切事务。1910—1911 年间,即在 1910 年中央委员会一月全会之后,俄国局由布尔什维克方面的中央委员和候补中央委员组成,起初是约·彼·戈尔登贝格(梅什科夫斯基)和约·费·杜勃洛文斯基(英诺森),他们被捕以后是维·巴·诺根(马卡尔)和加·达·莱特伊仁(林多夫)。孟什维克取消派方面的中央委员和候补中央委员不参加俄国局的工作,约·安·伊苏夫(米哈伊尔)、彼·阿·勃朗施坦(尤里)和康·米·叶尔莫拉耶夫(罗曼)不仅拒绝参加工作,而且宣称他们认为中央委员会存在的本身是有害的。俄国局尽一切努力召集俄国委员会,但始终未能成功。1911年3月，在诺根和莱特伊仁被捕以后，俄国局即不复存在。列宁对俄国局整顿国内工作和召集俄国委员会的尝试给予积极评价，同时对俄国局成员的调和立场给予了尖锐的批评。

1912年，俄国社会民主工党第六次（布拉格）全国代表会议选出的中央委员会重新建立了俄国局，其成员有中央委员格·康·奥尔忠尼启则、雅·米·斯维尔德洛夫、苏·斯·斯潘达良、斯大林，候补中央委员米·伊·加里宁、叶·德·斯塔索娃等。第一次世界大战时期，俄国局做了大量工作，把布尔什维克团结在列宁的反对帝国主义战争的口号周围。1917年二月革命时期，俄国局和彼得格勒布尔什维克一起领导了劳动群众的革命运动。二月革命后，它又领导了消灭旧制度和巩固革命成果的斗争。二月革命时期，参加俄国社会民主工党中央委员会俄国局的有彼·安·扎卢茨基、维·米·莫洛托夫和亚·加·施略普尼柯夫。3月上旬陆续参加俄国局的有：安·伊·叶利扎罗娃、康·斯·叶列梅耶夫、弗·尼·扎列日斯基、加里宁、米·斯·奥里明斯基、亚·米·斯米尔诺夫、斯塔索娃、玛·伊·乌里扬诺娃、姆·伊·哈哈列夫、康·马·施韦奇科夫和K.И.舒特科。3月12日（25日），格·伊·博基、马·康·穆拉诺夫和斯大林进入俄国局。1917年4月，俄国社会民主工党（布）第七次代表会议选出了在俄国公开活动的新的中央委员会以后，俄国局不再存在。——281。

181　指1911年秋天第三届杜马通过的政府所制定的保险法案。列宁在他起草的俄国社会民主工党第六次（布拉格）全国代表会议的决议《关于对杜马提出的工人的国家保险法案的态度》（见本版全集第21卷）中分析了这个法案的内容。——281。

182　彼得堡工人选民团初选人选举于1912年9月16日（29日）举行。10月5日（18日）进行了复选人选举。由于当局搞了所谓“说明”，选举结果被撤销（参看注213）。10月17日（30日）召开第二次初选人代表大会选举复选人，到会的82名初选人有26名布尔什维克，15名取消派，其余41名是非党人士。代表大会通过了斯大林按照列宁的选举纲领起草的给代表的委托书（见《斯大林全集》第2卷第245—247页）。取消派把自己的观点隐瞒起来，他们既不对布尔什维克的委托书表示异议，也不提出自己的委托书。结果代表大会选出的6名复选人中取消派和布尔什维克各占了一半。布尔什维克建议用抽签办法从这6名复选人中确定1人为工人选民团杜马代表的候选人，被取消派所拒绝。于是只得让所有复选人都作为候选人。10月20日(11月2日)在彼得堡召开的省复选人代表大会上，布尔什维克阿·叶·巴达耶夫最终当选为工人选民团的杜马代表。——284。

183　指第四届国家杜马社会民主党党团的6名布尔什维克代表。——287。

184　指《启蒙》杂志。

《启蒙》杂志(«Просвещение»)是俄国布尔什维克的合法的社会政治和文学月刊，1911年12月—1914年6月在彼得堡出版，共出了27期。该杂志是根据列宁的倡议，为代替被沙皇政府查封的布尔什维克刊物——在莫斯科出版的《思想》杂志而创办的，受以列宁为首的国外编辑委员会的领导。出版杂志的实际工作，由俄国国内的编辑委员会负责。在不同时期参加国内编辑委员会的有：安·伊·乌里扬诺娃-叶利扎罗娃、列·米·米哈伊洛夫、米·斯·奥里明斯基、A.A.里亚比宁、马·亚·萨韦利耶夫、尼·阿·斯克雷普尼克等。从1913年起，《启蒙》杂志文艺部由马·高尔基领导。《启蒙》杂志作为布尔什维克机关刊物，曾同取消派、召回派、托洛茨基分子和资产阶级民族主义者进行过斗争，登过列宁的28篇文章。第一次世界大战前夕，《启蒙》杂志被沙皇政府查封。1917年秋复刊后，只出了一期(双刊号)，登载了列宁的《布尔什维克能保持国家政权吗?》和《论修改党纲》两篇文章。——287。

185　指1911年8月的全英铁路工人大罢工。这次罢工是由利物浦、曼彻斯特和其他几个城市的自发性罢工发展起来的，约有20万铁路工人参加。这次罢工使铁路运输陷于瘫痪，给了英国工业以严重打击。政府调集大批军队到曼彻斯特、拉内利等地去对付罢工者。在冲突中，有数名工人牺牲，许多工人受伤。这在国内激起了抗议怒潮。铁路公司的老板被迫作出一些让步，同意和工会进行谈判，并成立了由工会代表出任书记的调解委员会，实际上承认了铁路工会。——289。

186　一切轮子都要停止转动，只要你那强壮的手要它停止……出自德国诗人格·海尔维格的诗歌《祈祷！工作！》。这首诗是诗人应全德工人联合会主席斐·拉萨尔之约而写的该会会歌歌词。——289。

187　最后的莫希干人一语出自美国作家詹·费·库珀的小说《最后一个莫希干人》。小说描写北美印第安土著中的莫希干人在欧洲殖民主义者奴役和欺骗下最终灭绝的故事。后来人们常用“最后的莫希干人”来比喻某一社会集团或某一组织、派别的最后的代表人物。——290。

188　指法国工人党。

法国工人党是茹·盖得及其支持者根据1879年10月马赛举行的工人代表大会的决议建立的法国第一个马克思主义政党，这次代表大会通过了党的章程。1880年5月，盖得赴伦敦同马克思、恩格斯和保·拉法格一起制定了法国工人党的纲领草案。纲领分为理论部分和实践部分（最低纲领）。纲领的理论部分是马克思起草的（参看《马克思恩格斯全集》第1版第19卷第264页）。1880年11月召开的勒阿弗尔代表大会通过了这个纲领，并正式成立法国工人党。法国工人党后来与一些团体联合组成法兰西社会党。——292。

189　《工人歌手报》即《德国工人歌手报》（«Deutsche Arbeiter Sängerzeitung»），是德国工人歌咏团的机关报，倾向社会民主党，1907—1933年在柏林出版，每月出一次。——294。

190　全德工人联合会是德国工人的政治组织，1863年5月23日在莱比锡召开的全德工人代表大会上成立。联合会的成立是德国工人运动走向组织独立和摆脱自由资产阶级的影响的重要一步，对德国工人运动起了积极的作用。但是联合会的第一任主席斐·拉萨尔把它引上了机会主义的道路。他为联合会制定了纲领和策略基础，规定争取普选权和建立由国家帮助的工人生产合作社为联合会的政治纲领和经济纲领。在实践活动中，联合会的拉萨尔主义的领导执行了一条适应奥·俾斯麦政治制度的策略路线，支持俾斯麦的在普鲁士领导下通过王朝战争自上而下统一德国的政策。马克思和恩格斯曾多次尖锐地批判拉萨尔主义的理论、策略和组织原则。全德工人联合会和德国社会民主工党在1875年5月召开的哥达代表大会上合并为统一的德国社会主义工人党。——294。

191 非常法(反社会党人非常法)即《反社会民主党企图危害治安法》，是德国俾斯麦政府从1878年10月21日起实行的镇压工人运动的反动法令。这个法令规定取缔德国社会民主党和一切进步工人组织，查封工人刊物，没收社会主义书报，并可不经法律手续把革命者逮捕和驱逐出境。在反社会党人非常法实施期间，有1 000多种书刊被查禁，300多个工人组织被解散，2 000多人被监禁和驱逐。在工人运动的压力下，反社会党人非常法于1890年10月1日被废除。——294。

192 指尔·马尔托夫的《国际局论社会民主党的统一》一文。俄国社会民主党驻国际局的代表当时是列宁和格·瓦·普列汉诺夫。取消派的组织委员会根据取消派八月代表会议的有关决议向国际局提出了派出自己的代表的问题。为此1912年10月16日(29日)社会党国际局布鲁塞尔会议讨论了俄国社会民主工党驻国际局的代表问题。马尔托夫在自己的这篇文章里摘引胡·哈阿兹在国际局布鲁塞尔会议上的发言说："统一的尝试不应当由于以下情况而受阻，这就是某些个人竟然代表全俄国社会民主党讲话，列宁就是如此，他的这种做法使国际受了欺骗。"

马尔托夫后来在给费·伊·唐恩的信中承认自己没有准确翻译哈阿兹的话，把"产生误解"译成了"受了欺骗"，并且由于"漫不经心"把《贝吉施工人报》弄成了《矿工报》。——296。

193 《不来梅市民报》(«Bremer Bürger-Zeitung»)是德国社会民主党报纸(日报)，于1890—1919年出版。1916年以前是不来梅左派社会民主党人的报纸。1916年，德国社会民主党中央施加压力，迫使当地党组织改组该报编辑部。同年该报转到了考茨基分子和谢德曼分子手里。——296。

194 《关于布尔什维主义》一文是为尼·亚·鲁巴金的《书林概述》第 2 卷写的。1913 年 1 月 12 日(25 日),列宁把文章寄给住在瑞士克拉伦的鲁巴金时,在附言中提出了“不作任何改动”的刊印条件(见本版全集第 46 卷第 244 页)。文章全文发表于该书第 772—773 页。——298。

195 经济主义是 19 世纪末—20 世纪初俄国社会民主党内的机会主义思潮,是国际机会主义的俄国变种。其代表人物是康·米·塔赫塔廖夫、谢·尼·普罗柯波维奇、叶·德·库斯柯娃、波·尼·克里切夫斯基、亚·萨·皮凯尔(亚·马尔丁诺夫)、弗·彼·马赫诺韦茨(阿基莫夫)等,经济派的主要报刊是《工人思想报》(1897—1902 年)和《工人事业》杂志(1899—1902 年)。

经济派主张工人阶级只进行争取提高工资、改善劳动条件等等的经济斗争,认为政治斗争是自由派资产阶级的事情。他们否认工人阶级政党的领导作用,崇拜工人运动的自发性,否定向工人运动灌输社会主义意识的必要性,维护分散的和手工业的小组活动方式,反对建立集中的工人阶级政党。经济主义有诱使工人阶级离开革命道路而沦为资产阶级政治附庸的危险。

列宁对经济派进行了始终不渝的斗争。他在《俄国社会民主党人抗议书》(见本版全集第 4 卷)中尖锐地批判了经济派的纲领。列宁的《火星报》在同经济主义的斗争中发挥了重大作用。列宁的《怎么办?》一书(见本版全集第 6 卷),从思想上彻底地粉碎了经济主义。——298。

196 旧《火星报》是指第 52 号以前的《火星报》。

《火星报》(«Искра»)是第一个全俄马克思主义的秘密报纸,由列宁创办。创刊号于 1900 年 12 月在莱比锡出版,以后各号的出版地点是慕尼黑、伦敦(1902 年 7 月起)和日内瓦(1903 年春起)。参加《火星报》编辑部的有:列宁、格·瓦·普列汉诺夫、尔·马尔托夫、亚·尼·波特列索夫、帕·波·阿克雪里罗得和维·伊·查苏利奇。编辑部的秘书起初是因·格·斯米多维奇,1901 年 4 月起由娜·康·克鲁普斯卡娅担任。列宁实际上是《火星报》的主编和领导者。他在《火星报》上发表了许多文章，阐述有关党的建设和俄国无产阶级的阶级斗争的基本问题，并评论国际生活中的重大事件。

《火星报》在国外出版后，秘密运往俄国翻印和传播。《火星报》成了团结党的力量、聚集和培养党的干部的中心。在俄国许多城市成立了俄国社会民主工党列宁火星派的小组和委员会。1902 年 1 月在萨马拉举行了火星派代表大会，建立了《火星报》俄国组织常设局。

《火星报》在建立俄国马克思主义政党方面起了重大的作用。在列宁的倡议和亲自参加下，《火星报》编辑部制定了党纲草案，筹备了俄国社会民主工党第二次代表大会。这次代表大会宣布《火星报》为党的中央机关报。

根据俄国社会民主工党第二次代表大会的决议，《火星报》编辑部改由列宁、普列汉诺夫、马尔托夫三人组成。但是马尔托夫坚持保留原来的六人编辑部，拒绝参加新的编辑部，因此《火星报》第 46—51 号是由列宁和普列汉诺夫二人编辑的。后来普列汉诺夫转到了孟什维主义的立场上，要求把原来的编辑都吸收进编辑部，列宁不同意这样做，于 1903 年 10 月 19 日（11 月 1 日）退出了编辑部。因此，从第 52 号起，《火星报》变成了孟什维克的机关报。人们将第 52 号以前的《火星报》称为旧《火星报》，而把孟什维克的《火星报》称为新《火星报》。——298。

197　俄国社会民主工党第二次代表大会于 1903 年 7 月 17 日（30 日）—8 月 10 日（23 日）召开。7 月 24 日（8 月 6 日）前，代表大会在布鲁塞尔开了 13 次会议。后因比利时警察将一些代表驱逐出境，代表大会移至伦敦，继续开了 24 次会议。

代表大会是《火星报》筹备的。列宁为代表大会起草了一系列文件，并详细拟定了代表大会的议程和议事规程。出席代表大会的有 43 名有表决权的代表，他们代表着 26 个组织（劳动解放社、《火星报》组织、崩得国外委员会和中央委员会、俄国革命社会民主党人国外同盟、国外俄国社会民主党人联合会以及俄国社会民主党的 20 个地方委员会和联合会），共有 51 票表决权（有些代表有两票表决权）。出席代表大会的有发言权的代表共14名。代表大会的成分不一，其中有《火星报》的拥护者，也有《火星报》的反对者以及不坚定的动摇分子。

列入代表大会议程的问题共有20个：1.确定代表大会的性质。选举常务委员会。确定代表大会的议事规程和议程。组织委员会的报告和选举审查代表资格和决定代表大会组成的委员会。2.崩得在俄国社会民主工党内的地位。3.党纲。4.党的中央机关报。5.代表们的报告。6.党的组织（党章问题是在这项议程下讨论的）。7.区组织和民族组织。8.党的各独立团体。9.民族问题。10.经济斗争和工会运动。11.五一节的庆祝活动。12.1904年阿姆斯特丹国际社会党代表大会。13.游行示威和起义。14.恐怖手段。15.党的工作的内部问题：(1)宣传工作，(2)鼓动工作，(3)党的书刊工作，(4)农民中的工作，(5)军队中的工作，(6)学生中的工作，(7)教派信徒中的工作。16.俄国社会民主工党对社会革命党人的态度。17.俄国社会民主工党对俄国各自由主义派别的态度。18.选举党的中央委员会和中央机关报编辑部。19.选举党总委员会。20.代表大会的决议和记录的宣读程序，以及选出的负责人和机构开始行使自己职权的程序。有些问题没有来得及讨论。

列宁被选入代表大会常务委员会，主持了多次会议，几乎就所有问题发了言。他还是纲领委员会、章程委员会和代表资格审查委员会的委员。

代表大会要解决的最重要的问题是：批准党纲、党章以及选举党的中央领导机关。列宁及其拥护者在大会上同机会主义者展开了坚决的斗争。代表大会否决了机会主义分子要按照西欧各国社会民主党的纲领的精神来修改《火星报》编辑部制定的纲领草案的一切企图。大会先逐条讨论和通过党纲草案，然后由全体代表一致通过整个纲领（有1票弃权）。在讨论党章时，会上就建党的组织原则问题展开了尖锐的斗争。由于得到了反火星派和“泥潭派”（中派）的支持，尔·马尔托夫提出的为不坚定分子入党大开方便之门的党章第1条条文，以微弱的多数票为大会所通过。但是代表大会还是基本上批准了列宁制定的党章。

大会票数的划分起初是：火星派33票，“泥潭派”（中派）10票，反火星派8票(3名工人事业派分子和5名崩得分子)。在彻底的火星派(列宁派)和"温和的"火星派(马尔托夫派)之间发生分裂后,彻底的火星派暂时处于少数地位。但是,8月5日(18日),7名反火星派分子(2名工人事业派分子和5名崩得分子)因不同意代表大会的决议而退出了大会。在选举中央机关时,得到反火星派分子和"泥潭派"支持的马尔托夫派(共7人)成为少数派,共有20票(马尔托夫派9票,"泥潭派"10票,反火星派1票),而团结在列宁周围的20名彻底的火星派分子成为多数派,共有24票。列宁及其拥护者在选举中取得了胜利。代表大会选举列宁、马尔托夫和格·瓦·普列汉诺夫为中央机关报《火星报》编委,格·马·克尔日扎诺夫斯基、弗·威·林格尼克和弗·亚·诺斯科夫为中央委员会委员,普列汉诺夫为党总委员会委员。从此,列宁及其拥护者被称为布尔什维克(俄语多数派一词音译),而机会主义分子则被称为孟什维克(俄语少数派一词音译)。

俄国社会民主工党第二次代表大会具有重大的历史意义。列宁说:"布尔什维主义作为一种政治思潮,作为一个政党而存在,是从1903年开始的。"(见本版全集第39卷第4页)——298。

198 新《火星报》是指第52号以后的《火星报》。1903年10月19日(11月1日)列宁退出《火星报》编辑部以后,该报第52号由格·瓦·普列汉诺夫一人编辑。1903年11月13日(26日)普列汉诺夫把原来的编辑全部增补进编辑部以后,该报由普列汉诺夫、尔·马尔托夫、帕·波·阿克雪里罗得、维·伊·查苏利奇和亚·尼·波特列索夫编辑。1905年5月该报第100号以后,普列汉诺夫退出了编辑部。1905年10月,该报停刊,最后一号是第112号。关于《火星报》,见注196。——298。

199 列宁在《地方自治运动和〈火星报〉的计划》这本小册子里对此有详细的论述(见本版全集第9卷)。——298。

200 俄国社会民主工党第三次代表大会于1905年4月12—27日(4月25日—5月10日)在伦敦举行。这次代表大会是布尔什维克筹备的,是在列宁领导下进行的。孟什维克拒绝参加代表大会,而在日内瓦召开了他们的代表会议。

出席代表大会的有 38 名代表，其中有表决权的代表 24 名，有发言权的代表 14 名。出席大会的有表决权的代表分别代表 21 个俄国社会民主工党的地方委员会、中央委员会和党总委员会（参加党总委员会的中央委员会代表）。列宁作为敖德萨委员会的代表出席代表大会，当选为代表大会主席。

代表大会审议了正在俄国展开的革命的根本问题，确定了无产阶级及其政党的任务。代表大会讨论了下列问题：组织委员会的报告；武装起义；在革命前夕对政府政策的态度；关于临时革命政府；对农民运动的态度；党章；对俄国社会民主工党分裂出去的部分的态度；对各民族社会民主党组织的态度；对自由派的态度；同社会革命党人的实际协议；宣传和鼓动；中央委员会的和各地方委员会代表的工作报告等。列宁就大会讨论的所有主要问题拟了决议草案，在大会上作了关于社会民主党参加临时革命政府的报告和关于支持农民运动的决议的报告，并就武装起义、在革命前夕对政府政策的态度、社会民主党组织内工人和知识分子的关系、党章、关于中央委员会活动的报告等问题作了发言。

代表大会制定了党在资产阶级民主革命中的战略计划，这就是：要孤立资产阶级，使无产阶级同农民结成联盟，成为革命的领袖和领导者，为争取革命胜利——推翻专制制度、建立民主共和国、消灭农奴制的一切残余——而斗争。从这一战略计划出发，代表大会规定了党的策略路线。大会提出组织武装起义作为党的主要的和刻不容缓的任务。大会指出，在人民武装起义取得胜利后，必须建立临时革命政府来镇压反革命分子的反抗，实现俄国社会民主工党的最低纲领，为向社会主义革命过渡准备条件。

代表大会重新审查了党章，通过了列宁提出的关于党员资格的党章第 1 条条文，取消了党内两个中央机关（中央委员会和中央机关报）的制度，建立了党的统一的领导中心——中央委员会，明确规定了中央委员会的权力和它同地方委员会的关系。

代表大会谴责了孟什维克的行为和他们在组织问题和策略问题上的机会主义。鉴于《火星报》已落入孟什维克之手并执行机会主义路线，俄国社会民主工党第三次代表大会委托中央委员会创办新的中央机关报——《无产者报》。代表大会选出了以列宁为首的中央委员会，参加中央委员会的还有亚·亚·波格丹诺夫、列·波·克拉辛、德·西·波斯托洛夫斯基和阿·伊·李可夫。

俄国社会民主工党第三次代表大会是第一次布尔什维克代表大会，它用争取民主革命胜利的战斗纲领武装了党和工人阶级。列宁在《第三次代表大会》一文（见本版全集第10卷）中论述了这次代表大会的工作及其意义。——298。

201 孟什维克日内瓦代表会议于1905年4月与俄国社会民主工党第三次代表大会同时举行。由于参加的人数很少（只有9个委员会的代表出席），孟什维克宣布自己的这次会议为党的工作者代表会议。代表会议就武装起义、农民中的工作、夺取政权和参加临时政府、对其他革命党派和反对派的态度等问题通过了决议。列宁在《倒退的第三步》、《社会民主党在民主革命中的两种策略》、《〈工人论党内分裂〉一书序言》（见本版全集第10卷和第11卷）等著作中揭露了日内瓦代表会议决议的机会主义性质，并对这些决议作了非常有力的批判。——298。

202 指俄国社会民主工党第四次（统一）代表大会。

俄国社会民主工党第四次（统一）代表大会于1906年4月10—25日（4月23日—5月8日）在斯德哥尔摩举行。出席这次代表大会的有112名有表决权的代表和22名有发言权的代表。他们代表了俄国社会民主工党的62个组织。参加大会有发言权的还有波兰王国和立陶宛社会民主党、拉脱维亚社会民主工党和崩得的代表各3名，乌克兰社会民主工党、芬兰工人党的代表各1名。此外，还有保加利亚社会民主工党的代表1名。加上特邀代表和来宾，共有157人参加大会。

为了召开这次代表大会，1905年底布尔什维克和孟什维克两派领导机构组成了统一的中央委员会。在两个月的时间里，各地党组织讨论两派分别制定的纲领，并按300名党员产生1名代表的比例进行代表大会代表的选举。由于布尔什维克占优势的工业中心的许多党组织遭到摧残而严重削弱，因此代表大会的组成并未反映党内真正的力量对比。在112张表决票中，布尔什维克拥有46票，孟什维克则拥有62票，而且拥有少数几票的调和派在基本问题上也是附和孟什维克的。

代表大会的议程是：修改土地纲领；目前形势和无产阶级的阶级任务；关于对国家杜马选举结果和对杜马本身的策略问题；武装起义；游击行动；临时革命政府和革命自治；对工人代表苏维埃的态度；工会；对农民运动的态度；对各种非社会民主主义的党派和组织的态度；根据党纲中的民族问题确定对召开特别的波兰立宪会议的要求的态度；党的组织；与各民族的社会民主党组织（波兰王国和立陶宛社会民主党、拉脱维亚社会民主工党、崩得）的统一；工作报告；选举。大会只讨论了修改土地纲领、对目前形势的估计和无产阶级的阶级任务、对国家杜马的态度、武装起义、游击行动、与各民族的社会民主党的统一、党的章程等问题。列宁就土地问题、当前形势问题和对国家杜马的态度问题作了报告，就武装起义问题以及其他问题发了言，参加了党章起草委员会。

大会是在激烈斗争中进行的。在修改土地纲领问题上提出了三种纲领：列宁的土地国有化纲领，一部分布尔什维克的分配土地纲领和孟什维克的土地地方公有化纲领。代表大会以多数票批准了孟什维克的土地地方公有化纲领，但在布尔什维克的压力下对这一纲领作了一些修改。大会还批准了孟什维克的关于国家杜马的决议案和武装起义的决议案，大会未经讨论通过了关于工会的决议和关于对农民运动的态度的决议。代表大会通过了同波兰王国和立陶宛社会民主党以及同拉脱维亚社会民主工党统一的决定。这两个党作为地区性组织加入俄国社会民主工党，在该地区各民族无产阶级中进行工作。大会还确定了同崩得统一的条件。在代表大会批准的新党章中，关于党员资格的第1条采用了列宁的条文，但在党的中央委员会和中央机关报的相互关系问题上仍保留了两个中央机关并存的局面。

代表大会选出了由7名孟什维克（弗·尼·罗扎诺夫、列·伊·戈尔德曼、柳·尼·拉德琴柯、列·米·欣丘克、维·尼·克罗赫马尔、Б.А.巴赫梅季耶夫、帕·尼·科洛科尔尼科夫）和3名布尔什维克（瓦·阿·杰斯尼茨基、列·波·克拉辛、阿·伊·李可夫）组成的中央委员会和由5名孟什维克（尔·马尔托夫、亚·马尔丁诺夫、彼·巴·马斯洛夫、费·伊·唐恩、亚·尼·波特列索夫)组成的中央机关报编辑部。中央委员中的李可夫后来换成了亚·亚·波格丹诺夫。加入俄国社会民主工党的各民族社会民主党后来分别派代表参加了中央委员会。

列宁在《关于俄国社会民主工党统一代表大会的报告(给彼得堡工人的信)》这本小册子中对这次代表大会的工作作了分析(见本版全集第13卷)。——299。

203 指俄国社会民主工党第五次代表大会。

俄国社会民主工党第五次(伦敦)代表大会于1907年4月30日—5月19日(5月13日—6月1日)举行。代表大会原来打算在哥本哈根或马尔默(瑞典)、布鲁塞尔召开。由于沙皇政府施加压力,丹麦、瑞典、比利时都禁止在其国土上召开俄国社会民主工党代表大会。因此已汇集在哥本哈根的大会代表只得转移到马尔默,又从那里动身前往伦敦。

出席第五次(伦敦)代表大会的代表有342名,代表约15万名党员,其中有表决权的代表303名,有发言权的代表39名。在有表决权的代表中,有布尔什维克89名,孟什维克88名,崩得代表55名,波兰王国和立陶宛社会民主党代表45名,拉脱维亚边疆区社会民主党代表26名。大工业中心的代表多数是布尔什维克。列宁作为卡马河上游地区(乌拉尔)组织的代表参加了代表大会并被选入了主席团。马·高尔基作为有发言权的代表参加了代表大会。

代表大会议程的讨论几乎占用了四次会议。布尔什维克和孟什维克、崩得分子就是否把主要的具有原则性的理论和政治问题列入代表大会议程展开辩论。布尔什维克在波兰和拉脱维亚社会民主党人的支持下,使一个最重要的具有总原则性质的问题即对资产阶级政党的态度问题列入了议程。大会通过的全部议程是:中央委员会的工作报告;杜马党团的工作报告和杜马党团组织;对资产阶级政党的态度;国家杜马;“工人代表大会”和非党工人组织;工会和党;游击行动;失业、经济危机和同盟歇业;组织问题;斯图加特国际代表大会(五一节,军国主义);军队中的工作;其他。由于时间和经费的关系,关于国家杜马、关于工会和党、关于游击行动的问题及组织问题只讨论了以各派名义在代表大会上提出的提案和决议案。关于失业、关于经济危机和同盟歇业、关于斯图加特国际代表大会等问题没有来得及讨论。

布尔什维克在代表大会上得到了波兰王国和立陶宛社会民主党及拉脱维亚边疆区社会民主党的代表的支持。布尔什维克用革命的纲领团结了他们，因而在代表大会上获得了多数。在一切基本问题上，代表大会都通过了布尔什维克的决议案。布尔什维克的策略被确定为全党的统一的策略。关于对资产阶级政党态度的问题通过了列宁起草的决议。这一决议对所有非无产阶级政党都作了布尔什维主义的评价，并规定了革命社会民主党对它们的策略。代表大会通过的关于国家杜马的决议，规定了社会民主党在杜马中的各项任务，指出社会民主党在杜马内的活动应该服从杜马外的活动，应该首先把杜马作为揭露专制制度和资产阶级妥协政策以及宣传党的革命纲领的讲坛。代表大会就“工人代表大会”问题通过的决议是以列宁为代表大会写的决议草案《关于非党工人组织和无产阶级中的无政府工团主义思潮》为基础写成的。在关于工会的决议中，代表大会批驳了工会“中立”的理论，认为必须做到党对工会实行思想上和政治上的领导。代表大会通过了新的党章。按照修改过的党章，在代表大会上只选举中央委员会，中央机关报编辑部由中央委员会任命，并在中央委员会监督下工作。党章规定定期召开党的会议来讨论党内生活中最重要的问题。

代表大会选出了由布尔什维克5人（约·彼·戈尔登贝格、尼·亚·罗日柯夫、约·费·杜勃洛文斯基、伊·阿·泰奥多罗维奇、维·巴·诺根）、孟什维克4人（亚·马尔丁诺夫、诺·尼·饶尔丹尼亚、尼基福尔、约·安·伊苏夫）、波兰社会民主党2人（阿·瓦尔斯基、费·埃·捷尔任斯基）和拉脱维亚社会民主党1人（卡·尤·克·达尼舍夫斯基）组成的中央委员会（另外3名中央委员由崩得和拉脱维亚边疆区社会民主党在代表大会后选派）。代表大会还批准24名候补中央委员，其中有列宁。鉴于新的中央委员会成分不一，中央的领导不可靠，在代表大会结束时，布尔什维克在自己的会议上成立了以列宁为首的布尔什维克中央，《无产者报》编辑部也加入布尔什维克中央。——299。

204 *马赫主义*即经验批判主义，是一种主观唯心主义的哲学流派，19 世纪末—20 世纪初在西欧广泛流行，创始人是奥地利物理学家、哲学家恩斯特·马赫和德国哲学家理查·阿芬那留斯。在斯托雷平反动年代，俄国社会民主党内有一部分知识分子接受经验批判主义的影响，出现了一些马赫主义者，其代表人物是孟什维克中的尼·瓦连廷诺夫、帕·索·尤什凯维奇和布尔什维克中的弗·亚·巴扎罗夫、亚·亚·波格丹诺夫、阿·瓦·卢那察尔斯基等人。俄国马赫主义者以发展马克思主义为幌子，实际上在修正马克思主义哲学原理。列宁在《唯物主义和经验批判主义》一书中揭露了经验批判主义的实质，捍卫了马克思主义哲学免遭修正主义者的歪曲，在新的历史条件下发展了辩证唯物主义和历史唯物主义。——299。

205 *召回主义*是 1908 年在布尔什维克中间出现的一种机会主义思潮，主要代表人物有亚·亚·波格丹诺夫、格·阿·阿列克辛斯基、安·弗·索柯洛夫(斯·沃尔斯基)、阿·瓦·卢那察尔斯基、马·尼·利亚多夫等。召回派以革命词句作幌子，要求从第三届国家杜马中召回俄国社会民主党的代表，并停止党在合法和半合法组织中的工作，宣称在反动条件下党只应进行不合法的工作，实际上执行的是取消派的路线。列宁把召回派叫做“改头换面的孟什维克”。召回派的变种是最后通牒派，亦产生于 1908 年，代表人物有维·拉·尚采尔(马拉)、阿列克辛斯基、列·波·克拉辛等。在孟什维克的压力下，当时社会民主党国家杜马党团通过了党团对俄国社会民主工党中央委员会独立的决议。最后通牒派不是认真地教育杜马党团，纠正党团的错误，而是要求立即向杜马党团发出最后通牒，要它无条件地服从党中央，否则就把社会民主党杜马代表召回。最后通牒主义实际上是隐蔽的、伪装的召回主义。列宁把最后通牒派叫做“羞羞答答的召回派”。

同召回派的斗争是从 1908 年春天开始的。1908 年 3—4 月在讨论第三届国家杜马社会民主党党团头 5 个月工作总结时，莫斯科的一些区通过了召回派的决议。5 月，在莫斯科市党代表会议上，召回派提出的决议案仅以 18 票对 14 票被否决。布尔什维克机关报《无产者报》在 1908 年 6 月 4 日(17 日)的第 31 号上发表了莫斯科党代表会议的材料，并根据列宁的建议从这一号起开始讨论对杜马和社会民主党杜马党团的态度问题。与此同时，在各个党组织的内部都同召回派展开了斗争。1908年秋，在彼得堡党组织选举出席第五次全国代表会议的代表时，召回派和最后通牒派制定了一个特别纲领，作为彼得堡委员会扩大会议的决议案。由于这个决议案在各个党组织得不到广泛支持，召回派才未敢在代表会议上公开提出自己的特别纲领。在代表会议以后，根据列宁的意见，《无产者报》登载了召回派的这个纲领。列宁并写了一系列文章，对召回主义进行批判。

召回派的领袖人物波格丹诺夫和卢那察尔斯基还同孟什维克取消派尼·瓦连廷诺夫、帕·索·尤什凯维奇一起在报刊上攻击马克思主义理论基础——辩证唯物主义和历史唯物主义。卢那察尔斯基并宣扬必须建立新的宗教，把社会主义同宗教结合起来。

1909年，召回派、最后通牒派和造神派组成发起小组，在意大利卡普里岛创办了一所实际上是派别中心的党校。1909年6月，布尔什维克机关报《无产者报》扩大编辑部会议斥责了召回派和最后通牒派，号召同这些背离革命马克思主义的倾向作最坚决的斗争，并把波格丹诺夫从布尔什维克队伍中开除出去。——299。

206 《前进报》(«Вперед»)是第一个布尔什维克报纸，俄国社会民主工党多数派委员会常务局的机关报(周报)，1904年12月22日(1905年1月4日)—1905年5月5日(18日)在日内瓦出版，共出了18号。列宁是该报的领导者，《前进报》这一名称也是他提出的。该报编辑部的成员是列宁、瓦·瓦·沃罗夫斯基、米·斯·奥里明斯基和阿·瓦·卢那察尔斯基。娜·康·克鲁普斯卡娅任编辑部秘书，负责全部通信工作。列宁在《俄国社会民主工党分裂简况》一文中写道："《前进报》的方针就是**旧《火星报》的方针**。《前进报》为了捍卫旧《火星报》正在同新《火星报》进行坚决的斗争。"(见本版全集第9卷第217页)《前进报》发表过列宁的40多篇文章，而评论1905年1月9日事件和俄国革命开始的第4、5两号报纸几乎完全是列宁编写的。《前进报》创刊后，很快就博得了各地方党委会的同情，被承认为它们的机关报。《前进报》在反对孟什维克、创建新型政党、筹备召开俄国社会民主工党第三次代表大会方面起了卓越作用。第三次代表大会决定委托中央委员会创办名为《无产者报》的新的中央机关报,《前进报》因此停办。——299。

207 《无产者报》(«Пролетарий»)是布尔什维克的秘密报纸,是根据党的第三次代表大会决定创办的俄国社会民主工党中央机关报(周报)。1905年5月14日(27日)—11月12日(25日)在日内瓦出版,共出了26号。根据1905年4月27日(5月10日)党的中央全会的决定,列宁被任命为该报的责任编辑,编委会的委员有瓦·瓦·沃罗夫斯基、阿·瓦·卢那察尔斯基和米·斯·奥里明斯基。参加编辑工作的有:娜·康·克鲁普斯卡娅、维·米·韦利奇金娜、维·阿·卡尔宾斯基、尼·费·纳西莫维奇、伊·阿·泰奥多罗维奇、莉·亚·福季耶娃等。弗·德·邦契-布鲁耶维奇、谢·伊·古谢夫、安·伊·乌里扬诺娃-叶利扎罗娃负责为编辑部收集地方通讯稿。克鲁普斯卡娅和福季耶娃负责编辑部同地方组织和读者的通信联系。该报继续执行《火星报》的路线,并保持同《前进报》的继承关系。《无产者报》发表了大约90篇列宁的文章和短评,印发了俄国社会民主工党第三次代表大会的材料。该报的发行量达1万份。1905年11月初列宁回俄国后不久停刊,报纸的最后两号是沃罗夫斯基编辑的。——299。

208 《新生活报》(«Новая Жизнь»)是俄国布尔什维克的第一个合法报纸,实际上是俄国社会民主工党的中央机关报。1905年10月27日(11月9日)—12月3日(16日)在彼得堡出版。正式编辑兼出版者是诗人尼·明斯基,出版者是女演员、布尔什维克玛·费·安德列耶娃。从1905年11月第9号起,该报由列宁直接领导。参加编辑部的有:列宁、弗·亚·巴扎罗夫、亚·亚·波格丹诺夫、瓦·瓦·沃罗夫斯基、米·斯·奥里明斯基、阿·瓦·卢那察尔斯基和彼·彼·鲁勉采夫。马·高尔基参加了《新生活报》的工作,并且在物质上给予很大帮助。《新生活报》发表过列宁的14篇文章。该报遭到沙皇政府当局多次迫害,在28号中有15号被没收。1905年12月2日该报被政府当局查封。最后一号即第28号是秘密出版的。——299。

209 《浪潮报》(«Волна»)是布尔什维克的合法报纸(日报),1906年4月26

日(5月9日)—5月24日(6月6日)在彼得堡出版,共出了25号。该报从第9号起实际上由列宁领导。参加编辑工作的有瓦·瓦·沃罗夫斯基和米·斯·奥里明斯基,撰稿人有阿·瓦·卢那察尔斯基、伊·伊·斯克沃尔佐夫-斯捷潘诺夫等。该报刊登过27篇列宁的文章和短评,其中有不少是作为社论发表的。《浪潮报》屡遭沙皇政府的迫害,最终被查封。从1906年5月26日(6月8日)起,布尔什维克出版了合法日报《前进报》以代替《浪潮报》。——299。

210 《回声报》(«Эхо»)是俄国布尔什维克的合法报纸(日报)。1906年6月22日(7月5日)—7月7日(20日)接替被政府查封的《前进报》在彼得堡出版。该报的编辑实际上是列宁,撰稿人有阿·瓦·卢那察尔斯基、米·斯·奥里明斯基、瓦·瓦·沃罗夫斯基等。该报刊登过列宁的20多篇文章。该报不断遭到政府的迫害,已出14号中有12号被没收。1906年7月10日被查封。——299。

211 《十二年来》是列宁的文集,由彼得堡种子出版社出版。按照出版社的计划,该文集应出三卷,但实际上只出了第1卷和第2卷第1分册。

《十二年来》文集第1卷于1907年11月中旬出版(封面上印的是1908年)。这一卷不久即被没收,但有很大一部分被抢救出来,并继续秘密流传。第1卷包括下列著作:《民粹主义的经济内容及其在司徒卢威先生的书中受到的批评》、《俄国社会民主党人的任务》、《地方自治机关的迫害者和自由主义的汉尼拔》、《怎么办?》、《进一步,退两步》、《地方自治运动和〈火星报〉的计划》以及《社会民主党在民主革命中的两种策略》(见本版全集第1、2、5、6、8、9、11卷)。

预定编入第2卷的是关于土地问题的著作。鉴于沙皇政府书报检查机关的迫害,第2卷改称《土地问题》文集而不再用《十二年来》文集这一书名。第2卷分两册出版,第1分册于1908年初问世,收有《评经济浪漫主义》、《1894—1895年度彼尔姆省手工业调查以及"手工"工业中的一般问题》以及《土地问题和"马克思的批评家"》(第1—11章)(见本版全集第2卷和第5卷)。第2分册是列宁刚刚写成而尚未发表的著作《社会民主党在1905—1907年俄国第一次革命中的土地纲领》(见本版全集第16卷)。这一分册未能问世,在印刷厂就被警方没收并销毁了。

第3卷也因当局的查禁未能出版。按计划,编入该卷的将是列宁在《火星报》、《前进报》、《无产者报》、《新生活报》等布尔什维克机关报上发表过的一批纲领性和论战性文章。——299。

212 《思想》杂志(«Мысль»)是俄国布尔什维克的合法的哲学和社会经济刊物(月刊),1910年12月—1911年4月在莫斯科出版,共出了5期。该杂志是根据列宁的倡议,为加强对取消派合法刊物的斗争和用马克思主义教育先进工人和知识分子而创办的。该杂志的正式编辑和出版者是П.К.皮罗日柯夫,实际编辑是列宁,他在国外领导这一杂志,经常与编辑部通信。积极参加杂志工作的有瓦·瓦·沃罗夫斯基、米·斯·奥里明斯基、伊·伊·斯克沃尔佐夫-斯捷潘诺夫等人,为杂志撰稿的还有孟什维克护党派格·瓦·普列汉诺夫、沙·拉波波特等人。《思想》杂志头四期刊载了6篇列宁的文章。《思想》杂志最后一期即第5期被没收,杂志也被查封。不久《启蒙》杂志在彼得堡出版,它实际上是《思想》杂志的续刊。——300。

213 在彼得堡省工人选民团初选人代表大会将于1912年10月5日(18日)召开以选举第四届杜马复选人的前夕,当局的县选举委员会于10月4日(17日)就21家企业(参加选举的工厂共44个)提出所谓"说明",宣布这些企业的初选人的选举无效。这激起了彼得堡工人的愤怒。在10月5日(18日)这一天,普梯洛夫工厂率先举行政治罢工以示抗议,其他许多工厂也相继参加了这场斗争。这次罢工波及到彼得堡所有各区,同时工人还举行了大规模的群众集会和游行示威。

慑于工人群众的压力,10月8日(21日)省选举委员会撤销了县选举委员会的"说明",但同时也宣布10月5日(18日)的复选人选举无效。——301。

214 指1913年1月12日(25日)《社会民主党人报》第30号登载的里加通讯和莫斯科通讯。1912年11月11日(24日)里加工人举行了游行示威,抗议塞瓦斯托波尔海军军事法庭对"约翰·兹拉托乌斯特"号装甲舰一批水兵的死刑判决，抗议监狱虐待政治犯和巴尔干战争的爆发。这次游行示威有1 500多名工人参加，而且得到了市民的支持。11月12日(25日)，里加许多大工厂开始举行政治罢工。与此同时，莫斯科许多工厂的工人也于11月8日(21日)举行了罢工，并试图组织游行示威，但被警察驱散了。——303。

215 指波兰王国和立陶宛社会民主党第六次代表大会。

波兰王国和立陶宛社会民主党第六次代表大会于1908年12月5—13日在普拉加举行。参加这次代表大会的有华沙区、罗兹区、栋布罗瓦区、琴斯托霍夫区和比亚韦斯托克区党组织的代表。代表大会讨论了下列问题:总执行委员会的总结报告;俄国和波兰的政治形势;党的策略和社会民主党党团在杜马中的活动;工会和合作社运动;对波兰社会党"左派"和波兰社会党"革命派"的态度;波兰王国和立陶宛社会民主党在俄国社会民主工党内的立场;党的土地纲领和民族纲领等。

大会就总执行委员会的总结报告展开了激烈的辩论。华沙区代表批评了总执行委员会的组织政策。他们指出，总执行委员会脱离地方组织，限制批评自由，没有充分吸收党的积极分子参加党的实际领导工作，并犯有其他许多严重的错误。栋布罗瓦区和罗兹区党组织代表支持华沙区代表的发言。辩论结果，总执行委员会的拥护者们所提出的对总执行委员会表示信任的决议案没有得到通过所必需的票数，大会只通过了转入下一议题的决议。

代表大会谴责了取消派和召回派倾向，提出了巩固和扩大党的秘密组织、为工人阶级组织的利益而利用一切合法机会的任务。——309。

216 这里说的先后离开的三位总执行委员会成员是亚·马列茨基、雅·加涅茨基和弗·L.列德尔。——310。

217 华沙区际代表会议是指波兰王国和立陶宛社会民主党华沙组织于1911年12月10日召开的代表会议。这次会议指出了波兰王国和立陶宛社会民主党总执行委员会的错误，要求召开一次党代表大会，或者至少召开一次扩大的代表会议，把华沙组织的代表名额从1人增至3

人。代表会议谴责了总执行委员会机关报《红旗报》的机会主义方针，决定出版华沙组织机关报《工人报》。新的华沙委员会选入了许多分裂派领导人。针对上述情况，总执行委员会通过了一系列反对华沙组织的决议和通报。1912年3月1日它向华沙组织各区委发出通报，宣告解散华沙委员会。——310。

218 罗兹代表会议是指波兰王国和立陶宛社会民主党的罗兹组织于1911年12月17日召开的代表会议。这次会议效法华沙组织，也提出召开扩大代表会议的要求。在关于该党同俄国社会民主工党的关系的决议中，罗兹代表会议要求总执行委员会考虑边疆区党组织的意见，立即讨论有关取消主义的问题。——310。

219 指1912年11月24—25日在巴塞尔召开的国际社会党非常代表大会。见注148。——313。

220 指1912年11月6日(19日)《光线报》第43号刊载的文章《华沙选举真相》(署名：S.A.)和1912年11月21日(12月4日)《光线报》第56号刊载的文章《亚格洛同志和社会民主党党团》(署名：坎·奥古斯托夫斯基)。——313。

221 指法国激进和激进社会共和党。

激进和激进社会共和党(简称激进社会党)是法国最老的资产阶级政党，于1901年6月成立，作为派别则于1869年形成。该党宗旨是一方面保卫议会制共和国免受教权派和保皇派反动势力的威胁，另一方面通过政治改革和社会改革来防止社会主义革命。第一次世界大战以前，它基本代表中小资产阶级的利益。在第一次和第二次世界大战之间，党内大资产阶级的影响加强了。党的领袖曾多次出任法国政府总理。——315。

222 口口声声只讲若米尼、若米尼，白酒的事情却只字不提出自俄国诗人杰·瓦·达维多夫的诙谐短诗《老骠骑兵之歌》。诗句讽刺年轻的骠骑兵总把军事理论家昂·若米尼挂在嘴边，而对他们自己的放荡生活则加以掩盖。——319。

223 巴拿马案件是指法兰西第三共和国时期的一个大的贪污贿赂案。1879年法国为开凿穿过巴拿马地峡的运河而成立了巴拿马运河公司，由苏伊士运河建筑师斐·莱塞普斯任董事长。1881年工程开工，由于管理不善和贪污舞弊，公司发生资金困难。公司负责人乃向政府和有关人员行贿，以进行股票投机。1888年公司破产，几十万股票持有者在经济上受到重大损失。1893年议会大选前，这一贿赂事件被揭露，受贿者有总理、部长、议员等多人，结果引起了一场政治风潮。为掩盖真相，法国政府匆忙宣告被控告的官员和议员无罪，只有一些次要人物被判有罪。1894年该公司改组；1903年公司把运河开凿权卖给了美国。后来“巴拿马”一词就成了官商勾结进行诈骗的代名词。——319。

224 指马克思和恩格斯《共产党宣言》中的下述论点：“现代的国家政权不过是管理整个资产阶级的共同事务的委员会罢了。”（见《马克思恩格斯文集》第2卷第33页）——320。

225 “自由日子”是俄国革命者对沙皇尼古拉二世1905年颁布10月17日宣言以后的一个短暂时期的讽刺性称呼。——328。

226 左派民粹派指社会革命党人。见注3。——328。

227 创举派是指以《创举》杂志为中心的一批社会革命党人。

《创举》杂志（«Почин»）是由一群社会革命党人创办的刊物，带有民粹主义取消派倾向。仅于1912年6月在巴黎出了一期。——329。

228 指《关于农民土地占有和土地使用现行法令的几项补充决定》。参看注39。——345。

229 指1905—1907年革命失败后，在俄国社会革命党人知识分子中普遍存在的、并在波·维·萨文柯夫（罗普申）的文学作品中得到最明显表现的反动思想和颓废情绪。——348。

230 和平革新派是俄国大资产阶级和地主的君主立宪主义组织和平革新党

的成员。和平革新党由左派十月党人彼·亚·葛伊甸、德·尼·希波夫、米·亚·斯塔霍维奇和右派立宪民主党人尼·尼·李沃夫、叶·尼·特鲁别茨科伊等在第一届国家杜马中的“和平革新派”基础上组成,1906年7月成立。该党持介乎十月党和立宪民主党之间的立场,主要是在策略上与它们有所不同,而其纲领则十分接近于十月党。和平革新党维护工商业资产阶级和按资本主义方式经营的地主的利益。在第三届国家杜马中,和平革新党同民主改革党联合组成“进步派”,该派是1912年成立的进步党的核心。和平革新党的正式机关刊物是《言论报》和《莫斯科周刊》。——352。

231 *梅穆列佐夫*是俄国作家格·伊·乌斯宾斯基的特写《岗亭》中的人物——俄国某县城的岗警。在沙皇军队的野蛮训练下,他丧失了人的一切优良天性,“抓走”和“不准”成了他的口头禅。梅穆列佐夫这个形象是沙皇专制警察制度的化身。——357。

232 这里是指根据1907年6月3日选举条例实行杜马代表直接选举的城市。这样的城市共5个,即圣彼得堡、莫斯科、基辅、敖德萨和里加。——360。

233 *健忘的伊万*意为忘记自己身世者或六亲不认、数典忘祖的人。在革命前的俄国,潜逃的苦役犯和逃亡的农奴一旦落入警察之手,为了不暴露真实姓名和身份,常常自称“伊万”(俄国最常见的名字),并声称忘记了自己的身世。因此在警厅档案中,他们便被登记为“忘记身世者”。这些人就被统称为“健忘的伊万”。——363。

234 关于此事可参看列宁的文章《关于捷·奥·别洛乌索夫代表退出社会民主党杜马党团的问题》(本版全集第21卷)。——368。

235 这里说的布勒宁是指黑帮报纸《新时报》的撰稿人维·彼·布勒宁。此人以论战手法卑劣而著称。——371。

236 指1908年12月俄国社会民主工党第五次全国代表会议的决议和1909年6月《无产者报》扩大编辑部会议的决议(参看《苏联共产党代表大

会、代表会议和中央全会决议汇编》1964 年人民出版社版第 1 分册第 246—260、269—295 页)。——371。

237 这一文献是列宁为第四届杜马的一名布尔什维克代表起草的关于 1913 年国家预算问题的发言稿的提纲。发言稿的全文没有找到。这一预算问题发言的提纲是社会民主党党团代表在 1913 年 5 月 13 日(26 日)杜马第 45 次会议上发言的基础。——378。

238 粉饰的坟墓意思是虚有其表或表里不一,出典于圣经《新约全书》。传说耶稣指责言行不一的犹太教律法师和法利赛派是伪善者,说他们像粉饰的坟墓一样,外表富丽堂皇,而里面充满尸骨和污秽之物(见《马太福音》第 23 章)。——378。

239 指第二届国家杜马第 2 次常会的速记记录第 1 卷第 1212 页。在此页上有一位代表在发言中列举了库尔斯克省和奥廖尔省农民破产的材料。——381。

240 列宁在《最后一个气门》一文里对这里引用的数字作了分析(见本卷第 19 页)。——381。

241 指第二届国家杜马第 2 次常会的速记记录第 1 卷第 959 页和第三届国家杜马第 1 次常会速记记录第 1 册第 662 页。在这两处都有社会民主党党团代表就预算问题提出的程序提案。——381。

242 指沙皇政府 1906 年 3 月 8 日(21 日)批准的关于国家收支预算审查程序的条例。按照该条例的规定,国家预算的某些支出项目,如沙皇宫廷的一大部分花费、国债的付款以及战时所需的预算外非常拨款,均不在杜马审查之列。——382。

243 看来《真理报》此处漏了一行。这里谈的决议草案是要求每个党的机关除了张贴机会主义分子所掌握的《每日公民报》以外,也要张贴《每日先驱报》。

《每日先驱报》(«The Daily Herald»)是英国社会党的机关报,1912

年4月起在伦敦出版。1922年起为工党的机关报。——390。

244 1912年12月14日(27日),44名杜马代表就彼得堡34名中学生在私立维特美尔中学开会被捕一事提出质询。这些学生是由于沙皇保安处怀疑他们参加了秘密小组而被捕的。国民教育大臣列·阿·卡索在第四届杜马中就这个问题作了说明。杜马的第12、17、18、19、20次会议讨论了这一质询。1913年2月6日(19日)进行表决。十月党人和立宪民主党人的议案先由会议通过,后在复决中被否决。会议最后以多数票通过了一项认为沙皇教育大臣的说明不能令人满意而转入下一议题的提案。——401。

245 自由思想派是指德国自由思想同盟和自由思想人民党的成员。1884年德国资产阶级自由派政党进步党同从民族自由党分裂出来的左翼合并组成德国自由思想党。1893年,自由思想党分裂为自由思想同盟和自由思想人民党两个集团。1910年这两个自由思想派组织又合并为进步人民党。自由思想派以德国社会民主党为主要敌人。——403。

246 马尼洛夫精神意为耽于幻想,无所作为。马尼洛夫是俄国作家尼·瓦·果戈理的小说《死魂灵》中的一个地主。他生性怠惰,终日想入非非,崇尚空谈,刻意讲究虚伪客套。——423。

人名索引

A

阿·瓦·彼·——见彼舍霍诺夫,阿列克谢·瓦西里耶维奇。

阿布罗西莫夫,弗拉基米尔·莫伊谢耶维奇(弗·阿·)(Абросимов,Владимир Моисеевич(В.А.)生于 1878 年)——俄国保安处密探。斯托雷平反动时期和新的革命高涨年代是积极的取消派分子。1912 年参加了托洛茨基在维也纳召开的反布尔什维克的八月代表会议;曾为孟什维克的《我们的曙光》杂志和《光线报》撰稿。第一次世界大战期间是社会沙文主义者;组委会分子和中央军事工业委员会工人团成员。——307、429。

阿夫克森齐耶夫,尼古拉·德米特里耶维奇(Авксентьев,Николай Дмитриевич 1878—1943)——俄国社会革命党领袖之一,该党中央委员。1905 年为彼得堡工人代表苏维埃委员。斯托雷平反动时期和新的革命高涨年代参加社会革命党右翼,任社会革命党中央机关刊物《劳动旗帜报》编委。第一次世界大战期间是社会沙文主义者,为护国派刊物《在国外》、《新闻报》、《号召报》撰稿。1917 年二月革命后任彼得格勒苏维埃执行委员会委员、全俄农民代表苏维埃执行委员会主席、第二届联合临时政府内务部长,10 月任俄罗斯共和国临时议会(预备议会)主席。十月革命后是反革命叛乱的策划者之一。1918 年是所谓乌法督政府的主席。后流亡国外,继续反对苏维埃政权。——9。

阿捷夫,叶夫诺·菲舍列维奇(Азеф,Ефно Фишелевич 1869—1918)——俄国社会革命党领导人之一,奸细,沙俄警察司密探(1892 年起)。1901 年起是社会革命党的组织者之一,1903 年实际上领导了该党的战斗组织。为取得社会革命党领导人的信任,策划并制造了数起恐怖事件,同时又多次向警察当局出卖社会革命党党员和该党战斗组织成员。1906 年曾防止了对内务大臣彼·尼·杜尔诺沃的暗杀，1907年又防止了对尼古拉二世的暗杀。1908年被揭穿并被社会革命党中央委员会判处死刑，但隐藏起来。1915年作为俄国间谍在德国被俘。死于柏林。——335—336。

阿克雪里罗得，帕维尔·波里索维奇（Аксельрод，Павел Борисович 1850—1928）——俄国孟什维克领袖之一。19世纪70年代是民粹派分子。1883年参与创建劳动解放社。1900年起是《火星报》和《曙光》杂志编辑部成员。这一时期在宣传马克思主义的同时，也在一系列著作中把资产阶级民主制和西欧社会民主党议会活动理想化。1903年在俄国社会民主工党第二次代表大会上是《火星报》编辑部有发言权的代表，属火星派少数派，会后是孟什维主义的思想家。1905年提出召开广泛的工人代表大会的取消主义观点。1906年在党的第四次（统一）代表大会上代表孟什维克作了关于国家杜马问题的报告，宣扬无产阶级同资产阶级实行政治合作的机会主义思想。斯托雷平反动时期和新的革命高涨年代是取消派的思想领袖，参加孟什维克取消派《社会民主党人呼声报》编辑部。1912年加入"八月联盟"。第一次世界大战期间表面上是中派，实际持社会沙文主义立场；曾参加齐美尔瓦尔德代表会议和昆塔尔代表会议，属于右翼。1917年二月革命后任彼得格勒苏维埃执行委员会委员，支持资产阶级临时政府。十月革命后侨居国外，反对苏维埃政权，鼓吹武装干涉苏维埃俄国。——203、332。

阿廖欣，Н.И.（Алехин，Н.И.）——俄国交通部门的工程师，曾参加修建西伯利亚铁路。1912年因私事去奥地利，在当地因被指控从事间谍活动而被捕，两个月后获释。——335—336。

阿列克辛斯基，格里戈里·阿列克谢耶维奇（Алексинский，Григорий Алексеевич 1879—1967）——俄国社会民主党人，后蜕化为反革命分子。1905—1907年革命期间是布尔什维克。第二届国家杜马彼得堡工人代表，社会民主党党团成员，参加了杜马的失业工人救济委员会、粮食委员会和土地委员会，并就斯托雷平在杜马中宣读的政府宣言，就预算、土地等问题发了言。作为社会民主党杜马党团代表参加了俄国社会民主工党第五次（伦敦）代表大会的工作。斯托雷平反动时期是召回派分子、派别性的卡普里党校（意大利）的讲课人和"前进"集团的组织者之一。第一次世界大战期间是社会沙文主义者,曾为多个资产阶级报纸撰稿。1917 年加入孟什维克统一派,持反革命立场;七月事变期间伙同特务机关伪造文件诬陷列宁和布尔什维克。1918 年逃往国外,投入反动营垒。——123、299。

阿尼奇科夫,叶夫根尼·瓦西里耶维奇(Аничков,Евгений Васильевич 1866—约1937)——俄国自由派资产阶级批评家和文艺学家,民族主义者和沙文主义者。1905—1907 年革命期间是全俄农民协会的积极参加者,后加入立宪民主党。鼓吹艺术来源于宗教仪式的反动思想,宣扬西欧和俄国的颓废派思想。十月革命后为白俄流亡分子。——170。

阿奇,约瑟夫(Arch,Joseph 1826—1919)——英国工人运动活动家。1872 年创建全国农业工人联合会,为改善农业工人状况而斗争。多次当选自由党议员。——42。

阿斯奎斯,赫伯特·亨利(Asquith,Herbert Henry 1852—1928)——英国国务活动家,自由党领袖之一。1886 年首次当选为议会议员。1892 年起多次担任大臣职务,1908—1916 年任首相。反映英国帝国主义资产阶级的观点及其兼并意图,推行对外扩张、镇压工人运动和民族解放运动的政策。阿斯奎斯政府对第一次世界大战的爆发起了推动作用。第一次世界大战结束后领导反对同保守党人联合的自由党人。1924 年议会竞选失败后,在政治上不再起重要作用。——405。

阿斯特拉汉采夫,叶戈尔·巴甫洛维奇(Астраханцев,Егор Павлович 生于1875 年)——俄国社会民主党人,伊热夫斯克枪械厂钳工。1907 年由维亚特卡省选入第三届国家杜马,参加社会民主党党团,追随孟什维克;为取消派的《现代事业报》撰稿。——255。

埃尔斯纳——国际法官第一次代表大会(1912 年 8 月)代表。——76。

埃里斯曼,麦克斯(Erismann,Max 1847—1923)——瑞士社会民主党人,机会主义者。长期担任苏黎世市政局委员,后为炮兵上校。——79、80。

艾蒂安,欧仁(Étienne,Eugène 1844—1921)——法国政治活动家和国务活动家。1887—1892 年任殖民部助理国务秘书,后当选为法国众议院奥兰议员。1905 年任内务部长,1906 年任陆军部长,1913 年在白里安内阁中再次被任命为陆军部长。是大金融投机分子,靠在殖民地搞肮脏的金融投机发了财。——319。

爱德华七世(Edward Ⅶ 1841—1910)——英国国王(1901—1910)。——319。

安东尼·沃伦斯基(**赫拉波维茨基,阿列克谢·巴甫洛维奇**)(Антоний Волынский(Храповицкий,Алексей Павлович)1863—1936)——俄国黑帮分子,沙皇反动政治最著名的鼓吹者之一,俄国正教教会的极右派头目。1902年起在沃伦当主教,后为哈尔科夫的大主教。外国武装干涉和国内战争时期与邓尼金勾结。反革命势力被粉碎后逃往国外,成为流亡国外的君主派首领之一。——92。

安东诺夫,尼古拉·伊万诺维奇(Антонов,Николай Иванович 1859—1938)——俄国大地主,第三届和第四届国家杜马哈尔科夫省代表,十月党人。在杜马中任副秘书。被选入杜马之前在司法部系统工作了25年以上。——366。

奥博连斯基,弗拉基米尔·安德列耶维奇(Оболенский,Владимир Андреевич 1869—1950)——俄国公爵,大地主,立宪民主党的积极活动家。曾为右翼立宪民主党的《俄国思想》杂志和进步党机关报《俄国评论报》撰稿。1917年为立宪民主党中央委员。——383—384、405、416。

奥尔洛夫斯基,普·——见沃罗夫斯基,瓦茨拉夫·瓦茨拉沃维奇。

奥古斯托夫斯基——见策杰尔包姆,谢尔盖·奥西波维奇。

奥斯卡罗夫——见伊苏夫,约瑟夫·安德列耶维奇。

B

巴达耶夫,阿列克谢·叶戈罗维奇(Бадаев,Алексей Егорович 1883—1951)——1904年加入俄国社会民主工党,在彼得堡做党的工作。第四届国家杜马彼得堡省工人代表,参加布尔什维克杜马党团,同时在杜马外做了大量的革命工作,是中央委员会俄国局成员,为布尔什维克的《真理报》撰稿,出席了有党的工作者参加的俄国社会民主工党中央委员会克拉科夫会议和波罗宁会议。因进行反对帝国主义战争的革命活动,1914年11月被捕,1915年流放图鲁汉斯克边疆区。1917年二月革命后从流放地回来,在彼得格勒参加布尔什维克组织的工作,是十月武装起义的参加者。十月革命后在党、苏维埃和经济部门担任领导工作。在党的第十四至第十八次代表大会上当选为中央委员。1938—1943年任俄罗斯联邦最高苏维埃主席团主席和苏联最高苏维埃主席团副主席。——177。

白恩士,约翰·埃利奥特(Burns,John Eliot 1858—1943)——英国工人运动活动家,改良主义者;职业是机械师。19世纪80年代是工联领导人之一,参加过多次罢工,领导了1889年伦敦码头工人大罢工。曾是英国社会民主联盟盟员,但不久退出该组织。1889年进入伦敦郡参议会。1892年被选入议会,在议会中不顾工人阶级的利益,主张同资本家合作。1905—1914年任地方自治事务大臣,1914年任商业大臣。1914年8月因不同意政府关于参加第一次世界大战的决定而辞职。后脱离政治活动。——319。

白里安,阿里斯蒂德(Briand,Aristide 1862—1932)——法国国务活动家,外交家;职业是律师。19世纪80年代参加法国社会主义运动,1898年加入法国独立社会党人联盟,一度属社会党左翼;1902年参加改良主义的法国社会党,同年被选入议会。1906年参加资产阶级政府,任教育部长,因此被开除出社会党;后同亚·米勒兰、勒·维维安尼等人一起组成独立社会党人集团(1911年取名"共和社会党")。1909—1911年任"三叛徒(白里安、米勒兰、维维安尼)内阁"的总理。1910年宣布对铁路实行军管,残酷镇压铁路工人的罢工。1913年任总理,1915—1917年、1921—1922年任总理兼外交部长,1924年任法国驻国际联盟代表。1925年参与签订洛迦诺公约。1925—1931年任外交部长。1931年竞选总统失败后退出政界。——319—320。

鲍勃凌斯基,阿列克谢·亚历山德罗维奇(Бобринский,Алексей Александрович 1852—1927)——俄国大地主和大糖厂主,伯爵,反动的政治活动家。1884年起多年任彼得堡省贵族代表。1906年当选为农奴主-地主组织"贵族联合会"主席。第三届国家杜马基辅省代表。1912年起为国务会议成员,1916年任农业大臣。十月革命后参加君主派的俄国国家统一委员会,1919年起为白俄流亡分子。——57。

鲍狄埃,欧仁(Pottier,Eugène 1816—1887)——法国诗人,第一国际活动家,巴黎公社委员,《国际歌》的作者。——291—293、295。

鲍威尔,奥托(Bauer,Otto 1882—1938)——奥地利社会民主党和第二国际领袖之一,"奥地利马克思主义"理论家。同卡·伦纳一起提出资产阶级民族主义的民族文化自治论。1907年起任社会民主党议会党团秘书，同年参与创办党的理论刊物《斗争》杂志。1912年起任党中央机关报《工人报》编辑。第一次世界大战期间应征入伍，在俄国前线被俘。俄国1917年二月革命后在彼得格勒，同年9月回国。敌视俄国十月革命。1918年11月—1919年7月任奥地利共和国外交部长，赞成德奥合并。1920年在维也纳出版反布尔什维主义的《布尔什维主义还是社会民主主义?》一书。1920年起为国民议会议员。第二半国际和社会主义工人国际的组织者和领袖之一。曾参与制定和推行奥地利社会民主党的机会主义路线，使奥地利工人阶级的革命斗争遭受严重损失。晚年修正了自己的某些改良主义观点。——205。

倍倍尔，奥古斯特(Bebel，August 1840—1913)——德国工人运动和国际工人运动活动家，德国社会民主党和第二国际的创建人和领袖之一，马克思和恩格斯的朋友和战友；旋工出身。19世纪60年代前半期开始参加政治活动，1867年当选为德国工人协会联合会主席，1868年该联合会加入第一国际。1869年与威·李卜克内西共同创建了德国社会民主工党(爱森纳赫派)，该党于1875年与拉萨尔派合并为德国社会主义工人党，后又改名为德国社会民主党。多次当选国会议员，利用国会讲坛揭露帝国政府反动的内外政策。1870—1871年普法战争期间持国际主义立场，在国会中投票反对军事拨款，支持巴黎公社，为此曾被捕和被控叛国，断断续续在狱中度过近六年时间。在反社会党人非常法施行时期，领导了党的地下活动和议会活动。90年代和20世纪初同党内的改良主义和修正主义进行斗争，反对伯恩施坦及其拥护者对马克思主义理论的歪曲和庸俗化。是出色的政论家和演说家，对德国和欧洲工人运动的发展有很大影响。马克思和恩格斯高度评价了他的活动。——294。

比索拉蒂，莱奥尼达(Bissolati，Leonida 1857—1920)——意大利社会党创建人和右翼改良派领袖之一。1896—1903年和1908—1912年任社会党中央机关报《前进报》主编。1897年起为议员。1912年因支持意大利政府进行侵略战争被开除出社会党，后组织了改良社会党。第一次世界大战期间是社会沙文主义者，主张意大利站在协约国方面参战。1916—1918年参加政府，任不管部大臣。——192、237。

彼得罗夫斯基，格里戈里·伊万诺维奇（Петровский，Григорий Иванович 1878—1958）——1897年参加俄国社会民主主义运动。俄国第一次革命期间是叶卡捷琳诺斯拉夫工人运动的领导人之一。第四届国家杜马叶卡捷琳诺斯拉夫省工人代表，布尔什维克杜马党团主席。1912年被增补为党中央委员。因进行反对帝国主义战争的革命活动，1914年11月被捕，1915年流放图鲁汉斯克边疆区，在流放地继续进行革命工作。积极参加十月革命。1917—1919年任俄罗斯联邦内务人民委员，1919—1938年任全乌克兰中央执行委员会主席。1922—1937年为苏联中央执行委员会主席之一，1937—1938年任苏联最高苏维埃主席团副主席。在党的第十至第十七次代表大会上当选为中央委员，1926—1939年为中央政治局候补委员。1940年起任国家革命博物馆副馆长。——177。

彼得一世（彼得大帝）（Петр I Великий 1672—1725）——俄国沙皇（1682—1725），第一个全俄皇帝（1721—1725）。——393。

彼舍霍诺夫，阿列克谢·瓦西里耶维奇（阿·瓦·彼·）（Пешехонов，Алексей Васильевич（А.В.П.）1867—1933）——俄国社会活动家和政论家。19世纪90年代为自由主义民粹派分子。《俄国财富》杂志撰稿人，1904年起为该杂志编委；曾为自由派资产阶级的《解放》杂志和社会革命党的《革命俄国报》撰稿。1903—1905年为解放社成员。小资产阶级政党"人民社会党"的组织者（1906）和领袖之一，该党同劳动派合并后（1917年6月），参加劳动人民社会党中央委员会。1917年二月革命后任彼得格勒工兵代表苏维埃执行委员会委员，同年5—8月任临时政府粮食部长，后任预备议会副主席。十月革命后反对苏维埃政权，参加了反革命组织"俄罗斯复兴会"。1922年被驱逐出境，成为白俄流亡分子。——189、200、326、327、328—329、419、420—421。

俾斯麦，奥托·爱德华·莱奥波德（Bismarck，Otto Eduard Leopold 1815—1898）——普鲁士和德国国务活动家和外交家。普鲁士容克的代表。曾任驻彼得堡大使（1859—1862）和驻巴黎大使（1862），普鲁士首相（1862—1872、1873—1890），北德意志联邦首相（1867—1871）和德意志帝国首相（1871—1890）。1870年发动普法战争，1871年支持法国资产阶级镇压巴黎公社。主张在普鲁士领导下"自上而下"统一德国。曾采取一系列内政措施，捍卫容克和大资产阶级的联盟。1878 年颁布反社会党人非常法。由于内外政策遭受挫折，于 1890 年 3 月去职。——111、112、113、144、316、338、345。

别列佐夫斯基，亚历山大·叶利扎罗维奇（别列佐夫斯基第一）（Березовский, Александр Елизарович (Березовски 1-й)生于 1868 年）——俄国地主，立宪民主党人，地方自治运动活动家；职业是农艺师。第三届国家杜马辛比尔斯克省代表，在杜马中是粮食、土地等委员会委员。1918 年起从事农艺专业工作。——14、51—52、53、54—56、57、366。

别列佐夫斯基第一——见别列佐夫斯基，亚历山大·叶利扎罗维奇。

别林斯基，维萨里昂·格里戈里耶维奇（Белинский, Виссарион Григорьевич 1811—1848）——俄国革命民主主义者，文学批评家和政论家，唯物主义哲学家；对俄国社会思想的进一步发展和解放运动产生了巨大影响。1833—1836 年为《望远镜》杂志撰稿，1838—1839 年编辑《莫斯科观察家》杂志，1839—1846 年主持《祖国纪事》杂志文学批评栏。1847 年起领导《同时代人》杂志批评栏，团结文学界进步力量，使这家杂志成为当时俄国最先进的思想阵地。是奋起同农奴制作斗争的农民群众的思想家，在思想上经历了由唯心主义到唯物主义、由启蒙主义到革命民主主义的复杂而矛盾的发展过程。是俄国现实主义美学和文学批评的奠基人。在评论普希金、莱蒙托夫、果戈理的文章中，以及在 1840—1847 年间发表的对俄国文学的评论中，揭示了俄国文学的现实主义和人民性，肯定了所谓“自然派”的原则，同反动文学和“纯艺术”派进行了斗争。1847 年赴国外治病，于 7 月 3 日写了著名的《给果戈理的信》，提出了俄国革命民主派的战斗纲领，这是他一生革命文学活动的总结。——45、91—92。

别洛乌索夫，捷连季·奥西波维奇（Белоусов, Терентий Осипович 1875—1920）——俄国孟什维克取消派分子，第三届国家杜马伊尔库茨克省代表，在杜马中被选入预算和土地委员会。1912 年 2 月退出社会民主党杜马党团，但未辞去代表职务。后脱离政治活动，在莫斯科合作社组织中工作。——255、368—369。

波·——见波列塔耶夫，尼古拉·古里耶维奇。

波格丹诺夫（**马林诺夫斯基**），亚历山大·亚历山德罗维奇（Богданов

(Малиновский),Александр Александрович 1873—1928)——俄国社会民主党人,哲学家,社会学家,经济学家;职业是医生。19世纪90年代参加社会民主主义小组。1903年成为布尔什维克。在党的第三、第四和第五次代表大会上被选入中央委员会。曾参加布尔什维克机关报《前进报》和《无产者报》编辑部,是布尔什维克《新生活报》的编辑。在对待布尔什维克参加第三届国家杜马的问题上持抵制派立场。1908年是反对布尔什维克在合法组织里工作的最高纲领派的领袖。斯托雷平反动时期和新的革命高涨年代背离布尔什维主义,领导召回派,是"前进"集团的领袖。在哲学上宣扬经验一元论。1909年6月因进行派别活动被开除出党。第一次世界大战期间持国际主义立场。十月革命后是共产主义科学院院士,在莫斯科大学讲授经济学。1918年是无产阶级文化派的思想家。1921年起从事老年医学和血液学的研究。1926年起任由他创建的输血研究所所长。主要著作有《经济学简明教程》(1897)、《经验一元论》(第1—3卷,1904—1906)、《生动经验的哲学》(1913)、《关于社会意识的科学》(1914)、《普遍的组织起来的科学(组织形态学)》(1913—1922)。——299。

波赫维斯涅夫(Похвиснев)——俄国上尉。——2。

波克罗夫斯基,伊万·彼得罗维奇(Покровский,Иван Петрович 1872—1963)——俄国社会民主党人;职业是医生。第三届国家杜马库班州、捷列克州和黑海省代表,参加社会民主党杜马党团的布尔什维克派。1910年以第三届杜马社会民主党党团代表的身份参加布尔什维克报纸《明星报》编辑部。——179、214、255、362、363。

波良斯基,Н.С.(Полянский,Н.С.)——《独立农庄还是村社(农村来信)》一文(载于1912年9月15日《真理报》第118号)的作者。——106—107。

波列塔耶夫,尼古拉·古里耶维奇(波·)(Полетаев,Николай Гурьевич (П.) 1872—1930)——俄国第一批工人社会民主党人之一,布鲁斯涅夫小组和彼得堡工人阶级解放斗争协会成员,1904年加入俄国社会民主工党,布尔什维克。多次被捕和流放。1905年任彼得堡工人代表苏维埃执行委员会委员。第三届国家杜马彼得堡省代表,参加社会民主党杜马党团的布尔什维克派。1910年代表布尔什维克出席哥本哈根国际社会党代表大会。曾参加布尔什维克《明星报》和《真理报》的出版工作。十月革命后从事出版和经济工作。——255、369。

波特列索夫，亚历山大·尼古拉耶维奇(Потресов，Александр Николаевич 1869—1934)——俄国孟什维克领袖之一。19世纪90年代初参加马克思主义小组。1896年加入彼得堡工人阶级解放斗争协会，后被捕，1898年流放维亚特卡省。1900年出国，参与创办《火星报》和《曙光》杂志。在俄国社会民主工党第二次代表大会上是《火星报》编辑部有发言权的代表，属火星派少数派，会后是孟什维克刊物的主要撰稿人和领导人。斯托雷平反动时期和新的革命高涨年代是取消派思想家，在《复兴》杂志和《我们的曙光》杂志中起领导作用。第一次世界大战期间是社会沙文主义者。1917年在反布尔什维克的资产阶级《日报》中起领导作用。十月革命后侨居国外，为克伦斯基的《白日》周刊撰稿，攻击苏维埃政权。——332。

伯恩施坦，爱德华(Bernstein，Eduard 1850—1932)——德国社会民主党和第二国际右翼领袖之一，修正主义的代表人物。1872年加入社会民主党，曾是欧·杜林的信徒。1879年和卡·赫希柏格、卡·施拉姆在苏黎世发表《德国社会主义运动的回顾》一文，指责党的革命策略，主张放弃革命斗争，适应俾斯麦制度，受到马克思和恩格斯的严厉批评。1881—1890年任党的中央机关报《社会民主党人报》编辑。从90年代中期起完全同马克思主义决裂。1896—1898年以《社会主义问题》为题在《新时代》杂志上发表一组文章，1899年发表《社会主义的前提和社会民主党的任务》一书，从经济、政治和哲学方面对马克思主义的理论和策略作了全面的修正。1902年起为国会议员。第一次世界大战期间持中派立场。1917年参加德国独立社会民主党，1919年公开转到右派方面。1918年十一月革命失败后出任艾伯特—谢德曼政府的财政部长助理。——192。

博丹，皮埃尔(Baudin，Pierre 生于1863年)——法国政治活动家。一度担任巴黎市议会议长，后为法国众议院议员。1899—1902年任公共工程部长，1913年任海军部长。安省参议员。——319。

布尔加柯夫，谢尔盖·尼古拉耶维奇(Булгаков，Сергей Николаевич 1871—1944)——俄国经济学家、哲学家和神学家。19世纪90年代是合法马克思主义者，后来成了"马克思的批评家"。修正马克思关于土地问题的学说，企图证明小农经济稳固并优于资本主义大经济，用土地肥力递减规律来解释人民群众的贫困化;还试图把马克思主义同康德的批判认识论结合起来。后来转向宗教哲学和基督教。1901—1906 年和 1906—1918 年先后在基辅大学和莫斯科大学任政治经济学教授。1905—1907 年革命失败后追随立宪民主党,为《路标》文集撰稿。1918 年起是正教司祭。1923 年侨居国外。1925 年起在巴黎的俄国神学院任教授。主要著作有《论资本主义生产条件下的市场》(1897)、《资本主义和农业》(1900)、《经济哲学》(1912)等。——237、238、421。

布兰克,鲁维姆·马尔科维奇(Бланк,Рувим Маркович 生于 1866 年)——俄国政论家,化学家。1905 年以前住在国外,为俄国自由派资产阶级刊物《解放》杂志撰稿。回到彼得堡后参加《我们的生活报》编辑部,后成为该报实际上的编辑;曾为左派立宪民主党人的《同志报》撰稿。1909—1912 年参加立宪民主党人、人民社会党人和孟什维克取消派合办的《生活需要》杂志的出版工作,为该杂志编辑。——63。

布勒宁,维克多·彼得罗维奇(Буренин,Виктор Петрович 1841—1926)——俄国政论家,诗人。1876 年加入反动的《新时报》编辑部,成为新时报派无耻文人的首领。对一切进步社会思潮的代表人物肆意诽谤,造谣诬蔑。——371。

布里扬诺夫,安德列·法捷耶维奇(Бурьянов,Андрей Фаддеевич 生于 1880 年)——俄国孟什维克。斯托雷平反动时期和新的革命高涨年代是取消派分子。第四届国家杜马塔夫利达省代表,社会民主党杜马党团成员。1914 年脱离取消派,加入孟什维克护党派,第一次世界大战期间倾向护国派。——177。

C

策杰尔包姆,谢尔盖·奥西波维奇(奥古斯托夫斯基;叶若夫,弗·)(Цедербаум,Сергей Осипович (Августовский,Ежов,В.)1879—1939)——1898 年参加俄国社会民主主义运动,在彼得堡工人旗帜社工作。后被捕,在警察公开监视下被逐往波尔塔瓦。曾担任从国外运送《火星报》的工作。1904 年秋侨居国外,加入孟什维克。1905 年 4 月参加了在日内瓦召开的孟什维克代表会议。不久回国,在孟什维克彼得堡组织中工作,1906 年编辑孟什维克合法报纸《信使报》。斯托雷平反动时期和新的革命高涨年代是取消派分子，参加孟什维克取消派报刊的工作，是取消派彼得堡“发起小组”的领袖之一。第一次世界大战期间是护国派分子。1917 年为孟什维克的《前进报》撰稿。十月革命后脱离政治活动。——198、304、313、332。

车尔尼雪夫斯基，尼古拉·加甫里洛维奇（Чернышевский，Николай Гаврилович 1828—1889）——俄国革命民主主义者和空想社会主义者，作家，文学评论家，经济学家，哲学家；俄国社会民主主义先驱之一，俄国 19 世纪 60 年代革命运动的领袖。1853 年开始为《祖国纪事》和《同时代人》等杂志撰稿，1856—1862 年是《同时代人》杂志的领导人之一，发扬别林斯基的民主主义批判传统，宣传农民革命思想，是土地和自由社的思想鼓舞者。因揭露 1861 年农民改革的骗局，号召人民起义，于 1862 年被沙皇政府逮捕，入狱两年，后被送到西伯利亚服苦役。1883 年解除流放，1889 年被允许回家乡居住。著述很多，涉及哲学、经济学、教育学、美学、伦理学等领域。在哲学上批判了贝克莱、康德、黑格尔等人的唯心主义观点，力图以唯物主义精神改造黑格尔的辩证法。对资本主义作了深刻的批判，认为社会主义是由整个人类发展进程所决定的，但作为空想社会主义者，又认为俄国有可能通过农民村社过渡到社会主义。所著长篇小说《怎么办?》(1863)和《序幕》(约 1867—1869)表达了社会主义理想，产生了巨大的革命影响。——45、92、326。

D

丹尼尔逊，尼古拉·弗兰策维奇（尼古拉·—逊）（Даниельсон，Николай Францевич (Николай—он)1844—1918）——俄国经济学家，政论家，自由主义民粹派理论家。他的政治活动反映了民粹派从对沙皇制度进行革命斗争转向与之妥协的演变。19 世纪 60—70 年代与革命的青年平民知识分子小组有联系。接替格·亚·洛帕廷译完了马克思的《资本论》第 1 卷(1872 年初版)，以后又译出第 2 卷 (1885)和第 3 卷(1896)。在翻译该书期间同马克思和恩格斯有过书信往来。但不了解马克思主义的实质，认为马克思主义理论不适用于俄国，资本主义在俄国没有发展前途；主张保存村社土地所有制，维护小农经济和手工业经济。1893 年出版了《我国改革后的社会经济概况》一书，论证了自由主义民粹派的经济观点。列宁尖锐地批判了他的经济思想。——327。

德布兹，尤金·维克多(Debs，Eugene Victor 1855—1926)——美国工人运动活动家。1893年组织美国铁路工会，任该工会主席至1897年。1897年领导建立美国社会民主党，是1901年成立的美国社会党左翼领袖之一。1905年参与创建美国工会组织——世界产业工人联合会。在工人群众中享有极高声望，于1900、1904、1908、1912、1920年五次被提名为美国社会党的总统候选人。第一次世界大战期间持国际主义立场，谴责社会沙文主义者的背叛行径，反对美国参战。拥护俄国十月革命。1918年因进行反对帝国主义的宣传被判处十年徒刑，于1921年获赦。——210。

杜冈——见杜冈-巴拉诺夫斯基，米哈伊尔·伊万诺维奇。

杜冈-巴拉诺夫斯基，米哈伊尔·伊万诺维奇(杜冈)(Туган-Барановский，Михаил Иванович(Туган) 1865—1919)——俄国经济学家和历史学家。1895—1899年任彼得堡大学政治经济学讲师，1913年起任彼得堡工学院教授。19世纪90年代是合法马克思主义的代表人物。曾为《新言论》杂志和《开端》杂志等撰稿，积极参加同自由主义民粹派的论战。20世纪初起公开维护资本主义，修正马克思主义的基本原理，成了"马克思的批评家"。1905—1907年革命期间加入立宪民主党。十月革命后成为乌克兰反革命势力的骨干分子，1917—1918年任乌克兰中央拉达财政部长。主要著作有《现代英国的工业危机及其原因和对人民生活的影响》(1894)、《俄国工厂今昔》(第1卷，1898)等。——166—167。

多诺霍，马丁·亨利(Donohoe，Martin Henry 1869—1927)——英国新闻工作者和军事记者。1899年起是伦敦《每日纪事报》驻巴黎记者，到过日俄战争、巴尔干战争及其他战争的许多战场。第一次世界大战期间是不列颠侦察团的军官。——172—173。

E

恩格斯，弗里德里希(Engels，Friedrich 1820—1895)——科学共产主义创始人之一，世界无产阶级的领袖和导师，马克思的亲密战友。——132。

尔·马·——见马尔托夫，尔·。

F

法尔博尔克,亨利希·阿道福维奇(Фальборк,Генрих Адольфович 1864—1942)——俄国国民教育家和地方自治运动活动家,彼得堡师范学院创建人之一。"协会联合会"中央常务局成员。曾与弗·伊·查尔诺卢斯基一起拟定立宪会议选举草案,并在《国民议会》一书中对该草案作了详细阐述。1912年参加起草和表决彼得堡市杜马关于巴尔干战争的决议,列宁称该决议为"资产阶级沙文主义的典型"。第一次世界大战期间是社会沙文主义者。十月革命后任阿布哈兹国家计划委员会主席,后回到列宁格勒。写有一些国民教育方面的著作。——164、170。

菲尔索夫,K.K(Фирсов,K.K. 生于1864年)——俄国第四届国家杜马阿斯特拉罕省代表,杜马中独立的农民团体的核心小组成员,私人委托代理人,农民出身。被选入杜马前从事农业和园艺劳动。——234。

费·唐·——见唐恩,费多尔·伊里奇。

弗·阿·——见阿布罗西莫夫,弗拉基米尔·莫伊谢耶维奇。

弗·尔—科;弗·伊林;列宁,尼——见列宁,弗拉基米尔·伊里奇。

弗兰克,路德维希(Frank,Ludwig 1874—1914)——德国社会民主党人,社会沙文主义者;职业是律师。1907年起为帝国国会议员。1910年在德国社会民主党马格德堡代表大会上投票赞成军事拨款。第一次世界大战爆发后以志愿兵身份入伍,死于前线。——192。

福格尔赞格尔,约翰·雅科布(Vogelsanger,Johann Jacob 1849—1923)——瑞士社会民主党人,机会主义者。1878—1892年任《格留特利盟员报》编辑。1890—1905年任苏黎世国民院议员,1892—1919年为苏黎世市政局委员。——79。

G

戈洛文,费多尔·亚历山德罗维奇(Головин,Федор Александрович 1868—1937)——俄国地方自治运动活动家,立宪民主党人。1898—1907年先后任莫斯科省地方自治局委员和自治局主席。1904—1905年地方自治人士代表大会的参加者。立宪民主党创建人之一,该党中央委员。第二届国家杜马主席，第三届国家杜马代表。曾在一家大型铁路租让企业入股。第一次世界大战期间积极参加全俄地方自治机关和城市联合会军需供应总委员会的活动。1917 年 3 月任临时政府驻宫廷事务部委员。十月革命后在苏维埃机关工作。——99、100。

哥列梅金，伊万·洛金诺维奇（Горемыкин，Иван Логгинович 1839—1917）——俄国国务活动家，君主派分子。1895—1899 年任内务大臣，推行削弱和取消 1861 年改革的反动政策（所谓"反改革"政策），残酷镇压工人运动。1899 年起为国务会议成员。1906 年 4 月被任命为大臣会议主席（同年 7 月由斯托雷平接替），维护专制制度，解散第一届国家杜马。1914 年 1 月—1916 年 1 月再次出任大臣会议主席，执行以格·叶·拉斯普廷为首的宫廷奸党的意志。敌视第四届国家杜马和进步同盟。——58。

格格奇柯利，叶夫根尼·彼得罗维奇（Гегечкори，Евгений Петрович 1881—1954）——格鲁吉亚孟什维克。第三届国家杜马库塔伊西省代表，社会民主党杜马党团领袖之一。1917 年二月革命后任临时政府外高加索特别委员会委员。1917 年 11 月起任外高加索反革命政府——外高加索委员会主席，后为格鲁吉亚孟什维克政府的外交部长和副主席。1921 年格鲁吉亚建立苏维埃政权后为白俄流亡分子。——255。

格莱西尔，约翰·布鲁斯（Glasier，John Bruce 1859—1920）——英国社会党人，工党创建人之一；职业是五金工人。19 世纪 80 年代初期参加社会主义运动。1893 年加入独立工党，为该党全国委员会委员，1899—1900 年任委员会主席。1900 年参与创建劳工代表委员会，1906 年该委员会改组为工党。1906—1910 年编辑独立工党机关周刊《工人领袖》，1913—1917 年编辑《社会主义评论》月刊。是独立工党驻社会党国际局代表。——390。

格列杰斯库尔，尼古拉·安德列耶维奇（Гредескул，Николай Андреевич 生于 1864 年）——俄国法学家和政论家，教授，立宪民主党人。1905 年参加《世界报》的出版工作，同年 12 月在该报因发表"反政府"性质的文章遭到查封后被捕。1906 年流放阿尔汉格尔斯克省。流放期间缺席当选为第一届国家杜马代表，回到彼得堡后任国家杜马副主席。第一届国家杜马解散后，因在维堡宣言上签名，再次被捕入狱。刑满出狱后，为立宪民主党的《言语报》和资产阶级自由派的其他一些报刊撰稿。1916年退出立宪民主党。1917年二月革命后参加资产阶级的《俄罗斯意志报》的出版工作。十月革命后在列宁格勒一些高等院校任教。1926年出版了自己的回忆录《俄国今昔》，书中肯定了十月革命及其成果。——14、24—25、65、66、70、92—93、99—100、101、104、185、199、218、354、405。

龚帕斯，赛米尔(Gompers，Samuel 1850—1924)——美国工会运动活动家。生于英国，1863年移居美国。1881年参与创建美国与加拿大有组织的行业工会和劳工会联合会，该联合会于1886年改组为美国劳工联合会(劳联)，龚帕斯当选为美国劳工联合会第一任主席，并担任此职直至逝世(1895年除外)。实行同资本家进行阶级合作的政策，反对工人阶级参加政治斗争。第一次世界大战期间是社会沙文主义者。敌视俄国十月革命和苏维埃俄国。——250。

古尔柯，弗拉基米尔·约瑟福维奇(Гурко，Владимир Иосифович 1863—1927)——俄国国务活动家。1902年起任内务部地方局局长，1906年起任副内务大臣。在第一届国家杜马中反对土地法案，维护农奴主-地主的利益。在哥列梅金政府中起过重要作用。后因同盗用公款一事有牵连，根据参议院判决被解职。1912年当选为国务会议成员。敌视十月革命，反对苏维埃政权，后流亡国外。——58。

古里耶夫，亚历山大·尼古拉耶维奇(Гурьев，Александр Николаевич 生于1864年)——俄国经济学家、财政学家和政论家。1889—1903年为财政部官员，谢·尤·维特的亲信之一。1903年辞职，为半官方的报刊撰稿。1918年参加货币流通问题专门委员会。——180—181。

古契柯夫，亚历山大·伊万诺维奇(Гучков，Александр Иванович 1862—1936)——俄国大资本家，十月党的组织者和领袖。1905—1907年革命期间支持政府镇压工农。1907年5月作为工商界代表被选入国务会议，同年11月被选入第三届国家杜马；1910年3月—1911年3月任杜马主席。第一次世界大战期间是中央军事工业委员会主席和国防特别会议成员。1917年3—5月任临时政府陆海军部长。同年8月参与策划科尔尼洛夫叛乱。十月革命后反对苏维埃政权，1918年起为白俄流亡分子。——98、116、143、185、232、261、347。

果戈理,尼古拉·瓦西里耶维奇(Гоголь, Николай Васильевич 1809—1852)——俄国作家,俄国批判现实主义文学的奠基人之一。在《钦差大臣》(1836)、《死魂灵》(1842)等作品中展现了一幅农奴制俄国地主和官吏生活与习俗的丑恶画面。抨击专制农奴制的腐朽,同情人民群众的悲惨命运,以色彩鲜明的讽刺笔调描绘庸俗、残暴和欺诈的世界。但是他的民主主义是不彻底的,幻想通过人道主义、通过道德的改进来改造社会,后期更陷入博爱主义和宗教神秘主义。1847 年发表《与友人书信选》,宣扬君主制度,为俄国专制制度辩护,这本书在别林斯基《给果戈理的信》中受到严厉的批判。——91—92。

H

哈阿兹,胡戈(Haase,Hugo 1863—1919)——德国社会民主党领袖之一,中派分子。1911—1917 年为德国社会民主党执行委员会主席之一。1897—1907 年和 1912—1918 年为帝国国会议员。1912 年起任社会民主党国会党团主席。第一次世界大战期间持中派立场。1917 年 4 月同考茨基等人一起建立德国独立社会民主党。1918 年十一月革命期间参加所谓的人民代表委员会,支持镇压无产阶级革命运动。——296—297。

哈布斯堡王朝(Habsburg)——神圣罗马帝国皇朝(1273—1806,有间断)、西班牙王朝(1516—1700)、奥地利皇朝(1804—1867)和奥匈帝国皇朝(1867—1918)。——149、150。

哈第,詹姆斯·基尔(Hardie,James Keir 1856—1915)——英国工人运动活动家,改良主义者,独立工党领袖和创建人之一;职业是矿工。从 19 世纪 70 年代起参加工会运动。1887 年出版《矿工》杂志(后改名为《工人领袖》)。1888 年创建苏格兰工党,1893 年创建独立工党。1892 年作为"独立的"工人候选人被选入议会,执行同资产阶级政党代表妥协的政策。第一次世界大战初期持中派立场,后公开倒向社会沙文主义者。——139。

海尔维格,格奥尔格(Herwegh,Georg 1817—1875)——德国 1848—1849 年资产阶级革命准备时期的著名诗人,小资产阶级民主主义者。在自己的作品中揭露宗教权势和世俗当局,号召举行革命起义和为争取自由而斗争。1842 年与马克思相识,为马克思编辑的《莱茵报》撰稿。他的创作是自相矛盾的，一方面号召为自由而进行正义战争，同时又寄希望于来自上层的改革。1848年马克思同他断绝了关系。1863年为全德工人联合会谱写了一首工人歌曲，这首歌曲是诗人晚期出色的诗篇之一。——294。

海斯，麦克斯(Hayes，Max 生于1866年)——美国工人运动活动家，政论家。1892年起编辑《克利夫兰市民报》，该报从1896年起成为工会机关报。1900年是美国社会主义工人党的领导人之一。1902年被选入美国劳工联合会全国会议。多年担任工会组织和社会党组织的各种职务。坚持改良主义观点，认为垄断组织的发展是国家经济发展中不可避免的阶段，这个阶段对工人运动没有任何威胁，而且似乎更便于向社会主义过渡。写有一些关于美国工人运动的著作。——250。

豪斯托夫，瓦连廷·伊万诺维奇(Хаустов，Валентин Иванович 生于1884年)——俄国社会民主党人，孟什维克；职业是旋工。第四届国家杜马乌法省工人代表，社会民主党杜马党团成员。第一次世界大战期间是国际主义者。——177。

赫尔岑，亚历山大·伊万诺维奇(Герцен，Александр Иванович 1812—1870)——俄国革命民主主义者，作家和哲学家。在十二月党人的影响下走上革命道路。1829—1833年在莫斯科大学求学期间领导革命小组。1834年被捕，度过六年流放生活。1842年起是莫斯科西欧主义者左翼的领袖，写有《科学中华而不实的作风》(1842—1843)、《自然研究通信》(1844—1845)等哲学著作和一些抨击农奴制度的小说。1847年流亡国外。欧洲1848年革命失败后，对欧洲革命失望，创立"俄国社会主义"理论，成为民粹主义创始人之一。1853年在伦敦建立自由俄国印刷所，印发革命传单和小册子，1855年开始出版《北极星》文集，1857—1867年与尼·普·奥格辽夫出版《钟声》杂志，揭露沙皇专制制度，进行革命宣传。在1861年农民改革的准备阶段曾一度摇摆。1861年起坚定地站到革命民主主义方面，协助建立土地和自由社。晚年关注第一国际的活动。列宁在《纪念赫尔岑》(1912)一文中评价了他在俄国解放运动史上的作用。——326。

赫沃斯托夫，阿列克谢·尼古拉耶维奇(Хвостов，Алексей Николаевич 1872—1918)——俄国大地主。曾任莫斯科专区法院副检察官、图拉省副省长和沃洛格达省省长，1910—1912 年任下诺夫哥罗德省省长。因发表黑帮演说而臭名远扬。第四届国家杜马奥廖尔省代表，杜马中右派党团领袖之一。1915—1916 年任内务大臣和宪兵团名誉团长。1918 年 9 月根据人民委员会的决定被枪决。——192、265、357。

胡斯曼，卡米耶(Huysmans，Camille 1871—1968)——比利时工人运动最早的活动家之一，比利时社会党领导人之一，语文学教授，新闻工作者。1905—1922 年任第二国际社会党国际局书记。第一次世界大战期间持中派立场，实际上领导社会党国际局。1910—1965 年为议员，1936—1939 年和 1954—1958 年任众议院议长。1940 年当选为社会主义工人国际常务局主席。多次参加比利时政府，1946—1947 年任首相，1947—1949 年任教育大臣。——313。

J

季诺维也夫（**拉多梅斯尔斯基**），格里戈里·叶夫谢耶维奇（Зиновьев (Радомысльский)，Григорий Евсеевич 1883—1936)——1901 年加入俄国社会民主工党，党的第二次代表大会后是布尔什维克。在党的第五至第十四次代表大会上当选为中央委员。1908—1917 年侨居国外，参加布尔什维克《无产者报》编辑部和党的中央机关报《社会民主党人报》编辑部。斯托雷平反动时期对取消派、召回派和托洛茨基分子采取调和主义态度。1912 年后和列宁一起领导中央委员会俄国局。第一次世界大战期间持国际主义立场。1917 年 4 月回国，进入《真理报》编辑部。十月革命前夕反对举行武装起义的决定。1917 年 11 月主张成立有孟什维克和社会革命党人参加的联合政府，遭到否决后声明退出党中央。1917 年 12 月起任彼得格勒苏维埃主席。1919 年共产国际成立后任共产国际执行委员会主席。1919 年当选为党中央政治局候补委员，1921 年当选为中央政治局委员。1925 年参与组织“新反对派”，1926 年与托洛茨基结成“托季联盟”。1926 年被撤销中央政治局委员和共产国际的领导职务。1927 年 11 月被开除出党，后来两次恢复党籍，两次被开除出党。1936 年 8 月 25 日被苏联最高法院军事审判庭以“参与暗杀基洛夫、阴谋刺杀斯大林及其他苏联领导人”的罪名判处枪决。1988 年 6 月苏联最高法院为其平反。

——300。

加邦，格奥尔吉·阿波罗诺维奇(Гапон，Георгий Аполлонович 1870—1906)——俄国神父，沙皇保安机关奸细。1902年起和莫斯科保安处处长祖巴托夫有了联系。1903年在警察司授意下在彼得堡工人中成立了一个祖巴托夫式的组织——圣彼得堡俄国工厂工人大会。1905年1月9日挑动彼得堡工人列队前往冬宫，向沙皇请愿，结果工人惨遭屠杀，他本人躲藏起来，逃往国外。同年秋回国，接受保安处任务，企图潜入社会革命党的战斗组织。阴谋败露后被工人战斗队员绞死。——226。

加布里洛维奇，列昂尼德·叶夫根尼耶维奇(加利奇，列·)(Габрилович，Леонид Евгеньевич (Галич，Л.)生于1878年)——俄国立宪民主党人，政论家。曾任彼得堡大学讲师，为自由派报纸《俄罗斯言论报》、立宪民主党机关报刊《俄国思想》杂志和《言语报》以及其他资产阶级报刊撰稿。——103。

加利奇，列·——见加布里洛维奇，列昂尼德·叶夫根尼耶维奇。

加米涅夫(**罗森费尔德**)，列夫·波里索维奇(加米涅夫，尤·)(Каменев (Розенфельд)，Лев Борисович(Каменев，Ю.)1883—1936)——1901年加入俄国社会民主工党，党的第二次代表大会后是布尔什维克。是高加索联合会出席党的第三次代表大会的代表。1905—1907年在彼得堡从事宣传鼓动工作，为党的报刊撰稿。1908年底出国，任布尔什维克的《无产者报》编委。斯托雷平反动时期对取消派、召回派和托洛茨基分子采取调和主义态度。1914年初回国，在《真理报》编辑部工作，曾领导第四届国家杜马布尔什维克党团。1914年11月被捕，在沙皇法庭上宣布放弃使沙皇政府在帝国主义战争中失败的布尔什维克口号，次年2月被流放。1917年二月革命后反对列宁的《四月提纲》。从党的第七次全国代表会议(四月代表会议)起多次当选为中央委员。十月革命前夕反对举行武装起义的决定。在全俄苏维埃第二次代表大会上当选为全俄中央执行委员会第一任主席。1917年11月主张成立有孟什维克和社会革命党人参加的联合政府，遭到否决后声明退出党中央。1918年起任莫斯科苏维埃主席。1922年起任人民委员会副主席，1924—1926年任劳动国防委员会主席。1923年起为列宁研究院第一任院长。1919—1925年为党中央政治局委员。1925年参与组织“新反对派”，1926年1月当选为中央政治局候补委员，同年参与组织“托季联盟”，10月被撤销政治局候补委员职务。1927年12月被开除出党，后来两次恢复党籍，两次被开除出党。1936年8月25日被苏联最高法院军事审判庭以“参与暗杀基洛夫、阴谋刺杀斯大林及其他苏联领导人”的罪名判处枪决。1988年6月苏联最高法院为其平反。——300。

加米涅夫，尤·——见加米涅夫，列夫·波里索维奇。

加涅茨基(**菲尔斯滕贝格**)，雅柯夫·斯坦尼斯拉沃维奇(Ганецкий (Фюрстенберг)，Яков Станиславович 1879—1937)——波兰和俄国革命运动活动家。1896年加入社会民主党。1903—1909年为波兰王国和立陶宛社会民主党总执行委员会委员。1907年在俄国社会民主工党第五次(伦敦)代表大会上缺席当选为中央委员。在波兰王国和立陶宛社会民主党第六次代表大会上，因在党内一系列问题上持不同意见，退出总执行委员会。1912年波兰王国和立陶宛社会民主党分裂后，是最接近布尔什维克的所谓分裂派的领导人之一。第一次世界大战期间参加齐美尔瓦尔德左派。1917年是俄国社会民主工党(布)中央委员会国外局成员。十月革命后历任财政人民委员部部务委员、人民银行委员和行长、对外贸易人民委员部和外交人民委员部部务委员等职。1935年起任国家革命博物馆馆长。——47—48、85、313。

捷列宁，И.В.(Зеленин，И.В.1887—1912)——1912年俄国黑海舰队舰艇准备武装起义的领导人之一。1908年起在海军服役，是“约翰·兹拉托乌斯特”号战列舰机电兵，被塞瓦斯托波尔的海军军事法庭判处枪决。——1。

金斯贝格——德国法学博士。——77—78。

K

卡尔皮申，А.К.(Карпишин，А.К.1888—1912)——1912年俄国黑海舰队舰艇准备武装起义的领导人之一。1909年起在海军服役，是“约翰·兹拉托乌斯特”号战列舰机械士官，被塞瓦斯托波尔的海军军事法庭判处枪决。——1。

卡拉乌洛夫，米哈伊尔·亚历山德罗维奇(Караулов，Михаил Александрович

1878—1917)——沙俄哥萨克军队上尉,第二届和第四届国家杜马捷列克州代表,君主派分子。曾编辑《哥萨克一周》杂志。在杜马中为土地地方公有化进行辩护。1917年为国家杜马临时委员会委员。十月革命后是捷列克的反革命头目之一。捷列克哥萨克部队的第一任阿塔曼(统领),竭力反对苏维埃政权。——234—235。

卡拉乌洛夫,瓦西里·安德列耶维奇(Караулов,Василий Андреевич 1854—1910)——俄国立宪民主党人,法学家。曾是民意党人,1884年因十二个民意党人案在基辅被捕并被判处四年苦役,后流放西伯利亚。1905年加入立宪民主党,公开反对1905—1907年革命。第三届国家杜马叶尼塞斯克省代表,立宪民主党在杜马中的正式发言人。——14、70、104。

卡列耶夫,尼古拉·伊万诺维奇(Кареев,Николай Иванович 1850—1931)——俄国历史学家。1879年起先后任华沙大学和彼得堡大学教授。在方法论上是典型的唯心主义折中主义者,在政治上属于改革后一代的自由派,主张立宪,拥护社会改革。70年代写的《18世纪最后25年法国农民和农民问题》(1879)得到马克思的好评。90年代起反对马克思主义,把它等同于"经济唯物主义"。1905年加入立宪民主党,当选为第一届国家杜马代表。其他主要著作有《法国农民史纲要》(1881)、《历史哲学基本问题》(三卷本,1883—1890)、《西欧近代史》教程(七卷本,1892—1917)、《法国革命史学家》(三卷本,1924—1925)。1910年当选为彼得堡科学院通讯院士,1929年起为苏联科学院名誉院士。——170。

卡索,列夫·阿里斯季多维奇(Кассо,Лев Аристидович 1865—1914)——俄国大地主,先后任哈尔科夫大学和莫斯科大学民法教授。1910—1914年任国民教育大臣。推行极端反动的政策,禁止学生集会和结社,残酷迫害革命学生和进步教授,阻挠开办新大学,在中小学取消家长委员会、实行校外监督、由检查机关直接委任教师等。——401、402、406。

卡特柯夫,米哈伊尔·尼基福罗维奇(Катков,Михаил Никифорович 1818—1887)——俄国地主,政论家。开始政治活动时是温和的贵族自由派的拥护者。1851—1855年编辑《莫斯科新闻》,1856—1887年出版《俄罗斯通报》杂志。60年代初转入反动营垒,1863—1887年编辑和出版《莫斯科新闻》,该报从1863年起成了君主派反动势力的喉舌。自称是"专制制度的忠实警犬”，他的名字已成为最无耻的反动势力的通称。——45—46、96。

卡维林，康斯坦丁·德米特里耶维奇（Кавелин，Константин Дмитриевич 1818—1885）——俄国资产阶级自由派政论家，历史学家和实证论哲学家。莫斯科大学（1844—1848）和彼得堡大学（1857—1861）教授。曾为《同时代人》、《祖国纪事》和《欧洲通报》等杂志撰稿。在1861年农民改革的准备和进行期间，反对革命民主主义运动，赞成专制政府的反动政策。——92。

康韦，迈克尔（Conway，Michael 生于1869年）——英国独立工党党员；职业是教师。1919年起为全国教师联合会执行委员会委员，1923—1924年任联合会主席。多次被选入布拉德福德市议会，在议会中领导工党集团。——136。

考茨基，卡尔（Kautsky，Karl 1854—1938）——德国社会民主党和第二国际的领袖和主要理论家之一。1875年加入奥地利社会民主党，1877年加入德国社会民主党。1881年与马克思和恩格斯相识后，在他们的影响下逐渐转向马克思主义。从19世纪80年代到20世纪初写过一些宣传和解释马克思主义的著作：《卡尔·马克思的经济学说》（1887）、《土地问题》（1899）等。但在这个时期已表现出向机会主义方面摇摆，在批判伯恩施坦时作了很多让步。1883—1917年任德国社会民主党理论刊物《新时代》杂志主编。曾参与起草1891年德国社会民主党纲领（爱尔福特纲领）。1910年以后逐渐转到机会主义立场，成为中派领袖。第一次世界大战前夕提出超帝国主义论，大战期间打着中派旗号支持帝国主义战争。1917年参与建立德国独立社会民主党，1922年拥护该党右翼与德国社会民主党合并。1918年后发表《无产阶级专政》等书，攻击俄国十月革命，反对无产阶级专政。——84。

柯巴——见斯大林，约瑟夫·维萨里昂诺维奇。

柯瓦列夫斯基，马克西姆·马克西莫维奇（Ковалевский，Максим Максимович 1851—1916）——俄国历史学家、法学家和社会学家，资产阶级自由派政治活动家。1878—1887年任莫斯科大学法律系教授。1887年出国。1901年和叶·瓦·罗伯蒂一起在巴黎创办俄国社会科学高等学校。1905年回国。1906年创建立宪君主主义的民主改革党，同年被选入第一届国家杜马，次年被选入国务会议。1906—1907 年出版民主改革党的机关报《国家报》，1909 年收买《欧洲通报》杂志社的产权并任杂志编辑。在他的学术研究中，比较重要的是论述公社和氏族关系方面的著作。主要著作有《公社土地占有制，它的瓦解原因、过程和后果》、《家庭及所有制的起源和发展概论》、《现代民主制的起源》、《社会学》等。——64、170、265。

科贝林斯基，П.П.（Кобылинский，П.П.生于 1847 年）——俄国地主，1906 年起为国务会议成员。右派领袖之一。受过法学教育，曾在司法部机关供职，1886 年起任副司长。1890 年起任参议院第三局总监。——393、412—413。

科尔布，威廉（Kolb，Wilhelm 1870—1918）——德国社会民主党人，机会主义者和修正主义者，《人民之友报》编辑。第一次世界大战期间是社会沙文主义者。——192。

科科夫佐夫，弗拉基米尔·尼古拉耶维奇（Коковцов，Владимир Николаевич 1853—1943）——俄国国务活动家，伯爵。1904—1914 年（略有间断）任财政大臣，1911—1914 年兼任大臣会议主席。第一次世界大战期间是大银行家。十月革命后为白俄流亡分子。——262。

科罗布卡，尼古拉·伊万诺维奇（Коробка，Николай Иванович 1872—1920）——俄国文学史家和批评家，立宪民主党自由派资产阶级报刊撰稿人。1910—1915 年是彼得堡市杜马议员。曾为《俄国财富》、《俄国思想》、《教育》等杂志撰稿。——63、69。

科谢涅茨（Кощенец）——俄国少尉。——2。

科兹洛夫斯基，П.И.（Козловский，П.И.生于 1874 年）——俄国彼得堡维堡区的保健医生，曾在玛丽亚贫民医院工作。写有一些医学著作。——387。

科兹米内赫-拉宁，И.М.（Козьминых-Ланин，И.М.生于 1874 年）——俄国机械工程师。1913—1914 年是莫斯科省的工厂视察员，后来在莫斯科的一些大学任教。写有一些关于莫斯科省劳动统计方面的著作。——30—31、32—40。

克拉索夫斯基（Красовский）——俄国少尉。——2。

克勒蒂，埃米尔（Klöti，Emil 1877—1963）——瑞士政治活动家，右派社会民主党人。1907—1928 年任苏黎世市议会议员。第一次世界大战期间是社会沙文主义者。1919—1930年任国民院议员。1921—1922年任总统，1928—1942年任苏黎世市长。——79。

克留柯夫，费多尔·德米特里耶维奇（Крюков，Федор Дмитриевич 1870—1920）——俄国政论作家，劳动派分子。第一届国家杜马顿河州代表，在杜马中加入劳动团。曾参与组织人民社会党，为自由派资产阶级的《北方通报》杂志和《俄国财富》杂志以及《俄罗斯新闻》、《祖国之子报》和《彼得堡报》撰稿。——419、421、423。

克鲁平斯基，帕维尔·尼古拉耶维奇（Крупенский，Павел Николаевич 生于1863年）——俄国大地主，第二届、第三届和第四届国家杜马比萨拉比亚省代表，霍京的贵族代表。在第三届国家杜马中是民族主义者政党的创建人之一，在第四届国家杜马中是中派领袖之一。在杜马中参加土地委员会、预算委员会、陆海军事务委员会和管理委员会。1910—1917年为宫廷高级侍从官。十月革命后曾协助俄国南部的外国武装干涉活动。——354。

库斯柯娃，叶卡捷琳娜·德米特里耶夫娜（Кускова，Екатерина Дмитриевна 1869—1958）——俄国社会活动家和政论家，经济派代表人物。19世纪90年代中期在国外接触马克思主义，与劳动解放社关系密切，但在伯恩施坦主义影响下，很快走上修正马克思主义的道路。1899年所写的经济派的纲领性文件《信条》，受到以列宁为首的一批俄国马克思主义者的严厉批判。1905—1907年革命前夕加入自由派的解放社。1906年参与出版半立宪民主党、半孟什维克的《无题》周刊，为左派立宪民主党人的《同志报》撰稿。呼吁工人放弃革命斗争，力图使工人运动服从自由派资产阶级的政治领导。十月革命后反对苏维埃政权。1921年进入全俄赈济饥民委员会，同委员会中其他反苏维埃成员利用该组织进行反革命活动。1922年被驱逐出境。——63、69。

库特列尔，尼古拉·尼古拉耶维奇（Кутлер，Николай Николаевич 1859—1924）——俄国立宪民主党领袖之一。曾任财政部定额税务司司长，1905—1906年任土地规划和农业管理总署署长。第二届和第三届国家杜马代表，立宪民主党土地纲领草案的起草人之一。1917年二月革命后与银行界和工业界保持密切联系，代表俄国南部企业主的利益参加了工商业部下属的各个委员会。十月革命后在财政人民委员部和国家银行管理委员会工作。——53、57、58。

库兹涅佐夫，格奥尔吉·谢尔盖耶维奇（Кузнецов，Георгий Сергеевич 生于1881年）——俄国工人，孟什维克，第三届国家杜马叶卡捷琳诺斯拉夫省代表，参加社会民主党党团；工人问题委员会委员。——255。

L

拉德琴柯，柳博芙·尼古拉耶夫娜（帕沙）（Радченко，Любовь Николаевна (Паша)1871—1962）——19世纪80年代末参加俄国民粹派小组，90年代初参加社会民主主义小组；曾是彼得堡工人阶级解放斗争协会会员。1896年被捕，1898年流放普斯科夫三年。1900年8月加入波尔塔瓦《火星报》协助小组，是《火星报》代办员。俄国社会民主工党第二次代表大会后成为孟什维克，在莫斯科、顿河畔罗斯托夫和敖德萨工作。在党的第四次（统一）代表大会上代表孟什维克当选为中央委员。曾在第二届国家杜马秘书处工作，是第三届国家杜马社会民主党党团秘书。斯托雷平反动时期和新的革命高涨年代是取消派分子。1917年二月革命后参加孟什维克的莫斯科委员会。1918年起脱离政治活动，在一些机关当统计员。——372。

拉狄克，卡尔·伯恩哈多维奇（Радек，Карл Бернгардович 1885—1939）——生于东加利西亚。20世纪初参加加利西亚、波兰和德国的社会民主主义运动。1901年起为加利西亚社会民主党的积极成员，1904—1908年在波兰王国和立陶宛社会民主党内工作。1908年到柏林，为德国左派社会民主党人的报刊撰稿。第一次世界大战期间持国际主义立场，但表现出向中派方面动摇。1917年加入俄国社会民主工党（布）。十月革命后在外交人民委员部工作。1918年是“左派共产主义者”。在党的第八至第十二次代表大会上当选为中央委员。1920—1924年任共产国际执行委员会书记、委员和主席团委员。1923年起属托洛茨基反对派。1925—1927年任莫斯科中山大学校长。长期为《真理报》、《消息报》和其他报刊撰稿。1927年被开除出党，1930年恢复党籍，1936年被再次开除出党。1937年1月被苏联最高法院军事审判庭以“进行叛国、间谍、军事破坏和恐怖活动”的罪名判处十年监禁。1939年死于狱中。1988年6月苏联最高法院为其平反。——84—89。

拉林,尤·(**卢里叶,米哈伊尔·亚历山德罗维奇**)(Ларин,Ю.(Лурье,Михаил Александрович)1882—1932)——1900年参加俄国社会民主主义运动,在敖德萨和辛菲罗波尔工作。1904年起为孟什维克。1905年是俄国社会民主工党彼得堡孟什维克委员会委员。1906年进入党的统一的彼得堡委员会;是党的第四次(统一)代表大会有表决权的代表。维护孟什维克的土地地方公有化纲领,支持召开"工人代表大会"的取消主义思想。党的第五次(伦敦)代表大会波尔塔瓦组织的代表。斯托雷平反动时期和新的革命高涨年代是取消派领袖之一,参加了"八月联盟"。第一次世界大战期间是中派分子。1917年二月革命后领导出版《国际》杂志的孟什维克国际主义派。1917年8月加入布尔什维克党。在彼得格勒参加十月武装起义。十月革命后主张成立有孟什维克和社会革命党人参加的联合政府。在苏维埃和经济部门工作,曾任最高国民经济委员会主席团委员、国家计划委员会主席团委员等职。1920—1921年工会问题争论期间先后支持布哈林和托洛茨基的纲领。——67、198、429。

拉宁——见科兹米内赫-拉宁,И.М.。

拉萨尔,斐迪南(Lassalle,Ferdinand 1825—1864)——德国工人运动活动家,小资产阶级社会主义者,德国工人运动中的机会主义——拉萨尔主义的代表人物。积极参加德国1848年革命。曾与马克思和恩格斯有过通信联系。1863年5月参与创建全德工人联合会,并当选为联合会主席。在联合会中推行拉萨尔主义,把德国工人运动引上了机会主义道路。宣传超阶级的国家观点,主张通过争取普选权和建立由国家资助的工人生产合作社来解放工人。曾同俾斯麦勾结并支持在普鲁士领导下"自上而下"统一德国的政策。在哲学上是唯心主义者和折中主义者。——294。

兰斯伯里,乔治(Lansbury,George 1859—1940)——英国工党领袖之一。1892年加入社会民主联盟,1906年加入工党。1910—1912年和1922—1940年为议员。1912—1922年任《每日先驱报》社长。1929—1931年任公共工程大臣。1931—1935年任工党主席。——139。

劳合-乔治,戴维(Lloyd George,David 1863—1945)——英国国务活动家和外交家,自由党领袖。1890年起为议员。1905—1908年任商业大臣,

1908—1915年任财政大臣。对英国政府策划第一次世界大战的政策有很大影响。曾提倡实行社会保险等措施，企图利用谎言和许诺来阻止工人阶级建立革命政党。1916—1922年任首相，残酷镇压殖民地和附属国的民族解放运动；是武装干涉和封锁苏维埃俄国的鼓吹者和策划者之一。曾参加1919年巴黎和会，是凡尔赛和约的炮制者之一。——41、403、404、405。

雷斯列夫，А.И.（Рыслев，А.И.生于1883年）——俄国农民，社会民主党人，第四届国家杜马阿穆尔州代表。——177。

李伯尔（**戈尔德曼**），米哈伊尔·伊萨科维奇（Либер（Гольдман），Михаил Исаакович 1880—1937）——崩得和孟什维克领袖之一。1898年起为社会民主党人，1902年起为崩得中央委员。1903年率领崩得代表团出席俄国社会民主工党第二次代表大会，在会上采取极右的反火星派立场，会后成为孟什维克。1907年在党的第五次（伦敦）代表大会上代表崩得被选入中央委员会，是崩得驻中央委员会国外局的代表。斯托雷平反动时期是取消派分子，1912年是"八月联盟"的骨干分子，第一次世界大战期间是社会沙文主义者。1917年二月革命后任彼得格勒工兵代表苏维埃执行委员会委员和第一届中央执行委员会主席团委员，采取孟什维克立场，支持资产阶级联合内阁，敌视十月革命。后脱离政治活动，从事经济工作。——314。

李沃夫，尼古拉·尼古拉耶维奇（Львов，Николай Николаевич 1867—1944）——俄国大地主，地方自治运动活动家。1893—1900年是萨拉托夫省的贵族代表，1899年起任该省地方自治局主席。1904—1905年地方自治人士代表大会的参加者，解放社的创建人之一。1906年为立宪民主党中央委员，但因在土地问题上与立宪民主党人有意见分歧而退党，后为和平革新党的组织者之一。第一届、第三届和第四届国家杜马代表。在第三届和第四届杜马中是进步派领袖之一，1913年任杜马副主席。1917年为地主同盟的领导成员。国内战争时期在白卫军中当新闻记者，后为白俄流亡分子。——352、354、366。

里亚布申斯基，帕维尔·巴甫洛维奇（Рябушинский，Павел Павлович 1871—1924）——俄国莫斯科大银行家和企业主，反革命首领之一。曾积极参与创建资产阶级的进步党，出版反映大资产阶级利益的《俄国晨报》。1917年8月扬言要以饥饿手段窒息革命，是科尔尼洛夫叛乱的策划者和领导人之一。十月革命后逃亡法国，继续进行反对苏维埃俄国的活动。——100、143。

列宁，弗拉基米尔·伊里奇（**乌里扬诺夫，弗拉基米尔·伊里奇**；弗·尔—科；弗·伊林；列宁，尼·）（Ленин，Владимир Ильич（Ульянов，Владимир Ильич，Ф.Л-ко，В.Ильин，Ленин，Н.）1870—1924）——2、17、18、47—48、52、59、61、66、79、82、230、296—297、299、300、313、358、359、360、370、401。

列维茨基（**策杰尔包姆**），弗拉基米尔·奥西波维奇（Левицкий（Цедербаум），Владимир Осипович 生于1883年）——俄国社会民主党人，孟什维克。19世纪90年代末参加革命运动，在德文斯克崩得组织中工作。1906年初是俄国社会民主工党的统一的彼得堡委员会委员；彼得堡组织出席党的第四次（统一）代表大会的代表。在第二届国家杜马选举期间主张同立宪民主党结盟。斯托雷平反动时期和新的革命高涨年代是取消派领袖之一；加入孟什维克中央，在关于取消党的“公开信”上签了名；编辑《我们的曙光》杂志并为《社会民主党人呼声报》、《复兴》杂志以及孟什维克取消派的其他定期报刊撰稿。炮制了“不是领导权，而是阶级的政党”的“著名”公式。第一次世界大战期间是社会沙文主义者，支持护国派极右翼集团。敌视十月革命，反对苏维埃政权。1920年因“战术中心”案受审。后从事写作。——198、202、203、332、359、363、364、369。

卢那察尔斯基，阿纳托利·瓦西里耶维奇（Луначарский，Анатолий Васильевич 1875—1933）——19世纪90年代参加俄国社会民主主义运动。俄国社会民主工党第二次代表大会后是布尔什维克。曾先后参加布尔什维克的《前进报》、《无产者报》和《新生活报》编辑部。代表《前进报》编辑部出席了党的第三次代表大会，受列宁委托，在会上作了关于武装起义问题的报告。党的第四次（统一）代表大会和第五次（伦敦）代表大会的参加者，布尔什维克出席第二国际斯图加特代表大会（1907）和哥本哈根代表大会（1910）的代表。斯托雷平反动时期脱离布尔什维克，参加“前进”集团；在哲学上宣扬造神说和马赫主义。第一次世界大战期间持国际主义立场。1917年二月革命后参加区联派，在俄国社会民主工党（布）第六次代表大会上随区联派集体加入布尔什维克党。十月革命后到1929年任教育人民委员，以后任苏联中央执行委员会学术委员会主席。1930年起为苏联科学院院士。

在艺术和文学方面著述很多。——299。

卢森堡，罗莎（罗莎）（Luxemburg，Rosa（Rosa）1871—1919）——德国、波兰和国际工人运动活动家，德国社会民主党和第二国际左翼领袖和理论家之一，德国共产党创建人之一。生于波兰。19 世纪 80 年代后半期开始革命活动，1893 年参与创建和领导波兰王国社会民主党，为党的领袖之一。1898 年移居德国，积极参加德国社会民主党的活动，反对伯恩施坦主义和米勒兰主义。曾参加俄国第一次革命（在华沙）。1907 年参加俄国社会民主工党第五次（伦敦）代表大会，在会上支持布尔什维克。在斯托雷平反动时期和新的革命高涨年代对取消派采取调和主义态度，1912 年波兰王国和立陶宛社会民主党分裂后，曾谴责最接近布尔什维克的所谓分裂派。第一次世界大战期间持国际主义立场，是建立国际派（后改称斯巴达克派和斯巴达克联盟）的发起人之一。参加领导了德国 1918 年十一月革命，同年底参与领导德国共产党成立大会，作了党纲报告。1919 年 1 月柏林工人斗争被镇压后，于 15 日被捕，当天惨遭杀害。主要著作有《社会改良还是革命》（1899）、《俄国社会民主党的组织问题》（1904）、《资本积累》（1913）等。——84—89、243、312。

罗将柯，米哈伊尔·弗拉基米罗维奇（Родзянко，Михаил Владимирович 1859—1924）——俄国大地主，十月党领袖之一，君主派分子。20 世纪初曾任叶卡捷琳诺斯拉夫省地方自治局主席。1911—1917 年先后任第三届和第四届国家杜马主席，支持沙皇政府的反动政策。1917 年二月革命期间力图保持君主制度，组织并领导了国家杜马临时委员会，后参与策划科尔尼洛夫叛乱。十月革命后投靠科尔尼洛夫和邓尼金，企图联合一切反革命势力颠覆苏维埃政权。1920 年起为白俄流亡分子。——224、225、305、306、347、351、353—354、355、398。

罗—柯夫，尼·——见罗日柯夫，尼古拉·亚历山德罗维奇。

罗曼诺夫王朝（Романовы）——俄国皇朝（1613—1917）。——11、149、270。

罗普申，维·——见萨文柯夫，波里斯·维克多罗维奇。

罗日柯夫，尼古拉·亚历山德罗维奇（罗—柯夫，尼·）（Рожков，Николай Александрович（Р—ков，Н.）1868—1927）——俄国历史学家和政治活动家。19 世纪 90 年代接近合法马克思主义者。1905 年加入俄国社会民主工党,布尔什维克。1907 年当选为中央委员,进入中央委员会俄国局。1905—1907 年革命失败后成为取消派的思想领袖之一,为《我们的曙光》杂志撰稿,编辑孟什维克取消派的《新西伯利亚报》。1917 年二月革命后在临时政府担任了几个月的邮电部副部长。同年 8 月加入孟什维克党,当选为该党中央委员。敌视十月革命,在外国武装干涉和国内战争时期反对苏维埃政权。20 年代初因与孟什维克的反苏维埃活动有关而两次被捕。1922 年同孟什维克决裂。后来在一些高等院校和科研机关工作。写有俄国史方面的著作。——202。

罗莎——见卢森堡,罗莎。

罗斯福,西奥多(Roosevelt,Theodore 1858—1919)——美国国务活动家,共和党人。1895—1897 年任纽约警察局长,1897—1898 年任海军部长助理,1899—1900 年任纽约州州长。1901—1909 年任美国总统。是美国垄断集团最有权威的代表人物之一,实行军备竞赛和侵略拉丁美洲国家的扩张主义政策。1912 年是美国民族进步党的创建人之一,该党曾提名他为总统候选人。1912 年总统竞选时,提出了一个资产阶级改良主义的纲领。第一次世界大战期间曾要求美国尽快参战。——118、210、211、212、230、231。

罗扎诺夫,瓦西里·瓦西里耶维奇(Розанов,Василий Васильевич 1856—1919)——俄国宗教哲学家,文艺批评家和政论家。宣扬唯心主义和神秘主义。19 世纪 90 年代末起是晚期斯拉夫派记者,《俄罗斯通报》杂志和《俄罗斯评论》杂志撰稿人,《新时报》的主要政论家之一。他的文章维护专制制度和东正教,受到革命马克思主义者的尖锐批评。——92、97。

洛克菲勒家族(Rockefellers)——美国最大的金融寡头家族,始祖是约翰·戴维森·洛克菲勒(1839—1937)。老洛克菲勒于 1870 年创办美孚油公司,垄断了美国的石油工业。洛克菲勒家族是美国主要金融工业垄断集团之一,曾控制美国大通银行、纽约花旗银行等大银行,拥有许多大工业企业,对美国的内外政策有重大影响。——212、232—233。

M

马·——见马耶夫斯基,叶夫根尼。

马尔丁诺夫，亚历山大（**皮凯尔，亚历山大·萨莫伊洛维奇**）（Мартынов，Александр（Пиккер，Александр Самойлович）1865—1935）——俄国经济派领袖之一，孟什维克著名活动家，后为共产党员。19 世纪 80 年代初参加民意党人小组，1886 年被捕，流放东西伯利亚十年；流放期间成为社会民主党人。1900 年侨居国外，参加经济派的《工人事业》杂志编辑部，反对列宁的《火星报》。在俄国社会民主工党第二次代表大会上是国外俄国社会民主党人联合会的代表，反火星派分子，会后成为孟什维克。1907 年作为叶卡捷琳诺斯拉夫组织的代表参加了党的第五次（伦敦）代表大会的工作，在代表大会上当选为中央委员。斯托雷平反动时期和新的革命高涨年代是取消派分子，参加取消派的机关报《社会民主党人呼声报》编辑部。第一次世界大战期间持中派立场。1917 年二月革命后为孟什维克国际主义者。十月革命后脱离孟什维克。1918—1922 年在乌克兰当教员。1923 年加入俄共（布），在马克思恩格斯研究院工作。1924 年起任《共产国际》杂志编委。——332。

马尔柯夫，尼古拉·叶夫根尼耶维奇（马尔柯夫第二）（Марков，Николай Евгеньевич（Марков 2-й）生于 1876 年）——俄国大地主，反动的政治活动家，黑帮组织“俄罗斯人民同盟”和“米迦勒天使长同盟”领袖之一。第三届和第四届国家杜马代表，杜马中极右翼领袖之一。十月革命后为白俄流亡分子。——21、22、348、393、416。

马尔柯夫第二——见马尔柯夫，尼古拉·叶夫根尼耶维奇。

马尔托夫，尔·（**策杰尔包姆，尤利·奥西波维奇**；尔·马·）（Мартов，Л.（Цедербаум，Юлий Осипович，Л.М.）1873—1923）——俄国孟什维克领袖之一。1895 年参与组织彼得堡工人阶级解放斗争协会。1896 年被捕并流放图鲁汉斯克三年。1900 年参与创办《火星报》，为该报编辑部成员。在俄国社会民主工党第二次代表大会上是《火星报》组织的代表，领导机会主义少数派，反对列宁的建党原则；从那时起成为孟什维克中央机关的领导成员和孟什维克报刊的编辑。曾参加党的第五次（伦敦）代表大会的工作。斯托雷平反动时期和新的革命高涨年代是取消派分子，编辑《社会民主党人呼声报》，参与组织“八月联盟”。第一次世界大战期间是中派分子，参加齐美尔瓦尔德代表会议和昆塔尔代表会议。曾参加孟什维克组织委员会国外书记处，为书记处编辑机关刊物。1917 年二月革命后领导孟什维克国际主义派。十月革命后反对镇压反革命和解散立宪会议。1919 年当选为全俄中央执行委员会委员，1919—1920 年为莫斯科苏维埃代表。1920 年 9 月侨居德国。参与组织第二半国际，在柏林创办和编辑孟什维克杂志《社会主义通报》。——9、67、84—89、255、296、297、314、332、358—359、365、369、370—371。

马卡罗夫，亚历山大·亚历山德罗维奇（Макаров，Александр Александрович 1857—1919）——俄国国务活动家。1906 年被任命为副内务大臣。1907 年起任参议员和警务改革委员会主席。斯托雷平被刺后，1911—1912 年任内务大臣兼宪兵团名誉团长。1912 年 4 月在国家杜马就勒拿事件发表演说，为枪杀工人的祸首进行辩护。1916 年任司法大臣。——145、192、237、348。

马克拉柯夫，瓦西里·阿列克谢耶维奇（Маклаков，Василий Алексеевич 1870—1957）——俄国立宪民主党领袖之一，地主。1895 年起为律师，曾为多起政治诉讼案出庭辩护。1906 年起为立宪民主党中央委员。第二届、第三届和第四届国家杜马代表。1917 年二月革命后任国家杜马临时委员会驻司法部委员；支持帕·尼·米留可夫，主张把帝国主义战争进行到"最后胜利"。同年 7 月起任临时政府驻法国大使。十月革命后为白俄流亡分子。——99、100、232、261、262、265、346、347、348、350、352、354、396、405。

马克思，卡尔（Marx，Karl 1818—1883）——科学共产主义的创始人，世界无产阶级的领袖和导师。——111、112、130、138、144、166、320。

马列茨基，亚历山大·马夫里基耶维奇（Малецкий，Александр Маврикиевич 1879—1937）——19 世纪 90 年代末在波兰参加革命运动。1904 年在罗兹工作，后到华沙。1906 年当选为波兰王国和立陶宛社会民主党总执行委员会委员。1907 年参加俄国社会民主工党第五次（伦敦）代表大会和第二国际斯图加特代表大会的工作。1909 年因在一系列党内问题上同波兰王国和立陶宛社会民主党的领导产生分歧，退出总执行委员会。1912 年波兰王国和立陶宛社会民主党分裂后，是最接近布尔什维克的所谓分裂派领导人之一，任该派机关报《工人报》编辑。第二国际巴塞尔代表大会

(1912)和俄国社会民主工党布鲁塞尔会议(1914)的参加者。1921—1922年任苏俄外交人民委员部情报局局长,1922—1925年为《共产国际》杂志编辑部秘书,1926—1935年在高等学校任教,后为国立列宁图书馆哲学部学术顾问。——47—48、85、313。

马林诺夫斯基,罗曼·瓦茨拉沃维奇(Малиновский, Роман Вацлавович 1876—1918)——俄国社会民主主义运动中的奸细,莫斯科保安处密探;职业是五金工人。1906年出于个人动机参加工人运动,后来混入俄国社会民主工党;曾任工人委员会委员和五金工会理事会书记。1907年起主动向警察局提供情报,1910年被录用为沙皇保安机关密探。在党内曾担任多种重要职务,1912年在党的第六次(布拉格)全国代表会议上当选为中央委员。在保安机关暗中支持下,当选为第四届国家杜马莫斯科省工人选民团的代表,1913年任布尔什维克杜马党团主席。1914年辞去杜马职务,到了国外。1917年6月,他同保安机关的关系被揭穿。1918年回国,被捕后由全俄中央执行委员会最高法庭判处枪决。——177、262、263。

马斯洛夫,彼得·巴甫洛维奇(Маслов, Петр Павлович 1867—1946)——俄国经济学家,社会民主党人。写有一些土地问题著作,修正马克思主义政治经济学原理。曾为《生活》、《开端》和《科学评论》等杂志撰稿。俄国社会民主工党第二次代表大会后是孟什维克;曾提出孟什维克的土地地方公有化纲领。在俄国社会民主工党第四次(统一)代表大会上代表孟什维克作了关于土地问题的报告,被选入中央机关报编辑部。斯托雷平反动时期和新的革命高涨年代是取消派分子。第一次世界大战期间是社会沙文主义者。十月革命后脱离政治活动,从事教学和科研工作,研究社会主义政治经济学问题。1929年起为苏联科学院院士。——19。

马耶夫斯基,叶夫根尼(**古托夫斯基,维肯季·阿尼采托维奇**;马·)(Маевский, Евгений (Гутовский, Викентий Аницетович, М.) 1875—1918)——俄国社会民主党人,孟什维克。19世纪90年代末参加社会民主主义运动,是俄国社会民主工党西伯利亚联合会组织者之一。1905年出席了在日内瓦召开的孟什维克代表会议。斯托雷平反动时期和新的革命高涨年代是取消派分子,为《我们的曙光》杂志、《光线报》及孟什维克取消派的其他报刊撰稿。第一次世界大战期间是护国派分子。十月革命后反对苏维埃政权。——369。

麦克拉克伦(MacLachlan)——英国独立工党活动家。——138—139。

麦克唐纳,詹姆斯·拉姆赛(MacDonald,James Ramsay 1866—1937)——英国政治活动家,英国工党创建人和领袖之一。1885年加入社会民主联盟。1886年加入费边社。1894年加入独立工党,1906—1909年任该党主席。1900年当选为劳工代表委员会书记,该委员会于1906年改建为工党。1906年起为议员,1911—1914年和1922—1931年任工党议会党团主席。推行机会主义政策,鼓吹阶级合作和资本主义逐渐长入社会主义的理论。第一次世界大战初期采取和平主义立场,后来公开支持劳合-乔治政府进行帝国主义战争。1918—1920年竭力破坏英国工人反对武装干涉苏维埃俄国的斗争。1924年和1929—1931年先后任第一届和第二届工党政府首相。1931—1935年领导由保守党决策的国民联合政府。——192。

曼瑟列夫,谢拉菲姆·彼得罗维奇(Мансырев,Серафим Петрович 生于1866年)——俄国公爵,大地主,第四届国家杜马里加市代表,立宪民主党人。1890—1896年在里夫兰省任内务部机关的税务稽查员。里加一些自由派协会的主席。1912—1913年为进步党机关报《俄国评论报》撰稿。——179、405。

梅尔希,П.Ф.(Мерщий,П.Ф.生于1877年)——俄国第四届国家杜马基辅省代表,杜马中独立的农民团体的核心小组成员,民族主义者。被选入杜马前是县地方自治机关的合作社视导员和乡文书。1911年起为县地方自治会议议员。——234。

梅延多夫,亚历山大·费利克索维奇(Мейендорф,Александр Феликсович 生于1869年)——俄国十月党人,地主,里夫兰的男爵。1892年毕业于彼得堡大学,获法学副博士学位。1892—1907年在参议院、里加专区法院、国务会议办公厅和内务部供职。1902—1905年在彼得堡大学任俄国土地法讲师。第三届和第四届国家杜马里夫兰省代表,第三届国家杜马第1次和第2次会议副主席。1919年移居国外。以《普鲁士宪法》(1904)、《俄国立法体系中的农户》(1907)等著作闻名。——346。

米哈伊尔(Михаил)——俄国旧教派主教,《最后的两个阶段》一文(载于1912年8月23日(9月5日)《言语报》第230号)的作者。——83。

米留可夫，帕维尔·尼古拉耶维奇（Милюков，Павел Николаевич 1859—1943）——俄国立宪民主党领袖，俄国自由派资产阶级思想家，历史学家和政论家。1886年起任莫斯科大学讲师。90年代前半期开始政治活动，1902年起为资产阶级自由派的《解放》杂志撰稿。1905年10月参与创建立宪民主党，后任该党中央委员会主席和中央机关报《言语报》编辑。第三届和第四届国家杜马代表。第一次世界大战期间为沙皇政府的掠夺政策辩护。1917年二月革命后任第一届临时政府外交部长，推行把战争进行到"最后胜利"的帝国主义政策；同年8月积极参与策划科尔尼洛夫叛乱。十月革命后同白卫分子和武装干涉者合作。1920年起为白俄流亡分子，在巴黎出版《最新消息报》。著有《俄国文化史概要》、《第二次俄国革命史》及《回忆录》等。——50、57、58、64、68—69、77、93、101、146—147、159、305、347、351、353、354、355、362、374、401、405、406。

缅施科夫，米哈伊尔·奥西波维奇（Меньшиков，Михаил Осипович 1859—1919）——俄国政论家，黑帮报纸《新时报》撰稿人。十月革命后反对苏维埃政权，1919年被枪决。——97。

摩根家族（Morgan）——美国银行财阀家族，美国最大最老的垄断财团之一。摩根家族的银行是朱尼乌斯·斯宾塞·摩根（1813—1890）创建的。摩根财团的势力遍及大银行、大保险公司和铁路公司、军事冶金企业、航空、电机工业等等，对美国的内外政策有重大影响。——212、232—233。

莫罗佐夫，米哈伊尔·弗拉基米罗维奇（穆拉托夫）（Морозов，Михаил Владимирович（Муратов）1868—1938）——19世纪80年代末参加俄国革命运动，1901年加入俄国社会民主工党，布尔什维克。1903—1904年在巴库做地下工作，后为土耳其斯坦革命运动的领导人之一。俄国社会民主工党第四次（统一）代表大会撒马尔罕组织的有发言权的代表，在代表大会上就孟什维克关于国家杜马的决议中有关社会民主党议会党团问题的条文提出了修正案，得到列宁的支持。1908年秘密住在彼得堡；多次被捕。1910年起侨居巴黎，加入列宁领导的布尔什维克支部。1917年回到彼得格勒，积极参加十月革命。十月革命后在燃料总委员会和泥炭总委员会做经济工作。1930—1932年任艺术科学院副院长。1936年起任全俄造型艺术工作者合作总社出版社社长。——357。

默里，罗伯特(Murray,Robert 生于 1870 年)——英国独立工党党员，机会主义者；职业是新闻工作者。写过有关社会问题和文学问题等方面的文章。全国记者协会会员。1922—1924 年为议员。——137—138。

穆拉诺夫，马特维·康斯坦丁诺维奇(Муранов，Матвей Константинович 1873—1959)——1904 年加入俄国社会民主工党，布尔什维克；职业是钳工。曾在哈尔科夫做党的工作。第四届国家杜马哈尔科夫省工人代表，参加布尔什维克杜马党团。曾为布尔什维克的《真理报》撰稿。因进行反对帝国主义战争的革命活动，1914 年 11 月被捕，1915 年流放图鲁汉斯克边疆区。1917—1923 年在党中央机关工作。1923—1934 年是苏联最高法院成员。在党的第六、第八和第九次代表大会上当选为中央委员。1922—1934 年为中央监察委员会委员。——177。

穆拉托夫——见莫罗佐夫，米哈伊尔·弗拉基米罗维奇。

N

拿破仑第三(**波拿巴，路易**)(Napoléon III (Bonaparte, Louis) 1808—1873)——法国皇帝(1852—1870)，拿破仑第一的侄子。法国 1848 年革命失败后被选为法兰西共和国总统。1851 年 12 月 2 日发动政变，1852 年 12 月称帝。在位期间，对外屡次发动侵略战争，包括同英国一起发动侵略中国的第二次鸦片战争。对内实行警察恐怖统治，强化官僚制度，同时以虚假的承诺、小恩小惠和微小的改革愚弄工人。1870 年 9 月 2 日在普法战争色当战役中被俘，9 月 4 日巴黎革命时被废黜。——221、345。

纳雷什金，亚历山大·阿列克谢耶维奇(Нарышкин，Александр Алексеевич 1839—1916)——俄国奥廖尔省大地主，贵族联合会会员。1892 年被任命为波多利斯克省省长，1894 年被任命为国家产业部副大臣。1898 年起为参议员，1906 年起为国务会议成员。曾任贵族联合会副主席。——57。

尼古拉二世(**罗曼诺夫**；血腥的尼古拉)(Николай II (Романов，Николай Кровавый) 1868—1918)——俄国最后一个皇帝，亚历山大三世的儿子。1894 年即位，1917 年二月革命时被推翻。1918 年 7 月 17 日根据乌拉尔州工兵代表苏维埃的决定在叶卡捷琳堡被枪决。——150、175。

尼古拉·—逊——见丹尼尔逊，尼古拉·弗兰策维奇。

尼古拉耶夫，尼古拉·尼古拉耶维奇（Николаев，Николай Николаевич 生于1872年）——俄国地主，立宪民主党人，第四届国家杜马库班州、捷列克州和黑海省的代表。曾任叶卡捷琳诺达尔专区法院助理书记员、市杜马议员。1906年起为立宪民主党库班州委员会主席。——179。

尼科林，尼·（**安德列耶夫，尼古拉·尼古拉耶维奇**）（Николин，Н.（Андреев，Николай Николаевич）生于1876年）——俄国社会民主党人，19世纪90年代参加马克思主义小组。1901—1905年在国外加入布尔什维克。回国后在彼得堡社会民主党组织和工人俱乐部工作。1910年追随孟什维克，为《光线报》及取消派其他报刊撰稿。十月革命后在列宁格勒的一些高等院校任教。——108—115。

涅克拉索夫，尼古拉·阿列克谢耶维奇（Некрасов，Николай Алексеевич 1821—1878）——俄国诗人，革命民主主义者。出身于地主家庭。19世纪30年代末开始创作活动。40年代初结识了别林斯基，在他的帮助和影响下，逐渐走上革命民主主义者和"真正诗人"的道路。先后主编《同时代人》和《祖国纪事》等杂志。他的诗歌鲜明地体现了农民的革命民主主义思想。主要作品有《谁在俄罗斯能过好日子》、《严寒，通红的鼻子》、《铁路》、《俄罗斯妇女》等。——91、92—93。

涅兹纳莫夫——见普罗托波波夫，维克多·维克多罗维奇。

P

帕沙——见拉德琴柯，柳博芙·尼古拉耶夫娜。

潘捷列耶夫，隆金·费多罗维奇（Пантелеев，Лонгин Федорович 1840—1919）——俄国作家，政论家和社会活动家，19世纪60年代革命运动的参加者。1861—1862年参加秘密革命团体土地和自由社，1864年被捕并判处六年苦役，后改判流放西伯利亚。刑满后回到彼得堡，建立科学书籍出版社，1877—1907年出版了250多种哲学、历史、自然科学方面的书籍。1901年因在著作家就3月4日喀山广场示威者遭毒打一事提出的抗议书上签名，被当局逐出彼得堡，为期三年。后加入立宪民主党，为该党许多定期刊物撰稿。1910年起任文学基金会委员会主席。写有关于19世纪60年代社会运动的回忆录。——170。

庞斯，茹尔(Pams,Jules 1852—1930)——法国政治活动家，激进派分子；职业是律师。1893年起为众议员，后为参议员。1911—1913年任农业部长。1913年提出竞选法国总统，但遭失败。1918—1919年任内务部长。——315。

彭加勒，雷蒙(Poincaré,Raymond 1860—1934)——法国政治活动家和国务活动家；职业是律师。1887—1903年为众议员。1893年起多次参加法国政府。1912—1913年任总理兼外交部长，1913—1920年任总统。推行军国主义政策，极力策划第一次世界大战。主张加强协约国和法俄同盟。俄国十月革命后是武装干涉苏维埃俄国的策划者之一。1922—1924年和1926—1929年任总理，力主分割德国(1923年占领鲁尔区)，企图建立法国在欧洲的霸权。——315—316。

皮罗戈夫，尼古拉·伊万诺维奇(Пирогов, Николай Иванович 1810—1881)——俄国外科学家，解剖学家，教育家，战地外科学和外科解剖学的奠基人，彼得堡科学院通讯院士。克里木战争期间曾参加塞瓦斯托波尔保卫战。1856年从前线返回后，先后担任敖德萨学区和基辅学区督学。对当时的教育制度提出尖锐的批评，主张普及教育，反对按等级或民族限制受教育的权利；但在另一些问题上持错误观点，如赞成对学生实行体罚。1861年因试图对教育体制实行改革而被解职。1862—1866年住在国外。回国后住在农村，直到终年。写有许多赢得世界声誉的科学著作。——408。

普夫吕格尔，保尔·伯恩哈德(Pflüger,Paul Bernhard 1865—1947)——瑞士右派社会民主党人。1898—1923年是苏黎世市政局委员，1899—1920年任州议会议员，1911—1917年任国民院议员。第一次世界大战期间是社会沙文主义者。——79。

普利什凯维奇，弗拉基米尔·米特罗范诺维奇(Пуришкевич, Владимир Митрофанович 1870—1920)——俄国大地主，黑帮反动分子，君主派。1900年起在内务部任职，1904年为维·康·普列韦的内务部特别行动处官员。1905年参与创建黑帮组织“俄罗斯人民同盟”，1907年退出同盟并成立了新的黑帮组织“米迦勒天使长同盟”。第二届、第三届和第四届国家杜马代表，因在杜马中发表歧视异族和反犹太人的演说而臭名远扬。第一次世界大战期间鼓吹把战争进行到“最后胜利”。1917年二月革命后主张恢复君主制。十月革命后竭力反对苏维埃政权,是1917年11月初被揭露的军官反革命阴谋的策划者。——21、22—23、50、68、77、114、129、130—131、143、180、181、192、264—265、324—325、327、338、341、345、348、362、369、372、416、423、424。

普列德卡林,安德列·亚诺维奇(Предкальн(Приедкалн),Андрей Янович 1873—1923)——拉脱维亚社会民主党人;职业是医生。1907年被选入第三届国家杜马,参加社会民主党党团,追随布尔什维克。曾为布尔什维克的《明星报》和《真理报》撰稿。十月革命后从事医学方面的科研工作,领导里加市儿童医院。——179、255、362、363。

普列汉诺夫,格奥尔吉·瓦连廷诺维奇(Плеханов,Георгий Валентинович 1856—1918)——俄国早期的马克思主义理论家,后来成为孟什维克和第二国际机会主义领袖之一。19世纪70年代参加民粹主义运动,是土地和自由社成员及土地平分社领导人之一。1880年侨居瑞士,逐步同民粹主义决裂。1883年在日内瓦创建俄国第一个马克思主义团体——劳动解放社。翻译和介绍了马克思和恩格斯的许多著作,对马克思主义在俄国的传播起了重要作用;写过不少优秀的马克思主义著作,批判民粹主义、合法马克思主义、经济主义、伯恩施坦主义、马赫主义。20世纪初是《火星报》和《曙光》杂志编辑部成员。曾参与制定俄国社会民主工党纲领草案和参加党的第二次代表大会的筹备工作。在代表大会上是劳动解放社的代表,属火星派多数派,参加了大会常务委员会,会后逐渐转向孟什维克。1905—1907年革命时期反对列宁的民主革命的策略,后来在孟什维克和布尔什维克之间摇摆。在俄国社会民主工党第四次(统一)代表大会上作了关于土地问题的报告,维护马斯洛夫的孟什维克方案;在国家杜马问题上坚持极右立场,呼吁支持立宪民主党人的杜马。斯托雷平反动时期和新的革命高涨年代反对取消主义,领导孟什维克护党派。第一次世界大战期间持社会沙文主义立场。1917年二月革命后支持资产阶级临时政府。对十月革命持否定态度,但拒绝支持反革命。最重要的理论著作有《社会主义与政治斗争》(1883)、《我们的意见分歧》(1885)、《论一元论历史观之发展》(1895)、《唯物主义史论丛》(1896)、《论个人在历史上的作用》(1898)、《没有地址的信》(1899—1900),等等。——9、62、87、123、194—195、196、197、201、248、259、299、367、371、427。

普罗柯波维奇,谢尔盖·尼古拉耶维奇(Прокопович, Сергей Николаевич 1871—1955)——俄国经济学家和政论家。曾参加国外俄国社会民主党人联合会,是经济派的著名代表人物,伯恩施坦主义在俄国最早的传播者之一。1904年加入资产阶级自由派的解放社,为该社骨干分子。1905年为立宪民主党中央委员。1906年参与出版半立宪民主党、半孟什维克的《无题》周刊,为左派立宪民主党人的《同志报》积极撰稿。1917年8月任临时政府工商业部长,9—10月任粮食部长。1921年在全俄赈济饥民委员会工作,同反革命地下活动有联系。1922年被驱逐出境。——64。

普罗托波波夫,德米特里·德米特里耶维奇(Протопопов, Дмитрий Дмитриевич 生于1865年)——俄国政论家,地方自治运动活动家,立宪民主党中央委员。第一届国家杜马萨马拉省代表。《地方自治事业》杂志出版人,《俄罗斯新闻》等报刊撰稿人。敌视十月革命和苏维埃政权。1920年因"战术中心"案受审。——265。

普罗托波波夫,维克多·维克多罗维奇(涅兹纳莫夫)(Протопопов, Виктор Викторович (Незнамов) 1866—1916)——俄国剧作家和资产阶级自由派新闻工作者。曾为《新闻报》、《彼得格勒报》、《交易所新闻》和《新时报》等定期报刊撰稿。1903年任文学艺术协会主席。1915年创办《金融报》。写过许多剧本。——238。

Q

齐赫泽,尼古拉·谢苗诺维奇(Чхеидзе, Николай Семенович 1864—1926)——俄国孟什维克领袖之一。19世纪90年代末参加社会民主主义运动。俄国社会民主工党第二次代表大会后是孟什维克。第三届和第四届国家杜马代表,第四届国家杜马孟什维克党团主席。第一次世界大战期间是中派分子。1917年二月革命后任国家杜马临时委员会委员、彼得格勒工兵代表苏维埃主席和第一届中央执行委员会主席,极力支持资产阶级临时政府。1918年起是反革命的外高加索议会主席,1919年起是格鲁吉亚孟什维克政府——立宪会议主席。1921年格鲁吉亚建立苏维埃政权后流亡法国。——177、255。

契恒凯里,阿卡基·伊万诺维奇(Чхенкели, Акакий Иванович 1874—1959)——格鲁吉亚孟什维克领袖之一;职业是律师。1898年参加社会民主主义运动。斯托雷平反动时期和新的革命高涨年代是取消派分子。第四届国家杜马代表,参加孟什维克杜马党团。第一次世界大战期间是社会沙文主义者。1917年二月革命后是临时政府驻外高加索的代表。1918年4月任外高加索临时政府主席,后任格鲁吉亚孟什维克政府外交部长。1921年格鲁吉亚建立苏维埃政权后成为白俄流亡分子。——177、280、425。

乔利蒂,乔万尼(Giolitti, Giovanni 1842—1928)——意大利国务活动家,自由党领袖。1882年起为议会议员。1889—1890年任财政大臣,1901—1903年任内务大臣。1892—1921年多次出任首相。是意大利大资本利益的代表,为意大利资产阶级与教权派的联盟奠定了基础。力求通过一些微不足道的改革和让步(实行国家保险,承认工人组织的合法地位和工人有罢工的权利等)以及通过与社会党改良派领袖的合作,来扩大意大利资产阶级制度的社会基础,缓和国内阶级矛盾。赞成法西斯分子掌权(1922),但于1924年11月转向反对派。——237。

乔伊特,弗雷德里克·威廉(Jowett, Frederick William 1864—1944)——英国政治活动家,独立工党领袖之一。1887年起从事新闻工作。1892年被选入布拉德福德市议会。1906—1918年、1922—1924年和1929—1931年为议会议员。1909—1910年和1914—1917年任独立工党执行委员会主席。1924年作为议会公共工程委员会主席参加了麦克唐纳的第一届工党政府。后为独立工党协商委员会成员。——136—138、139。

切列万宁,涅·(**利普金,费多尔·安德列耶维奇**)(Череванин, Н.(Липкин, Федор Андреевич)1868—1938)——俄国政论家,“马克思的批评家”,后为孟什维克领袖之一,取消派分子。俄国社会民主工党第四次(统一)代表大会和第五次(伦敦)代表大会的参加者,取消派报刊撰稿人,16个孟什维克关于取消党的“公开信”的起草人之一。1912年反布尔什维克的八月代表会议后是孟什维克领导中心——组委会成员。第一次世界大战期间是社会沙文主义者。1917年是孟什维克中央机关报《工人报》编辑之一和孟什维克中央委员会委员。敌视十月革命。——357、363、365、366、369。

R

饶勒斯，让(Jaurès，Jean 1859—1914)——法国社会主义运动和国际社会主义运动活动家，法国社会党领袖，历史学家和哲学家。1885 年起多次当选议员。原属资产阶级共和派，90 年代初开始转向社会主义。1898 年同亚·米勒兰等人组成法国独立社会党人联盟。1899 年竭力为米勒兰参加资产阶级政府的行为辩护。1901 年起为社会党国际局成员。1902 年与可能派、阿列曼派等组成改良主义的法国社会党。1903 年当选为议会副议长。1904 年创办《人道报》，主编该报直到逝世。1905 年法国社会党同盖得领导的法兰西社会党合并后，成为统一的法国社会党的主要领导人。在理论和实践问题上往往持改良主义立场，但始终不渝地捍卫民主主义，反对殖民主义和军国主义。由于呼吁反对临近的帝国主义战争，于 1914 年 7 月 31 日被法国沙文主义者刺杀。写有法国大革命史等方面的著作。——192。

若纳尔，沙尔·塞勒斯坦(Jonnart，Charles Cèlestin 1857—1930)——法国政治活动家，大垄断组织利益的代言人。1889—1917 年为法国众议院议员。1893—1894 年任公共工程部长。1900—1901 年和 1903—1911 年任阿尔及利亚总督，1913 年任外交部长。1920 年竞选共和国总统期间曾提出自己为候选人，但未获成功。1921—1924 年任驻梵蒂冈大使。后脱离政治活动。——319。

S

萨布列尔(**杰夏托夫斯基**)，弗拉基米尔·卡尔洛维奇(Саблер(Десятовский)，Владимир Карлович 生于 1847 年)——俄国地主，黑帮分子，沙皇政府要员，法学家。1872—1873 年在莫斯科大学任教，后任正教院办公厅主任和副总监；曾任参议员和国务会议成员。1911—1915 年任正教院总监。——145。

萨尔蒂科夫-谢德林，米哈伊尔·叶夫格拉福维奇(**萨尔蒂科夫，米·叶·**；谢德林，尼·)(Салтыков-Щедрин，Михаил Евграфович(Салтыков，М. Е.，

Щедрин, Н.)1826—1889)——俄国讽刺作家，革命民主主义者。1848年因发表抨击沙皇制度的小说被捕，流放七年。1856年初返回彼得堡，用笔名"尼·谢德林"发表了《外省散记》。1863—1864年为《同时代人》杂志撰写政论文章，1868年起任《祖国纪事》杂志编辑，1878年起任主编。60—80年代创作了《一个城市的历史》、《戈洛夫廖夫老爷们》等长篇小说，批判了俄国的专制农奴制，刻画了地主、沙皇官僚和自由派的丑恶形象。——92、93。

萨莫伊洛夫，费多尔·尼基季奇（Самойлов, Федор Никитич 1882—1952）——1903年加入俄国社会民主工党，布尔什维克；职业是纺织工人。曾积极参加俄国第一次革命，在伊万诺沃-沃兹涅先斯克做党的工作。第四届国家杜马弗拉基米尔省工人代表，参加布尔什维克杜马党团。因进行反对帝国主义战争的革命活动，1914年11月被捕，1915年流放图鲁汉斯克边疆区。1917年二月革命后任伊万诺沃-沃兹涅先斯克苏维埃主席和党的委员会委员；在弗拉基米尔省参加建立苏维埃政权的领导工作。十月革命后在乌克兰和莫斯科工作。1921年起任全俄中央执行委员会委员，1922—1928年任俄共(布)中央党史委员会副主任，1932—1935年任全苏老布尔什维克协会副主席，1937—1941年任国家革命博物馆馆长。——177。

萨温，Ант.——见希马诺夫斯基，А.Б.。

萨文柯夫，波里斯·维克多罗维奇（罗普申，维·）（Савинков, Борис Викторович (Ропшин, В.)1879—1925）——俄国社会革命党领袖之一，作家。在彼得堡大学学习时开始政治活动，接近经济派-工人思想派，在工人小组中进行宣传，为《工人事业》杂志撰稿。1901年被捕，后被押送沃洛格达省，从那里逃往国外。1903年加入社会革命党，1903—1906年是该党"战斗组织"的领导人之一，多次参加恐怖活动。1909年和1912年以维·罗普申为笔名先后发表了两部浸透神秘主义和对革命斗争失望情绪的小说：《一匹瘦弱的马》和《未曾有过的东西》。1911年侨居国外。第一次世界大战期间是社会沙文主义者。1917年二月革命后回国，任临时政府驻最高总司令大本营的委员、西南方面军委员、陆军部副部长、彼得格勒军事总督；根据他的提议在前线实行了死刑。十月革命后参加克伦斯基—克拉斯诺夫叛乱，参与组建顿河志愿军，建立地下反革命组织“保卫祖国与自由同盟”，参与策划反革命叛乱。1921—1923年在国外领导反对苏维埃俄国的间谍破坏活动。1924年偷越苏联国境时被捕，被判处死刑，后改为十年监禁。在狱中自杀。——328、348。

萨宗诺夫，谢尔盖·德米特里耶维奇(Сазонов，Сергей Дмитриевич 1860—1927)——俄国外交家，大地主和大资本家利益的代言人。1904年起多次担任驻欧洲的外交职务。1909年被任命为副外交大臣，1910—1916年任外交大臣，1916年被任命为驻伦敦大使；主张加强协约国。1917年二月革命后支持临时政府的政策。十月革命后先后为高尔察克和邓尼金白卫政府的成员，是他们派驻巴黎的代表，后留居巴黎。——151、159—163。

沙果夫，尼古拉·罗曼诺维奇(Шагов，Николай Романович 1882—1918)——1905年加入俄国社会民主工党，布尔什维克；职业是织布工人。第四届国家杜马科斯特罗马省工人选民团的代表，1913年加入布尔什维克杜马党团。曾出席有党的工作者参加的俄国社会民主工党中央委员会克拉科夫会议和波罗宁会议。因进行反对帝国主义战争的革命活动，1914年11月被捕，1915年流放图鲁汉斯克边疆区，1917年二月革命后回到彼得格勒。——177、414。

舍彼捷夫，А.(Щепетев，А.)——俄国立宪民主党人，黑帮分子，政论家。曾为《俄国思想》杂志撰稿。——90、92—96、97、99—101、103、104。

舒尔卡诺夫，瓦西里·叶戈罗维奇(Шурканов，Василий Егорович 生于1876年)——俄国工人，第三届国家杜马哈尔科夫省代表，社会民主党党团成员。曾为布尔什维克的《明星报》和取消派的《现代事业报》撰稿。后查明，他自1913年起就是保安处的密探。——255。

司徒卢威，彼得·伯恩哈多维奇(Струве，Петр Бернгардович 1870—1944)——俄国经济学家，哲学家，政论家，合法马克思主义主要代表人物，立宪民主党领袖之一。19世纪90年代编辑合法马克思主义者的《新言论》杂志和《开端》杂志。1896年参加第二国际第四次代表大会。1898年参加起草《俄国社会民主工党宣言》。在1894年发表的第一部著作《俄国经济发展问题的评述》中，在批判民粹主义的同时，对马克思的经济学说和哲学学说提出“补充”和“批评”。20世纪初同马克思主义和社会民主主义彻底决裂，转到自由派营垒。1902年起编辑自由派资产阶级刊物《解放》杂志，1903年起是解放社的领袖之一。1905年起是立宪民主党中央委员，领导该党右翼。1907年当选为第二届国家杜马代表。第一次世界大战爆发后鼓吹俄国的帝国主义侵略扩张政策。十月革命后敌视苏维埃政权，是邓尼金和弗兰格尔反革命政府成员，后逃往国外。——90、92、94、97、99—100、103、265、405。

斯·沃·——见沃尔斯基，斯坦尼斯拉夫。

斯大林，柯·——见斯大林，约瑟夫·维萨里昂诺维奇。

斯大林(**朱加施维里**)，约瑟夫·维萨里昂诺维奇(柯巴；斯大林，柯·)(Сталин (Джугашвили)，Иосиф Виссарионович (Коба，Сталин，К.) 1879—1953)——苏联共产党和国家领导人，国际共产主义运动活动家。1898年加入俄国社会民主工党，党的第二次代表大会后是布尔什维克。曾在梯弗利斯、巴统、巴库和彼得堡做党的工作。多次被捕和流放。1912年1月在党的第六次(布拉格)全国代表会议选出的中央委员会会议上，被缺席增补为中央委员并被选入中央委员会俄国局；积极参加布尔什维克《真理报》的编辑工作。1917年二月革命后从流放地回到彼得格勒，参加党中央委员会俄国局。在党的第七次全国代表会议(四月代表会议)以及此后的历次代表大会上当选为中央委员。在十月革命的准备和进行期间参加领导武装起义的彼得格勒军事革命委员会和党总部。在全俄苏维埃第二次代表大会上当选为全俄中央执行委员会委员；参加第一届人民委员会，任民族事务人民委员。1919年3月起兼任国家监察人民委员，1920年起为工农检查人民委员。国内战争时期任共和国革命军事委员会委员和一些方面军的革命军事委员会委员。1922年4月起任党中央总书记。1941年起同时担任苏联人民委员会主席，1946年起为部长会议主席。1941—1945年卫国战争时期任国防委员会主席、国防人民委员和苏联武装力量最高统帅。1919—1952年为中央政治局委员，1952—1953年为苏共中央主席团委员。1925—1943年为共产国际执行委员会委员。——260、426。

斯季申斯基，亚历山大·谢苗诺维奇(Стишинский，Александр Семенович 生于1857年)——俄国官吏，地主利益的狂热维护者。1873—1882年先后在国务办公厅和内务部供职。1896年起任副国务秘书，1899—1904年任副内务大臣。在哥列梅金政府中任土地规划和农业管理总署署长。黑帮组织“俄罗斯人民同盟”的鼓动者之一。1904年起为国务会议成员。——317。

斯柯别列夫，马特维·伊万诺维奇（Скобелев，Матвей Иванович 1885—1938）——1903年参加俄国社会民主主义运动，孟什维克；职业是工程师。1906年侨居国外，为孟什维克出版物撰稿，参加托洛茨基的维也纳《真理报》编辑部。第四届国家杜马代表，社会民主党杜马党团领袖之一。第一次世界大战期间是中派分子。1917年二月革命后任彼得格勒工兵代表苏维埃副主席、第一届中央执行委员会副主席；同年5—8月任临时政府劳动部长。十月革命后脱离孟什维克，先后在合作社系统和对外贸易人民委员部工作。1922年加入俄共（布），在经济部门担任负责工作。1936—1937年在全苏无线电委员会工作。——177。

斯迈利，罗伯特（Smillie，Robert 1857—1940）——英国工人运动活动家。从童年起就在工厂做工，17岁起在矿场当工人。1894—1918年和1921—1940年任苏格兰矿工工会主席，1912—1921年任大不列颠矿工联合会主席。领导1912年英国煤矿工人大罢工。第一次世界大战期间是和平主义者。1923—1929年为议员。1928年是工联代表大会总理事会理事，靠近总理事会左翼。——41。

斯诺登，菲力浦（Snowden，Philip 1864—1937）——英国政治活动家，独立工党右翼代表人物，工党领袖之一。1894年加入独立工党，1900年加入工党。1903—1906年和1917—1920年任独立工党主席。1906年起为议员。第一次世界大战期间是中派分子，主张同资产阶级联合。1924年和1929—1931年先后任第一届和第二届工党政府财政大臣。1931年参加麦克唐纳的国民联合政府。写有一些关于英国工人运动的著作。——140。

斯托雷平，彼得·阿尔卡季耶维奇（Столыпин，Петр Аркадьевич 1862—1911）——俄国国务活动家，大地主。1884年起在内务部任职。1902年任格罗德诺省省长。1903—1906年任萨拉托夫省省长，因镇压该省农民运动受到尼古拉二世的嘉奖。1906—1911年任大臣会议主席兼内务大臣。1907年发动“六三政变”，解散第二届国家杜马，颁布新选举法以保证地主、资产阶级在杜马中占统治地位，残酷镇压革命运动，大规模实施死刑，开始了“斯托雷平反动时期”。实行旨在摧毁村社和培植富农的土地改革。1911年被社会革命党人 Д.Г.博格罗夫刺死。——18—23、57、58、68、95、348。

苏达科夫，帕维尔·伊里奇（Судаков，Павел Ильич 1878—1950）——1897年参加俄国社会民主主义运动。1899—1905年和1911—1913年在彼得堡克赖顿股份公司的工厂里当钳工。1912年当选为第四届国家杜马复选代表后，转向孟什维克。1914年同孟什维克决裂，回到布尔什维克一边。十月革命后任红军供给非常委员会主席、北方地区国民经济委员会主席。1921—1924年任最高国民经济委员会金属工业总管理局局长。后在军事工业管理局和俄罗斯联邦国家计划委员会担任行政职务。——157—158。

苏尔科夫，彼得·伊里奇（Сурков，Петр Ильич 1876—1946）——俄国社会民主党人，布尔什维克；职业是织布工人。第三届国家杜马科斯特罗马省工人代表，第一届和第二届国家杜马复选代表。曾为在彼得堡出版的布尔什维克合法报纸《明星报》撰稿。十月革命后是无党派人士，在苏维埃机关工作。——255。

苏汉诺夫，尼·（**吉姆美尔，尼古拉·尼古拉耶维奇**）（Суханов，Н.（Гиммер，Николай Николаевич）1882—1940）——俄国经济学家和政论家。早年是民粹派分子，1903年起是社会革命党人，1917年起是孟什维克。曾为《俄国财富》、《同时代人》等杂志撰稿；企图把民粹主义和马克思主义结合起来。第一次世界大战期间自称是国际主义者，为《年鉴》杂志撰稿。1917年二月革命后任彼得格勒苏维埃执行委员会委员、半孟什维克的《新生活报》编辑之一；支持资产阶级临时政府。曾参加马尔托夫的孟什维克集团。十月革命后在苏维埃经济机关工作。1922—1923年发表《革命札记》（共七卷），宣扬俄国没有实现社会主义的经济前提，受到列宁的尖锐批判。1931年因参加孟什维克地下组织被判刑。——329、420。

苏沃林，阿列克谢·谢尔盖耶维奇（Суворин，Алексей Сергеевич 1834—1912）——俄国新闻工作者，出版家。1858年在外省报界开始新闻活动，后移居莫斯科和彼得堡，为《祖国纪事》和《同时代人》等杂志撰稿。1875

年以前他的新闻活动带有自由主义、民主主义性质，1876 年购买《新时报》成了大企业主后，急剧转向反动派。1876—1912 年是《新时报》的所有人和发行人，在他主持下该报成了最无原则的报纸，反动贵族和官僚集团的喉舌。1917 年《新时报》由他的儿子米·阿·苏沃林和波·阿·苏沃林以及其他人编辑出版。——45—46、98。

孙中山（1866—1925）——中国伟大的革命先行者。——68—69、209。

梭恩，威廉（Thorne，William 1857—1946）——英国工人运动活动家。1884 年起参加英国社会民主联盟的工作，1889 年起任全国煤气工人及壮工联合会总书记。1906 年被选入议会，担任议员直到 1945 年。第一次世界大战期间是护国派分子。俄国 1917 年二月革命后，到俄国鼓动继续进行帝国主义战争。后来一直站在英国工人运动的右翼。——389。

T

塔夫脱，威廉·霍华德（Taft，William Howard 1857—1930）——美国国务活动家和政治活动家，法学家。1901—1904 年任菲律宾群岛总监。1904—1908 年任陆军部长，曾参与镇压 1906 年的古巴起义。1908 年代表共和党当选为美国总统。任职期间推行保护关税的政策，镇压国内工人运动；1912 年对尼加拉瓜进行了武装干涉。1912 年再次提出参加总统竞选，但遭失败。1921—1930 年任美国最高法院首席法官。——118、210。

塔吉耶夫，加吉·泽伊纳尔·阿布金（Тагиев，Гаджи Зейнал Абдин 1838—1925）——阿塞拜疆大资本家。因残酷剥削工人，所经营的企业中经常发生罢工。1912 年因被控野蛮对待本企业职员别布托夫工程师，受到法庭审讯。——100。

坦（**博哥拉兹，弗拉基米尔·格尔曼诺维奇**）（Тан（Богораз，Владимир Германович）1865—1936）——俄国民粹派政论作家，民族志学家和语言学家。19 世纪 80 年代参加民意党人运动，1889—1898 年流放西伯利亚；从流放地回来后，加入合法马克思主义者的《开端》和《生活》等杂志编辑部。1905 年参与建立农民协会，1906 年参与组织人民社会党，为接近劳动派立场的《祖国土地报》撰稿。第一次世界大战期间是护国派分子。1921 年起任彼得格勒一些高等院校的教授。北方民族研究工作的发起人之一和北方民族文字的创立者之一。是最早的楚科奇语教科书、词典和语法的编写者。——324。

唐恩(**古尔维奇**),费多尔·伊里奇(费·唐·)(Дан(Гурвич),Федор Ильич(Ф.Д.)1871—1947)——俄国孟什维克领袖之一;职业是医生。1894年参加社会民主主义运动,加入彼得堡工人阶级解放斗争协会。1896年8月被捕,监禁两年左右,1898年流放维亚特卡省,为期三年。1901年夏逃往国外,加入《火星报》柏林协助小组。1902年作为《火星报》代办员参加了俄国社会民主工党第二次代表大会的筹备会议,会后再次被捕,流放东西伯利亚。1903年9月逃往国外,成为孟什维克。俄国社会民主工党第四次(统一)代表大会和第五次(伦敦)代表大会及一系列代表会议的参加者。斯托雷平反动时期和新的革命高涨年代在国外领导取消派,编辑取消派的《社会民主党人呼声报》。第一次世界大战期间是社会沙文主义者。1917年二月革命后任彼得格勒苏维埃执行委员会委员和第一届中央执行委员会主席团委员,支持资产阶级临时政府。十月革命后反对苏维埃政权,1922年被驱逐出境,在柏林领导孟什维克进行反革命活动。1923年参与组织社会主义工人国际。同年被取消苏联国籍。——307、332、341、358、429。

特列先科夫,Н.В.(Трещенков,Н.В.1875—1915)——1912年4月枪杀勒拿金矿工人的指挥之一,宪兵大尉,地方警察局局长。——192、307。

梯什卡,扬(**约吉希斯,莱奥**)(Tyszka,Jan (Jogiches,Leo)1867—1919)——波兰和德国工人运动活动家。1893年参与创建波兰王国社会民主党(1900年改组为波兰王国和立陶宛社会民主党),1903年起为该党总执行委员会委员。曾积极参加俄国1905—1907年革命。1907年出席俄国社会民主工党第五次(伦敦)代表大会,当选为候补中央委员。斯托雷平反动时期和新的革命高涨年代谴责取消派,但往往采取调和主义态度。1912年反对布拉格代表会议的决议。列宁尖锐地批评了他在这一时期的活动。第一次世界大战期间在德国,参加德国社会民主党的工作,持国际主义立场;是斯巴达克联盟的组织者和领导人之一。1916年被捕入狱,1918年十一月革命时获释。积极参与创建德国共产党,在该党成立大会上当选为中央委员会书记。1919年3月被捕,于柏林监狱遇害。——87、241—245、248、

309—314。

图利亚科夫,伊万·尼基季奇(Туляков,Иван Никитич 生于 1877 年)——俄国工人,社会民主党人,孟什维克,第四届国家杜马顿河军屯州代表。——177。

屠格涅夫,伊万·谢尔盖耶维奇(Тургенев,Иван Сергеевич 1818—1883)——俄国作家,对俄罗斯文学语言的发展作出重大贡献。他的作品反映了 19 世纪 30—70 年代俄国社会的思想探索和心理状态,揭示了俄国社会生活的特有矛盾,塑造了一系列"多余人"的形象;这些"多余人"意识到贵族制度的必然灭亡,但对于改变这一制度又束手无策。在俄国文学中第一次描写了新一代的代表人物——平民知识分子。反对农奴制,但寄希望于亚历山大二世,期望通过"自上而下"的改革使俄国达到渐进的转变,主张在俄国实行立宪君主制。——86。

托尔马乔夫,伊万·尼古拉耶维奇(Толмачев,Иван Николаевич 生于 1863 年)——沙俄将军,黑帮组织"俄罗斯人民同盟"的骨干分子。1907—1911 年任敖德萨市市长,残酷迫害工人组织和进步报刊,纵容杀害革命者和蹂躏犹太人的暴行。他的专横暴戾和胡作非为达到了无以复加的地步,以至沙皇政府不得不于 1911 年将其撤职。——357。

托尔斯泰,列夫·尼古拉耶维奇(Толстой,Лев Николаевич 1828—1910)——俄国作家。出身贵族。他的作品深刻地反映了俄国社会整整一个时代(1861—1905)的矛盾,列宁称托尔斯泰为"俄国革命的镜子"。作为天才的艺术家,托尔斯泰创作了无与伦比的俄国生活的图画,创作了世界文学中第一流的作品,对俄国文学和世界文学产生了巨大影响;同时他的作品又突出地表现了以宗法制社会为基础的农民世界观的矛盾:一方面无情地揭露沙皇专制制度和新兴资本主义的种种罪恶,另一方面又鼓吹"不用暴力抵抗邪恶",鼓吹不问政治和道德上的自我修养。列宁在一系列著作中评述了托尔斯泰的世界观,并对他的全部活动作了评价。——423。

托洛茨基(**勃朗施坦**),列夫·达维多维奇(Троцкий(Бронштейн),Лев Давидович 1879—1940)——1897 年参加俄国社会民主主义运动。在俄国社会民主工党第二次代表大会上是西伯利亚联合会的代表,属火星派少数派。1905 年同亚·帕尔乌斯一起提出和鼓吹"不断革命论"。斯托雷平反动时期和新的革命高涨年代，打着“非派别性”的幌子，实际上采取取消派立场。1912 年组织“八月联盟”。第一次世界大战期间持中派立场。1917 年二月革命后参加区联派，在党的第六次代表大会上随区联派集体加入布尔什维克党，当选为中央委员。参加十月武装起义的领导工作。十月革命后任外交人民委员，1918 年初反对签订布列斯特和约，同年 3 月改任共和国革命军事委员会主席、陆海军人民委员等职。参与组建红军。1919 年起为党中央政治局委员。1920 年起历任共产国际执行委员会候补委员、委员。1920—1921 年挑起关于工会问题的争论。1923 年起进行派别活动。1925 年初被解除革命军事委员会主席和陆海军人民委员职务。1926 年与季诺维也夫结成“托季联盟”。1927 年被开除出党，1929 年被驱逐出境，1932 年被取消苏联国籍。在国外组织第四国际。死于墨西哥。——7—8、11、186、189、190、192、201、203、247、313、314、414—415、429。

W

瓦·沃·——见沃龙佐夫，瓦西里·巴甫洛维奇。

瓦尔斯基，阿道夫（**瓦尔沙夫斯基，阿道夫·绍洛维奇**）（Warski，Adolf（Варшавский，Адольф Саулович）1868—1937）——波兰革命运动活动家。1889 年是波兰工人联合会组织者之一。先后参加波兰王国社会民主党以及波兰王国和立陶宛社会民主党的建党工作。1893 年侨居国外，与罗·卢森堡等人一起出版波兰社会民主党人最早的报纸《工人事业报》，后又出版《社会民主党评论》杂志。是波兰王国和立陶宛社会民主党出席俄国社会民主工党第四次（统一）代表大会的有发言权的代表，会后进入俄国社会民主工党中央委员会。在党的第五次（伦敦）代表大会上当选为中央委员。1909—1910 年是俄国社会民主工党中央机关报《社会民主党人报》编辑之一。第一次世界大战期间是国际主义者，参加了齐美尔瓦尔德代表会议和昆塔尔代表会议。1916 年回到波兰，因进行反战宣传被德国人逮捕。1917 年获释后成为波兰王国和立陶宛社会民主党领导成员。1918 年参与创建波兰共产党，是波共中央委员（1919—1929）和政治局委员（1923—1929）。曾被选为波兰议会议员，是议会共产党党团主席。1929 年移居苏联，在马克思恩格斯列宁研究院从事波兰工人运动史的研究工作。——243。

瓦扬，爱德华·玛丽(Vaillant, Édouard-Marie 1840—1915)——法国工人运动活动家，布朗基主义者。1866—1867年加入第一国际。1871年为巴黎公社执行委员会委员，领导教育委员会。公社失败后流亡伦敦，被选为第一国际总委员会委员。曾被缺席判处死刑，1880年大赦后返回法国，1881年领导布朗基派革命中央委员会。参与创建第二国际，是第二国际1889年巴黎和1891年布鲁塞尔代表大会代表。1893年和1897年两度当选为议员。在反对米勒兰主义斗争中与盖得派接近，是1901年盖得派与布朗基派合并为法兰西社会党的发起人之一。1905—1915年是法国社会党(1905年建立)的领导人之一。第一次世界大战期间持社会沙文主义立场。——316。

威尔逊，伍德罗(Wilson, Woodrow 1856—1924)——美国国务活动家。1910—1912年任新泽西州州长。1913年代表民主党当选为美国总统，任期至1921年。任内镇压工人运动，推行扩张政策，对拉丁美洲各国进行武装干涉，并促使美国站在协约国一方参加第一次世界大战。俄国十月革命后是武装干涉苏维埃俄国的策划者之一。1918年提出帝国主义的和平纲领"十四点"，妄图争夺世界霸权。曾率领美国代表团出席巴黎和会(1919—1920)。1920年总统竞选失败，后退出政界。——118、210。

维特，谢尔盖·尤利耶维奇(Витте, Сергей Юльевич 1849—1915)——俄国国务活动家。1892年2—8月任交通大臣，1892—1903年任财政大臣，1903年8月起任大臣委员会主席，1905年10月—1906年4月任大臣会议主席。在财政、关税政策、铁路建设、工厂立法和鼓励外国投资等方面采取了一系列措施，促进了俄国资本主义的发展。同时力图通过对自由派资产阶级稍作让步和对人民群众进行镇压的手段来维护沙皇专制制度。1905—1907年革命期间派军队对西伯利亚、波罗的海沿岸地区、波兰以及莫斯科的武装起义进行了镇压。——57、58、94、180、378。

魏斯曼，西蒙(Вейсман, Симон)——俄国保安机关密探，后为奥地利间谍。1900年接受任务到维也纳秘密侦查俄国政治侨民的情况，1905年以前经常向俄国警察机关递送情报，后在美国住过一段时间。1908年起是奥地利内政部的工作人员。——335—336。

沃多沃佐夫，瓦西里·瓦西里耶维奇(Водовозов，Василий Васильевич 1864—1933)——俄国经济学家和自由主义民粹派政论家。1904年起任《我们的生活报》编委，1906年为左派立宪民主党人的《同志报》撰稿。第二届国家杜马选举期间参加劳动派。1912年在立宪民主党人、人民社会党人和孟什维克取消派撰稿的《生活需要》杂志上发表文章。1917年参加《往事》杂志编辑部，并为自由派资产阶级的《日报》撰稿。敌视十月革命。1926年移居国外，参加白卫报刊的工作。——24、366。

沃尔斯基，斯坦尼斯拉夫(**索柯洛夫，安德列·弗拉基米罗维奇**；斯·沃·)(Вольский，Станислав(Соколов，Андрей Владимирович，С. В.)生于1880年)——俄国社会民主党人。俄国社会民主工党第二次代表大会后加入布尔什维克。1904—1905年在莫斯科做党的工作，参加过十二月武装起义。斯托雷平反动时期和新的革命高涨年代是召回派领袖之一，曾参与组织派别性的卡普里和博洛尼亚党校(意大利)的工作，加入"前进"集团。1917年二月革命后任《新生活报》编委，在彼得格勒苏维埃军事部工作。敌视十月革命，反对苏维埃政权。一度侨居国外，但很快回国。曾在林业合作社、国家计划委员会和商业人民委员部工作。1927年起从事著述。——8。

沃龙佐夫，瓦西里·巴甫洛维奇(瓦·沃·)(Воронцов，Василий Павлович(В.В.)1847—1918)——俄国经济学家，社会学家，政论家，自由主义民粹派思想家。曾为《俄国财富》、《欧洲通报》等杂志撰稿。认为俄国没有发展资本主义的条件，俄国工业的形成是政府保护政策的结果；把农民村社理想化，力图找到一种维护小资产者不受资本主义发展之害的手段。19世纪90年代发表文章反对俄国马克思主义者，鼓吹同沙皇政府和解。主要著作有《俄国资本主义的命运》(1882)、《俄国手工工业概述》(1886)、《农民经济中的进步潮流》(1892)、《我们的方针》(1893)、《理论经济学概论》(1895)。——326—327。

沃罗夫斯基，瓦茨拉夫·瓦茨拉沃维奇(奥尔洛夫斯基，普·)(Воровский，Вацлав Вацлавович(Орловский，П.)1871—1923)——1890年在大学生小组中开始革命活动，1894—1897年是莫斯科工人协会领导人之一。1902年侨居国外，成为列宁《火星报》撰稿人。俄国社会民主工党第二次代表大会后是布尔什维克。1904年初受列宁委派，在敖德萨建立俄国社会民主工党中央委员会南方局;8月底出国,赞同22个布尔什维克的宣言。1905年同列宁、米·斯·奥里明斯基、阿·瓦·卢那察尔斯基一起参加《前进报》和《无产者报》编辑部,是俄国社会民主工党第三次代表大会代表。1905年底起在彼得堡的布尔什维克组织和布尔什维克的《新生活报》编辑部工作。1906年是党的第四次(统一)代表大会代表。1907—1912年领导敖德萨的布尔什维克组织。因积极从事革命活动被捕和流放。1915年去斯德哥尔摩,1917年根据列宁提议进入党中央委员会国外局。十月革命后从事外交工作:1917—1919年任俄罗斯联邦驻斯堪的纳维亚国家的全权代表,1921—1923年任驻意大利全权代表。曾出席热那亚国际会议和洛桑国际会议。在洛桑被白卫分子杀害。——300。

沃罗宁,谢苗·亚历山德罗维奇(Воронин,Семен Александрович 1880—1915)——俄国工人,第三届国家杜马弗拉基米尔省代表,参加社会民主党党团,追随布尔什维克。曾为布尔什维克合法报纸《明星报》撰稿。——255。

沃伊洛什尼科夫,阿维夫·阿德里安诺维奇(Войлошников,Авив Адрианович 1877—1930)——俄国第三届国家杜马外贝加尔哥萨克军屯区居民的代表,参加社会民主党党团,追随布尔什维克。因在义务兵役制条例问题上的发言,被杜马主席取消出席15次会议的权利。1911—1912年为布尔什维克的《明星报》和《真理报》撰稿。1913年起任外贝加尔省合作总社理事会主席。十月革命后在新西伯利亚、萨拉托夫、喀山和莫斯科从事经济工作。——147、255。

X

西利亚科夫,Т.Т.(Силяков,Т.Т.1887—1912)——1908年起在俄国海军服役。1912年是黑海舰队舰艇准备武装起义的领导人之一;被塞瓦斯托波尔的海军军事法庭判处枪决。——1。

希波夫,德米特里·尼古拉耶维奇(Шипов,Дмитрий Николаевич 1851—1920)——俄国大地主,地方自治运动活动家,温和自由派分子。1893—1904年任莫斯科省地方自治局主席。1904年11月是地方自治人士非正式会议主席。1905年11月是十月党的组织者之一,该党中央委员会主席。1906年退出十月党，成为和平革新党领袖之一；同年被选为国务会议成员。1911年脱离政治活动。敌视十月革命。1918年是白卫组织“民族中心”的领导人。——265。

希马诺夫斯基，А. Б.（萨温，Ант.）（Шимановский，А. Б.（Савин，Ант.）生于1878年）——俄国政论家；职业是农艺师。1904年加入社会革命党，在里加和彼得堡从事宣传工作。1909年当选为社会革命党中央委员。后与社会革命党决裂，加入孟什维克取消派，为其机关刊物《我们的曙光》杂志撰稿。1912年后脱离政治活动。苏维埃政权时期在农业人民委员部机关工作。——9。

谢德林，尼·——见萨尔蒂科夫-谢德林，米哈伊尔·叶夫格拉福维奇。

谢韦里亚宁，亚·（**贝科夫，亚历山大·尼古拉耶维奇**）（Северянин，А.（Быков，Александр Николаевич）1860—1919）——俄国立宪民主党人，工艺工程师。1889—1906年为工厂视察员。曾为《俄罗斯新闻》、《俄罗斯言论报》、《欧洲通报》杂志等资产阶级自由派报刊撰稿。写有《实践的十年》、《在黑土地带》、《俄国的工厂立法及其发展》等书。——103。

血腥的尼古拉——见尼古拉二世（罗曼诺夫）。

Y

亚格洛，叶夫根尼·约瑟福维奇（Ягелло（Jagiełło），Евгений Иосифович 1873—1947）——波兰工人运动活动家，波兰社会党“左派”党员；职业是旋工。1912年第四届国家杜马选举期间，由波兰社会党“左派”和崩得联盟提名为杜马代表候选人；尽管波兰社会民主党人反对，仍当选为杜马代表，并在布尔什维克的反对下由孟什维克“七人团”投票通过参加社会民主党杜马党团。第一次世界大战结束后参加波兰工人运动左翼，后脱离政治活动。——177、257—259、280、285、425。

亚历山大二世（**罗曼诺夫**）（Александр II（Романов）1818—1881）——俄国皇帝（1855—1881）。——393。

亚历山德罗夫，阿列克谢·米哈伊洛维奇（Александров，Алексей Михайлович 生于1868年）——俄国第四届国家杜马叶卡捷琳诺斯拉夫省代表，立宪民主党人；职业是律师。叶卡捷琳诺斯拉夫县和省地方自治会议议员,曾为多起重大政治案件出庭辩护,参与组建全俄律师联合会。进步党机关报《俄国评论报》撰稿人。1917年代表立宪民主党参加了俄罗斯共和国临时议会(预备议会)。——405。

叶夫谢耶夫,И.Т.(Евсеев,И.Т.生于1877年)——俄国第四届国家杜马彼得堡省代表,农民出身,进步党人。是杜马中独立的农民团体的核心小组成员。被选入杜马前,1897—1902年是乡村教师,后在省地方自治机关任统计员。1908—1911年为彼得堡省扬堡县地方自治局成员,后为县和省的地方自治会议议员,乡法庭庭长。——234。

叶弗列莫夫,伊万·尼古拉耶维奇(Ефремов,Иван Николаевич 生于1866年)——俄国大地主,第一届、第三届和第四届国家杜马代表。和平革新党组织者之一,后为资产阶级的进步党领袖。1917年二月革命后任国家杜马临时委员会委员,七月事变后参加临时政府,任国家救济部长。——354、366。

叶戈罗夫,尼古拉·马克西莫维奇(Егоров,Николай Максимович 生于1871年)——俄国工人,第三届国家杜马彼尔姆省代表,参加社会民主党党团。曾为布尔什维克合法报纸《明星报》撰稿,后来加入托洛茨基派。1913年是取消派《光线报》撰稿人。1917年加入区联派。后任俄罗斯联邦金矿总委员会主席。——255。

叶若夫,弗·——见策杰尔包姆,谢尔盖·奥西波维奇。

伊恰斯,М.М.(Ичас,М.М.1885—1941)——立陶宛社会活动家和国务活动家,新闻工作者;职业是律师。1912年被选为第四届国家杜马科夫诺省的代表,是杜马中独立的农民团体的核心小组成员,后成为立宪民主党人。1917年二月革命后任教育部副部长。1918年从苏维埃俄国逃到被德军占领的立陶宛,积极参与建立资产阶级立陶宛的第一届政府。1918—1919年任财政部长。利用国家资财致富,成了一系列工业企业的老板。立陶宛建立苏维埃政权后逃往德国,后去葡萄牙和巴西。——234。

伊苏夫,约瑟夫·安德列耶维奇(奥斯卡罗夫)(Исув,Иосиф Андреевич(Оскаров)1878—1920)——俄国社会民主党人,孟什维克。1903年任俄国社会民主工党叶卡捷琳诺斯拉夫委员会委员,党的第二次代表大会后加入孟什维克,在莫斯科和彼得堡工作。1907年代表孟什维克参加中央委员会。斯托雷平反动时期和新的革命高涨年代是取消派分子，为《我们的曙光》杂志及取消派其他刊物撰稿。第一次世界大战期间是护国派分子。1917 年任孟什维克的莫斯科委员会委员，进入莫斯科苏维埃执行委员会和第一届中央执行委员会。十月革命后在劳动博物馆工作。——368、369。

伊兹哥耶夫（**兰德**），亚历山大·索洛蒙诺维奇（Изгоев（Ланде），Александр Соломонович 1872—1935）——俄国政论家，立宪民主党思想家。早年是合法马克思主义者，一度成为社会民主党人，1905 年转向立宪民主党。曾为立宪民主党的《言语报》、《南方札记》和《俄国思想》杂志撰稿，参加过《路标》文集的工作。十月革命后为颓废派知识分子的《文学通报》杂志撰稿。因进行反革命政论活动，于 1922 年被驱逐出境。——64、92、95、99、103、138、237、238。

Z

扎哈罗夫，米哈伊尔·瓦西里耶维奇（Захаров，Михаил Васильевич 生于 1881 年）——俄国工人，布尔什维克，第三届国家杜马莫斯科省代表，布尔什维克合法报纸《明星报》撰稿人。十月革命后在最高国民经济委员会国家建筑工程总委员会担任领导职务，后从事经济工作。——255。

祖巴托夫，谢尔盖·瓦西里耶维奇（Зубатов，Сергей Васильевич 1864—1917）——沙俄宪兵上校，"警察社会主义"（祖巴托夫主义）的炮制者和鼓吹者。1896—1902 年任莫斯科保安处处长，组织政治侦查网，建立密探别动队，破坏革命组织。1902 年 10 月到彼得堡就任警察司特别局局长。1901—1903 年组织警方办的工会——莫斯科机械工人互助协会和圣彼得堡俄国工厂工人大会等，诱使工人脱离革命斗争。由于他的离间政策的破产和反内务大臣的内讧，于 1903 年被解职和流放，后脱离政治活动。1917 年二月革命初期自杀。——94。

文 献 索 引

[阿布罗西莫夫,弗·莫·]《我们害了什么病?》([Абросимов,В.М.] Чем мы больны? (Рабочий—рабочим).—«Луч»,Спб.,1912,№56,21 ноября,стр.2.Подпись:В.А.)——236—238、304、305、306、307、385—386、429。

安东尼·沃伦斯基《给〈路标〉文集作者们的公开信》(Антоний Волынский. Открытое письмо авторам сборника«Вехи».1 мая 1909 г.—«Слово»,Спб.,1909,№791,10(23)мая,стр.3)——92。

奥博连斯基,B.A.《俄国独立农庄概略》(Оболенский,В.А.Очерки хуторской России.Старое и новое в жизни деревни Николаевского уезда,Самарской губернии.—«Русская Мысль»,М.—Пб.,1913,кн.I,стр.68—84;кн.II,стр.32—50)——383—384、416—417。

[奥里明斯基,米·斯·]《先生们在抵制工人》([Ольминский,М.С.] Господа бойкотируют рабочих.—«Правда»,Спб.,1912,№84,5 августа,стр.1)——63。

奥斯卡罗夫——见伊苏夫,约·安·。

巴达耶夫,阿·叶·[《给编辑部的信》](Бадаев,А.Е.[Письмо в редакцию].—«Правда»,Спб.,1913,№21(225),26 января,стр.2—3.Под общ.загл.:Впечатления с.-д.депутатов с мест)——414。

巴图尔斯基,Г.《分裂的播种者》(Батурский,Г.Сеятели раскола.—«Невский Голос»,Спб.,1912,№7,17 августа,стр.3)——61。

鲍狄埃,欧·《费城展览会上的自由代表团》(Pottier,E.La délégation libre à l'exposition de Philadelphie.Poésie offerte par les ouvriers d'Amérique aux ouvriers de France.Publ.et impr.par le«Parti socialdémocratique des ouvriers de l'Amérique du Nord».New-York,1876.8 p.)——292。

—《革命歌集》(Chants révolutionnaires.Préf.de H.Rochefort.Paris,Dentu,

1887.XX,240 p.)——292。

—《国际歌》(歌词)——见《国际歌》。

—《谁是狂人》(Quel est le fou? Chansons. Avec une préface de G. Nadaud. Paris,1884)——292。

—《自由万岁!》(Потье,Э.Да здравствует свобода!)——291、293。

鲍威尔,奥·《马其顿的战争》(Bauer, O. Der Krieg um Mazedonien.—«Der Kampf», [Wien], 1912—1913, Jg. 6, Nr. 2, 1. November, S. 63—76)——205。

彼得罗夫斯基,格·伊·[《给编辑部的信》](Петровский, Г. И. [Письмо в редакцию].—«Правда», Спб., 1913, №26(230), 1 февраля, стр. 1—2. Под общ. загл.: Впечатления депутатов с.-д. фракции с мест)——414。

[彼舍霍诺夫,阿·瓦·]《当前的主题。人民社会主义还是无产阶级社会主义?》([Пешехонов, А. В.] На очередные темы. Народный социализм или пролетарский? —«Русское Богатство», Спб., 1912, №12, стр. 269—301. Подпись: А.В.П.)——326、328—330、419、420—421。

—《当前的主题。我们的纲领(它的梗概和范围)》(На очередные темы. Наша платформа(ее очертания и размеры).—«Русское Богатство», Спб., 1906, №8, стр. 178—206)——189、200、328。

别林斯基,维·格·《给果戈理的信》(Белинский, В. Г. Письмо к Гоголю)——92。

[波利亚科夫,索·李·]《议会日志》(载于1912年12月14日(27日)《言语报》第343号(总第2297号))([Поляков, С. Л.] Парламентский дневник.—«Речь», Спб., 1912, №343(2297), 14(27) декабря, стр. 6. Подпись: С. Литовцев)——262。

—《议会日志》(载于1913年1月26日(2月8日)《言语报》第25号(总第2337号))(Парламентский дневник.—«Речь», Спб., 1913, №25(2337), 26 января(8 февраля), стр. 6. Подпись: С. Литовцев)——374—377。

波良斯基,Н.С.《独立农庄还是村社(农村来信)》(Полянский, Н.С. Хутор или община? (Письмо из деревни).—«Правда», Спб., 1912, №118, 15 сентября, стр. 1)——106。

布尔加柯夫,谢·尼·《在选举中》(日记摘录)(Булгаков,С.Н.На выборах.(Из дневника).—«Русская Мысль»,М.—Пб.,1912,кн.XI,стр.185—192)——421。

[布兰克,鲁·马·]《彼得堡的选举》([Бланк,Р.М.]Петербургские выборы.—«Запросы Жизни»,Спб.,1912,№27,6 июля,стлб.1585—1586.Подпись:Б.)——63。

—《工人报刊和自由派》(Рабочая печать и либералы.—«Запросы Жизни»,Спб.,1912,№26,29 июня,стлб.1535—1536.Подпись:Б.)——63。

—《社会民主党的纲领》(Социал-демократическая платформа.—«Запросы Жизни»,Спб.,1912,№29,20 июля,стлб.1678—1680.Подпись:Р.Б.)——69。

[策杰尔包姆,谢·奥·]《摆脱组织上的自发性》([Цедербаум,С.О.]От стихийности к организации.—«Невский Голос»,Спб.,1912,№1,20 мая,стр.2.Подпись:В.Ежов)——304。

—《亚格洛同志和社会民主党党团》(Тов.Ягелло и с.-д.фракция.—«Луч»,Спб.,1912,№56,21 ноября,стр.1.Подпись:К.Августовский)——313。

达维多夫,杰·瓦·《老骠骑兵之歌》(Давыдов,Д.В.Песня старого гусара)——319。

杜冈-巴拉诺夫斯基,米·伊·《生活费用飞涨》(Туган-Барановский,М.И.Вздорожание жизни.—«Речь»,Спб.,1912,№272(2226),4(17)октября,стр.1—2)——166—167。

恩格斯,弗·《柏林关于革命的辩论》(Энгельс,Ф.Берлинские дебаты о революции.13—14 июня 1848 г.)——111。

—《[卡·马克思〈哲学的贫困〉一书德文第一版]序言》(1884年10月23日)(Предисловие к первому немецкому изданию[книги К.Маркса «Нищета Философии»].23 октября 1884 г.)——132。

格里鲍耶陀夫,亚·谢·《智慧的痛苦》(Грибоедов,А.С.Горе от ума)——155。

格列杰斯库尔,尼·安·《俄国知识界的转变及其真正意义》(Гредескул,Н.А.Перелом русской интеллигенции и его действительный смысл.—В кн.：Интеллигенция в России.Сб.статей.Спб.，«Земля»，1910，стр.8—58)——92。

—《以公开言论冒险》(Приключения с публичным словом.—«Речь»，Спб.，1912，№117(2071)，30 апреля(13 мая)，стр.2)——14、24—25、65、101、185、199、218、222、354。

海尔维格，格·《祈祷！工作！》(Гервег，Г.Жилья и работы)——289、294。

[金兹堡，波·阿·]《工人群众和地下组织》([Гинзбург，Б.А.]Рабочие массы и подполье.—«Луч»，Спб.，1913，№15(101)，19 января，стр.1)——331—334、415。

考茨基，卡·《亲爱的卢那察尔斯基同志！》[给阿·瓦·卢那察尔斯基的信](Каутский，К.Дорогой тов.Луначарский！[Письмо А.В.Луначарскому].Mülbrücken，9 августа 1911 г.[Рукопись.Русск.гект.пер.].4 стр.)——84—85。

科罗布卡，尼·《蛊惑宣传》(Коробка，Н.Демагогия.—«Запросы Жизни»，Спб.，1912，№31，3 августа，Стлб.1765—1770)——63。

科索夫斯基，弗·《不可饶恕的蛊惑宣传》(Косовский，В.Непростительная демагогия.—«Наша Заря»，Спб.，1912，№9—10，стр.117—120)——367。

科兹米内赫-拉宁，И.М.《莫斯科省工厂工作日和工作年的长度》(Козьминых-Ланин，И.М.Продолжительность рабочего дня и рабочего года на фабриках и заводах Московской губернии.Изд.Постоянной комиссии музея содействия труду при Московском отделении русского технического об-ва.М.，[тип.«Печатное Дело»]，1912.14 стр.，14 л.табл.)——30—31、32—40。

克留柯夫，费·德·《无火》(Крюков，Ф.Д.Без огня.—«Русское Богатство»，Спб.，1912，№12，стр.161—186)——419、420、421—423、424。

库斯柯娃，叶·德·《联合的意义》(Кускова，Е.Д.Цена объединения.—«Запросы Жизни»，Спб.，1912，№30，27 июля，стлб.1717—1724)——63。

库特列尔，尼·尼·《关于扩大和改进农民地产的措施的法案》(Кутлер，Н.Н.Проект закона о мерах к расширению и улучшению крестьянского землевладения.—В кн.:Аграрный вопрос.Т.II.Сб.статей Брейера,Бруна и др.М.,«Беседа»,1907,стр.629—648.(Изд.Долгорукова и Петрункевича))——53。

拉林,尤·《关于我国社会政治发展的前景问题》(Ларин,Ю.К вопросу о перспективах нашего социально-политического развития.(Ответ редакции «Возрождения»).—«Возрождение»,М.,1910,№11,7 июля,стлб.1—14)——67。

[列宁,弗·伊·]《罢工斗争和工资》([Ленин,В.И.]Стачечная борьба и заработная плата.—«Правда»,Спб.,1912,№86,9 августа,стр.1)——59。

—《半年工作总结》(Итоги полугодовой работы.—«Правда»,Спб.,1912,№78,29 июля,стр.1;№79,31 июля,стр.1;№80,1 августа,стр.1;№81,2 августа,стр.1.Подпись:Статистик)——61、71。

—《党内危机的结局》(Развязка партийного кризиса.—«Социал-Демократ»,[Париж],1911,№25,8(21)декабря,стр.5—6)——244。

—《杜马中的土地问题》(Вопрос о земле в Думе.—«Волна»,Спб.,1906,№15,12 мая,стр.1)——52。

—《对目前时局的估计》(Об оценке текущего момента.—«Пролетарий»,Женева,1908,№38,(14)1 ноября,стр.1—3)——96。

—《俄国社会民主工党的选举纲领》[传单](Избирательная платформа Российской с.-д. рабочей партии.[Листовка. Изд. Русского бюро ЦК РСДРП.Тифлис],тип.ЦК,[март 1912].4 стр.(РСДРП).Подпись:ЦК РСДРП)——5、186、191。

—《俄国社会民主工党驻社会党国际局代表列宁给该局书记处的信》([Lenin,W.I.]List tow. Lenina, przedstawiciela Socjaldemokratycznej Partii Robotniczej Rosji w Międzynarodowym Biurze Socjalistycznym,do sekretariatu tegoż Biura.—«Gazeta Robotnicza»,organ Komitetu Warszawskiego SDKPiL. Warszawa,1912,N 19,21 listopada,s.10)——313。

—《改良主义病》(Болезнь реформизма.—«Правда»,Спб.,1912,№180,29 ноября,стр.1.Подпись:В.Ильин)——341。

—《革命的高潮》(Революционный подъем.—«Социал-Демократ»,[Париж],

1912,№27,17(4)июня,стр.1)——2、3。

—《关于党的工作的性质和组织形式》[1912 年 1 月俄国社会民主工党第六次(布拉格)全国代表会议通过的决议](О характере и организационных формах партийной работы. [Резолюция, принятая на Шестой (Пражской) Всероссийской конференции РСДРП в январе 1912 г.].—В кн.: Всероссийская конференция Рос. соц.-дем. раб. партии 1912 года. Изд. ЦК. Paris, кооп. тип. «Идеал», 1912, стр. 22 — 23. (РСДРП)) ——194、278。

—《关于[第三届]国家杜马中社会民主党党团的策略的决议》[俄国社会民主工党第四次("第三次全国")代表会议通过](Резолюция о тактике с.-д. фракции в [III] Государственной думе, [принятая на Четвертой конференции РСДРП («Третьей общероссийской»)].—«Пролетарий», [Выборг], 1907, №20, 19 ноября, стр.4. На газ. место изд.: М.)——254。

—《关于第四届国家杜马的选举》[1912 年 1 月俄国社会民主工党第六次(布拉格)全国代表会议通过的决议](О выборах в IV Государственную думу. [Резолюция, принятая на Шестой (Пражской) Всероссийской конференции РСДРП в январе 1912 г.].—В кн.: Всероссийская конференция Рос. соц.-дем. раб. партии 1912 года. Изд. ЦК. Paris, кооп. тип. «Идеал», 1912, стр.18—21. (РСДРП))——367。

—《关于各民族中央机关没有代表出席全党代表会议的问题》[俄国社会民主工党第六次(布拉格)全国代表会议通过的决议](Об отсутствии делегатов от национальных центров на общепартийной конференции. [Резолюция, принятая на Шестой (Пражской) Всероссийской конференции РСДРП].—Там же, стр.15—16)——248、285。

—《关于国外的党组织》[1912 年 1 月俄国社会民主工党第六次(布拉格)全国代表会议通过的决议](О партийной организации за границей. [Резолюция, принятая на Шестой (Пражской) Всероссийской конференции РСДРП в январе 1912 г.].—Там же, стр.30—31)——17。

—《关于取消主义和取消派集团》[1912 年 1 月俄国社会民主工党第六次(布拉格)全国代表会议通过的决议](О ликвидаторстве и о группе ликвидаторов. [Резолюция, принятая на Шестой (Пражской) Всероссийской конференции РСДРП в январе 1912 г.].—Там же, стр. 28—29)——242—243、246—247、283。

—[《决议(有党的工作者参加的俄国社会民主工党中央委员会克拉科夫会议通过)》(1913 年于克拉科夫)]([Резолюции, принятые на Краковском совещании Центрального Комитета РСДРП с партийными работниками. Краков, 1913].17 стр.Гект.)——269—270。

—《立宪民主党人的胜利和工人政党的任务》(Победа кадетов и задачи рабочей партии. Спб., [«Наша Мысль», 1906]. 79 стр. Перед загл. авт.: Н. Ленин)——352。

—《论俄国社会民主工党的现状》(Zur gegenwärtigen Sachlage in der sozialdemokratischen Arbeiterpartei Rußlands. Dargestellt von der Red. des Zentralorgans(«Sozialdemokrat») der sozialdemokratischen Arbeiterpartei Rußlands. [Leipzig], Leipziger Buchdr. A. G., 1912. 16 S.)——17、88。

—《美国总统选举的结果和意义》(Итоги и значение президентских выборов в Америке.—«Правда», Спб., 1912, №164, 9 ноября, стр. 1. Подпись: В. И.)——230。

—《欧仁·鲍狄埃》(为纪念他逝世二十五周年而作)(Евгений Потье. (К 25-летию его смерти).—«Правда», Спб., 1913, №2(206), 3 января, стр. 1. Подпись: Н. Л.)——295。

—《〈前进报〉上的匿名作者和俄国社会民主工党的党内状况》(Der Anonymus aus dem «Vorwärts» und die Sachlage in der sozialdemokratischen Arbeiterpartei Rußlands. Paris, «Ideal», 1912. 12 S. (Sozialdemokratische Arbeiterpartei Rußlands))——87。

—《取消派反对群众性的革命罢工》(Ликвидаторы против революционной массовой стачки.—«Социал-Демократ», [Париж], 1912, №27, 17 (4) июня, стр. 4)——304。

—《社会革命党的孟什维克》(Эсеровские меньшевики.—«Пролетарий», [Выборг], 1906, №4, 19 сентября, стр. 3 — 6. На газ. место изд.: М.)

——200。

—《十二年来》文集(第 1 卷)(За 12 лет. Собрание статей. Т. 1. Два направления в русском марксизме и русской социал-демократии. Спб., тип. Безобразова, [1907]. XII, 471 стр. Перед загл. авт.: Вл. Ильин. На тит. л. год. изд.: 1908)——299。

—《斯托雷平土地纲领和民粹派土地纲领的比较》(Сравнение столыпинской и народнической аграрной программы.—«Невская Звезда», Спб., 1912, №15, 1 июля, стр. 1. Подпись: Р. С.)——18。

—《唯物主义和经验批判主义》(Материализм и эмпириокритицизм. Критические заметки об одной реакционной философии. М., «Звено», [май]1909. III, 440 стр. Перед загл. авт.: Вл. Ильин)——299。

—《为自由派工人政策作的拙劣辩护》(Плохая защита либеральной рабочей политики.—«Звезда», Спб., 1912, №24(60), 1 апреля, стр. 3. Подпись: Ф. Л—ко)——358、359。

—《我们同自由派论战的性质和意义》(О характере и значении нашей полемики с либералами.—«Невская Звезда», Спб., 1912, №12, 10 июня, стр. 1. Подпись: В. И.)——66。

—《小小的考证》(Маленькая справка.—«Правда», Спб., 1912, №85, 8 августа, стр. 1. Подпись: Н. Б.)——65、93、101、218。

—《选举结果》(Итоги выборов.—«Просвещение», Спб., 1913, №1, стр. 10—28. Подпись: В. Ильин)——394—395。

—《一些原则问题》(Принципиальные вопросы.—«Правда», Спб., 1912, №79, 31 июля, стр. 1)——24、51。

—《在瑞士》(В Швейцарии.—«Правда», Спб., 1912, №63, 12 июля, стр. 1. Подпись: Б. Ж.)——79。

—《执行自由派工人政策的机关报》(Орган либеральной рабочей политики. «Звезда», Спб., 1912, №11(47), 19 февраля, стр. 1. Подпись: Ф. Л—ко)——358、359。

—《自由派和教权派》(Либералы и клерикалы.—«Правда», Спб., 1912, №74, 25 июля, стр. 1. Подпись: Мирянин)——82。

列维茨基，弗·《第二城市选民团中的社会民主党》(Левицкий, В. Социал-демократия во второй городской курии.—«Наша Заря», Спб., 1912, №9—10, стр.87—101)——359—361、363—364、369。

卢森堡，罗·《盲目的热心》(Luxemburg, R. Blinder Eifer.—«Vorwärts», Berlin, 1912, Nr.215, 14.September, S.3, в отд.: Aus der Partei. Под общ. загл.: Zum Fall Radek)——84、85—86、87—88。

罗扎诺夫，瓦·瓦·《梅列日科夫斯基反对〈路标〉》(Розанов, В. В. Мережковский против «Вех». (Последнее религиозно-философское собрание).—«Новое Время», Спб., 1909, №11897, 27 апреля (10 мая), стр.3)——92。

马尔丁诺夫，亚·萨·《在布尔什维克—波兰人联盟的废墟上》(Мартынов, А. С. На развалинах большевистско-польского блока.—«Голос Социал-Демократа», [Париж], 1911, №26, декабрь, стр.13—15)——245。

马尔托夫，尔·《国际局论社会民主党的统一》(Мартов, Л. Международ. бюро об единстве с.-д.—«Луч», Спб., 1912, №37, 28 октября, стр. 2)——296、297。

—《好"创举"》(Хороший «почин».—«Листок Голоса Социал-Демократа», [Париж], 1912, №6, июль, стр.14—18. Подпись: Л.М.)——9。

—《论选举》(К выборам. Против реакции.—«Живое Дело», Спб., 1912, №2, 27 января, стр.2)——358、359。

—《同反动派作斗争吗？》(Бороться ли с реакцией? —«Живое Дело», Спб., 1912, №8, 9 марта, стр.1)——358。

—《选举札记》(Выборные заметки.—«Наша Заря», Спб., 1912, №9—10, стр.68—74)——369、370—371。

—《政论家札记》(Заметки публициста. «Ликвидаторство» и «перспективы».—«Жизнь», М., 1910, №1, 30 августа, стлб.1—12)——67。

[马尔托夫，尔·]《拯救者还是毁灭者？(谁破坏又是怎样破坏俄国社会民主工党)》([Мартов, Л]. Спасители или упразднители? (Кто и как разрушал РСДРП). Изд. «Голоса Социал-Демократа». Париж, imp. Gnatovsky, 1911. 47 стр. (РСДРП))——84。

马克拉柯夫，瓦·阿·[《给编辑部的信》]（Маклаков，В. А.[Письмо в редакцию].—«Речь»，Спб.，1912，№73（2027），15（28）марта，стр. 6. Под общ. загл.：Письма в редакцию）——100。

马克思，卡·《废除封建义务的法案》（Маркс，К. Законопроект об отмене феодальных повинностей. 30 июля 1848 г.）——111、112。

—《哥达纲领批判》（Критика Готской программы. Замечания к программе германской рабочей партии. 5 мая 1875 г.）——144。

—《给路·库格曼的信》（1871 年 4 月 12 日）（Письмо Л. Кугельману. 12 апреля 1871 г.）——130。

—《〈黑格尔法哲学批判〉导言》（К критике гегелевской философии права，Введение，Конец 1843 г.—январь 1844 г.）——320。

—《资本论》（Капитал. Критика политической экономии，т. III，ч. 1—2. 1894 г.）——166—167。

马克思，卡·和恩格斯，弗·《共产党宣言》（Маркс，К. и Энгельс，Ф. Манифест Коммунистической партии. декабрь 1847 г.—январь 1848 г.）——320。

马林诺夫斯基，罗·瓦·[《给编辑部的信》]（Малиновский，Р. В.[Письмо в редакцию].—«Правда»，Спб.，1913，№28（232），3 февраля，стр. 1—2. Под общ. загл.：Впечатления с.-д. депутатов с мест）——414。

米留可夫，帕·尼·《三个立场》（Милюков，П. Н. Три позиции.—«Речь»，Спб.，1912，№265（2219），27 сентября（10 октября），стр. 2）——146—147。

—《五年来国家杜马中的各政党》（Политические партии в Г. думе за пять лет.—В кн.：Ежегодник газеты «Речь» на 1912 год. Изд. ред. газ. «Речь». Спб.，б. г.，стр. 77—96.（Бесплатное прилож. к газете «Речь»））——351、353。

—《一个立场》（Одна позиция.—«Речь»，Спб.，1912，№268（2222），30 сентября（13 октября），стр. 3）——146—147。

—《知识界和历史传统》（Интеллигенция и историческая традиция.—В кн.：Интеллигенция в России. Сб. статей. Спб.，«Земля»，1910，стр. 89—191）——93。

[默里,罗·]《议会策略》[在梅瑟召开的第二十届年会上提出的决议案]([Murray,R.]Parliamentary policy.[The resolution having moved at the 20-th annual conference held at Merthyr].—In: Report of the 20-th annual conference held at Merthyr,27-th and 28-th May 1912.London, June 1912,p.78.(Independent Labour Party))——137—138。

穆拉诺夫,马·康·[《给编辑部的信》](Муранов,М.К.[Письмо в редакцию].—«Правда»,Спб.,1913,№23(227),29 января,стр.2.Под общ.загл.:Впечатления депутатов с.-д.фракции с мест)——414。

尼科林,尼·《略谈吃掉立宪民主党人》(Николин,Н.Несколько слов о кадетоедстве.—«Невский Голос»,Спб.,1912,№9,31 августа,стр.1)——108—110、111、112—115。

涅克拉索夫,尼·阿·《给寄给我〈不可能〉一诗的一位不认识的朋友》(Некрасов,Н.А.Неизвестному другу,приславшему мне стихотворение «Не может быть»)——92—93。

—《谁在俄罗斯能过好日子》(Кому на Руси жить хорошо)——91。

涅兹纳莫夫——见普罗托波波夫,维·维·。

普利什凯维奇,弗·米·《哭吧,堕落的俄国》(Пуришкевич,В.М.Плачь, погибшая Россия.—«Земщина»,Спб.,1912,№1142,28 октября,стр.2)——180。

普列汉诺夫,格·瓦·《关于召开俄国社会民主工党代表会议问题》(Плеханов,Г.В.К вопросу о созвании конференции РСДРП.—«Дневник Социал-Демократа»,[Женева],1912,№16,апрель,стр.1—11)——62、194—195、196、197、201。

—《永志不忘!》(Вечная память!—«Дневник Социал-Демократа»,Genève, 1911,№15,октябрь.Второе приложение к №15 «Дневника Социал-Демократа»,стр.1.Подпись:Г.П.)——87。

—《又一个分裂的代表会议》(Еще одна раскольничья конференция.—«За Партию»,[Париж],1912,№3,15(2) октября,стр.1—3)——248、259、367。

[普罗托波波夫,维·维·]《当前的回声》([Протопопов,В.В.]Эхо дня.—

«Новое Время», Спб., 1912, №13178, 17(30) ноября, стр. 13. Подпись: Незнамов)——238。

[乔伊特,弗·威·]《议会策略》[在梅瑟召开的第二十届年会上提出的决议案]([Jowett, F. W.] Parliamentary policy. [The resolution having moved at the 20-th annual conference held at Merthyr]. —In: Report of the 20-th annual conference held at Merthyr, 27-th and 28-th May 1912. London, June 1912, p. 77. (Independent Labour Party))——136—140。

切列万宁,涅·《选举斗争的结果》(Череванин, Н. Итоги выборной борьбы.—«Наша Заря», Спб., 1912, №9—10, стр. 75—87)——357、365、366、369。

萨尔蒂科夫-谢德林,米·叶·《自由主义者》(Салтыков-Щедрин, М. Е. Либерал)——93。

萨莫伊洛夫,费·尼·[《给编辑部的信》](Самойлов, Ф. Н. [Письмо в редакцию].—«Правда», Спб., 1913, №24(228), 30 января, стр. 2. Под общ. загл.: Впечатления с.-д. депутатов с мест)——414。

萨温——见希马诺夫斯基,А.Б.

萨文柯夫,波·维·《未曾有过的东西》(Савинков, Б. В. То, чего не было. (Три брата).—«Заветы», Спб., 1912, №1, апрель, стр. 64—82; №2, май, стр. 33—55; №3, июнь, стр. 31—46; №4, июль, стр. 5—43; №5, август, стр. 5—20; №6, сентябрь, стр. 5—41; №7, октябрь, стр. 5—47; №8, ноябрь, стр. 5—40; 1913, №1, январь, стр. 83—112. Подпись: В. Ропшин)——328。

—《一匹瘦弱的马》(Конь бледный. Спб., «Шиповник», 1909. 147 стр. Перед загл. авт.: В. Ропшин)——328。

沙果夫,尼·罗·[《给编辑部的信》](Шагов, Н. Р. [Письмо в редакцию].—«Правда», Спб., 1913, №22(226), 27 января, стр. 2. Под общ. загл.: Впечатления депутатов с.-д. фракции с мест)——414。

舍彼捷夫,А.《在巴黎的俄国人》(法国来信)(Щепетев, А. Русские в Париже. Письмо из Франции.—«Русская Мысль», М., 1912, кн. VIII, стр. 138—154)——90—102、103—104。

司徒卢威,彼·伯·《亚·伊·古契柯夫和德·尼·希波夫》(Струве, П. Б. А.

№5,стр.11—27.Подпись:Н.Троцкий)——189—190。

瓦尔扎尔,瓦·叶·《1909年初以前的帝国加工工业》(Варзар,В.Е. Обрабатывающая фабрично-заводская промышленность империи к началу 1909 года.—«Вестник Финансов,Промышленности и Торговли»,Спб.,1911,№50,11(24)декабря,стр.484—486)——26—27。

沃多沃佐夫,瓦·瓦·《劳动团和工人政党》(Водовозов,В.В.Трудовая группа и рабочая партия.—«Запросы Жизни»,Спб.,1912,№17,27 апреля,стлб. 993—998)——24、366。

[沃尔斯基,斯·]《彼得堡来信》([Вольский,С.]Письмо из Петербурга.—«Правда»,[Вена],1912,№25,23 апреля(6 мая),стр.3—4.Подпись:С. В.)——8。

[希马诺夫斯基,А.Б.]《社会革命党人怎样对待第四届国家杜马的选举》[给编辑部的信](Шимановский,А.Б.]Как относятся с.-р.к выборам в 4-ю Г. думу.[Письмо в редакцию].—«Наша Заря»,Спб.,1912,№6,стр.73—79.Подпись:А.Савин)——9。

[亚格洛,叶·约·][《亚格洛代表的公开信》]([Ягелло,Е.И.Открытое письмо депутата Ягелло].—«Луч»,Спб.,1912,№40,2 ноября,стр.2.Под общ.загл.:Первый рабочий депутат из Польши в Г.думе)——259。

[伊苏夫,约·安·]《工人选民团的选举结果》([Исув,И.А.]Итоги выборов по рабочей курии.—«Наша Заря»,Спб.,1912,№9—10,стр.102—117. Подпись:М.Оскаров)——369。

伊兹哥耶夫,亚·索·《彼·阿·斯托雷平》(Изгоев,А.С.П.А.Столыпин. Очерк жизии и деятельности.М.,Некрасов,1912.133 стр.)——95。

М.《大学生的情绪》(М.Студенческие настроения.—«Запросы Жизни»,Спб.,1912,№47,23 ноября,стлб.2685—2690.Подпись:Студ.М.)——227—229。

*　　*　　*

《白里安内阁》(Кабинет Бриана.—«Речь»,Спб.,1913,№11(2323),12(25)

октября, стр. 3. Под общ. загл.: В городской думе)——164—165。

《编辑部的话》(载于 1912 年 9 月 16 日《光线报》第 1 号)(От редакции.—«Луч», Спб., 1912, №1, 16 сентября, стр. 1)——284、313。

《编辑部的话》(载于 1912 年 12 月 9 日(22 日)《俄国评论报》第 1 号)(От редакции.—«Русская Молва», 1912, №1, 9(22) декабря, стр. 2—3)——264—265。

[《编辑部对 А.Б.希马诺夫斯基〈社会革命党人怎样对待第四届国家杜马的选举(给编辑部的信)〉一文加的按语》]([Примечание от редакции к статье А.Б. Шимановского «Как относятся с.-р. к выборам в 4-ю Г. думу. (Письмо в редакцию)»].—«Наша Заря», Спб., 1912, №6, стр. 73)——9。

《波兰王国和立陶宛社会民主党第六次代表大会报告》(Sprawozdanie z VI zjazdu Socjaldemokracji Królestwa Polskiego i Litwy. Kraków, 1910. 2, XXII, 180 s.)——309。

[《波兰王国和立陶宛社会民主党区际组织代表会议的决定》(1911 年 12 月 10 日)]([Uchwały konferencji międzydzielnicowej organizacji warszawskiej SDKPiL. 10 grudnia 1911 r.].—В листовке: Do organizacji warszawskiej SDKPiL. Styczeń 1912. Б. м., [1912], s. 4. Под общ. загл.: Warszawska konferencja międzydzielnicowa)——310。

《波兰王国和立陶宛社会民主党在俄国社会民主工党中的立场》[1912 年 8 月波兰王国和立陶宛社会民主党地方代表会议通过的决定](Stanowisko SDKPiL w SDPRR. [Uchwała, przyjęta na konferencji krajowej SDKPiL w sierpniu 1912 r.].—In: Zawiadomienie o konferencji krajowej Socjaldemokracji Królestwa Polskiego i Litwy, odbytej w sierpniu 1912 roku. Б. м., [1912], s. 24—26. (SDPRR. SDKPiL))——241—245、247—248。

《不来梅市民报》(«Bremer Bürger-Zeitung», 1912, Nr. 256, 31. Oktober. 2. Beilage, S. 1)——296。

《财政与工商业通报》杂志(圣彼得堡)(«Вестник Финансов, Промышленности и Торговли», Спб., 1911, №50, 11(24) декабря, стр. 484—486)——

съезд Росс. соц.-дем. рабочей партии. Полный текст протоколов. Изд. ЦК. Genève, тип. партии, [1904]. 397, II стр. (РСДРП))——188、191、280、284、285。

《[俄国社会民主工党第三次代表大会通过的]主要决议》(Главнейшие резолюции, [принятые на Третьем съезде Российской соц.-дем. рабочей партии].—В кн.: Третий очередной съезд Росс. соц.-дем. рабочей партии. Полный текст протоколов. Изд. ЦК. Genève, тип. партии, 1905, стр. XVI—XXVII. (РСДРП))——299。

《俄国社会民主工党第五次代表会议(1908 年全国代表会议)通过的决议》(Резолюции, [принятые на Пятой конференции РСДРП (Общероссийской 1908 г.)].—В кн.: Извещение Центрального Комитета Российской с.-д. рабочей партии о состоявшейся очередной общепартийной конференции. [Изд. ЦК РСДРП. Paris, 1909], стр. 4—7. (РСДРП))——96、267、371。

《俄国社会民主工党纲领(党的第二次代表大会通过)》(Программа Российской соц.-дем. рабочей партии, принятая на Втором съезде партии.—В кн.: Второй очередной съезд Росс. соц.-дем. рабочей партии. Полный текст протоколов. Изд. ЦК. Genève, тип. партии, [1904], стр. 1—6. (РСДРП))——188、191、280、284、285。

《俄国社会民主工党各组织代表会议》(Die Konferenz der Organisationen der Sozialdemokratischen Arbeiterpartei Rußlands.—«Leipziger Volkszeitung», 1912, Nr. 226, 28. September. 3. Beilage zu Nr. 226 «Leipziger Volkszeitung», S. 1)——122、123、124。

《俄国思想》杂志(莫斯科—彼得堡)(«Русская Мысль», М.—Пб.)——90、98、99、101、103、104。

—1912, кн. VIII, стр. 138—154.——90—102、103—104。

—1912, кн. XI, стр. 182—184, 185—192.——265、421。

—1913, кн. I, стр. 68—84; кн. II, стр. 32—50.——383—384、416—417。

《俄罗斯通报》杂志(莫斯科—圣彼得堡)(«Русский Вестник», М.—Спб.)——96。

《俄罗斯新闻》(莫斯科)(«Русские Ведомости», М.)——18、197。

《俄罗斯言论报》(莫斯科)(«Русское Слово»,М.)——150—151、159。

《法官之间》(Richter unter sich.—«Leipziger Volkszeitung»,1912,Nr.204,3. September.1.Beilage zu Nr.204,S.1.Под общ.загл.:Politische Übersicht)——77—78。

《法兰西共和国新总统》(Новый президент французской республики.—«Новое Время»,Спб.,1913,№13225,5(18)января,стр.4)——315。

《复兴》杂志(莫斯科)(«Возрождение»,М.,1910,№11,7 июля,стлб.1—14)——67。

《告彼得堡市的工人们》[传单](К рабочим г.Петербурга.[Листовка].Спб.,[13 ноября 1912].1 стр.Подпись:Спб.центральная с.-д.группа профессион. работников,группа с.-д.,группа революционных с.-д.)——305。

《告全体同志》[传单](Do ogółu towarzyszów.Październik 1912.[Листовка].Б. м.,1912.4 s.(SDPRR.SDKPiL).Подпись.:Zarząd Główny SDKPiL)——310—311。

《各地来信》(Письма с мест.Демонстрация в Риге.—Москва.Стачки и демонстрации.—Рига.—Рига. Демонстрация протеста.—«Социал-Демократ»,[Париж],1913,№30,12(25)января,стр.7—8)——303。

《给编辑部的信》(载于 1912 年 8 月 31 日《涅瓦呼声报》第 9 号)(Письмо в редакцию.Как все это произошло.—«Невский Голос»,Спб.,1912,№9,31 августа,стр.3)——195。

《给编辑部的信》(载于 1912 年 9 月 18 日《真理报》第 120 号)(Письмо в редакцию.—«Правда», Спб., 1912, №120, 18 сентября, стр. 1 — 2. Подпись:Постоянный читатель с Пороховых)——120。

《给各党组织的信》[第一封信][传单](Письмо к партийным организациям. [Письмо 1-е.Листовка].Б.м.,[ноябрь 1904].4 стр.(Только для членов партии))——298。

《给执政参议院的命令[关于农民退出村社和把份地确定为私人财产]》(1906 年 11 月 9 日(22 日))(Указ правительствующему Сенату[о выходе крестьян из общин и закреплении в собственность надельных участков.9 (22) ноября 1906 г.].—«Правительственный Вестник», Спб., 1906,

№252,12(25)ноября,стр.1)——345。

《给执政参议院的命令[关于修改与补充国家杜马的选举条例]》[1905 年 12 月 11 日(24 日)](Указ правительствующему Сенату[об изменениях и дополнениях в положении о выборах в Государственную думу. 11(24) декабря 1905 г.].—«Правительственный Вестник»,Спб.,1905,№268,13 (26)декабря,стр.1)——344。

《工兵营的骚乱》(Беспорядки в саперном лагере.—«Туркестанские Ведомости», [Ташкент],1912,№148(4309),4(17)июля,стр.2)——2。

《工人报》(华沙—苏黎世)(«Gazeta Robotnicza»,Warszawa—Zürich)——87。

《工人报》(华沙委员会机关报)(«Gazeta Robotnicza», organ Komitetu Warszawskiego SDKPiL.Warszawa,1912,N 17—18,24 wrzesnia,s.18—19)——48、311—312。

—1912,N 19,21 listopada,s.10.——313。

《工人报》(华沙委员会机关报,经党的总执行委员会批准)(«Gazeta Robotnicza», organ Komitetu Warszawskiego SDKPiL, zatwierdzony przez Zarząd Główny partii. Warszawa,1912,N 16,14 lipca,s.8—9,10)——47—48、310—311、312、313。

—1912,N 16. Dodatek do N 16«Gazety Robotniczej», 22 lipca, s. 1—4.——311。

—1912,N 17.Dodatek do N 17«Gazety Robotniczej»,25 sierpnia,s.2.——310—311。

《工人初选人代表大会》(Съезд уполномоченных от рабочих.—«Правда», Спб.,1912,№136,6 октября,стр.2)——157。

《工人的呼声》(Голоса рабочих.—«Невский Голос», Спб., 1912, №7, 17 августа,стр.4)——61。

[《工人团体为工人日报捐款的账目》]([Отчеты о сборах рабочих групп на ежедневную рабочую газету].—«Живое Дело»,Спб.,1912,№8,9 марта, стр.4;№9,16 марта,стр.4;№11,30 марта,стр.4;№13,13 апреля,стр.4; №15,25 апреля,стр.4;№16,28 апреля,стр.4)——8。

《关于党的建设的组织形式》[1912 年取消派八月代表会议通过的决议](Об

организационных формах партийного строительства. [Резолюция, принятая на августовской конференции ликвидаторов 1912 г.].—В кн.: Извещение о конференции организаций РСДРП. Изд. ОК. [Wien], сентябрь 1912, стр.28—29.(РСДРП))——195—204。

《关于对非无产阶级政党的态度的决议[俄国社会民主工党第五次(伦敦)代表大会通过]》(Резолюция об отношении к непролетарским партиям, [принятая на V(Лондонском) съезде РСДРП].—В кн.: Лондонский съезд Российской соц.-демокр. раб. партии (состоявшийся в 1907 г.). Полный текст протоколов. Изд. ЦК. Paris, 1909, стр. 454 — 455. (РСДРП))——178、364。

《关于俄国社会民主工党各组织代表会议的通知》(Извещение о конференции организаций РСДРП. Изд. ОК. [Wien], сентябрь 1912. 55 стр. (РСДРП))——123。

《关于各个工作报告的决议》[俄国社会民主工党第五次代表会议(1908年全国代表会议)通过](Резолюция по отчетам, [принятая на Пятой конференции РСДРП (Общероссийской 1908 г.)].—В кн.: Извещение Центрального Комитета Российской с.-д. рабочей. партии о состоявшейся очередной общепартийной конференции. [Изд. ЦК РСДРП. Paris, 1909], стр.4. (РСДРП))——194、196、283。

《关于工厂工业企业中工作时间的长短及其分配》(О продолжительности и распределении рабочего времени в заведениях фабрично-заводской промышленности. [2 июня 1897 г.].—«Собрание узаконений и распоряжений правительства, издаваемое при правительствующем Сенате», Спб., 1897, №62, 13 июня, ст.778, стр.2135—2139)——31、37。

《关于国家收支表审查程序和未列入收支表的支出项目如何从国库中开支的规定》(Правила о порядке рассмотрения государственной росписи доходов и расходов, а равно о производстве из казны расходов, росписью не предусмотренных. [8(21) марта 1906 г.].—«Собрание узаконений и распоряжений правительства, издаваемое при правительствующем Сенате», Спб., 1906, №51, 10 марта, ст.335, стр.735—737)——381。

《关于国务会议和国家杜马的关系问题》(同国务会议成员 П.П.科贝林斯基的谈话)(Об отношениях Г.совета и Г.думы.(Беседа с членом Г.совета П.П. Кобылинским).—«Новое Время», Спб., 1913, №13254, 3(16) февраля, стр. 2, в отд.: Вечерняя хроника. Подпись: С. М.)——393、412—413。

《关于民族文化自治问题》[1912 年取消派八月代表会议通过的决议](По вопросу о культурно-национальной автономии.[Резолюция, принятая на августовской конференции ликвидаторов 1912 г.].—В кн.: Извещение о конференции организаций РСДРП. Изд. ОК.[Wien], сентябрь 1912, стр. 42.(РСДРП))——248。

《关于目前形势和党的任务》[俄国社会民主工党第五次代表会议(1908 年全国代表会议)通过的决议](О современном моменте и задачах партии.[Резолюция, принятая на Пятой конференции РСДРП(Общероссийской 1908 г.)].—В кн.: Извещение Центрального Комитета Российской с.-д. рабочей партии о состоявшейся очередной общепартийной конференции.[Изд. ЦК РСДРП. Paris, 1909], стр. 4—5.(РСДРП))——22、144。

《关于社会民主党杜马党团》[俄国社会民主工党第五次代表会议(1908 年全国代表会议)通过的决议](О думской с.-д. фракции.[Резолюция, принятая на Пятой конференции РСДРП(Общероссийской 1908 г.)].—В кн.: Извещение Центрального Комитета Российской с.-д. рабочей партии о состоявшейся очередной общепартийной конференции.[Изд. ЦК РСДРП. Paris, 1909], стр. 5—6.(РСДРП))——254—255。

《关于同波兰社会党"左派"的统一问题》[俄国社会民主工党第五次代表会议(1908 年全国代表会议)通过的决议](Об объединении с«левицей» ППС.[Резолюция, принятая на Пятой конференции РСДРП(Общероссийской 1908 г.)].—Там же, стр. 6)——259。

《关于修改和补充农民土地占有制的某些决定的法令》(Закон об изменении и дополнении некоторых постановлений о крестьянском землевладении.[9 ноября 1906 г.— 14 июня 1910 г.].—«Собрание узаконений и распоряжений правительства, издаваемое при правительствующем

(Manifest der Internationale zur gegenwärtigen Lage,[angenommen auf dem Außerordentlichen Internationalen Sozialistenkongreß zu Basel].—In:Außerordentlicher Internationaler Sozialistenkongreß zu Basel.Berlin, Buchh.«Vorwärts»,1912,S.23—27)——214、220。

《国际局会议》(Sitzung des Internationalen Bureaus.—«Bremer Bürger-Zeitung»,1912,Nr.256,31.Oktober.2.Beilage zu Nr.256,S.1)——296。

《国家杜马参考手册(第四届第1次常会)》(Справочный листок Государственной думы.(Четвертый созыв.—Первая сессия).[Спб.],1912,№14,2(15) декабря.14 стр.)——345、348—349、350—352。

《[国家杜马的]速记记录》(1906年第1次常会。第1—2卷)(Стенографические отчеты[Государственной думы].1906 г.Сессия первая.Т.I—II.Спб.,гос.тип.,1906.2т.(Государственная дума))

—第1卷(Т.I.Заседания 1—18(с 27 апреля по 30 мая).XXII,866 стр.)——418。

—第2卷(Т.II.Заседания 19—38(с 1 июня по 4 июля).стр.867—2013)——418。

《[国家杜马的]速记记录》(1907年第2次常会。第1—2卷)(Стенографические отчеты[Государственной думы].1907 год.Сессия вторая.Т.I—II.Спб.,гос.тип.,1907.2т.(Государственная дума.Второй созыв))

—第1卷(Т.I.Заседания 1—30(с 20 февраля по 30 апреля).VIII стр.,2344 стлб.)——381、418。

—第2卷(Т.II.Заседания 31—53(с 1 мая по 2 июня).VIII стр.,1610 стлб.)——418。

《[国家杜马的]速记记录》(1907—1908年第1次常会。第1—2册)(Стенографические отчеты[Государственной думы].1907—1908 гг.Сессия первая.Ч.I—II.Спб.,гос.тип.,1908.2т.(Государственная дума.Третий созыв))

—第1册(Ч.I.Заседания 1—30(с 1 ноября 1907 г.по 19 февраля 1908 г.).XIV стр.,2141 стлб.)——214、254、381。

—第2册(Ч.II.Заседания 31—60(с 21 февраля по 6 мая 1908 г.).XV стр.,2962 стлб.)——374、396。

《[国家杜马的]速记记录》(1912—1913 年第 1 次常会。第 1 册)(Стенографические отчеты[Государственной думы].1912—1913 гг.Сессия первая. Ч.I.Заседания 1—30(с 15 ноября 1912 г.по 20 марта 1913 г.).Спб.,гос. тип., 1913. XXI стр., 2438 стлб.(Государственная дума. Четвертый созыв))——261、262、279、280、281、344、346、350、351、352、366、396、397—398、399、401、402、406—411、425—426。

《[国家杜马]第 11 次会议[1912 年 12 月 13 日(26 日)]》(Заседания 11 [Государственной думы. 13(26)декабря 1912 г.].—«Речь»,Спб.,1912, №343(2297), 14(27)декабря, стр. 4 — 6. Под общ. загл.: В Государственной думе.Подпись:Л.Неманов)——353。

《[国家杜马]第 14 次会议[1912 年 12 月 15 日(28 日)]》(Заседание 14 [Государственной думы. 15(28)декабря 1912 г.].—«Речь»,Спб.,1912, №345(2299),16(29)декабря,стр. 5 — 6. Под общ. загл.: В Гос. думе. Подпись:Я.Л.)——366。

《[国家杜马]速记记录索引》(Указатель к стенографическим отчетам [Государственной думы].(Ч.I—III). Третий созыв.Сессия I.1907—1908 гг.Заседания 1—98(1 ноября 1907 г.—28 июня 1908 г.).Спб.,гос.тип., 1908.III,672 стр.)——345—346、348—349、350—352。

《国家杜马选举条例》[1905 年 8 月 6 日(19 日)](Положение о выборах в Государственную думу.[6(19)августа 1905 г.].—«Правительственный Вестник»,Спб.,1905,№169,6(19)августа,стр.2—4)——344。

《国家杜马选举条例》[1907 年 6 月 3 日(16 日)](Положение о выборах в Государственную думу.[3(16)июня 1907 г.].—«Собрание узаконений и распоряжений правительства, издаваемое при правительствующем Сенате»,Спб.,1907,отд.I,№94,3 июня,ст.845,стр.1303—1380)——143、222、344。

《国家杜马选举条例》[1907 年 6 月 3 日批准](Положение о выборах в Государственную думу,[утвержденное 3 июня 1907 г.].С разъяснениями правительствующего сената и министерства внутренних дел... Спб., сенатская тип.,1907.188 стр.;2 схемы.(Изд. м-ва внутр. дел))——

174—175。

《[国家杜马]1912年参考手册》(Справочник 1912 г.[Государственной думы]. Вып.5. Составлен приставской частью Государственной думы. Спб., гос. тип., 1912.192 стр.(Государственная дума. IV созыв. I сессия))——345、348—349、350—352。

《合租的住房》(Угловые квартиры.—«Новое Время», Спб., 1913, №13236, 16(29) января, стр.5, в отд.: Хроника)——387。

《护党报》[巴黎](«За Партию», [Париж], 1912, №3, 15(2) октября, стр.1—3)——248、259、367。

《回声报》(圣彼得堡)(«Эхо», Спб.)——299。

《火星报》(旧的、列宁的)[莱比锡—慕尼黑—伦敦—日内瓦)(«Искра»(старая, ленинская), [Лейпциг—Мюнхен—Лондон—Женева])——298。

《火星报》(新的、孟什维克的)[日内瓦](«Искра»(новая, меньшевистская), [Женева])——298。

《寄给社会党国际局的通报》(Komunikat, wysłany do Międzynarodowego Biura Socjalistycznego.—«Gazeta Robotnicza», organ Komitetu Warszawskiego SDKPiL, zatwierdzony przez Zarząd Główny partii. Warszawa, 1912, N 16, 14 lipca, s. 10. Подпись: Zarząd Główny Socjaldemokracji Królestwa Polskiego i Litwy)——47—48、311、313。

《今后怎样?》(载于1912年11月17日《光线报》第53号)(Что же дальше? —«Луч», Спб., 1912, №53.17 ноября, стр.1)——304、385—386。

《今后怎样?》(载于1913年2月6日《莫斯科呼声报》第30号)(Что же дальше? —«Голос Москвы», 1913, №30, 6(19) февраля, стр. 1)——401—402、404、405。

《经国务会议和国家杜马批准的工人不幸事故保险法》(Одобренный Государственным советом и Государственной думой закон о страховании рабочих от несчастных случаев.—«Правительственный Вестник», Спб., 1912, №176, 9(22) августа, стр.3—5)——281—282。

《经国务会议和国家杜马批准的工人伤病事故保障法》(Одобренный

Государственным советом и Государственной думой закон об обеспечении рабочих на случай болезни.—«Правительственный Вестник»,Спб.,1912, №176,9(22)августа,стр.2—3)——281—282。

《警告》(载于 1912 年 11 月 13 日《光线报》第 49 号)(Предостережение.—«Луч»,Спб.,1912,№49,13 ноября,стр.3)——225。

《警告》(载于 1912 年 11 月 14 日《光线报》第 50 号)(Предостережение.—«Луч»,Спб.,1912,№50,14 ноября,стр.2)——225。

《开端》(Сначала.—«Знамя Труда».[Париж],1908,№13,ноябрь,стр.1—3)——348。

《莱比锡人民报》(«Leipziger Volkszeitung»,1912,Nr.204,3.September.1. Beilage zu Nr.204,S.1)——77—78。

—1912, Nr. 226, 28. September. 3. Beilage zu Nr. 226 «Leipziger Volkszeitung»,S.1.——122、123、124。

《浪潮报》(圣彼得堡)(«Волна»,Спб.)——299。

—1906,№15,12 мая,стр.1.——52。

《劳动旗帜报》[巴黎](«Знамя Труда»,[Париж],1908,№13,ноябрь,стр.1—3)——348。

《立宪民主党会议》(Совещание к.-д.—«Речь»,Спб.,1913,№34(2346),4(17) февраля,стр.2)——391—392、394—401、402—403。

《65 人案件》(Дело шестидесяти пяти.—«Голос Москвы»,1912,№153,4(17) июля,стр.2)——1。

《路标(关于俄国知识分子的论文集)》(Вехи.Сборник статей о русской интеллигенции.М.,[тип.Саблина,март]1909.II,209 стр.)——24、25、65、90、92、93、101、102、104、352。

《每日纪事报》(伦敦)(«Daily Chronicle»,London,1912)——172—173。

《每日先驱报》(伦敦)(«The Daily Herald»,London)——390。

《美国劳工联合》杂志(华盛顿)(«American Federationist»,Washington)——250。

《面临新的革命的自由派和民主派》(Либерализм и демократия перед лицом новой революции.—«Социал-Демократ»,[Париж],1912,№27,17(4) июня,стр.3—4)——185。

《明星报》(圣彼得堡)(«Звезда»,Спб.)——123、157、300、358、359、370。

—1912,№№1(37)—33(69),6 января—22 апреля.——88。

—1912,№11(47),19 февраля,стр.1.——358、359。

—1912,№24(60),1 апреля,стр.3.——358、359。

《莫斯科呼声报》(«Голос Москвы»)——108、150。

—1912,№51,2(15)марта,стр.2.——218。

—1912,№153,4(17)июля,стр.2.——1。

—1912,№197,26 августа(8 сентября),стр.2.——95。

—1913,№30,6(19)февраля,стр.1.——401—403、404、405。

《恼怒》(Кровь откликнулась.—«Земщина»,Спб.,1912,№1142,28 октября,стр.2)——180—181。

《涅瓦呼声报》(圣彼得堡)(«Невский Голос»,Спб.)——2、62、123、305。

—1912,№№1—5,20 мая—28 июня.——88。

—1912,№№6—9,5 июля—31 августа.——88。

—1912,№1,20 мая,стр.2.——304。

—1912,№7,17 августа,стр.3,4.——8、61、62。

—1912,№8,24 августа,стр.1.——114。

—1912,№9,31 августа,стр.1,3.——108—110、111、112—115、195。

《涅瓦明星报》(圣彼得堡)(«Невская Звезда»,Спб.)——61、63、69、108。

—1912,№№1—14,26 февраля—24 июня.——88。

—1912,№№15—23,1 июля—26 августа.——88。

—1912,№12,10 июня,стр.1.——66。

—1912,№15,1 июля,стр.1.——18。

《〈涅瓦明星报〉找到了新的撰稿人……》(«Невская Звезда» обзавелась новым сотрудником...—«Невский Голос»,Спб.,1912,№7,17 августа,стр.3)——61。

《农民出身的工人。退出村社》——见《退出村社》。

《评〈真理报〉》(«Правда».—«Невский Голос»,Спб.,1912,№7,17 августа,стр.3)——61。

《启蒙》杂志(圣彼得堡)(«Просвещение»,Спб.)——287、300。

—1913,№1,стр.10—28.——395。

《前进报》(柏林)(«Vorwärts»,Berlin,1912,Nr.215,14.September,S.3)——84、85—86、87—89。

—1912,Nr.256,1.November.1.Beilage des«Vorwärts»,S.1—2.——296。

—1913,Nr.28,2.Februar.2.Beilage des«Vorwärts»,S.2;Nr.29,4.Februar.1.Beilage des«Vorwärts»,S.3.——389—390。

《前进报》(日内瓦)(«Вперед»,Женева)——299。

《[全俄党的工作者第一次]代表会议通过的决议》(Резолюции, принятые [первой общерусской] конференцией [партийных работников].—В кн.: Первая общерусская конференция партийных работников. Отдельное приложение к №100 «Искры». Женева, тип. партии, 1905, стр. 15 — 28. (РСДРП))——299。

《人民自由党代表会议》(Конференция партии народной свободы.—«Речь», Спб.,1912,№133 (2087),18(31)мая,стр.4)——353。

塞瓦斯托波尔,6 月 27 日。(Севастополь, 27 июня.—«Речь», Спб., 1912, №174(2128),28 июня(11 июля),стр.2.Под общ.загл.:Судебные вести)——1。

塞瓦斯托波尔,7 月 4 日。(Севастополь, 4 июля.—«Речь»,Спб.,1912,№181 (2135),5(18)июля,стр.4.Под общ.загл.:Судебные вести)——1。

《社会党国际局会议》(Sitzung des Internationalen Sozialistischen Bureaus.—«Vorwärts», Berlin, 1912, Nr. 256, 1. November. 1. Beilage des «Vorwärts»,S.1—2)——296。

《社会民主党党团[关于亚格洛问题]的决议》(Резолюция с.-д. фракции[по вопросу о Ягелло].—«Правда»,Спб.,1912,№182,1 декабря,стр.2)——257—260、280。

《社会民主党党团声明》(载于 1912 年 11 月 15 日《光线报》第 51 号)(Заявление с.-д. фракции.—«Луч», Спб., 1912, №51, 15 ноября, стр. 3)——225、226、304。

[《社会民主党党团声明》](载于 1912 年 11 月 15 日《真理报》第 169 号)

([Заявление с.-д. фракции].—«Правда», Спб., 1912, №169, 15 ноября, стр.2)——225、226、304。
《社会民主党人报》(巴黎—日内瓦)(«Социал-Демократ», Париж—Женева)——84、85、86。
—[Париж], 1910, №11, 26(13) февраля, стр.10.——84、87。
《社会民主党人报》([维尔诺—圣彼得堡]—巴黎—日内瓦)(«Социал-Демократ», [Вильно—Спб.]—Париж—Женева)——299、426。
—[Париж], 1910, №11, 26(13) февраля, стр.10—11.——194。
—1911, №25, 8(21) декабря, стр.5—6.——245。
—1912, №27, 17(4) июня, стр.1, 3—4.——2、3、12、182、185、304。
—1913, №30, 12(25) января, стр.7—8.——303。
《社会民主党人代表会议》(Конференция социал-демократов.—«Голос Москвы», 1912, №51, 2(15) марта, стр.2. Подпись: М.)——218。
《社会民主党人呼声报》[日内瓦—巴黎](«Голос Социал-Демократа», [Женева—Париж])——7。
—[Париж], 1911, №26, декабрь, стр.13—15.——245。
《〈社会民主党人呼声报〉小报》[巴黎](«Листок Голоса Социал-Демократа», [Париж], 1912, №6, июль, стр.14—18)——9。
《社会民主党人日志》[日内瓦](«Дневник Социал-Демократа» [Женева], 1911, №15, октябрь. Второе приложение к №15 «Дневника Социал-Демократа», стр.1)——87。
—1912, №16, апрель, стр.1—11.——62、194—195、196、197、201。
《生活事业》杂志(圣彼得堡)(«Дело Жизни», Спб.)——203、283。
《生活需要》杂志(圣彼得堡)(«Запросы Жизни», Спб.)——108。
—1912, №17, 27 апреля, стлб.993—998.——24、365—366。
—1912, №26, 29 июня, стлб.1535—1536.——63。
—1912, №27, 6 июля, стлб.1585—1586.——63。
—1912, №29, 20 июля, стлб.1678—1680.——69。
—1912, №30, 27 июля, стлб.1717—1724.——63。
—1912, №31, 3 августа, стлб.1765—1770.——63。

—1912,№47,23 ноября,стлб.2685—2690.——227—229。

《生活》杂志(莫斯科)(«Жизнь»,М.,1910,№1,30 августа,стлб.1—12)——67。

《声明》(Oświadczenie.—«Gazeta Robotnicza»,organ Komitetu Warszawskiego SDKPiL.Warszawa,1912,№17—18,24 września,s.18)——311—312。

圣彼得堡,1911年1月20日。[社论](С.-Петербург,20 января.[Передовая].—«Речь»,Спб.,1911,№20(1616),21 января(3 февраля),стр.1—2)——353。

圣彼得堡,1912年3月21日。[社论](С.-Петербург,21 марта.[Передовая].—«Речь»,Спб.,1912,№79(2033),21 марта(3 апреля),стр.1)——353。

圣彼得堡,1912年7月25日。[社论](С.-Петербург,25 июля.[Передовая].—«Речь»,Спб.,1912,№201(2155),25 июля(7 августа),стр.1)——14—15。

圣彼得堡,1912年8月14日。[社论](С.-Петербург,14 августа.[Передовая].—«Россия»,Спб.,1912,№2072,15(28)августа,стр.1)——59—60。

圣彼得堡,1912年9月5日。(С.-Петербург,5 сентября.Сила денег.—«Новое Время»,Спб.,1912,№13106,6(19)сентября,стр.2)——118。

圣彼得堡,1912年9月15日。[社论](С.-Петербург,15 сентября.[Передовая].—«Речь»,Спб.,1912,№253(2207),15(28)сентября,стр.2)——116—117。

圣彼得堡,1912年9月26日。(С.-Петербург,26 сентября.Очередные задачи дипломатии.—«Новое Время»,Спб.,1912,№13127,27 сентября(10 октября),стр.3)——127—128。

圣彼得堡,1912年10月7日。[社论](С.-Петербург,7 октября.[Передовая].—«Речь»,Спб.,1912,№275(2229),7(20)октября,стр.2)——155。

圣彼得堡,1912年10月10日。[社论](С.-Петербург,10 октября.[Передовая].—«Речь»,Спб.,1912,№278(2232),10(23)октября,стр.1—2)——159—160。

圣彼得堡,1912年11月16日。[社论](С.-Петербург,16 ноября.[Передовая].—«Речь»,Спб.,1912,№315(2269),16(29)ноября,стр.2)——224、347、

353—354。

圣彼得堡,1912 年 12 月 16 日。[社论](С.-Петербург,16 декабря.[Передовая].—«Речь»,Спб.,1912,№345(2299),16(29)декабря,стр.2)——366。

圣彼得堡,1913 年 1 月 5 日。[社论](С.-Петербург,5 января.[Передовая].—«Новое Время»,Спб.,1913,№13226,6(19)января,стр.4)——315。

圣彼得堡,1913 年 1 月 20 日。[社论](С.-Петербург,20 января.[Передовая].—«Речь», Спб., 1913, №19(2331), 20 января(2 февраля), стр. 2)——337—339。

圣彼得堡,1913 年 1 月 27 日。[社论](С.-Петербург,27 января.[Передовая].—«Речь»,Спб., 1913, №26(2338), 27 января(9 февраля), стр. 1—2)——374。

圣彼得堡,1913 年 2 月 7 日。[社论](С.-Петербург,7 февраля.[Передовая].—«Речь»,Спб.,1913,№37(2349),7(20)февраля,стр.1—2)——406。

《圣彼得堡通讯社[关于国家杜马会议的]速记记录》[1908 年](Стенографический отчет С.-Петербургского телеграфного агентства[о заседаниях Государственной думы.1908 г.Третий созыв.Сессия вторая.Ч.I.Заседания 1—35(с 15 октября по 20 декабря 1908 г.).Приложение к газете«Россия»].Спб.,[тип.газ.«Россия»],1908.1124 стр.)——51—52、53、54—56、366。

《圣彼得堡新闻》(«С.-Петербургские Ведомости»,1908,№24,29 января(11 февраля),стр.2)——218、222。

《10 人被判处死刑》(10 смертных приговоров.Севастополь,2 июля.—«Речь»,Спб.,1912,№179(2133),3(16)июля,стр.3)——1。

《庶民报》(圣彼得堡)(«Земщина»,Спб.)——69。

—1912,№1142,28 октября,стр.2.——180—181。

《思想》杂志(莫斯科)(«Мысль»,М.)——300。

[《斯拉夫问题关心者小组告社会书》]([Обращение к обществу кружка лиц, интересующихся славянским вопросом].—«Речь», Спб., 1912, №287(2241), 19 октября(1 ноября), стр. 4, в ст.: Помощь славянам)——170—171。

《死刑》(Смертные казни. Севастополь, 10 июля.—«Речь», Спб., 1912, №187 (2141), 11(24) июля, стр. 2)——1。

《通知》[传单](Zawiadomienie. Czerwiec 1912. [Листовка]. Б. м., [1912]. 2 s. (SDPRR. SDKPiL). Подписи: Zarząd Główny SDKPiL, Komitet Warszawski SDKPiL)——310—311。

同志们! [传单](Towarzysze! W dniu 29/X otrzymaliśmy od Krakusa… 1/XI 1912 г. [Листовка]. Б. м., [1912]. 1 s. Подпись: Zarząd Główny SDKPiL. Гект.)——310—311。

《土地问题》文集(第 2 卷)(Аграрный вопрос. Т. II. Сб. статей Брейера, Бруна и др. М., «Беседа», 1907. XIII, 648 стр. (Изд. Долгорукова и Петрункевича))——53。

《土耳其斯坦新闻》[塔什干](«Туркестанские Ведомости», [Ташкент], 1912, №148(4309), 4(17) июля, стр. 2)——2。

《退出村社》(特维尔省科尔切瓦县来信)(Выдел из общины. Письмо из Корчевского уезда Тверской губернии.—«Правда», Спб., 1912, №38, 13 июня, стр. 2. Подпись: Крестьянин-рабочий)——106。

《外交上的优柔寡断》(Дипломатическое кунктаторство.—«Речь», Спб., 1912, №267(2221), 29 сентября (12 октября), стр. 4. Подпись: Д.)——150—151、159—160。

《为增加报纸经费》(На усиление средств газеты.—«Невский Голос», Спб., 1912, №7, 17 августа, стр. 4. Под общ. загл.: В к-ру газеты поступило)——8、62。

《温和的右派农民代表的土地法案》(载于 1908 年 1 月 29 日(2 月 11 日)《圣彼得堡新闻》第 24 号)(Земельный проект умеренно-правых крестьянских депутатов.—«С.-Петербургские Ведомости», 1908, №24, 29 января (11 февраля), стр. 2)——218、223。

《我们的彻底的民主派》(«Наши последовательные демократы».—«Невский Голос», Спб., 1912, №8, 24 августа, стр. 1)——114。

《我们的曙光》杂志(圣彼得堡)(«Наша Заря», Спб.)——87、122、203、242—244、246—247、255、257、268、283—284、333、363、368、369、427、428。

—1912,№5,стр.11—27.——189—190。

—1912,№6,стр.73—79.——9。

—1912,№7—8,стр.101—104.——367。

—1912,№9—10,стр.68—74,75—87,87—101,102—117,117—120.——357、358—361、363—364、365、366、367、369、370、371。

《无产者报》(日内瓦)(«Пролетарий»,Женева)——299。

《无产者报》([维堡]—日内瓦—巴黎)(«Пролетарий»,[Выборг]—Женева—Париж)——299。

—[Выборг], 1906, №4, 19 сентября, стр. 3 — 6. На газ. место изд.: М.——200。

—1907,№20,19 ноября,стр.4.На газ.место изд.:М.——254。

—Женева,1908,№38,(14)1 ноября,стр.1—3.——96。

—[Париж],1909,№46.Приложение к №46 газеты«Пролетарий»,16(3) июля,стр.3—7.——371。

[《〈无产者报〉扩大编辑部会议的决议》]([Резолюции совещания расширенной редакции « Пролетария »].—« Пролетарий », [Париж], 1909, №46. Приложение к №46 газеты « Пролетарий », 16 (3) июля, стр. 3 — 7)——371。

《现代事业报》(圣彼得堡)(«Живое Дело»,Спб.)——7、8、242、255。

—1912,№№1—16,20 января—28 апреля.——88。

—1912,№2,27 января,стр.2.——358、359。

—1912,№3,1 февраля,стр.1.——303、358、359、365。

—1912,№8,9 марта,стр.1,4.——8、358。

—1912,№9,16 марта,стр.4;№11,30 марта,стр.4;№13,13 апреля,стр.4;№15,25 апреля,стр.4;№16,28 апреля,стр.4.——8。

《向理智呼吁报》(吉拉德)(«Appeal to Reason»,Girard)——118、119。

—1912,No.875,September 7.——118。

—1912,November.——231。

《新生活报》(圣彼得堡)(«Новая Жизнь»,Спб.)——299。

《新时报》(圣彼得堡)(«Новое Время»,Спб.)——45、46、66、69、97、108、127、

150、159、165、170、206、335。

—1909,№11897,27 апреля(10 мая),стр.3.——91。

—1912,№13093,24 августа(6 сентября),стр.3.——95、103—104。

—1912,№13106,6(19)сентября,стр.2.——118。

—1912,№13127,27 сентября(10 октября),стр.3.——127—128。

—1912,№13178,17(30)ноября,стр.13.——238。

—1912,№13186,25 ноября(8 декабря),стр.3.——234—235。

—1912,№13199,8(21)декабря,стр.13.——261、262。

—1913,№13225,5(18)января,стр.4.——315。

—1913,№13226,6(19)января,стр.4.——315。

—1913,№13236,16(29)января,стр.5.——387。

—1913,№13254,3(16)февраля,стр.2.——393、412—413。

《宣言》(1905 年 10 月 17 日(30 日))(Манифест.17(30)октября 1905 г.—«Правительственный Вестник»,Спб.,1905,№222,18(31)октября,стр.1)——422。

《选举的第一阶段》(Первая стадия выборов.—«Речь»,Спб.,1912,№261(2215),23 сентября(6 октября),стр.4.Подпись:Я.Л.)——142。

《选举纲领》[传单](Избирательная платформа.[Листовка].Б.м.,[сентябрь 1912].2 стр.(РСДРП).Подпись:Организационный комитет РСДРП)——186、187、188—189、190—191。

《选举前的社会民主党》(Социал-демократия перед выборами.—«Наша Заря»,Спб.,1912,№7—8,стр.101—104.Подпись:А.Б.)——367。

《言论报》(圣彼得堡)(«Слово»,Спб.)——266。

—1909,№791,10(23)мая,стр.3.——91。

《言语报》(圣彼得堡)(«Речь»,Спб.)——18、66、69、101、104、108、151、159—160、165、170、206、315。

—1911,№20(1616),21 января(3 февраля),стр.1—2.——353。

—1912,№73(2027),15(28)марта,стр.6.——100。

—1912,№79(2033),21 марта(3 апреля),стр.1.——353。

—1912,№117(2071),30 апреля(13 мая),стр.2.——14、24—25、65、101、

185、199、218、222、353、354。
—1912,№123(2077),7(20)мая,стр.2.——337。
—1912,№133(2087),18(31)мая,стр.4.——353。
—1912,№174(2128),28 июня(11 июля),стр.2.——1。
—1912,№179(2133),3(16)июля,стр.3.——1。
—1912,№181(2135),5(18)июля,стр.4.——1。
—1912,№187(2141),11(24)июля,стр.2.——1。
—1912,№201(2155),25 июля(7 августа),стр.1.——14—16。
—1912,№202(2156),26 июля(8 августа),стр.1.——66。
—1912,№208(2162),1(14)августа,стр.1.——24、51、101。
—1912,№210(2164),3(16)августа,стр.1.——49。
—1912,№230(2184),23 августа(5 сентября),стр.1.——83。
—1912,№253(2207),15(28)сентября,стр.2.——116—117。
—1912,№261(2215),23 сентября(6 октября),стр.4.——142。
—1912,№265(2219),27 сентября(10 октября),стр.2.——146—147。
—1912,№267(2221),29 сентября(12 октября),стр.4.——150—151、159—160。
—1912,№268(2222),30 сентября(13 октября),стр.3.——146—147。
—1912,№272(2226),4(17)октября,стр.1—2.——166—167。
—1912,№275(2229),7(20)октября,стр.2.——155。
—1912,№278(2232),10(23)октября,стр.1—2.——159。
—1912,№279(2233),11(24)октября,стр.3.——164—165。
—1912,№281(2236),13(26)октября,стр.3.——170。
—1912,№287(2241),19 октября(1 ноября),стр.4.——170—171。
—1912,№315(2269),16(29)ноября,стр.2,3.——224、225、347、353。
—1912,№343(2297),14(27)декабря,стр.4—6.——262、353。
—1912,№345(2299),16(29)декабря,стр.2,5—6.——366。
—1913,№1(2313),1(14)января,стр.4.——324。
—1913,№11(2323),12(25)января,стр.4.——319。
—1913,№19(2331),20 января(2 февраля),стр.2.——337—339。

—1913,№25(2337),26 января(8 февраля),стр.6.——374—377。
—1913,№26(2338),27 января(9 февраля),стр.1—2.——374。
—1913,№34(2346),4(17)февраля,стр.2.——391—392、394—401、402。
—1913,№37(2349),7(20)февраля,стр.1—2.——406。
《1897 年的法令》——见《关于工厂企业中工作时间的长短及其分配》。
《1905 年土地占有情况统计》(Статистика землевладения 1905 г.Свод данных по 50-ти губерниям Европейской России. Спб., тип. Минкова, 1907. 199 стр.; L стр. табл. (Центральный стат. ком. м-ва внутр. дел))——142—143。
《1910 年工厂视察员报告汇编》(Свод отчетов фабричных инспекторов за 1910 год.Спб., тип.Киршбаума, 1911. IV, XC, 319 стр.(М-во торговли и пром-сти. Отдел промышленности))——28—29、34、43—44。
[《1910 年 1 月俄国社会民主工党中央全会通过的决议》]([Резолюции, принятые на пленуме ЦК РСДРП в январе 1910 г.].—«Социал-Демократ»,[Париж],1910,№11,26(13)февраля,стр.10—11,в отд.:Из партии)——194。
《1911 年美国统计汇编》(Statistical abstract of the United States 1911, No. 34.Prep.by the bureau of statistics, under the direction of the secretary of commerce and labor.Washington, 1912.803 p.(Department of commerce and labor))——373、379—381。
《1911 年圣彼得堡市统计资料简编》(Краткий свод статистических данных по г. С.-Петербургу за 1911 год. Спб., [1912]. 69 стр. (Стат. отд. Спб. городской управы))——388。
《[1912 年 1 月俄国社会民主工党第六次(布拉格)全国代表会议通过的]决议》(Резолюции, [принятые на Шестой (Пражской) Всероссийской конференции РСДРП в январе 1912 г.].—В кн.: Всероссийская конференция Рос.соц.-дем. рабочей партии 1912 года. Изд. ЦК. Paris, кооп. тип. «Идеал», 1912, стр.14—32.(РСДРП))——2、5。
《1912 年 5 月 27 日和 28 日在梅瑟召开的第二十届年会的报告》(Report of the 20-th annual conference held at Merthyr, 27-th and 28-th May 1912.

London,June 1912.112 p.(Independent Labour Party))——136—141。

《[1912 年 8 月召开的波兰王国和立陶宛社会民主党地方代表会议的]决定》(Uchwały[Konferencji krajowej Socjaldemokracji Królestwa Polskiego i Litwy,odbytej w sierpniu 1912 roku].—In:Zawiadomienie o konferencji krajowej Socjaldemokracji Królestwa Polskiego i Litwy, odbytej w sierpniu 1912 roku.Б.м.,[1912],s.15—31.(SDPRR.SDKPiL))——245。

《1912 年莫斯科工业区厂主协会》(Общество заводчиков и Фабрикантов московского промышленного района в 1912 году.М.,тип.Рябушинского,1913.144 стр.)——301。

《[1912 年取消派八月代表会议通过的]决议》(Резолюции,[принятые на августовской конференции ликвидаторов 1912 г.].—В кн.:Извещение о конференции организаций РСДРП.Изд.ОК.[Wien],сентябрь 1912,стр. 23—44.(РСДРП))——267、284、367、426—428。

《1912 年〈言语报〉年鉴》(Ежегодник газеты«Речь»на 1912 год.Изд.ред.газ. «Речь».Спб.,б.г.VI,712,44 стр.(Бесплатное прилож.к газете«Речь»))——351、353、380。

《一周之内》(За неделю.—«Речь»,Спб.,1912,№123(2077),7(20)мая.стр.2)——337。

[《英国工党第十三次代表大会的决议》]([Die Resolution des dreizehnten Parteitages der britischen Labour Party].—«Vorwärts»,Berlin, 1913, Nr.28,2.Februar.2.Beilage des «Vorwärts»,S.2;Nr.29,4.Februar.1. Beilage des«Vorwärts»,S.3,in dem Art:Der Parteitag der englischen Arbeiterpartei)——389—390。

《在巴黎的侨民》(Эмигранты в Париже.—«Голос Москвы»,1912,№197,26 августа(8 сентября),стр.2,в отд.:Печать)——95。

《在保安机关的魔掌中》(W szponach ochrany.—«Gazeta Robotnicza»,organ Komitetu Warszawskiego SDKPiL,zatwierdzony przez Zarząd Główny partii.Warszawa,1912,N 16.Dodatek do N 16«Gazety Robotniczej»,22 lipca,s.1—4)——311。

[《在俄国社会民主工党第四次(统一)代表大会上通过的对崩得同俄国社会

民主工党统一的条件草案的补充决议》]([Резолюция, принятая на IV (Объединительном) съезде РСДРП в дополнение к проекту условий объединения Бунда с РСДРП].—В кн.: Протоколы Объединительного съезда РСДРП, состоявшегося в Стокгольме в 1906 г. М., тип. Иванова, 1907, стр. 392)——286。

《在市杜马里》(В городской думе.—«Речь», Спб., 1912, №279(2233), 11(24) октября, стр. 3)——164—165。

《在印刷工人中间》(Среди рабочих печатного дела.—«Невский Голос», Спб., 1912, №7, 17 августа, стр. 4. Подпись: А—ъ)——61。

《真理报》(圣彼得堡)(«Правда», Спб.)——8、61、63、66、68、69、71—73、75、108、120、121、123、157、227、247、267、283、286—288、300、317、359、366、370、414。

—1912, №№1—53, 22 апреля—30 июня.——88。

—1912, №№54—105, 1 июля—31 августа.——88。

—1912, №38, 13 июня, стр. 2.——106。

—1912, №63, 12 июля, стр. 1.——79。

—1912, №74, 25 июля, стр. 1.——82。

—1912, №78, 29 июля, стр. 1; №79, 31 июля, стр. 1; №80, 1 августа, стр. 1; №81, 2 августа, стр. 1.——61、71。

—1912, №79, 31 июля, стр. 1.——24、51。

—1912, №84, 5 августа, стр. 1.——63。

—1912, №85, 8 августа, стр. 1.——65、93、101、218。

—1912, №86, 9 августа, стр. 1.——59。

—1912, №118, 15 сентября, стр. 1.——106。

—1912, №120, 18 сентября, стр. 1—2.——120。

—1912, №135, 5 октября, стр. 1.——157。

—1912, №136, 6 октября, стр. 2—3.——157、158。

—1912, №164, 9 ноября, стр. 1.——230。

—1912, №169, 15 ноября, стр. 2.——225、226、304。

—1912, №180, 29 ноября, стр. 1.——341。

—1912,№182,1 декабря,стр.1,2.——257—260、279—281。

—1913,№2(206),3 января,стр.1.——295。

—1913,№21(225),26 января,стр.2—3;№22(226),27 января,стр.2;№23(227),29 января,стр.2;№24(228),30 января,стр.2;№26(230),1 февраля,стр.1—2;№28(232),3 февраля,стр.1—2.——414。

《真理报》[维也纳](«Правда»,[Вена],1912,№25,23 апреля(6 мая),стр.3—4)——8。

《〈真理报〉论华沙选举》(«Правда» о выборах в Варшаве.—«Луч»,Спб.,1912,№43,6 ноября,стр.2.Подпись:Г.А.)——313。

《箴言》杂志(圣彼得堡)(«Заветы»,Спб.)——65。

—1912,№1,апрель,стр.64—82;№2,май,стр.33—55;№3,июнь,стр.31—46;№4,июль,стр.5—43;№5,август,стр.5—20;№6,сентябрь,стр.5—41;№7,октябрь,стр.5—47;№8,ноябрь,стр.5—40;1913,№1,январь,стр.83—112.——329。

—1912,№6,сентябрь,стр.1—23.——420。

《致波兰王国和立陶宛社会民主党各国外支部》[传单](Do wszystkich sekcji zagranicznych SDKPiL. Wrzesień 1912 r.[Листовка].Б.м.,[1912].2 s. Подпись:Z partyjnym pozdrowieniem Zarząd Główny SDKPiL. Гект.)——310—311。

《致波兰王国和立陶宛社会民主党各区执行委员会和会议》(Do wszystkich zarządów i zebran dzielnicowych SDKPiL.—«Gazeta Robotnicza»,organ Komitetu Warszawskiego SDKPiL,zatwierdzony przez Zarząd Główny partii.Warszawa,1912,N 16,14 lipca,s.8—9.Подпись:Zarząd Główny SDKPiL)——310—311。

《致波兰王国和立陶宛社会民主党国外支部》[传单](Do sekcji zagranicznych SDKPiL.18 października 1912 r.[Листовка].4 s.(SDPRR.SDKPiL).Подпись:Z partyjnym pozdrowieniem Zarząd Główny SDKPiL)——310—311。

《致波兰王国和立陶宛社会民主党华沙委员会》(Do Komitetu Warszawskiego SDKPiL.—«Gazeta Robotnicza», organ Komitetu Warszawskiego

SDKPiL，zatwierdzony przez Zarząd Główny partii. Warszawa，1912，N 17. Dodatek do N 17«Gazety Robotniczej»，25 sierpnia，s. 2. Подпись：Większość Komisji śledczej，naznaczonej przez Zarząd Główny dla badania spraw prowokacji)——310—311。

《致波兰王国和立陶宛社会民主党华沙组织》[传单](Do organizacji warszawskiej SDKPiL. Styczeń 1912. [Листовка]. Б. м.，[1912]. 4 s. Подпись：Z pozdrowieniem partyjnym Zarząd Główny)——310—311。

《致布鲁塞尔社会党国际局》(Do Międzynarodowego Biura Socjalistycznego w Brukseli.—«Gazeta Robotnicza»，organ Komitetu Warszawskiego SDKPiL. Warszawa，1912，N 17—18，24 września，s. 18—19)——48。

《致各党派》[传单](Do ogółu partii. W czerwcu 1912 r. [Листовка]. Б. м.，[1912]. 2 s.(SDPRR. SDKPiL). Подписи：Za Zarząd Główny：Józef Domański，J. Karski i dr.，przedstawicielka SDKPiL w MBS：R. Luxemburg)——310—311。

《致华沙组织执行委员会》[传单](Do zarządów dzielnicowych organizacji warszawskiej. 1 marca 1912. [Листовка]. Б. м.，[1912]. 4 s. Подпись：Zarząd Główny SDKPiL)——310—311。

《转折(1912—1913年)》(На повороте(1912—1913 год).—«Луч»，Спб.，1913，№1(87)，1 января，стр. 1)——340—341。

《组织问题》[俄国社会民主工党第五次代表会议(1908年全国代表会议)通过的决议](Организационный вопрос. [Резолюция，принятая на Пятой конференции РСДРП(Общероссийской 1908 г.)].—В кн.：Извещение Центрального Комитета Российской с.-д. рабочей партии о состоявшейся очередной общепартийной конференции. [Изд. ЦК РСДРП. Paris，1909]，стр. 6.(РСДРП))——194。

《最后两个阶段》(Предпоследний и последний этапы.—«Речь»，Спб.，1912，№230(2184)，23 августа(5 сентября)，стр. 1. Подпись. Старообрядческий епископ Михаил)——83。

年　　表

(1912 年 7 月—1913 年 2 月)

1912 年

1912 年 7 月—1913 年 2 月

列宁居住在克拉科夫,同俄国国内保持更紧密的联系,指导党组织的工作,领导《真理报》,领导布尔什维克在第四届国家杜马选举运动中的活动和杜马中社会民主党党团的活动。

7 月 30 日(8 月 12 日)

列宁的《陆海军中的起义》、《第四届杜马选举的前夜》、《"结社自由"的口号可以成为目前工人运动的基础吗?》三篇文章发表在《工人报》第 9 号上。

7 月 31 日(8 月 13 日)

列宁的《一些原则问题》(社论)一文发表在《真理报》第 79 号上。

7 月

写《给瑞士工人的信》。

8 月 1 日和 8 日(14 日和 21 日)之间

写《小小的考证》一文。

8 月 3 日和 19 日(8 月 16 日和 9 月 1 日)之间

写《立宪民主党和土地问题》一文。

8 月 5 日(18 日)

列宁的《最后一个气门》一文发表在《涅瓦明星报》第 20 号上。

8 月 8 日(21 日)

列宁的《小小的考证》和《俄国工人的工资和资本家的利润》两篇文章,发表在《真理报》第 85 号上。

8月8日和26日(8月21日和9月8日)之间

写《谈谈"吃掉立宪民主党人"》一文。

8月9日(22日)

列宁的《罢工斗争和工资》(社论)一文发表在《真理报》第86号上。

8月10日(23日)以前

致函B.H.洛博娃,请她告知为参加德国社会民主党开姆尼茨代表大会作准备的情况(这封信没有找到)。

8月10日或11日(23日或24日)

致函列·波·加米涅夫,告知决定在莱比锡印刷小册子《论俄国社会民主工党的现状》,建议他在代表大会开幕前一两天到达开姆尼茨,以便为同取消派进行严肃斗争作好充分准备;委托他在俄国社会民主工党巴黎小组作专题报告。

8月11日(24日)

列宁的《莫斯科省工厂的工作日》一文发表在《真理报》第88号上。

8月11日和18日(24日和31日)之间

写《飞黄腾达之路》一文。

8月12日(25日)以前

致函在卡普里岛的阿·马·高尔基,说必须向群众说明俄国社会民主党内部和其他政党内部斗争的性质和思想根源;认为高尔基在《生活需要》杂志上发表的一些文章是不恰当的。

8月12日(25日)

列宁的《莫斯科省的工作日和工作年》一文发表在《涅瓦明星报》第21号上。

列宁的《在英国》、《俄国的生产集中》两篇文章发表在《真理报》第89号上。

8月14日(27日)以前

致函列·波·加米涅夫,指出必须在德国社会民主党开姆尼茨代表大会期间同左派接近,以便共同进行反对机会主义的斗争;建议加米涅夫为《真理报》写一些通俗的文章,并要他将《箴言》杂志寄来。

8月14日(27日)

致函列·波·加米涅夫,告知已收到出席取消派八月代表会议的邀请信，布尔什维克决定不参加这次代表会议。

8月15日和21日（8月28日和9月3日）之间

写《拙劣的辩解》一文。

8月17日（30日）

致函卡·胡斯曼，告知对波兰王国和立陶宛社会民主党总执行委员会通告信的正式抗议将在晚些时候寄出，该通告信向社会党国际局宣布波兰社会党人内部已告分裂（这封信没有找到）。

8月17日和24日（8月30日和9月6日）之间

从《涅瓦呼声报》第7号上摘录关于为了这张取消派报纸募集经费的报道，对七、八两个月的捐款数作统计，后来在《取消派和“统一”》和《〈论俄国社会民主工党的现状〉小册子的附言初稿》两篇文章中使用了这些资料。

8月18日（31日）以前

为自己写给德国社会民主党执行委员会的信写前言和附言，这封信是对执行委员会提出的为达到第四届国家杜马选举中的统一而召开俄国社会民主工党各个党的中心、组织和派别会议的建议的答复。由这些文件汇编成小册子《论俄国社会民主工党的现状》。

与中央委员会国外局成员讨论俄国社会民主工党出席德国社会民主党开姆尼茨代表大会代表团的策略以及它的代表的发言内容。

8月18日（31日）

列宁的《飞黄腾达之路》一文发表在《真理报》第94号上。

写声明《致社会党国际局书记处》，抗议波兰王国和立陶宛社会民主党总执行委员会的通告信，并将声明连同华沙委员会的抗议一起寄给布鲁塞尔的社会党国际局。

8月19日（9月1日）

列宁的《立宪民主党和土地问题》一文发表在《涅瓦明星报》第22号上。

8月19日和29日（9月1日和11日）之间

写《工人和〈真理报〉》一文。

8月20日（9月2日）

迁居至克拉科夫卢博米尔斯基耶戈街47号。

8月21日(9月3日)

列宁的《拙劣的辩解》(社论)一文发表在《真理报》第96号上。

8月21日和30日(9月3日和12日)之间

写《国际法官代表大会》一文。

8月23日和9月1日(9月5日和14日)之间

写《僧侣和政治》一文。

8月24日(9月6日)

列宁的《取消派和"统一"》一文发表在《真理报》第99号上。

致函在巴黎的列·波·加米涅夫,告知他到开姆尼茨参加德国社会民主党代表大会和到其他城市去作报告所需的旅费已寄出,并说出席代表大会的委托书将给他寄到开姆尼茨。

8月24日和9月5日(9月6日和18日)之间

写《立宪民主党人和新时报派的一致》一文。

8月25日(9月7日)

致函在巴黎的列·波·加米涅夫,告知出席德国社会民主党代表大会的委任书已经寄出,并要他把1907年杜马选举期间的全套《言语报》和第三届国家杜马的所有速记报告寄去。

8月26日(9月8日)

致函《真理报》编辑部,请求把自己缺少的几号《明星报》、《涅瓦明星报》、《真理报》、《现代事业报》寄来;建议刊登《真理报》每月发行份数的统计材料;对米·斯·奥里明斯基的文章《文明的人和不纯洁的良心》给予肯定的评价。

列宁的《谈谈"吃掉立宪民主党人"》一文发表在《涅瓦明星报》第23号上。

8月26日和9月2日(9月8日和15日)之间

写《向民主派的又一次进攻》一文。

8月29日(9月11日)

列宁的《工人和〈真理报〉》一文发表在《真理报》第103号上。

8月30日(9月12日)

列宁的《从前和现在》和《国际法官代表大会》发表在《真理报》第104

号上。

8月31日(9月13日)

列宁的《在瑞士》一文发表在《真理报》第105号上。

8月

两次去克拉科夫附近的马库夫村，同谢·尤·巴戈茨基医生去山里散步，一起登上塔特拉山脉的一座山顶。

9月1日(14日)

列宁的《僧侣和政治》(社论)发表在《真理报》第106号上。

9月1日和4日(14日和17日)之间

写《罗莎·卢森堡和波兰"党"总执行委员会步马尔托夫的后尘》一文。

9月2日(15日)

为《论俄国社会民主工党的现状》小册子写附言。

致函在开姆尼茨的列·波·加米涅夫，告知将给他寄去《为〈论俄国社会民主工党的现状〉小册子写的附言》；说有必要把这个附言和小册子在德国社会民主党开姆尼茨代表大会的代表中间广为散发；告知取消派的八月代表会议已经失败。

9月2日和9日(15日和22日)

列宁的《向民主派的又一次进攻》一文发表在《涅瓦明星报》第24号和第25号上。

不早于9月4日(17日)

致函在开姆尼茨的列·波·加米涅夫，告知自己为《不来梅市民报》写的《罗莎·卢森堡和波兰"党"总执行委员会步马尔托夫的后尘》一文已经寄去，《为〈论俄国社会民主工党的现状〉小册子写的附言》已在莱比锡出版。

9月5日(18日)

列宁的《立宪民主党人和新时报派的一致》一文发表在《真理报》第109号上。

9月12日(25日)

致函在布鲁塞尔的卡·胡斯曼，谈自己对在维也纳召开第二国际代表大会日期的意见。

9月15日(28日)

列宁的《H.C.波良斯基来信读后》一文发表在《真理报》第118号上。

9月16日(29日)

列宁的《论政治路线》一文发表在《涅瓦明星报》第26号上。

9月16日和26日(9月29日和10月9日)之间

写《对〈莱比锡人民报〉所载取消派文章的答复》一文。

9月17日—18日(9月30日—10月1日)

写《立宪民主党人带着什么参加选举?》一文。

9月18日(10月1日)

列宁的《美国工人的胜利》一文发表在《真理报》第120号上。

9月18日(10月1日)以后

写《工人的统一和选举》一文。

9月20日(10月3日)以前

致函卡·胡斯曼,说由于俄国社会民主工党要参加第四届杜马选举活动,他不能于10月19日和27日(11月1日和9日)出席社会党国际局会议。

9月20日(10月3日)以后

致函《真理报》编辑部,询问彼得堡第四届杜马选举中第二选民团候选人的情况;指示编辑部在选举运动中必须积极开展同取消派的斗争;批评《真理报》的文章缺乏热情;要求报上的文章应该是进攻的、激烈的、有战斗力的。

9月25日(10月8日)

致函在日内瓦的维·阿·卡尔宾斯基,说在没有读到和平大会的材料之前,不能对这些大会作出评价;表示愿意在冬天去瑞士作报告。

9月26日(10月9日)

列宁的《对〈莱比锡人民报〉所载取消派文章的答复》一文发表在《莱比锡人民报》第235号上。

9月28日(10月11日)

列宁的《意土战争的结局》一文发表在《真理报》第129号上。

9月

收到阿·马·高尔基从卡普里岛寄来的报告健康情况的信。

10月初

致函阿·马·高尔基，询问他的健康情况；对他没有在《真理报》发表文章表示遗憾；要求他支持《真理报》；告知第四届杜马选举的情况。

10月4日（17日）

致函阿·马·高尔基，以《真理报》编辑部的名义建议他经常为报纸撰稿；告知在第四届杜马选举中同取消派的斗争已日趋激烈，在莫斯科和哈尔科夫对取消派的斗争已经获胜。

列宁的《孤注一掷》（社论）一文发表在《真理报》第134号上。

10月5日（18日）以前

写《两种乌托邦》、《英国关于自由派工人政策的争论》和一篇批判抵制主义的文章（最后一篇文章没有找到）。

10月5日（18日）

列宁的《选举中的僧侣和僧侣的选举》（社论）一文发表在《涅瓦明星报》第27号上。

10月5日（18日）以后

致函《真理报》和《涅瓦明星报》，指出必须在同取消派的斗争中执行明确坚定，前后一贯的政策。

致函在彼得堡的马·亚·萨韦利耶夫，要他寄回未被《明星报》刊登的三篇文章：《英国关于自由派工人政策的争论》、《两种乌托邦》和一篇批判抵制主义的文章（此文没有找到）。

10月6日（19日）

列宁的《米留可夫先生的"立场"》一文发表在《真理报》第136号上。

10月7日（20日）

会见工人布尔什维克B.Г.舒姆金，他是受布尔什维克莫斯科组织的派遣来取秘密刊物的。

10月8日（21日）

同娜·康·克鲁普斯卡娅和B.Г.舒姆金出席在克拉科夫举行的群众大会。

10月10日（23日）以前

由于发生了巴尔干战争，列宁写俄国社会民主工党的号召书《告俄国全体公民书》。

把俄国社会民主工党中央委员会的号召书的德文译文寄给卡·胡斯曼，并请他把号召书的全文转告加入社会党国际局的各社会民主党的书记和社会党的报刊。

10月11日(24日)

给卡·胡斯曼寄去波兰王国和立陶宛社会民主党"分裂派"的华沙委员会驳斥波兰王国和立陶宛社会民主党总执行委员会对华沙委员会成员的指责的声明。列宁在附言中要求把这份声明通知参加社会党国际局的各党。

10月12日(25日)

致函尼·古·波列塔耶夫，建议《真理报》编辑部在彼得堡工人选民团初选人代表大会之前出版专号来宣传布尔什维克的选举纲领，公布布尔什维克全体复选人候选人的名单，并同取消派进行坚决的斗争；告知他将把自己写的有关这些问题的文章寄给编辑部。

10月13日和14日(26日和27日)

列宁写的俄国社会民主工党中央委员会的号召书《告俄国全体公民书》发表在《莱比锡人民报》第250号和《前进报》第252号上。

10月16日(29日)

列宁的《彼得堡工人的代表》和《巴尔干人民和欧洲外交》两篇文章发表在《真理报》第144号上。

10月17日(30日)以前

致函阿·马·高尔基，对搜集革命史资料的计划表示欢迎。

10月17日(30日)

列宁的《谈谈政治上的动摇性(给编辑部的信)》一文发表在《真理报》第145号上。

10月18日(31日)

列宁的《论狐狸和鸡窝》和《可耻的决议》两篇文章发表在《真理报》第146号上。

10月19日(11月1日)

列宁的《一位立宪民主党教授》一文发表在《真理报》第147号上。

10月20日(11月2日)

两次致函《真理报》编辑部,告知他已得到关于彼得堡工人选民团选举情况的报告;对编辑部已经开始的研究选举运动的工作表示满意;指出必须进一步研究第四届杜马选举的总结和发表选举工人复选人的结果,写明他们所得的票数,同时也要发表工厂工人投票情况的调查材料。

10月20日(11月2日)以后

致函《真理报》编辑部,告知阿·马·高尔基已同意为该报撰稿;要求编辑部把某几号《真理报》和《涅瓦明星报》给他寄去;询问编辑部是否打算回击取消派报纸《光线报》的恶毒无耻的行为。信中还要求编辑部告知《真理报》和《光线报》的发行量。

10月21日(11月3日)

列宁的《世界历史的新的一章》一文发表在《真理报》第149号上。

10月24日(11月6日)

列宁的《立宪民主党人和民族党人》一文发表在《真理报》第151号上。

10月26日(11月8日)

致函在巴黎的列·波·加米涅夫,指出必须赶快出版下一号(28—29号)《社会民主党人报》。

10月28日(11月10日)

致函列·波·加米涅夫,告知即将在巴塞尔召开第二国际代表大会;要求他为参加代表大会做如下的准备工作:收集一切反战宣言,设法搞一本1912年《新时代》杂志第6期;告知俄国社会民主工党将有一名代表参加代表大会决议起草委员会;提醒必须赶快出版下一号《社会民主党人报》。

用法文致函卡·胡斯曼,说将派代表出席巴塞尔代表大会和派全权代表参加决议草案审定委员会;要求告知社会党国际局最近一次会议的情况。信中还介绍了第四届杜马选举的情况。

列宁的《战争的惨状》一文发表在《真理报》第155号上。

10月28日(11月10日)以后

致函德国社会民主党执行委员会,询问在1912年10月15日—16日(28日—29日)举行的社会党国际局会议讨论"俄国社会民主工党组织委员会是否可以要求派遣代表驻社会党国际局”这一问题时，胡·哈阿兹的发言中是否有攻击列宁的话（这封信没有找到）。

10月28日和11月5日（11月10日和18日）之间

致函在巴黎的列·波·加米涅夫，通知派他担任出席巴塞尔代表大会的代表；向他指出为参加代表大会作好准备应采取的一系列具体措施；坚持要求迅速出版下一号（28—29号）《社会民主党人报》。

10月29日（11月11日）

给社会党国际局写关于第四届杜马选举的报告。

10月下半月

在克拉科夫主持俄国社会民主工党中央委员会国外局会议。会议讨论关于《真理报》编辑部的活动、关于第四届杜马中布尔什维克代表的工作、关于巴尔干战争等问题。

11月1日（14日）

列宁的《立宪民主党人和大资产阶级》（社论）一文发表在《真理报》第157号上。

11月1日（14日）以后

收到卡·胡斯曼的来信，信中要列宁迅速指定参加巴塞尔代表大会决议草案审定委员会的俄国社会民主工党的代表。信中还告知委员会将在星期六，即11月10日（23日）上午10时开会。

不晚于11月4日（17日）

在约·维·斯大林写的《彼得堡工人给自己的工人代表的委托书》的清样上写批示，并把它寄给《社会民主党人报》编辑部。

11月4日（17日）

列宁的《地道的俄国习气》一文发表在《真理报》第160号上。

致函卡·胡斯曼，告知列·波·加米涅夫被指定为出席巴塞尔代表大会的代表（这封信没有找到）。

致函在圣雷莫的格·瓦·普列汉诺夫，要求通知巴塞尔代表大会决议草案审定委员会，布尔什维克不同意刊登在《新时代》杂志第6期上的卡·考茨基的文章《战争和国际》，因为这篇文章否定革命的群众罢工的必要性。

致函A.埃克(穆欣),感谢他愿意对翻译工作提供帮助。至于他的案件,列宁建议他去找国外组织委员会。

11月4日和10日(17日和23日)之间

致函在维也纳的亚·安·特罗雅诺夫斯基,谈俄国社会民主工党布尔什维克代表团在巴塞尔代表大会上的任务(这封信没有找到)。

致函在巴黎的列·波·加米涅夫,告知巴塞尔代表大会决议草案审定委员会的开会日期;建议他早些时候到达那里,以便同卡·胡斯曼和格·瓦·普列汉诺夫见一次面。

11月5日(18日)

列宁的《改良派的纲领和革命的社会民主党的纲领》和《秘密的党和合法的工作》两篇文章,发表在《社会民主党人报》第28—29号上。

11月5日和11日(18日和24日)之间

致函列·波·加米涅夫,告知已给他寄去参加巴塞尔代表大会的委托书和第四届杜马社会民主党党团抗议巴尔干战争的呼吁书;要求立即开始准备出版《社会民主党人报》第30号。

11月7日(20日)以前

致函在巴黎的列·波·加米涅夫,告知寄往巴塞尔由他收的文件有:给社会党国际局的报告《第四届杜马的选举》和《俄国工人反对战争》(大概是指俄国社会民主工党中央委员会的号召书《告俄国全体公民书》),以及初选人的决议;要求在社会党国际局中分发这些材料;指示在代表大会的发言中哪些问题应该首先着重加以阐明。

11月7日(20日)

列宁的《塞尔维亚和保加利亚的胜利的社会意义》(社论)一文发表在《真理报》第162号上。

列宁给社会党国际局的报告《第四届杜马的选举》发表在《人民报》第325号上。

11月8日(21日)

列宁写的声明《致社会党国际局书记处》发表在"波兰反对派"即"分裂派"的机关报《工人报》上。

列宁的《新生的中国》一文发表在《真理报》第163号上。

11月9日(22日)

列宁的《美国总统选举的结果和意义》一文发表在《真理报》第164号上。

11月10日(23日)以前

致函在布鲁塞尔的卡·胡斯曼,谈巴塞尔代表大会的准备工作情况;告知参加代表大会的代表人选,还告知收到了格·瓦·普列汉诺夫关于因健康状况不佳拒绝参加代表大会决议草案审定委员会的来信。

11月11日(24日)以前

致电扬·安·别尔津,要求他向卡·胡斯曼查问“分裂派”未接到参加代表大会的邀请的原因。

同秘密到达克拉科夫的第四届杜马代表马·康·穆拉诺夫就今后在杜马中的工作和哈尔科夫的选举问题进行谈话。

11月11日(24日)

将斯大林写的《彼得堡工人给自己的工人代表的委托书》寄给《真理报》编辑部,并建议务必把这个委托书用大号字登载在显著位置,对报纸迟迟不刊登委托书表示愤慨,指出:工人报纸轻视工人所关心的东西是存在不下去的。

致电在巴塞尔的列·波·加米涅夫,通知他在第四届杜马社会民主党党团抗议巴尔干战争的呼吁书上应加上马·康·穆拉诺夫的署名。

11月11日(24日)以后

写《关于工人代表的某些发言问题》的提纲,该提纲是第四届杜马社会民主党党团宣言的基础。

11月12日或13日(25日或26日)

在克拉科夫主持俄国社会民主工党中央委员会会议。会议讨论关于即将举行的有党的工作者参加的俄国社会民主工党中央委员会会议、关于在彼得堡的中央代表和中央委员监督《真理报》编辑部工作的权利等问题。

不早于11月12日(25日)

致函列·波·加米涅夫,对他没有将巴塞尔代表大会的工作情况写信告诉《真理报》表示不满;询问为什么在第四届杜马社会民主党党团抗议巴尔干战争的呼吁书上仍然没有马·康·穆拉诺夫的署名。

11月13日(26日)以前

致函《真理报》编辑部,要求寄给他第8号《真理报》;问及米·斯·奥里明斯基的健康状况。

写社会民主党党团宣言草案,题目是《关于杜马中的工人代表和他们的宣言问题》。

11月13日(26日)

把自己写的社会民主党党团宣言草案寄给第四届杜马中的布尔什维克代表。

致函《真理报》编辑部,指出第166号《真理报》上有两点疏忽:没有登载关于巴塞尔代表大会开幕的文章,没有登载第四届杜马社会民主党党团成员阿·叶·巴达耶夫给代表大会的贺词;建议巴达耶夫更多地关心《真理报》的工作。

11月16日和19日(11月29日和12月2日)之间

写《关于11月15日事件问题(没有发表的讲话)》一文。

11月17日(30日)

致函在哈尔科夫的弗·伊·涅夫斯基,感谢他来信告知第四届杜马选举的情况;建议他到克拉科夫来参加有党的工作者参加的俄国社会民主工党中央委员会会议。

11月18日(12月1日)

加入克拉科夫援助俄国政治犯联合会。

不晚于11月19日(12月2日)

致函在萨拉托夫的妹妹玛·伊·乌里扬诺娃,感谢她寄来照片和信,并请她在到达流放地后来信。

11月20日(12月3日)

致函在巴黎的列·波·加米涅夫,对他没有给《真理报》写过一篇关于巴塞尔代表大会的报道,表示愤怒。

11月21日(12月4日)

致函在哈尔科夫的弗·伊·涅夫斯基,要他务必来克拉科夫参加有党的工作者参加的俄国社会民主工党中央委员会会议,还要他写信给在彼得堡的约·维·斯大林,叫他和其他会议参加者在12月12日(25日)到达克拉科夫。

11月22日(12月5日)

致函在彼得堡的杰米扬·别德内依,对他重又为《真理报》撰稿感到高兴;要他详细报告《真理报》编辑部的情况以及《真理报》本身的工作情况。

11月23日(12月6日)

致函在彼得堡的约·维·斯大林,建议他印发传单,号召在1月9日纪念日罢工一天,举行群众集会和示威游行;还对第四届杜马中的布尔什维克代表同取消派斗争的策略作了指示,指出必须对刊登反对罢工文章的《光线报》进行尖锐的批判。

11月23日和29日(12月6日和12日)之间

翻阅1912年11月23日(12月6日)《生活需要》杂志第47期并做记号,在写作《关于民主派大学生中的党派问题》一文时引用了这些材料。

11月25日(12月8日)以前

写《美国在选举以后》和《不明智的热心》两篇文章。

11月25日(12月8日)

致函列·波·加米涅夫,指示必须赶快在《社会民主党人报》上刊登关于巴塞尔代表大会的材料;对加米涅夫的巴塞尔之行和提名他为出席社会党国际局会议代表后的所作所为提出批评;告知于11月12日或13日(25日或26日)举行的俄国社会民主工党中央委员会会议的情况。

11月27日—28日(12月10日—11日)

写《再论第四届杜马中的农民代表》一文。

11月28日(12月11日)

致函在彼得堡的约·维·斯大林,信中为第四届杜马中的布尔什维克代表提出几个决议草案:关于拒绝接纳非社会民主党人、波兰社会党(左派)党员叶·约·亚格洛作为有表决权的代表参加社会民主党党团、关于对11月15日(28日)杜马开幕那天的罢工的态度和关于取消派在彼得堡工人选民团产生第四届杜马社会民主党候选人过程中的破坏行为。

11月29日(12月12日)

列宁的《改良主义病》一文发表在《真理报》第180号上。

11月30日(12月13日)

列宁的《资本主义社会的贫困化》一文发表在《真理报》第181号上。

11月

写《我们党的“迫切的难题”(“取消派”问题和“民族”问题)》一文。

秋天

写信给姐姐安·伊·乌里扬诺娃-叶利扎罗娃，告知自己在克拉科夫的生活情况以及有关高尔基的消息。

12月1日(14日)

致函在彼得堡的约·维·斯大林，谈关于必须采取紧急措施把《真理报》出版社和编辑部的现金转到马·康·穆拉诺夫名下、关于克服《真理报》编辑部的财政危机、关于同取消派作斗争、关于必须在彼得堡委员会中通过反对叶·约·亚格洛的决议等问题。列宁还要求设法使俄国社会民主工党中央委员会会议的所有参加者尽快到达克拉科夫。

12月1日(14日)以后

编写笔记《民族问题。II》的目录。

12月3日(16日)

致函约·维·斯大林，指出要召开第四届杜马中的布尔什维克代表的会议；要他们在《真理报》上发表声明，并给列宁每周写两次信等等。

12月4日(17日)

致函第四届杜马中的布尔什维克代表们，提出整顿《真理报》财政状况的方法；要求他们大力开展征订《真理报》的活动，并尽快给他寄去第四届杜马的材料。

12月6日(19日)

致函中央委员会俄国局，对拟定第四届杜马社会民主党党团宣言提出建议；对布尔什维克代表在对待孟什维克七人团的问题上的策略作说明；要求来信更详细地谈谈《真理报》的情况和报纸的财务情况。

12月7日(20日)以前

写《在美国》一文。

致函在伯尔尼的格·李·什克洛夫斯基，指出在《真理报》上对巴塞尔代表大会的情况介绍不够；告知关于《启蒙》杂志和《真理报》两个编辑部的财政困难，并指出各国外支部必须给予多方面的支持；谈到第四届杜马选举运动的结果和秘密工作有所改善。

12月7日(20日)

致函中央委员会俄国局，抗议孟什维克代表在杜马党团的宣言中塞进有关民族文化自治的要求；对布尔什维克代表在这一问题上保持沉默感到愤慨；相信俄国局会作出反对《真理报》和《光线报》合并的决议；要求6个布尔什维克代表全部到克拉科夫来参加俄国社会民主工党中央委员会会议。

12月9日(22日)

用法文致函卡·胡斯曼，谈俄国社会民主工党中央委员会在社会党国际局的代表权问题。

12月9日或10日(22日或23日)

致函阿·马·高尔基，谈到关于《真理报》财政困难的情况，请他参加征求订户的宣传；告知布尔什维克在第四届杜马选举运动中取得胜利和在群众中进行革命工作的情况；尖锐地批评了社会革命党的《箴言》杂志编辑部。

12月11日或12日(24日或25日)

写信给在沃洛格达的妹妹玛·伊·乌里扬诺娃，询问她的生活和健康状况；要她设法医治贫血症；询问她的翻译工作的情况。

12月11日(24日)以后

致函列·波·加米涅夫，对孟什维克代表把“民族文化自治”的要求塞进杜马党团宣言一事表示愤慨。

12月15日(28日)

列宁的《民族党人和立宪民主党人的“调和”》(社论)一文发表在《真理报》第194号上。

12月上半月

列宁以《工人阶级及其“议会”代表团》为题写了一组文章(共5篇)。第一篇文章发表在《真理报》第191号上。其余的几篇当时没有发表(其中的第二篇和第四篇文章至今没有找到)。

12月17日(30日)

致函在巴黎的列·波·加米涅夫，说必须尽快地采取措施，以加速出版下一号即第 30 号《社会民主党人报》；提到应把他的《革命罢工和街头游行示威的发展》一文的校样寄来。

12 月 20 日（1913 年 1 月 2 日）以后

致函国外组织委员会，说俄国社会民主工党中央委员会要求审理指控 A.埃克行为不端的案件。

12 月 21 日（1913 年 1 月 3 日）

致函列·波·加米涅夫，告知供《社会民主党人报》第 30 号用的文章校样已经收到；要求立即把关于罢工问题的文章的校样寄出。信中还要求把排好的报纸版样和出版后的这一号报纸寄来。

写信给在萨拉托夫的母亲玛·亚·乌里扬诺娃，向她祝贺新年；告知她和姐姐安·伊·乌里扬诺娃-叶利扎罗娃的来信以及妹妹玛·伊·乌里扬诺娃的印有沃洛格达河风景的明信片都已收到。

12 月 22 日（1913 年 1 月 4 日）

列宁的《民族主义自由派》（社论）一文发表在《真理报》第 200 号上。

不晚于 12 月 25 日（1913 年 1 月 7 日）

写《关于对取消主义的态度和关于统一》（提纲）。该提纲后来成为他在有党的工作者参加的俄国社会民主工党中央委员会克拉科夫会议上所作的报告和这次会议通过的有关这个问题的决议的基础。

12 月 25 日（1913 年 1 月 7 日）

收到阿·马·高尔基的来信，信中认为前进派分子将逐渐摆脱马赫主义、召回主义和造神说。信中还表示同意参加《真理报》文学栏的工作。

不晚于 12 月 26 日（1913 年 1 月 8 日）

为召开有党的工作者参加的俄国社会民主工党中央委员会克拉科夫会议拟定初步的议事日程和准备其他材料。

12 月 26 日（1913 年 1 月 8 日）

致函阿·马·高尔基，向他祝贺新年；告知第四届杜马中的布尔什维克代表和从俄国来参加俄国社会民主工党中央委员会会议的党的工作者已经到达克拉科夫；告知《真理报》编辑部存在的财政困难及其解决办法；谈到工人中间革命情绪的不断增长以及必须加强同取消派的斗争。

致函列·波·加米涅夫，告知有党的工作者参加的俄国社会民主工党中央委员会克拉科夫会议于12月26日(1913年1月8日)召开;谈到将在一月中旬出版下一期《启蒙》杂志;还对德国社会民主党执行委员会来信中建议的统一会议谈了自己的意见。

12月26日—1913年1月1日(1月8日—14日)

主持有代表彼得堡、莫斯科、乌拉尔、高加索党组织的党的工作者参加的俄国社会民主工党中央委员会克拉科夫会议。参加会议的还有第四届杜马中的布尔什维克代表。在会上作题为《关于革命高潮、罢工和党的任务》和《关于对取消主义的态度和关于统一》的报告;起草和修改会议的下列决议:《革命高潮、罢工和党的任务》、《秘密组织的建设》、《关于社会民主党杜马党团》、《关于秘密书刊》、《关于保险运动》、《关于对取消主义的态度和关于统一》,《关于"民族的"社会民主党组织》、《关于〈真理报〉编辑部的改组和工作》。

记录会议参加者的发言,并在会议休息时同他们交谈;同会议的参加者一起观剧。

12月28日(1913年1月10日)

致函列·波·加米涅夫,告知俄国社会民主工党中央委员会克拉科夫会议的进程和会议的组成情况;提到德国社会民主党执行委员会寄信来谈邀请参加俄国社会民主工党统一会议的事;指示必须尽快地出版《社会民主党人报》第30号,并把校样寄来。

12月30日(1913年1月12日)

致函列·波·加米涅夫,告知关于俄国社会民主工党中央委员会克拉科夫会议的进程,并说将寄去会议的第一个决议。

12月31日(1913年1月13日)

同俄国社会民主工党中央委员会克拉科夫会议的参加者一起迎接新年。

1912年12月底—1913年1月初

同第四届杜马中的布尔什维克代表一起开会。会议讨论代表的工作计划、在杜马中的发言内容和群众工作、强调必须把代表的工作同党的工作和党的秘密活动密切地结合起来。

12月

致函卡·胡斯曼,确认俄国社会民主工党中央委员会指定列·波·加米涅夫为驻社会党国际局的代表。

1912 年底—1913 年初

阅读安·潘涅库克的小册子《阶级斗争和民族》,作笔记并写意见。

不早于 1912 年

阅读卡·拉狄克的小册子《德国帝国主义和工人阶级》,用德文作摘录并写意见。

1912 年—1913 年

写文章揭露自由派资产阶级的反革命性。这篇文章在苏共中央马克思列宁主义研究院中央党务档案馆仅保存着手稿的第 4 页即最后一页。

1913 年

1 月初

同第四届杜马中的布尔什维克代表谈话,对他们在各选区中的工作表示关心。在同格·伊·彼得罗夫斯基的谈话中了解俄国南方工人运动的状况。

在有党的工作者参加的俄国社会民主工党中央委员会克拉科夫会议结束之后,主持中央委员会会议。这次会议讨论中央委员会的组成、《真理报》编辑部的工作、第四届杜马中的布尔什维克代表的活动、中央委员会的预算、与俄国社会民主工党各民族组织的相互关系等问题。

1 月 1 日(14 日)

列宁的《1912 年的英国工人运动》一文发表在《真理报》第 1 号上。

1 月 1 日(14 日)以后

致函列·波·加米涅夫,告知已寄出俄国社会民主工党中央委员会克拉科夫会议的决议;说自己对这次会议总的印象非常好;谈到第四届杜马中的布尔什维克代表的立场和严重的财政状况。

致函在巴黎的约·阿·皮亚特尼茨基,批评他对俄国社会民主工党中央委员会克拉科夫会议作出的《关于"民族的"社会民主党组织》的决议的意见;阐述布尔什维克在民族问题上的立场。

1 月 1 日和 8 日(14 日和 21 日)之间

写关于有党的工作者参加的俄国社会民主工党中央委员会克拉科夫会

议的通报，修改会议的各项决议。

1月3日(16日)

列宁的《欧仁·鲍狄埃》一文发表在《真理报》第2号上。

1月3日(16日)以后

写《德国工人合唱团的发展》一文。

1月5日(18日)以后

致函列·波·加米涅夫，对俄国社会民主工党中央委员会克拉科夫会议通过的《关于社会民主党杜马党团》决议中未公布的条文加以说明；告知即将改组《真理报》编辑部，并要他开列一份1912年社会民主党秘密书刊的清单。

1月6日(19日)

写《迟做总比不做好》一文。

1月8日(21日)

致函阿·马·高尔基，要求他对《启蒙》杂志给予帮助，并对他被宣布为取消派报纸《光线报》的撰稿人表示惊奇。

不晚于1月9日(22日)

致函列·波·加米涅夫，告知收到了卡·胡斯曼关于社会党国际局建议召开讨论俄国社会民主工党统一问题会议的信件；说参加俄国社会民主工党中央委员会克拉科夫会议的代表已经离去。

1月9日(22日)以后

致函柏林俄国社会民主党档案馆馆长Г.М.维亚兹缅斯基，告知将尽量满足他提出的寄去俄国社会民主党秘密书刊的要求；请他寄来1907年的《俄国社会民主工党中央委员会通报》。

1月11日(24日)

列宁的《迟做总比不做好》一文发表在《真理报》第8号上。

1月11日(24日)以后

用德文致函《不来梅市民报》编辑部，请给寄来两份评论罗·卢森堡的《资本积累论》一书的报纸。

不晚于1月12日(25日)

写《关于布尔什维主义》一文。

写《革命罢工和街头游行示威的发展》一文的附言初稿。

1月12日(25日)

列宁的《革命罢工和街头游行示威的发展》和《波兰社会民主党的分裂》两篇文章发表在《社会民主党人报》第30号上。

在格·叶·季诺维也夫给第四届杜马中的布尔什维克代表的信上写附言,说由于没有得到《真理报》编辑部改组情况的消息而感到不安;批评编辑部的错误;要求对报纸的经费进行监督。

1月12日(25日)以后

致函阿·马·高尔基,告知已寄去俄国社会民主工党中央委员会克拉科夫会议的决议;谈到在莫斯科创办一张合法工人报纸的计划;强调必须加强和扩大《启蒙》杂志。

把俄国社会民主工党中央委员会克拉科夫会议的通报和决议寄给在巴黎的列·波·加米涅夫,以便在那里出版单行本。

1月15日(28日)

列宁的《彭加勒当选的意义》一文发表在《真理报》第11号上。

1月17日(30日)

列宁的《坦率》一文发表在《真理报》第13号上。

1月18日(31日)

列宁的《白里安内阁》一文发表在《真理报》第14号上。

1月19日(2月1日)

列宁的《生活在教导人们》(社论)和《新民主派》两篇文章发表在《真理报》第15号上。

1月20日和22日(2月2日和4日)

列宁的《论民粹主义》一文发表在《真理报》第16号和17号上。

1月22日(2月4日)

写反对取消派的《告社会民主党人》,这份号召书于1913年1月底在克拉科夫印成胶印版单页分发。

1月25日(2月7日)

列宁的《在阿捷夫之流的圈子里》一文发表在《真理报》第20号上。

1月27日(2月9日)

致函在彼得堡的雅·米·斯维尔德洛夫,强调《真理报》的作用;批评编辑部工作的缺点；要求尽快改组《真理报》编辑部。

1月29日(2月11日)

列宁的《资产阶级和改良主义》一文发表在《真理报》第23号上。

1月30日(2月12日)

列宁的《论公开的党》一文发表在《真理报》第24号上。

1月31日(2月13日)

致函在克拉伦的尼·亚·鲁巴金，不同意对《关于布尔什维主义》一文进行修改。

列宁的《选举结果》一文发表在《启蒙》杂志第1期上。

1月31日或2月1日(2月13日或14日)

主持俄国社会民主工党中央委员会会议。会议讨论关于《真理报》编辑部的今后工作、关于《启蒙》杂志、关于《真理报》出版社会民主党丛书的必要性等问题。

1月底—2月初

写《俄罗斯人和黑人》和《立宪幻想的破灭》两篇文章。

1月—5月上半月

为第四届杜马中的布尔什维克代表写关于预算问题的发言提纲。

2月初

致函列·波·加米涅夫，告知已寄回俄国社会民主工党中央委员会克拉科夫会议的通报的校样；对如何出版这本小册子作了具体指示。

2月1日(14日)

致函《真理报》编辑部，抗议编辑部在第24号上刊登亚·亚·波格丹诺夫一封关于为《真理报》撰稿的条件的信，责备《真理报》编辑部破坏同中央委员会国外局合作的条件。

列宁的《农民土地的转移》一文发表在《真理报》第26号上。

2月1日和12日(14日和25日)之间

致函阿·马·高尔基，对他同意编辑《启蒙》杂志文学栏表示高兴；告知关于第四届杜马中的布尔什维克代表的活动、关于他们辞去《光线报》撰稿人职务一事、关于亚·亚·波格丹诺夫和阿·瓦·卢那察尔斯基的马赫主义—唯心主义的言论、关于必须认真研究民族问题和约·维·斯大林正在为《启蒙》杂志写一篇论民族问题的文章以及其他情况。

2月2日(15日)

列宁的《谈谈罢工》一文发表在《真理报》第27号上。

2月5日(18日)

列宁的《一个发现》一文发表在《真理报》第29号上。

2月6日(19日)

列宁的《英国工党代表大会》一文发表在《真理报》第30号上。

致函《真理报》编辑部,祝贺报纸开始进行改革,并预祝成功;询问他草拟的关于预算的发言草稿是否收到;对发表在《真理报》上的布尔什维克代表们的一些信件表示赞赏。

寄给《真理报》编辑部《日益扩大的矛盾。政论家札记》一文的第一、二部分。

2月8日(21日)以前

写《答马耶夫斯基》、《布尔加柯夫论农民》两篇文章和谈伦理的两篇文章,并把这些文章寄给《真理报》编辑部(这些文章没有找到)。

2月8日(21日)

致函《真理报》编辑部,指出它所取得的进步;指示在马克思逝世三十周年的时候出版专刊,并登一张马克思的大幅照片;要求把《真理报》未发表的他的一些文章转寄给《启蒙》杂志编辑部,给他准时寄去《真理报》,寄几号《光线报》和一些新出版的书籍和杂志;对编辑部的工作提了一些建议。

不早于2月8日(21日)

拟定出版纪念马克思逝世三十周年小册子或文集的计划。

2月9日(22日)

寄给《启蒙》杂志编辑部《日益扩大的矛盾。政论家札记》一文的第三至第六部分。

致函在彼得堡的马·亚·萨韦利耶夫,要他寄回《明星报》没有发表的列宁的《英国关于自由派工人政策的争论》、《两种乌托邦》和批判亚·瓦·阿姆菲捷阿特罗夫的抵制主义的文章(此文没有找到);提出把一些未被《真理报》采用的文章编成《政论家短评》并对大致内容作了安排,希望用"T"的署名在《启蒙》杂志上发表这些文章。

2月11日(24日)

致函在萨拉托夫的母亲玛·亚·乌里扬诺娃和姐姐安·伊·乌里扬诺娃-叶利扎罗娃，对她们寄来包裹表示感谢；谈自己在克拉科夫的生活情况；告知因门牌号码的更动，通讯地址有所改变；打算由《真理报》出版社会民主党的小册子。

2月12日(25日)以前

致函在彼得堡的杰米扬·别德内依，询问关于《真理报》编辑部的工作和《启蒙》杂志的情况，询问他对马赫主义者和前进派的态度；指出《真理报》编辑部的工作必须集体进行(这封信没有找到)。

2月12日(25日)

致函在柏林的威·普凡库赫，说他寄来的德国社会民主党执行委员会建议召开布尔什维克和取消派统一会议的信已经转交给俄国社会民主工党中央委员会，它不久即将作出答复；还告知自己在克拉科夫的住址。

致函在彼得堡的尼·古·波列塔耶夫，指出他对布尔什维克代表退出《光线报》编辑部的评论是不正确的；对波列塔耶夫没有当《真理报》的撰稿人表示遗憾；赞同他出版一张"大报"和一些书籍及小册子的计划；建议经常通信和会晤来讨论这个计划。

致函在巴黎的列·波·加米涅夫，高度评价约·维·斯大林论述民族问题的文章；批评亚·安·特罗雅诺夫斯基打算把这篇文章作为供讨论的文章发表；告知关于《真理报》编辑部进行改组的情况，关于彼得堡、莫斯科省和俄国南方等地的社会民主党秘密组织得到巩固的情况。

列宁的《感谢坦率》(社论)一文发表在《真理报》第35号上。

2月16日(3月1日)

列宁的《统一问题》(社论)一文发表在《真理报》第39号上。

2月21日(3月6日)以后

致函阿·马·高尔基，说为纪念罗曼诺夫王朝三百周年国内颁布了大赦诏书，建议他利用大赦的机会回国一趟。

2月23日(3月8日)

列宁的《"土地规划"的某些结果》一文发表在《真理报》第45号上。

致函列·波·加米涅夫，要他以出席巴塞尔代表大会的俄国社会民主工党代表团的名义抗议社会党国际局书记处的错误行动。

2月和4月24日(5月7日)之间

致函柏林俄国社会民主党档案馆馆长Г.М.维亚兹缅斯基，要他寄俄国社会民主工党中央委员会出版的《关于1907年7月21、22、23日党的代表会议的通告》。

2月

列宁的《民粹派内部的情况怎样？农村中的情况又怎样？》一文发表在《启蒙》杂志第2期上。

《列宁全集》第二版第 22 卷编译人员

译文校订：李鸿敦　罗启华　谢德琳　王问梅　熊培粹　邓铭庆
资料编写：李洙泗　张瑞亭　孔熙忠　刘方清　王丽华　王锦文
编　　辑：许易森　李京洲　薛春华　韩　英
译文审订：袁　坚　何宏江

《列宁全集》第二版增订版编辑人员

李京洲　高晓惠　翟民刚　张海滨　赵国顺　任建华　刘燕明
孙凌齐　门三姗　韩　英　侯静娜　彭晓宇　李宏梅　付　哲
戢炳惠　李晓萌

审　　定：韦建桦　顾锦屏　柴方国

本卷增订工作负责人：刘燕明　翟民刚

责任编辑：毕于慧
装帧设计：石笑梦
版式设计：周方亚
责任校对：梁　悦

图书在版编目(CIP)数据

列宁全集.第22卷/(苏)列宁著；中共中央马克思恩格斯列宁斯大林著作编译局编译.
—2版(增订版)-北京：人民出版社，2017.3(2024.7重印)
ISBN 978-7-01-017106-7
Ⅰ.①列…　Ⅱ.①列…②中…　Ⅲ.①列宁著作-全集　Ⅳ.①A2
中国版本图书馆CIP数据核字(2016)第320346号

书　　名　列宁全集
LIENING QUANJI
第二十二卷
编 译 者　中共中央马克思恩格斯列宁斯大林著作编译局
出版发行　人民出版社
(北京市东城区隆福寺街99号　邮编 100706)
邮购电话　(010)65250042　65289539
经　　销　新华书店
印　　刷　北京新华印刷有限公司
版　　次　2017年3月第2版增订版　2024年7月北京第2次印刷
开　　本　880毫米×1230毫米 1/32
印　　张　20.875
插　　页　2
字　　数　556千字
印　　数　3,001—6,000册
书　　号　ISBN 978-7-01-017106-7
定　　价　51.00元

ISBN 978-7-01-017106-7
9 787010 171067 >